산업선교, 그리고 70년대 노동운동

·

산업선교, 그리고 70년대 노동운동

초판 1쇄 발행 2013년 12월 20일

지은이 장숙경
펴낸이 윤관백
펴낸곳 선인

편 집 김지현
표 지 박애리
표지일러스트 이유현
영 업 이주하

등록 제5-77호(1998.11.4)
주소 서울시 마포구 마포동 324-1 곳마루빌딩 1층
전화 02)718-6252 / 6257
팩스 02)718-6253
E-mail sunin72@chol.com

정가· 33,000원
ISBN 978-89-5933-674-6 93300

산업선교, 그리고 70년대 노동운동

장숙경

선인

머리말

고등학교 1학년 때였던 것으로 기억한다.

내가 다니던 학교는 가톨릭 수녀님들이 운영하는 학교였는데, 지역사회를 돌보는 일에 관심을 갖고 학생들과 더불어 실천하는 것을 강조하였다. 한번은 공장에서 일하는 여성노동자들을 초청해 그들의 노고를 위로하는 프로그램이 있었다. 학생 한 명에 여성노동자 한 명씩을 파트너로 정해 학교 이곳저곳을 안내하며 소개도 하고, 재미있는 레크리에이션도 하고, 포크댄스도 함께 추고, 점심도 함께 먹는 등 시간을 보낸 후 작은 선물을 준비해서 나누는 것이었다.

지금도 기억이 생생한데, 내 파트너는 나보다 좀 작은 키에 단발머리를 한 앳된 소녀였다. 모범생이었던 나는 아주 성실하게 열심히 그 소녀에게 말도 붙이고 눈도 마주치며 그를 즐겁게 해주려고 애썼다. 그러나 어쩐 일인지 그날 소녀는 통 웃지 않았고, 나는 시간이 갈수록 혼자서 말하고 혼자서 열심히 노래를 따라 하는 것이 머쓱해지고 힘들어져 어쩔 줄 몰라 하며 진땀을 빼야 했다. 그러나 그뿐, 난 더 이상 그 소녀를 만날 일이 없었고, 이후 노동자투쟁에 대해 간접적으로 듣는 기회는 종종 있었지만, 그것이 나와의 인연으로까지 이어지지는 않았다.

내가 다시 그녀를 떠올린 것은 늦깎이로 한국현대사를 공부하면서였다. 노동운동에 대해 공부하다 당시 노동자들의 상황에 대해 보다 구체적으로 알게 되었고, 문득 그 소녀가 떠올랐다. '아, 그랬겠구나. 나와 비슷한 또래였던 그녀의 사정에 대해 난 당시 잘 알지 못했고, 궁금해하지도 않았는데 학교에 다니는 내가 얼마나 부러웠을까. 그리고 그 작은 어깨에 진 짐은 또 얼마나 무거웠을까. 섣부른 위로행사가 그녀를 더 힘들게 했을 수도 있었겠구나…' 그제야 비로소 그날 통 웃지 않았던 그녀를 이해할 수 있었다. 그리고 그들에 대한 빚진 마음으로 마음 한켠이 늘 묵직했다.

여성노동자들에 대한 관심은 여성노동자들의 투쟁이 유신과 긴급조치로 엄혹했던 1970년대에 유달리 집중되어 있는 이유를 찾게 되는 것으로 이어졌다. 그 과정에서 노동운동에 관여했던 여성노동자들이 개신교 단체인 (도시)산업선교와 관련되었다는 것을 알게 되었다. 1970년대 말에서 80년대 초를 기억하는 사람이라면 노동운동이나 노동문제에 관심이 없더라도 '도산(都産)'이라는 용어는 들은 적이 있을 것이다. 신문이나 TV를 통해 적어도 몇 번은 접했을 도산, 도시산업선교. 태업과 파업, 투쟁으로 한국의 경제발전을 위해 불철주야 일하는 공장과 기업을 교란시키는, 종교단체를 빙자한 불순세력. 나이 어리고 배운 것 없는 순진한 여성노동자에게 접근해 공산주의 사상을 주입하고, 투쟁을 독려하며, 기업인을 나쁜 놈으로 몰아가 마침내는 공장을 도산하게 하는, 산업사회에서 퇴출시켜야만 하는 단체, 도산. '도산이 들어가면 도산한다'는 표어 아닌 표어가 사람들 입에 오르내리고, 도산은 아이들에게나 어른들에게나 무서운 존재로 인식되었다. 그러나 그뿐, 70년대 노동운동 연구에서도 산업선교가 어떤 단체이며 무슨 일을 했는지에 대한 구체적인 내용은 나와 있지 않았다.

1970~80년대 한국 개신교의 위세는 대단했다. 여의도 광장에서는 '사상 최초'라는 수식어가 붙는 대규모 집회가 수차례 열렸고, 그때마다 신문 1면에는 드넓은 여의도 광장에 사람들이 넘쳐나는 대형 사진과 함께 그

집회를 소개하는 내용의 기사가 가득했다. 경제발전과 함께 '축복'을 강조하는 교리에 따라 교회건물들은 날로 커져갔으며, 교회의 수도 기하급수적으로 늘어갔다. 이제는 어느 동네건 밤에 나가보면 사방에서 빨간 십자가를 몇 개씩이나 볼 수 있다. 한 외국인이 한국의 밤거리를 보고 왜 이렇게 적십자가 많으냐고 깜짝 놀라더라는 웃지 못할 일화도 있다.

그런가 하면 같은 시기 박정희 정권에게 가장 핍박 받은 종교도 개신교였다. 진보적인 교단 소속 목사 몇 분과 몇몇 개신교 청년단체들이 유신정권에 반기를 들고 독재타도의 중심에 서 있었기 때문이었다. 이들은 '빨갱이' 소리를 들어가며 반정부운동의 첨병역할을 하고, 학생시위에 선도적인 역할을 하였다. 그리고 박정희 정권의 경제정책인 '선성장 후분배'에 강력하게 저항하는 또 하나의 첨병, 산업선교가 있었다. 한국 현대사에서 기독교는 이처럼 두 얼굴을 가지고 있다.

반정부운동과 교회의 급성장, 1970~80년대의 사회구조와 정치적 논리 속에서 이 두 가지 현상이 어떻게 공존할 수 있었을까? 개신교 내부의 미묘한 관계를 숙지하지 않고서는 참으로 이해하기 어려운 문제가 아닐 수 없다. 흥미로운 것은 산업선교가 소속되어 있던 한국 개신교의 대표적 교단인 예수교장로회와 감리교가 그리 진보적인 교단이 아니라는 사실이었다.

나의 관심은 산업선교로 모아졌다. 산업선교란 무엇이고 어떻게 시작되었나, 성향 자체가 보수적이고 친권력적인 개신교가 노동문제에 관여하게 된 이유는 무엇인가, 어떻게 노동자들을 선동해 투쟁으로 이끌었나, 그리고 왜 여성노동자들이었나 ….

자료를 하나하나 찾아가면서 궁금했던 사실들을 알아가는 과정은 가슴 벅찬 일이었다. 1970년대 노동운동의 산파였던 산업선교에 몸바쳤던 목회자들이 산업현장을 접하면서 고민하고 변화해가는 과정에서는 지식인의 솔직한 고뇌가 고스란히 전달되어 왔다. 결코 노동자가 될 수는 없었지만 노동자와 하나가 되고자 했고, 목회자였지만 기성교회의 담론에 매몰되지 않았던 그들은 그 시대의 진정한 경계인(境界人)들 이었다. 나는 새도 떨어뜨릴 정도로 기세등등하던 박정희 · 전두환 정권이 그렇게 세상을 떠들썩하게 하며 요주의 인물로 경계(警戒)한 산업선교 목회자들이 불과 다섯 손가락 안에도 안 들어갈 정도의 소수였다는 사실을 아는 사람이 몇이나 될까. 기업과 정부를 상대로 한 산업선교와 노동자들의 투쟁은 그야말로 다윗과 골리앗의 싸움이었다.

노동자들, 특히 여성노동자들이 산업선교와 더불어 자신들의 정체성을 찾아가고, 여성의식에 눈뜨며, 권리를 주장하고, 궁극에는 홀로서기를 할 수 있을 정도로 성장해 마침내 자신들을 키워준 산업선교를 넘어서는 과정을 지켜보는 것 또한 매우 감동적이었다. 스스로를 보잘것없는 존재로 여기던 어린 노동자들이 기업과 사회를 향해 외친 소리들은 조지송 목사의 말대로 그대로가 그 어느 것보다도 진실된 기도요 찬송이었다. 온갖 위협과 탄압으로 인한 공포에도 불구하고 행진을 멈추지 않았던 그들의 투쟁과 기상에 기립박수를 보낸다.

노동운동사에서 1970년대 노동운동은 1980~90년대와 비교해 상대적으로 낮게 평가를 받고 있다. 종교에 의존하였고, 조직력도 부족했으며, 의식도 부족했다는 비난도 있다. 그러나 70년대 노동자들, 특히 여성노동자들의 투쟁 없이 어떻게 80년대 노동운동이 가능했을 것인가 묻고 싶다. 80년대 학출들의 위장취업과 소그룹운동은 모두 산업선교와 가톨릭 노동청년회(JOC)의 방법론을 이어받은 것이었으며, 그들이 주로 활동하던 경인지역 역시 산업선교가 근거를 두고 노동운동의 초석을 다져놓은 곳이었다. 대한민국정부 수립 이후 제대로 된 노동운동이 자리잡지 못한 채 근대화와 산업화를 재촉한 역사의 연속선상에서 70년대 노동운동과 산업선교의 성격과 의의, 그 중요성은 반드시 재평가되어야 한다.

요즘 한국 개신교가 매우 혼란스러운 양상으로 치닫고 있다. 교회는 성장제일주의와 승리주의에 매몰된 거대한 공룡이 되었고, 사람들과 소통하는 법을 잊은 지 오래다. 전래 이후, 한국 사회에서 근대화의 파트너로 자리매김 되었던 교회는 이제 교회 안팎을 넘나들며 벌어지는 온갖 추악함으로 인해 문제집단으로 인식되고 있다. 한국 개신교의 역사를 알면 이런 문제들이 이미 오래전부터 배태된 것이라는 사실을 알게 된다. 또한 한국 현대사에서 개신교의 영향이 어떤 것인지도 보다 명확해질 것이다.

우리 사회의 노동문제도 여전히 앞이 보이지 않는다. 세상은 힘이 없고 약한 자에게는 관심이 없으며, 경계인에게는 더욱 더 냉혹하다. 그럴수록 그들이 택할 수 있는 방법은 더 극단적인 것일 수밖에 없다. 이 책이 신자유주의와 경제제일주의가 빚어낸 오늘날 한국 사회의 문제들이 어디에 뿌리를 두고 있는 것인지, 그 일면을 보여주는 작은 단서가 되었으면 좋겠다.

이 책은 저자의 박사학위 논문인 「한국 개신교의 산업선교와 정교유착」을 토대로 한 것이다. 논문에서는 산업선교가 시작되기 전 한국 개신교의 상황에 대해 좀 더 구체적인 부분을 서술한 것이 포함되어 있는데, 이 책에서는 산업선교와 70년대 노동운동에 중점을 두고 목차와 내용을 수정·보완하였다.

이 책의 출판을 앞두고 감사해야 할 분들이 많다.

제일 먼저 만학의 저자를 제자로 받아주신 서중석 선생님께 깊은 감사를 드린다. 선생님께서는 끊임없는 격려와 세심한 배려로 현대사의 다양한 문제에 대해 고민하고 공부하는 법을 가르쳐 주셨다. 또한 꼼꼼한 지적으로 오류를 잡아주셨으며, 부족한 글을 마무리 지을 수 있게 독려해 주셨다. 선생님이 아니셨더라면 결코 이 연구가 이루어질 수 없었으리라고 단언한다. 늦게 공부를 시작했지만 한국 현대사의 개척자이자 최고봉이신 선생님의 제자라는 것은 부족한 저자에게 늘 큰 자랑거리가 아닐 수 없다.

정현백 선생님과 임경석 선생님, 정해구 선생님과 강인철 선생님께도 감사드린다. 이 분들은 부족한 글을 읽고 문제점을 지적해 주셨으며, 글의 방향을 잡아주셨다.

또 한 분, 이종구 선생님께 대한 감사를 강조하지 않을 수 없다. 노동운동과 산업선교에 대해 조예가 깊으신 선생님께서는 글의 전체적인 방향성과 내용에 대해 아낌없는 조언을 주셨으며, 구체적인 사안을 짚어주심으로써 글의 완성도를 높이는데 큰 도움을 주셨다.

또한, 연구를 진행하는 과정에서 수차례에 걸친 직접 면담 외에도 궁금한 점이 있을 때마다 수시로 전화 질문에 응해주시고 중요한 자료들을 제공해주신 산업선교 관계자분들께 정말 감사하다는 말씀을 꼭 드리고 싶다.

후학으로서, 또 동료로서 누나처럼 언니처럼 대해주며 함께 고민하고 아낌없는 도움을 준 은숙, 창희, 봉석에게 언제나 고마운 마음 가지고 있다고 전하고 싶다. 이들 덕분에 나이를 잊고 즐겁게 공부할 수 있었음을 고백한다. 글이 막힐 때면 언제나 대화상대가 되어주던 북한사 연구자 윤경섭 선생, 필요한 자료를 부탁하면 귀찮은 기색 한 번 없이 바로바로 보내준 한국군 연구자 노영기 선생, 언제나 격려의 말로 힘을 준 한국현대여성사의 괄목할만한 연구자 이임하 선생에 대한 고마움도 빼놓을 수 없다. 또 책을 낼 수 있도록 도와준 1960년대 노동운동 연구의 선구자 임송자 선생께도 정말 감사드린다.

도서출판 선인의 윤관백 사장님과 여러분께도 감사의 인사를 전한다.

특히 김지현 선생은 전공자가 아니면 읽기에도 지루한 글을 세심하게 읽고 수정해주고 오류를 지적해주었다.

가족들에 대한 감사를 빠뜨릴 수 없을 것이다. 자식 잘되기만을 바라시는 부모님께 깊은 감사를 드린다. 두 분의 기도와 뒷받침이 없었더라면 이 자리까지 오지 못했을 것이다. 자매이자 동료인 화경, 언제나 적극적인 도움과 필요적절한 조언을 아끼지 않는 덕분에 든든하다는 말을 이 자리를 빌려서 하고 싶다. 그리고 사랑하는 남편과 나의 두 보물인 유현과 유찬, 늘 물심양면으로 든든한 지원자이고, 늦공부를 하느라 한계를 극복하지 못해 발산하는 짜증도 묵묵히 감내하며 믿어준 내 정서적 의지처인 가족에게 마음 깊은 곳에서 솟아나오는 사랑과 감사를 전한다.

끝으로, 이 책에 수록된 귀한 사진자료들은 민주화운동기념사업회와 국사편찬위원회로부터 제공받은 것 및 영등포산업선교회, 그리고 인천기독교도시산업선교회를 이끌던 조승혁 · 조화순 목사님께 사용허락을 받은 것들이다. 또한 몇 분은 개인적으로 가지고 있던 사진들을 기꺼이 제공해 주셨다. 모두에게 깊은 감사를 드린다.

2013년 10월
장 숙 경

목차

표 목차

그림 목차

제1장

왜
산업선교인가

제1장 왜 산업선교인가

    산업선교는 1960~1970년대 한국에서 발생한 크고 작은 노동문제와 노동운동에 가장 깊게 관여해 큰 영향을 미친 노동운동단체로, 한국 민주노조운동의 시원(始原)을 논할 때 빼놓을 수 없는 중요한 존재이다.

    산업선교는 또한 선성장 후분배를 기치로 노동운동을 무자비하게 탄압한 박정희 정권에게 치열하게 항거한 거의 유일한 조직체로 1970년대 민주화운동에서 매우 중요한 거점을 확보하고 있다.

    그럼에도 산업선교는 그동안 개신교의 선교단체였다는 이유로 한국 민주화운동사나 노동운동사에서 크게 주목받지 못하였고, 그 활동내용이나 의의도 제대로 된 평가를 받지 못하였다. 노동운동과 민주화운동을 연구한 저서나 논문, 글들에서 '산업선교'라는 단어는 쉽게 찾을 수 있으나 정작 산업선교가 어떤 단체이며 구체적으로 이들이 한 일이 무엇인지를 찾기는 쉽지 않다. 산업선교는 한국 개신교 100여년 역사에서 전무후무한 활동을 펼쳤음에도 불구하고 그 당시엔 물론 지금도 그 모체인 개신교에서조차 인정받지 못하고 있다. 그들의 활동이 보수복음주의를 기반으로 하는 한국개신교의 기저와는 매우 동떨어져 있었기 때문이다.

    1970~1980년대 한국 개신교는 산업선교에 대한 지원과 지지보다는 반공을 모토로 정부의 적극적인 지원을 기반으로 하는 전도와 성장에 주안점을 두고 있었고, 그에 따라 오히려 정부와 함께 산업선교를 탄압하는

주체로 작용하였다. 최근 들어 예수교장로회에서 산업선교를 기리는 기념비를 세웠다고 하는데, 그로써 산업선교는 개신교 내에서 더 이상 그 활동을 정지당한 박제가 되어버린 인상을 지울 수 없다.

따라서 산업선교에 대한 연구는 반드시 산업선교와 모체인 개신교와의 복잡미묘한 관계, 또 당시의 급박했던 정치상황과 연결해 살펴보아야 한다. 한국 개신교의 이 같은 복잡미묘한 상황을 인지할 수 없는 대부분의 연구나 글들은 산업선교의 활동을 개신교의 진보적 분파에만 초점 맞춰 '교회와 국가의 대립과 갈등'으로만 보거나, 산업선교의 노동운동은 종교의존적이라며 폄하하는 경향이 강하다.

산업선교가 종교단체이고 그들의 의식기반이 종교성에서 시작되었다는 것은 부정할 수도 없고 부정할 필요도 없는 것이지만, 그들의 의식화 계기와 활동이 종교적 목적에서만 비롯된 것은 아니었다. 산업선교는 대한민국 정부수립 이후 근대화과정에서 발생하는 사회구조적 문제에 가장 먼저 눈 뜨고 장기간에 걸쳐 조직적으로 준비하고 대항한 유일한 운동이자 운동체였다. 또한 부와 권력, 계층에 따라 사람을 분류하던 우리 사회에서 주변인으로 치부되던 노동자들을 지속적으로 주변인으로만 머물게 하려는 세력-그것이 유신독재이거나 범접할 수 없는 교회의 권위이거나-에게 혹독한 시련을 마다않고 도전한 유일한 조직이었다. 그러므로 그들의 활동과 추구하던 지향점은 지금도 우리에게 시사하는 바가 크다. 이제는 고도화된 산업사회 속에서 여전히 소외된 노동자들과 일부 권력화된 노동운동, 그리고 역행하는 민주화의 모습은 산업선교가 추구하던 노동운동 본래의 의미와 사람 냄새나는 고뇌와 갈등, 그리고 '함께' 울고 웃으며 피땀 흘렸던 70년대 노동자와 노동운동의 순수함과 그 의미가 새삼 그리워지게 한다. 이러한 점에서 본다면 이들의 활동상과 내용을 종교의 범주에만 가두어 놓는 것은 한국 현대사에서 중요한 부분을 간과하는 결과를 초래하는 것이 될 것이다. 그리고 이것이 바로 30여년

이 지난 지금 이 시점에서 새삼스럽게 산업선교를 말하는 이유가 될 것이다.

이 책에서는 먼저 산업선교의 성격과 활동의 내용을 제대로 파악하고자 한다. 이러한 노력은 그 시대를 온몸으로 겪어온 노동자들의 삶과 노동운동을 이해하는 단초를 제공하는데 중요한 역할을 하였다. 또한 산업선교 활동이 절정에 달했던 1970년대를 중심으로 당시 개신교의 전반적인 활동과 상황, 정치·사회적 환경, 그리고 이들의 복합적인 역학관계를 함께 분석하고자 하였다. 이를 위해 산업선교의 다양한 측면을 고려하여 다음과 같은 여덟 가지 주제에 초점을 맞추어 살펴보고자 한다.

첫째, 산업선교는 무엇이며 어떻게, 무슨 이유로 시작되었나

둘째, 교회단체인 산업선교는 어떻게 노동운동에 관여하게 되었나

셋째, 여성노동자들은 어떻게 70년대 노동운동의 주역이 되었나

넷째, 박정희 정권은 왜 작은 단체인 산업선교와 여성노동자들을 그렇게 공격하였나

다섯째, 산업선교와 노동자들이 권력에 맞서 힘든 과정을 이겨낼 수 있었던 힘은 무엇인가. 또 그들은 어떻게 노동자로서의 정체성을 갖게 되었고, 노동운동가가 되었나

여섯째, 70년대는 개신교가 거대 반공단체로서의 입지를 굳히며 초대형 집회를 수차례 개최하고 양적으로도 가장 많이 성장했던 시기인데, 이러한 모습의 개신교와 산업선교는 어떤 관계였나

일곱째, 70년대에 활발하던 산업선교는 왜 80년대 초반 갑자기 쇠퇴하였나

여덟째, 그때의 그 노동자들은 지금은 어디서 무엇을 하며, 당시 자신들의 삶과 활동을 어떻게 기억하고 있나

이러한 질문들에 대한 답을 얻기 위해 이 책에서는 다음과 같이 단계적으로 접근하였다.

먼저 산업선교의 도입과정과 성격변화를 세밀하게 고찰하고자 하였다. 어느 시대나 모든 사회현상과 문제는 당대의 정치적·사회적 상황과 매우 밀접한 관련을 가지고 있다. 한국 산업선교 활동과 성격의 변화 역시 그러하다. 또한 산업선교가 한국에 처음 도입된 경로와 발전과정은 제2차 세계대전 이후 서구 개신교의 변화와도 결코 무관하지 않음을 알게 될 것이다.

글을 따라가다 보면 초창기에는 신앙전도자에 불과했던 산업선교의 역할이 점차 노사 간의 중재자로, 더 나아가 노동운동의 주체로 발전해가는 모습과 이유를 발견할 수 있을 것이다. 산업선교의 변화와 발전은 곧 그들과 관련된 노동사회의 변화와 발전을 의미하는 것이기도 했기 때문이다. 특히 산업선교가 산업사회에서 가장 낮은 곳에 있던 여성노동자들을 발견하고 그들과 더불어 창의적으로 노동운동을 전개하는 방식을 살펴보는 것은 매우 중요하다. 그리고 그 과정에서 발생하는 갈등과 이들의 고민을 함께 느낄 수 있는 것은 의미 있는 수확이라 하겠다. 이 작업은 노동운동이 활성화되지 못했던 유신체제에서 산업선교가 어떻게 비판적인 사회운동을 창출해내는 세력이 되었는지에 대한 해답을 제시해 줄 것이다.

다음은 산업선교가 소속되어 있던 개신교의 당시 상황에 대한 고찰이다. 박정희 정권과 개신교의 정교유착은 이승만 정권기를 능가하였다. 그것을 가능하게 한 주요계기는 무엇이었는지 분석할 것이다. 독재정권과 밀월을 즐기며 정교유착 활동들을 주도했던 인물들이 어떻게 각기 궤적이 겹치는 교집합을 형성하며 개신교의 반공활동과 산업선교 공격에 중요한 역할을 담당했는지를 추적하여 밝히고자 하였다.

마지막으로 산업선교와 박정희 정권, 그리고 정교유착세력 간의 갈등을 살펴볼 것이다. 이를 위해서는 산업선교를 중심으로 한 개신교와 국가 관계, 개신교 내부 관계의 복합성에 대한 면밀한 분석이 필요하다. 노동문제를 둘러싼 기독실업인과 교단 지도자들, 유신정권의 이해관계와 산업선교의 활동이 대립됨으로써 발생하는 문제들을 살펴보는 것이 이 문제를 이해하는 데 큰 도움이 될 것이다. 개신교 내 진보와 보수의 갈등은 산업선교 활동에 대한 시각차로 인해 점차 고조되어갔는데, 그럼에도 불구하고 산업선교 활동이 지속 가능했던 요인이 무엇이었는지도 주의 깊게 고민하였다. 이는 한국 개신교의 현주소가 어떤 맥락에서 형성되었는지를 이해하게 해주는 또 다른 단서가 될 터인데, 그 구조적 문제점이 이미 이 당시에 잉태되었음을 알 수 있게 해 줄 것이다.

이를 위해 저자는 산업선교를 개신교 전체의 미시구조적 맥락에서 고찰함으로써 산업선교를 둘러싼 개신교 내부의 활동과 변화에 좀 더 세부적으로 접근하고자 노력하였다. 교회 내부에서 발생하는 개신교 보수세력과 산업선교 간의 갈등을 밝히는 과정은 잘 알려져 있지 않은 만큼 보다 흥미롭고 의미 있을 것이다. 이러한 문제제기와 접근방법으로 한국 현대사에서 양면성을 가진 개신교회의 역할은 무엇이었으며, 그 영향은 어떠했는지를 파악하는데 도움이 될 것이라 기대한다.

또한 산업선교 내부의 다양성과 차이에도 관심을 두었다. 예수교장로회 통합 측 총회 전도부 직할인 영등포산업선교회와 감리교 소속이긴 하나 교단으로부터 비교적 자유로웠던 인천기독교도시산업선교회는 궁극적으로는 같은 지향점을 갖게 되었지만, 그 시작과 활동방법에서는 차이가 있었다. 이러한 차이가 노동운동을 전개하는 과정에서 어떻게 다르게 나타났는지에도 주목하였다. 또한 산업전도가 산업선교로 변화하는 과정에서 겪은 활동주체들의 개인적 경험과 노동자들이 산업선교를 자신들의 편으로 인식하게 되는 과정을 미시적-현상학적으로 관찰하고자 하였다. 이를 통해 1970년대 한국사회의 또 다른 측면을 규명해 볼 수 있을 것이다.

부록으로 산업선교와 관련된 개신교의 활동과 상황, 산업선교의 활동상을 연계해 볼 수 있는 표를 수록하였다. 이 표는 이들 간의 복잡미묘한 역학관계를 보다 쉽게 이해하는 데 도움이 될 것이다.

한국현대사에서 개신교에 대한 주제는 뜨거운 감자에 비유할 수 있다. 많은 영향을 미치고 있고 활동영역도 매우 넓지만, 종교라는 특수성으로 인해 쉽게 범접할 수 없는 어려움이 있기 때문이다. 70년대 산업선교 활동 역시 예외가 아니다. 70년대 노동운동에서 산업선교를 도외시할 수 없음에도 지금까지 제대로 된 연구서적이 나올 수 없었던 큰 이유가 여기에 있을 것이다. 종교, 특히 개신교의 정치 · 사회적 성격, 그리고 그것이 한국사회에 미친 영향은 단순하고 평면적이지 않지만, 일부분이나마 그 요인들 간의 관계양식을 밝혀내는 작업은 매우 중요한 일이라 생각된다.

본 연구를 위해 저자는 문헌연구방법을 기본으로 하였지만 관계자들과의 심층 인터뷰, 언론을 통한 공개 또는 비공개 영상 자료도 최대한 활용하였다. 산업선교에 관해서는 마침 그동안 구하기가 쉽지 않았던 인천의 기독교도시산업선교회와 영등포산업선교회에서 민주화운동기념사업회에 기증한 자료들이 공개되기 시작하여 이를 기본사료로 적극 활용하였다. 이 원사료들은 생생한 당시 상황을 접할 수 있게 해주는 아주 귀한 자료들이다. 그 속에는 각종 회의록과 보고서는 물론 실무자들의 개인적인 기록들과 사진들도 포함되어 있어, 산업선교의 전반적인 흐름과 함께 그간 가시화되지 않았던 변화를 잘 살펴볼 수 있었다.

그러나 많은 자료들이 정권의 탄압과 압수수색으로 유실되었으며, 숨겨 보관하는 과정에서 분실되기도 하였고, 정말 중요한 자료들은 보안을 위해 기록조차 되지 않았다는 점은 아쉬움과 안타까움으로 남는다. 또한 가능한 한 많은 관계자들과의 인터뷰를 통해 문헌에서 얻을 수 없는 생생한 자료를 얻고자 노력하였다.

제 2 장
산업전도에서
산업선교로

제2장 산업전도에서 산업선교로

■ 1. 산업전도의 시작

1) 미국교회의 아시아산업전도사업

해방이 되자, 식민지 시기 수탈구조의 한복판에서 모든 것을 빼앗긴 한반도는 피폐하고 텅 빈 공간에 '미군정'과 '이념대립으로 인한 갈등'이라는 낯선 정치적 사회적 현상 속에서 방황하고 있었다. 인구의 대부분을 차지하던 농민들은 막바지 태평양전쟁을 위해 안간힘을 쓰던 일제에게 쓰던 놋수저와 이듬해 농사를 위해 남겨둔 씨앗마저 공출당해 먹고살 길도 막막했다. 그 상황에서 미국의 민간원조가 긴급 지원되었다.

해방 이후 1950년대까지 내한한 원조기구는 총 51개나 되었다. 대부분이 '기독교세계봉사회(CWS)'나 '감리교해외구제위원회(MCOR)'처럼 기독교계통 민간단체들이었다. 당시 CWS는 미국NCC(National Churches of Council of USA)에 속한 단체로 NCC 내 다양한 교파들의 구호활동과 세계교회협의회(World Christian Council : WCC)의 활동까지 대행할 정도로 규모가 컸다.[1] 이들 외국민간원조단체들은 1946년에 '아시아구호단체

---

[1] 김흥수, 「한국전쟁 시기 기독교 외원단체의 구호활동」, 『한국기독교와 역사』 제 23호, 2005, 119쪽.
WCC(세계교회협의회 : World Christian Council)는 제2차 세계대전 이후 서구 개신교회가 자신들의 무책임을 반성하며 시작한 에큐메니칼운동으로 1948년 암스

(Liscensed Agencies for Relief in Asia : LARA)'라는 이름으로 연합하여 주로 귀환동포와 월남동포를 위한 전재민구호사업을 전개하였다.

남·북에 각기 다른 정권이 들어서면서 예견되었던 전쟁이 발발하자, 원조사업은 더 활발히 진행되었다. 한국전쟁 중인 1952년에는 7개의 외원단체들로 이루어진 '외국 민간원조기관 한국연합회(Korea Association of Voluntary Agencies : KAVA)'가 결성되어 전시응급구호사업과 전후복구사업에 주력했다.[2] 미국정부의 대외원조 예산과 본국에서 신자들로부터 모금한 후원금품, 미국 잉여농산물을 주된 자원으로 삼았던 이들은 1950년대 후반에는 한국정부의 보건사회부보다 더 많은 재원을 보유함으로써 '제2의 보사부'라고 불릴 정도였다.[3]

이같이 미국과 미국 개신교가 가져다주는 부와 풍요, 강력함에 대한 생생한 경험은 당시 남한에 거주하는 대부분의 사람들을 친미적인 성향으로 만드는 데 크게 기여했는데, 개신교의 경우에는 그 정도가 훨씬 더 심하였다. 개신교는 전래 초기부터 미국의 영향권 아래 있었고,[4] 해방

테르담에서 공식 결성된 세계적인 개신교 단체이다. "교회로만 향해있던 좁은 시각과 관심을 뛰어넘어 전 인류 역사 속에서 하나님이 행하셨고 행하시는 일에 민감하게 반응하고 전폭적으로 응답해야 한다"는 요지의 '하나님 선교'를 내세움으로써 교회의 적극적인 사회참여를 신학적 차원에서 정당화하고 이론화하였다. 창립총회에 소련과 중국교회를 포함, 세계 44개국 147개 교회로부터 온 351명의 대표가 참석하였으며, 이후 러시아정교회를 비롯한 동유럽 사회주의국가의 교회들을 회원으로 받아들였다. WCC는 한국전쟁 발발 당시 UN군 파견에 적극 동의하였지만, 이후 중국(중공)의 UN 가입 문제와 베트남전 반대 등으로 한국교회와는 다른 입장을 취해 한국교회 내에서 WCC 가입 여부를 놓고 분쟁이 발생하기도 하였다. 미국교회(미국NCC)는 초기 WCC의 구성 및 운영에서 창립총회의 경비뿐 아니라 예산의 75%가 넘는 액수를 담당하여 WCC의 노선을 결정짓는데 가장 큰 영향력을 행사하였다(이형기 역, 세계교회협의회 편, 『세계교회협의회 역대총회 종합보고서』 WCC연구자료 제3권, 한국장로교출판사, 1993 참조).

[2] KAVA는 특히 막대한 자원을 보유하고 있어 한국정부의 정책결정에도 큰 영향을 미쳤다.

[3] 최원규, 「외국 민간원조단체의 활동이 한국의 사회사업발전에 미친 영향」, 한국사회사학회 제71회 연구발표회 발표 논문, 1995.

[4] 한국에의 개신교 전래는 19세기 말 청교도적이며 보수적인 신앙을 가졌던 미국

후 미 군정기에는 개신교 신자라는 사실이 적산을 불하받는데 유리하게 작용했으며, 전쟁 이후에는 교회를 통해 우선적으로 구호물자를 공급받을 수 있었기 때문이었다. 혼란스럽고 악화된 남한의 경제상황에서 한국교회가 스스로 한 것이라고는 오직 헌금을 걷어 예배를 보고 교회를 유지하는 정도였을 뿐, 전도나 선교사업, 전후의 복구사업은 불가능한 일이었다. 따라서 이때 제공된 미국교회의 막대한 물자 및 현금원조는 한국 개신교회의 재건과 발전에 결정적인 역할을 하였다. 사정이 이렇다보니 한국교회가 미국의 주류교회들 및 WCC와 관계를 유지한다는 것은 원조자금을 독식할 수 있는 기회를 얻는 것과 다름없었다. 선교사들도 AFAK, UNKRA 등 원조단체로부터 제공되는 각종 물자들을 개신교회나 단체에 우선적으로 할당하였다. 당시 장로교와 감리교 선교사사무실은 각 선교부들이 제공하는 수백만 달러의 구호금과 복구비를 얻으려고 몰려든 한국인 목사들로 문전성시를 이루었다고 한다.[5] 이처럼 미국교회로부터 쏟아져 들어오는 원조금품에 익숙해진 한국 개신교는 이를 '종교적 축복'으로 여기며 대미의존성과 미국교회에 대한 종속성을 스스로 심화시켜 나갔다. 그럼으로써 한국교회는 미국 중심의 세계관으로 한국사회 안에서 친미 반공주의의 강력한 성채가 되었으며, 아무런 비판 없이 한국사회 내에서 이를 주도하고 강화시키는 발원지 역할을 하게 된 것이다.[6]

미국교회는 또한 막대한 예산과 지속적인 관리를 필요로 하는 관계로

의 북장로교와 감리교 선교사들이 파송되어 교육과 의료사업을 겸한 적극적인 선교정책을 수행함으로써 전파되었다. 이들의 보수적인 신앙관과 한국전쟁을 통해 강화된 반공주의는 이후 한국교회의 성격을 규정짓는데 큰 역할을 하였다. 영국으로부터 전래된 대한성공회와 구세군대한본영도 비슷한 시기에 한국 선교를 시작했으나 미국에서 전래된 교파보다는 교세가 약하였다.

5) 강인철, 1996, 117쪽. 이 과정에서 특히 눈부신 활동을 한 인물이 한경직과 류형기다. 두 사람은 모두 평안도 출신 미국 유학파로, 월남한 개신교 목사이며 철저한 친미주의자로, 각기 장로교와 감리교에서 남한 교회의 종교권력에서 핵심적 위치를 차지하였다.

6) 전택부, 『한국교회발전사』, 대한기독교출판사, 1987, 319쪽.

전후 한국교회로서는 엄두도 내지 못했던 몇 가지 신종사업을 추진하였
는데, 그 중 대표적인 것이 선교를 위한 '방송국 설립'과 '산업전도'였다.
1954년 세워진 한국 최초의 민간방송이자 1950년대 후반에 가장 청취율이
높았던 기독교방송(CBS)은 미국의 각 교파연합인 '매스컴위원회(RAVEMCO)'
가 방송선교를 위해, 1956년에 시작된 극동방송은 '복음주의연맹 선교회
(TEAM)'에서 공산권 선교를 목적으로 설립한 것이었다.[7] 그리고 1957년
에는 이제 막 산업사회로 첫발을 떼는 한국에 '산업전도'를 도입하였다.
이런 사업들의 궁극적 목표는 물론 아시아지역에서 미국교회의 영향력
을 확대시키는 것이었지만, 당시 한국사회와 한국교회는 그에 대한 아무
런 거부반응이나 비판이 존재할 수 없었다.[8]

당시 한국사회는 산업화 초기단계였다. 아직 경험해 보지 못한 산업사
회에 대한 인식이나 노동자문제에 대한 이해가 있을 리 없었다. 당연히
한국교회도 산업전도에 대해 아무런 관심도 없고 필요성도 느끼지 못하
였다. 그러나 한국에서도 곧 급격한 산업화가 진행될 것이고, 그에 따른
부작용이 당연히 발생하리라는 것을 경험적으로 예견한 미국교회는 한
국을 비롯한 아시아 여러 지역에서 산업전도 사업을 하기로 계획하였다.
미국교회의 아시아산업전도 사업은 2차 대전 후 식민지에서 벗어난 아시
아 지역에서 급격한 산업화의 진행으로 당할 고통을 미연에 방지하기 위
한 활동을 하는 것이 곧 새로운 시대의 사명이라고 판단한데 따른 것이
었다.[9]

---

7) 권순일, 『한국방송의 어제와 오늘』, 나남, 1991, 26쪽.

8) 이삼열 인터뷰, 2008. 12. 15.

9) 영등포산업선교회 40년사 기획위원회 편, 『영등포산업선교회 40년사』, 1998, 36쪽 ;
   WCC 회의 자료 중에도 "노동자는 자신의 책임수행과 인간의 존엄성에 걸맞는
   사회적 신분을 확보해야 하므로, 교회는 착취에 항거하여 노동자를 위한 인간
   다운 환경조성을 위하여 싸우는 노조운동을 환영해야 한다"는 구절이 있어 산
   업전도가 노동자의 인권을 위한 활동임을 적시하고 있다(*The Evanston Report,
   1954*, N.Y., Harper & Brothers, 1955, p.116).

이에 따라 1958년 6월 필리핀 마닐라에서 제1회 아시아산업전도대회가 개최되었다. 이 자리에서 아시아산업전도운동을 총괄하고 있던 존스(Henry D. Johnes) 목사는 다음과 같이 아시아산업전도의 방향성이 잘 드러나는 연설을 하였다.

> … 오늘날의 아시아 사회가 급격한 변천을 가져오게 된 근본 동기는 도시화와 공업(산업)화의 경향으로 인한 것이다. 기독교인들의 직책은 이러한 사회현실과 그 중대성을 먼저 이해하고 문제해결을 위해 어떻게 해야 하는지를 시급하게 깨달아야하는 것이기 때문에, 아시아의 모든 교회는 (문제가 더 심각해지기 전에) 산업노동자들에게도 손을 뻗쳐야한다.[10]

존스 목사 뿐 아니라 아시아의 산업전도에 관심이 있던 외국 선교사들은 모두 같은 우려와 목적을 가지고 있었다. 예수교장로회의 뒤를 이어 인천에서 감리교의 산업전도를 개척한 오글 목사(George Ogle, 한국명 오명걸) 역시 한국에서 산업전도의 필요성에 대해 다음과 같이 주장하였다.

> 서구 교회는 지주·상류층과 너무 가까운 관계에 있었기 때문에 산업혁명이 일어났을 당시 노동문제에 영향을 미치기 어려웠지만, 이제 산업혁명이 시작되는 한국에서는 교회가 다른 나라의 경험을 거울삼아 노동계급이 어려운 길을 걷지 않도록 노력해야 한다. (중략) 처음부터 노동계에 들어가지 않으면 노동계가 발전한 다음에는 더 어려우니 아직 교회와 노동계의 거리가 그리 멀어지지 않을 때 산업전도운동을 시작해야 한다.[11]

---

10) 오철호, 「1958년 6월 마닐라에서 개최한 제1회 아시아 산업전도대회에서 행한 연설 중에서」, 『산업전도수첩』, 대한예수교장로회 총회 교육부, 1965, 24쪽 참조.
11) 오명걸, 「우리나라와 다른 나라의 산업전도 1」, 『감리교생활』, 1963. 6. 15.

만약 이들의 의도대로 한국이 산업화 초기단계부터 산업사회의 문제를 인식하고 해결방법을 강구한다면 문제는 미연에 방지되고, 노동자들은 자신들의 권리를 찾아 당당하게 역할을 할 수 있을 것이었다. 그러나 현실은 그리 녹록치 않았다.

한국에서의 산업전도는 미국 장로교가 1955년 한국의 상황을 파악하기 위해 어라복(Urquart) 선교사를 파견하는 것으로 시작되었다. 어라복은 예수교장로회의 오철호 전도사에게 한국어를 배우면서 이듬해부터 문경시멘트공장에서 실험적으로 산업전도의 기초작업을 하였다.[12] 그리고 같은 해 존스 목사가 EACC 총무로 일본에 파송되었다.[13] 존스는 초기산업화가 한창 진행 중인 일본·대만·필리핀·태국 등을 순회하며 산업전도운동을 권유하고 설득하였다.[14] 존스가 한국에 온 것은 1957년 3월이었다. 산업전도는 이처럼 구상단계에서부터 전적으로 미국 선교사들의 주도하에 이루어졌고, 미국교회의 꾸준하고도 적극적인 관심과 재정적 지원, 교육이 뒤따랐다.

한국에서 가장 먼저 산업전도를 받아들인 교파는 예수교장로회(이하 예장)였다.[15] 예장총회에서는 존스의 권유에 따라 1957년 4월 12일 전도

---

[12] 1998년 혹은 1999년 미국에 거주하는 오철호의 방한 시에 진방주 목사가 인터뷰한 비디오 자료(이하 진방주의 오철호 인터뷰 비디오 자료) 참조. 1957년 9월 26일 준공된 문경시멘트공장은 UNKRA 원조자금으로 건설된 당시 우리나라 최대 규모의 시멘트 공장이다.

[13] EACC는 미국연합장로교회 해외선교부의 주창으로 1954년 발족된 아시아 에큐메니칼 선교협의회와 WCC 등이 합류해서 형성된 것으로, 서구교회와 아시아교회 사이에 선교를 통한 상호관계를 갖기 위해 결성된 것이다. EACC는 1973년 CCA로 명칭이 변경되었다(박상증, 「아시아 에큐메니칼운동의 흐름」, 『한국교회와 에큐메니칼운동』, 대한기독교서회, 1992, 28~34쪽).

[14] 竹中正夫, 『働く人間像を求めて－関西労伝ノート·その20年』, 新教出版社, 1978. 9, pp.158~159.

[15] 이권찬, 「산업전도의 발자취」, 『기독교사상』, 1963년 3월호. 이권찬은 이 사업이 초교파적으로 이루어지기를 원했으나 타 교파에서는 이에 대한 적극적인

부 산하에 '산업전도위원회(PCK-Industrial Evangelism Committee)'를 설치하였다.[16] 이때부터 연 5,000불이라는, 당시로서는 매우 큰 돈이 오로지 산업전도를 위한 자금으로 지원되었다.[17] 이후에도 예장총회에서는 본 사업을 위한 자체예산은 한 번도 책정하지 않았고 오로지 외국자본에 의해서만 사업을 운영하였다.[18] 덕분에 한국에서의 산업전도 사업은 매우 빠른 속도로 진행되었다. 교단의 최고지도자급인 황금천·권연호 목사가 초기와 차기 총회 전도부 소속 산업전도위원장을 담당하였으며, 5월에는 산업전도위원회 초대위원장을 맡은 황금천과 어라복이 일본과 대만으로

호응이 없어, 1957년 4월 12일, 예장총회에서만 단독으로 전도부 산하에 산업 전도위원회를 설치하고 어떻게 사업을 시작할 것인지 연구하기 시작하였다고 한다. 오철호 역시 "각 교파 전도부책임자회의에서 NCC 산하에 산업전도부를 둘 것으로 결의되었으나 와해되었다"고 하였다(오철호, 「한국에 있어서의 산업 전도의 실태」, 『기독교사상』, 1961. 5, 62~67쪽 참조). 당시 한국NCC 회원교단 은 예수교장로회와 기독교장로회, 감리교회였다.

홍현영은 초기에 예장만이 산업전도를 받아들인 것에 대해 WCC가 공산권 교 회를 회원으로 받아들이고 중공의 유엔가입을 옹호하는 등 한국교회와는 다른 노선을 취하는 것에 대해 한국교회 내에서 분쟁이 일어났기 때문이었다고 기 술하였는데(「도시산업선교회와 1970년대 노동운동」, 『1970년대 민중운동연구』, 민주화운동기념사업회, 2005) 이 주장은 당시 장로교 내부의 사정을 잘 알지 못한 데서 기인한 것이다. 당시 WCC노선 분쟁은 장로교 내에서 가장 치열했 는데, 예장통합은 WCC에 남아 지속적인 지원을 받았고, 예장합동은 WCC에서 탈퇴해 보수복음주의 쪽을 선택하였다. 그러나 실질적으로 이 둘 사이에 신 학·신앙관에는 큰 차이가 없었다. 1959년 예장 분열 이후 합동 측으로 간 황 금천·권연호 목사는 오히려 산업전도 도입 초기에 산업전도위원장을 맡아 열 심히 활동했으며, 감리교 등 NCC 소속의 다른 교파 역시 일부 WCC노선을 비 판하면서도 WCC 회원자격을 고수하였고, 2~3년 후에는 모두 산업전도에 관심 을 갖고 활동을 시작하였기에 이러한 주장은 타당성이 없다고 여겨진다. 그보 다는 "(산업전도에) 관심 있는 사람이 많지 않아 교회의 지원을 기대하기 너무 어려웠다"는 기록으로 미루어보아 당시 산업사회에 대한 이해가 없는 상태에서 필요성을 느끼지 못하였기 때문인 것으로 추측된다. 또한 산업전도를 도입한 미국교회가 장로교였다는 것도 감리교가 이를 적극적으로 수용하지 않은 요인 의 하나가 되었을 것으로 보인다.

16) 예수교장로회의 1957년 제 42회 『총회회의록』.
17) 진방주의 오철호 인터뷰 비디오 자료 참조.
18) 조지송, 「간추린 영등포산업선교회 이야기」, 『나의 삶 나의 이야기』, 도서출판 연이, 1997, 283쪽.

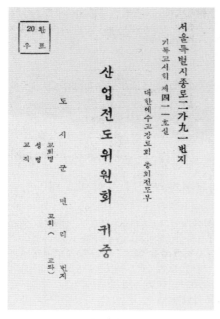

초창기 산업전도 홍보 엽서

연구시찰을 다녀왔다. 또 산업전도가 무엇인지 알리기 위한 대대적인 홍
보활동도 시작되었다. 7월에는 산업전도용 전도지와 포스터, 쪽복음 등
을 출판하여 각 교단과 교회에 보급하였고,[19] 노동주일과 산업전도주간
을 설정하였으며,[20] 산업전도 노래를 만들어 보급하고,[21] 기독교방송을
통해 홍보·계몽하였다.[22]

---

[19] 『기독공보』, 1960. 3. 21 ; 오철호, 『산업전도수첩』, 대한예수교장로교 총회 종
교교육부, 1965, 38쪽. 이때 출판한 전도지가 50,000매, 포스터가 3,000매이며,
쪽복음이 20,000부, 산업전도용 찬송가가 9,000부로 당시로서는 상당한 물량이
었다.

[20] 「내 아버지께서 일하시니 / 3월을 노동절 주일로 제정」, 『기독공보』. 1960. 3.
21 ; 「산업전도의 사명 중차대 / 노동주일(3월 10일) 산업전도주간 실시」, 『기
독공보』, 1963. 3. 4.

[21] 산업선교 노래는 오철호 작사, 장수철 작곡의 "주님을 섬기며 그 나라 세우리"
이다(『기독공보』, 1960. 8. 15).

1958년 3월, 존스가 재차 내한해 진행상황을 점검하고 국내 각처에서 산업전도연구회를 개최하여 한 달 동안 산업전도에 대한 집중교육을 하였다.[23] 이에 따라 같은 해에 구체적인 사업시행을 위한 '영등포지구 산업전도위원회'가 설립되고, 대규모 공장들이 있는 전국의 주요도시에도 해당지역 목사들과 기업인 장로들로 구성된 산업전도위원회가 조직되었다.[24] 존스는 산업전도가 정착될 때까지 총 일곱 차례나 한국을 방문하고, 총회에 참석하여 지도부를 격려하면서 한국의 산업전도사업에 열정을 보였다.[25] 지도부에 대한 교육도 계속되었는데, 1958년 6월 마닐라에서 열린 제1회 아시아산업전도대회를 비롯한 각종 국제회의에 수차례 한국대표를 파견하여 외국의 산업전도 사례를 접하게 하고,[26] 시찰단을 교환하였다.[27] 총회 산업전도위원회 초대간사인 오철호는 미국연합장로회의 지도자양성계획에 따라 맥코믹(McCormick)신학교 산업문제연구소로 유학도 다녀왔다.[28]

---

22) 1961년 9월부터 12월까지 기독교방송에서 매주 1회 '근로자에게 보내는 시간'을 방송하였다(대한예수교장로회 총회전도부산업선교위원회 편, 『교회와 도시산업선교』, 1981, 21·34쪽).

23) 「산업전도연구회 성료」, 『기독공보』, 1960. 5. 30 ; 진방주의 오철호 인터뷰 비디오 자료 참조.

24) 이권찬, 「산업전도의 발자취」, 『기독교사상』, 1963년 3월호.

25) 존스 목사의 방한 기록은 다음과 같다. 1957년 3월, 1958년 3월, 1962년 6월, 1962년 9월, 1963년 11월, 1964년 4월, 1964년 12월(오철호, 『산업전도수첩』, 38~45쪽 참조).

26) 대한예수교장로회, 『총회회의록』, 1958, 170쪽. 1958년 6월 2~13일 필리핀 마닐라에서 개최된 제1회 아시아산업전도대회에는 아시아 전 지역과 호주에 있는 16개국 교회대표 54명이 참석하였다. 한국에서는 황금천·권연호·김상권·오철호 등 4명을 파견하였다 ;『기독공보』, 1958. 6·1960. 10·1962. 12·1963. 3. 4.

27) 『기독공보』, 1965. 9. 2 ;「대만 산업전도 시찰단 내한 부산 등 4개 지구 순방 예정」, 『기독교세계』, 1965. 9. 4 ;「산업전도시찰단 귀국 대만·일본 등지 시찰코」, 『기독교세계』, 1966. 4. 7.

28) 오철호, 「서구의 산업전도 / 각국을 시찰하고 와서」, 『기독공보』 751호, 1964. 10. 31·11. 7 ; 오철호, 1965, 43, 65~75쪽. 오철호는 시카고에서 1년간 연수를 한 후 3개월간 유럽의 산업전도 상황도 둘러보고 귀국하였다. 맥코믹신학교 산

미국교회가 한국에 산업전도를 정착시키기 위해 얼마나 노력했는지는 방한했던 인물들만 보아도 알 수 있다. 미국 강철(U. S. Steal)노조의 간부이며 노동조합 조직부장인 존 램지(John G. Ramsay) 장로[29], 에피아니아 카스트로(Epiania Castro)[30], 액클 목사(Rev. Ackle)[31], 알프레드 슈미트 박사(Dr. Alfred Schumidt)[32], 산업전도 전임교수인 조지 토드 목사(Rev. George Todd)[33], 칼데론 박사(Dr. Calderon)[34] 등 산업전도의 권위자들이 수시로 한국을 방문하였고, 전국을 돌며 강연과 연구회를 개최하여 산업전도를 홍보하고 방법론을 교육하였다. 또 1962년 10월에는 맥코믹신학교 산업문제연구소의 초대소장이며 미국연합장로회 총회장인 마샬 스콧(Marchal Scott)이 직접 내한하여 한국의 산업전도 현황을 시찰하고, 각 신학교와 대학교에서 산업전도사업의 시대적인 필요성에 대해 역설하였다.[35] 교

업문제연구소는 산업전도 실무자들을 많이 배출하여 한국, 일본, 필리핀, 인도 등으로 파송한 산업전도의 메카이다. 존스도 이곳에서 훈련받고 일본으로 파송되어 아시아 산업전도를 관장하였으며, 한국에 파송된 어라복과 오글 모두 이곳 출신이라고 한다(조지송 인터뷰, 2007. 11. 23).

[29] 램지는 1958년 11월 한국을 방문하여 영등포·대전·인천·대구·부산·청주·광주·마산·강원도 등의 중요산업도시에서 산업전도연구회를 인도하고 산업전도위원회를 조직하였으며, 1965년 9월에도 특별강사로 방한하였다(오철호, 1965, 38쪽 ;「램지 장로 본사 기자와 인터뷰」,『기독교세계』, 1965. 9. 25).

[30] 카스트로는 960년 4월 방한, 한국기독교연합회 청년국과 함께 현대사회와 기독교평신도운동 연구회를 개최하였다(오철호, 1965, 38쪽).

[31] 액클 목사는 1960년 5월 내한, 산업전도 상황을 둘러보고 산업전도연구회에서 특강을 하였다(『기독공보』, 1960. 6. 13).

[32] 슈미트 박사는 1962년 6월, 존스와 함께 제7회 산업전도연구회 전국대회에 참여하고 연구회를 개최하였다(『기독공보』, 1962. 6. 18).

[33] 토드 목사는 1962년 11월, 영등포 소재 영은교회에서 산업전도회를 개최하고 산업도시의 교회가 당면한 문제들과 일반신도들이 노동에 대하여 취해야 할 성서적인 의의에 대한 특강을 하였다(『기독공보』, 1962. 11. 12·11. 26 ;『크리스챤신문』, 1962. 11. 12).

[34] 어라복,「산업전도의 작금」,『기독공보』, 1963. 3. 4.

[35]「미 연합장로회 총회장 스칼 박사 부처 11월 15일 내한예정」,『기독공보』, 1962. 10. 29·11. 26 ;「미 연합장로회 총회장 내한」,『크리스챤신문』, 1962. 11. 12 ;「로케트시대에도 하나님이 사물을 관리 하신다 / 미 연합장로회 총회장 스카

계 뿐 아니라 미국사회에서도 중요한 위치에 있는 인물들의 이러한 행보는 한국의 기업주와 교계가 이 사업에 큰 관심을 가지게 하는데 기여하였다. 또 어라복이 임기를 마치고 귀국한 다음에는 함부만(Rev. Hoffman)과 우튼(Rev. Wootton)을 산업전도 전임선교사로 파견하여 지속적인 관리와 교육이 가능하도록 조처하였다.[36]

이제 산업전도는 미국교회의 전폭적인 지지를 받는 전도양양한 첨단 사업으로 확실하게 인식되어 교회 엘리트층과 기업주, 대학생들에게 상당한 관심을 불러일으켰다. 기독대학생들을 상대로 장차 산업전도를 수행할 지도자를 양성하는 과정도 매년 여름·겨울 방학을 이용하여 1년에 2회씩 꾸준히 진행되었다. 1958년 여름에는 전국 5개 도시와 11개 단과대학에서 특별히 선발된 대학생 14명이 33일간 경북 문경에서 제1회 기독학생노동문제연구회를 개최하였다. 이들은 낮에는 시멘트공장 노동자들과 함께 공장에서 일하는 노동체험을 하고, 저녁에는 세미나를 열어 산업현장에서의 문제점과 전도방법 등을 고민하면서 산업전도에 관한 기초교육을 받았다. 오철호는 또 '이동산업전도대(Industrial Caravan)'을 기획해 대학생들과 함께 전국 15개 지역을 돌았다. 이들은 주로 기독교인이 사장인 공장을 찾아가 견학하고, 노동자들과 배구시합을 하며, 준비한 음악회를 열어주고, 또 의과대학생들은 무료진료를 해주기도 하였다.[37] 총회 산업전도위원회 간사였던 오철호는 성탄절에는 각계 인사들

트 박사 강조」, 『크리스챤신문』 제97호.

36) 「산업전도위 총무에 함부만 씨」, 『기독공보』, 1964. 6. 20 ; 대한예수교장로회총회 전도부 산업선교위원회 편, 『교회와 도시산업선교』, 1981, 15쪽.

37) 『기독공보』, 1960. 8. 15 ; 「산업전도연구회」, 『기독공보』, 1961. 6. 5 ; 「산전연구회 전국대회」, 『기독공보』, 1962. 6. 4 ; 「대학생 노동문제연구」, 『크리스챤신문』, 1963. 1. 14 ; 「산업전도에 업적 대학생노동문제연구회 성료」, 『기독공보』, 1963. 2. 11 ; 「대학생들의 공장 진입」, 『기독공보』, 1964. 1. 18 ; 「노동체험과 이론연구 / 기독청년대학생 노동문제연구생들」, 『복음신문』 제32호 ; 「산업전도에 나갔던 대학생들」, 『기독공보』 제767호 ; 이삼열, 「나의 에큐메니칼운동 계보」, 『나의 삶 나의 이야기』, 도서출판 연이, 1997, 88쪽.

에게 산업전도를 소개하는 카드를 보냈고, 기업주 장로들과 함께 식사를 하며 산업전도를 홍보하였다.[38]

1961년에는 산업전도연구원이 설치되고 전국적으로 신학교 졸업생, 혹은 교직자 중에서 시험을 통해 산업전도 적격자를 뽑았다. 시험과목은 성경, 논문, 영어였는데, 당락을 결정짓는데 가장 비중이 큰 과목은 영어였다. 영어가 이처럼 중요했던 이유는 미국에서 오는 문서를 해석하고, 모든 회의기록을 미국 선교부에 보고하기 위해 영어로 작성할 수 있어야 하기 때문이었다.[39] 결국 초창기 산업전도는 노동자와 산업사회의 고충을 이해하고 이들을 위해 일할 수 있는 사람보다는 한국교회의 국제관계를 형성하고 한국교회와 미국교회를 연결하는 다리 역할을 할 사람을 육성하는데 집중했다고 할 수 있다.

초기 과정에서 산업전도사업은 이렇듯 외양적으로는 상당히 활발하게 진행되었지만 노동자는 전혀 고려대상이 아니었다. 산업전도란 공장에서 예배를 보고 노동자들에게 전도하여 교세확장을 하는 것이고,[40] 노동자들에게 자신의 역할에 맞게 근면하고 성실하게 일하는 것이 하나님의 뜻이요 축복받는 길이라 교육하는 것이라고 확신하고 있었다.

한편, 이처럼 산업전도가 붐을 일으키며 교계의 새로운 사업으로 떠오르고 그 필요성이 강조되자 다른 교파들도 산업전도에 눈을 돌리기 시작하였다. 성공회와 감리교는 1961년에, 기독교장로회는 1963년에, 구세군도 1965년에 각기 산업전도를 시작하였다. 가톨릭에서는 이미 1957년 11월 노동청년회(JOC)가 결성되었다.

---

38) 진방주의 오철호 인터뷰 비디오 자료 참조.
39) 「산업전도연구원 모집」, 『기독공보』 제768호 ; 『크리스챤신문』 206호 ; 『복음신문』 제34호 ; 「산업전도 요원 뽑아」, 『기독공보』 제766호 ; 어라복, 「산업전도인의 작금」, 『기독공보』, 1963. 3. 4.
40) 김흥환, 「산업전도의 실제문제 / 산업전도는 어떻게 하나」, 『기독공보』, 1963. 3. 4.

감리교의 산업전도는 예장의 경우와는 다르게 미국교회나 중앙교단 차원의 정책적인 지원 없이, 개인적으로 한국사회에 대한 선견지명이 있었던 오글 목사에 의해 시작되었다. 1955년에 선교사로 한국에 왔던 오글은 전후 한국사회가 급속한 산업발전과 함께 산업문제들이 발생할 것이라 예견하고 그에 대한 준비를 하였다. 우선 그는 미국에 돌아가 맥코믹신학교의 산업문제연구소에서 한국의 산업전도에 관심이 많은 스콧 교수에게 특별훈련을 받았다. 1960년 한국에 다시 돌아온 그는 존스를 통해 이미 사업을 시작한 예장의 산업전도 팀과 교류하였다. 1960년 5월에는 산업전도연구회에 참석하여 '산업전도의 역사적 필연성과 현재와 장래의 사정' '산업전도의 애로와 타개책' 등을 함께 연구하였고,[41] 8월에는 '이동산업전도대'의 일원으로 전국의 산업화 현황을 살펴보는 등 사전 준비를 하였다.[42]

당시 공장이 많던 인천에서는 감리교의 윤창덕·조용구 목사가 공장 노동자들에게 전도해야겠다는 단순한 열의를 가지고 동일방직 기숙사와 한국기계공업주식회사에서 노동자들을 상대로 예배를 보고 있었다.[43] 1961년 가을, 오글은 공장전도에 관심 있는 이들을 중심으로 인천 동구 하수동에 초가집 한 채를 구입하고 '인천산업전도위원회'를 조직하였다. 그는 먼저, 지역의 특성과 노동자들에 대해 면밀히 조사하여 활동 가능성에 대한 시험적 과정을 거친 후 활동방향을 결정하였다. 오글은 특별히 산업전도를 지망하는 목사들에게 탁상공론이 아닌 경험을 통해 산업사회에 대한 인식을 정립할 것을 요구하였다.

또한 총회나 교회의 지원을 받지 못했던 인천산업전도를 위해 오글은

---

41) 『크리스챤신문』, 1960. 5. 30.
42) 이삼열, 「나의 에큐메니칼운동 계보」, 『나의 삶 나의 이야기』, 도서출판 연이, 1997, 88쪽.
43) 조승혁, 『도시산업선교의 인식』, 민중사, 1981, 27~28쪽 ; 「1962년 감리교 중부 연회 파송기」 ; 「1962년 인천지방 실행위원회 회의록」 참조.

외국에서의 사업비 모금을 전담하였으며, 활동방향과 내용 등 전반적인 면에서 탁월한 지도력으로 한국의 산업선교에 큰 영향을 미쳤다.[44] 그래서 교단과 교파를 막론하고 산업선교운동에 헌신했던 목사와 지도자들은 모두 오글에 대해 "한국산업선교의 개척과 발전에 탁월한 안목을 가지고 있던 산업선교의 스승"이라고 입을 모은다.

한국 개신교 교파 중 가장 진보적 입장에서 일찌감치 전후 빈곤의 해결 방법으로 경제개발의 필요성을 주장하던 기독교장로회(이하 기장)는 산업전도에 대한 접근방식이 또 달랐다.[45] 1963년 6월, 인천의 대성목재공업주식회사가 직원들의 교양과 후생을 위해 산업전도실을 설치하였는데, 이국선 목사가 그 담당직원으로 채용되는 형식으로 산업전도에 첫발을 내딛은 것이다.[46] 기장은 같은 해 9월, 캐나다연합장로교의 지원을 받아 한국신학대학 선교문제연구소 내에 산업사회연구위원회를 두었다. 이 위원회에서는 '전국 산업사회 실태조사'와 '공장근로자 생활실태조사'를 실시하였는데, 그 결과를 근거로 경인·대구·부산에서도 산업전도를 전개하였다.[47] 또한 캐나다연합장로교 소속의 배창민(Rev. Beecham) 목사가 산업전도 전임선교사로 부임하였다.

영국에 근거를 두고 있는 성공회는, 영국에서 이미 산업전도의 경험이

---

44) 「산업전도의 교두보 인천산업전도위원회 활동상」, 『기독교세계』, 1966. 2. 5 ; 조지 오글, 「우리의 마음도 여러분과 함께 울고 있습니다」, 『시대를 지킨 양심』, 민주화운동기념사업회, 2007, 45~46쪽 ; 조승혁, 『도시산업선교의 인식』, 민중사, 1981, 27~28쪽.

45) 기독교장로회는 김재준 목사의 진보적인 교리해석에 대한 문제로 1953년 대한예수교장로회에서 갈라져 나온 교단이다. 이후 캐나다연합장로교의 지원을 받았으며, 한국신학대학(교)를 설립하였다. 1970~80년대 한국민주화운동에 큰 기여를 하였다.

46) 강원용, 「한국경제 재건에 대한 한 기독자의 제언」, 『기독교사상』, 1958. 8·9 월호 ; 조향록, 「제2공화국에 대한 조언」, 『기독교사상』, 1960. 8·9월.

47) 한국기독교장로회 총회, 『도시산업선교: 5개년 계획사업 평가를 중심으로』, 1972, 25쪽.

있던 데일리 주교(Bishop John Daly: 한국명 김요한)에 의해 광산지역에서 개척되었다. 1961년 강원도 황지 탄광지대의 주임신부였던 하성근이 김요한 주교의 지원으로 광산노동자들과 함께 노동하며 황지지역 사회 문제에 관심을 갖고 활동을 시작한 것이다.[48] 김요한 주교는 이 지역에서 산업전도를 시작한 이유에 대해 "산업화에 따른 인구 집중으로 사회가 비인간화 되거나 비도덕화 되어가는 상황으로부터 사람들을 구하기 위해 교회와 노동자 간에 상호연대관계를 강화하기 위한 것"이라고 하였다.[49]

이처럼 각 교단마다 차이는 있으나 산업전도는 이미 산업화 사회에서 발생하는 문제점을 익히 알고 있던 서구의 기독교 지도자들에 의해서 한국에 도입되었다. 따라서 본래의 취지나 목적과는 별개로 당시 산업전도 일선에서 활동한 실무자들은 서구의 선진문화를 받아들여 시행하는 선봉에 자신들이 서있다는 자부심과 의무감에 차 있었다.

2) 산업전도의 시작

산업전도는 이처럼 급격하게 다가올 산업사회에서 발생할 문제들을 미연에 방지하기 위한 목적을 가지고 시작되었다. 그러나 산업사회를 경험해 보지 못한 한국교회의 산업전도에 대한 초기 인식은 아직 미비할 수 밖에 없었다. 초창기 예장 산업전도위원회에서 산업전도와 그 대상에 대해 설명한 글을 보면 당시 이들의 한계와 문제점이 확연하게 드러난다.

---

[48] 데일리 주교는 1927년부터 35년까지 영국의 광산지대인 에어타일에서 시무하였는데, 5·16 군사쿠데타의 결과로 태백산 지역에 투입된 국토건설대의 현황과 영등포지역의 산업화 상황을 보고 산업선교에 착수하게 되었다 한다(J. Daly, *Four Mitres*, part Ⅲ, p.47 ; J. Daly, 「한국에서의 산업선교」, 『선교백년의 증언: 대한성공회 100주년 회고록』, 대한성공회 출판부, 1990, 242쪽).

[49] *Letter from the Bishop*, MC, No.62(Jun. 1962), p.4.

산업전도 하면 주로 노동하는 기업체의 종업원만을 생각하는 편향된 개념을 갖기가 쉽다. 그러나 사실상 산업전도는 기업체에 관계된 모든 사람을 대상으로 전도하는 교회의 활동이라고 보아야 한다. 그렇기 때문에 교회는 경영주 편이나 종업원 편에 치우쳐서 어느 한 편만을 두둔하는 일방적인 활동을 할 수는 없고, 성서가 지향하는 길에 서서 양자에게 교회의 입장을 이해하고 따르도록 권유해야 한다.[50]

이 글에서는 몇 가지 문제가 드러나고 있다. 먼저, 산업전도를 오로지 급격한 산업화로 공장으로 몰려든 이들을 상대로 하는 '전도'로만 생각하고 있음을 알 수 있다. 둘째는, 산업사회에서 경영주와 노동자는 입장이 같을 수 없는 존재인데, 이들에 대한 깊은 이해와 준비 없이 사업의 대상으로 이들을 함께 아우르려 한다는 것이다. 셋째로는 문제해결에 있어서 양자의 입장이 아닌 교회의 입장을 이해하고 따르도록 하겠다는 것으로, 산업사회의 문제가 무엇인지에 대한 인식이 전혀 없다는 것을 적나라하게 보여주고 있다.

이러한 상황에서 예장의 산업전도 활동은 영등포에서 첫 발을 떼었다. 1958년 당시 영등포에는 공장이 이미 60여 개나 들어서 있었고, 큰 공장에는 1,000~3,000명의 어린 여성들이 일하고 있을 정도로 노동자들이 밀집된 지역이었다. 이곳으로 '산업전도자'라는 이름의 여전도사가 파송된 것이다. 산업전도자의 역할은 기독교인 경영주나 간부가 있는 공장을 섭외하여 매주 2회씩 기업주 및 회사 중역, 노동자들과 함께 예배를 보는 '공장목회'를 시작하는 것이었다.[51]

이 지역의 첫 번째 산업전도 실무자였던 강경구 전도사가 맞닥뜨린 노동자들의 현실은 기대와는 많이 달랐다. 어린 여성노동자들은 저임금과

---

50) 「산업전도를 위한 토의자료」, 『영등포산업선교회 40년사』, 1998, 51쪽에서 재인용.
51) 오철호, 1965, 48쪽.

장시간 노동으로 인한 영양부족으로 쓰러지는 경우도 있었고, 어린 나이에 감당할 수 없는 삶의 무게로 자살하는 경우도 있었으며, 세상물정에 어두워 피해를 보는 경우도 많았다. 그러나 강경구 전도사가 노동자의 비참한 실태에 충격을 받고 쓴 현장보고는 예장총회 산업전도 책임자들에게 아무런 영향을 주지 못하였고, 오히려 1년 만에 총회의 지원이 중단되었다.[52] 총회 전도부에서 승산이 없다고 판단했기 때문이었다.

대신 어라복은 대구에서 경영자와 기업체의 중역들을 중심으로 '기독교 운영자회'를 조직하였다.[53] 오철호 역시 총회 산업전도위원회 간사로 있으면서 기업주 장로들과 한 달에 두 번씩 함께 식사를 하는 등 경영주들과의 관계를 돈독히 하였다.[54] 개신교 신자들은 경제계에서도 무시 못 할 비중을 차지하고 있었는데, 예컨대 1962년 당시 22대 재벌 가운데 개신교 신자로 확인되는 사람은 이양구, 정재호, 전택보, 최태섭, 김종희 등으로 22.7%를 차지하고 있었다.[55] 또한 대부분의 개신교인 기업주들은 교회에서 평신도로서는 가장 높은 지위인 장로 직분을 가지고 있다. 이는 교회의 운영과 재정 면에서 이들의 발언권과 영향력이 세다는 것을 의미한다. 따라서 "사장 한 사람만 예수 믿게 하는데 성공하면 그 공장 노동자들은 저절로 교회에 나오게 된다"고 믿었던 산업전도 관계자들은 노동자보다 기업주와의 관계를 매우 중요시하였다.[56] 오철호는 "중역들과 간부들에게 전도하는 일이 노동자에게 전도하는 것만큼, 때로는 그 이상으로 중요하다는 사실을 기억해야 한다"고까지 강조하였다.[57] 노동자들을 주체성

---

52) 노동자들의 절박한 현실을 외면할 수 없었던 강경구는 이 사실을 여전도회 전국연합회에 보고하고 지원을 받아 1965년까지 이 지역에서 노동자들을 돌보았다(주선애, 『장로교여성사』, 1978, 297~299쪽).

53) 어라복, 「산업전도의 실황과 실화: 종업원 전도활동」, 『기독교사상』, 1963년 3월호.

54) 진방주의 오철호 인터뷰 비디오 자료 참조.

55) 강인철, 1996, 207쪽.

56) 조지송, 「간추린 산업선교이야기」, 『나의 삶 나의 이야기』, 도서출판연이, 1997.

이 없는, 기업주의 부속 정도로만 생각한 것이다. 실제로 어떤 공장에서는 "누구든지 이 공장에 들어오면 복음에 대하여 귀 기울이고 예배에 참석해야 한다"는 조건을 붙여 사람을 뽑는가 하면, 입사할 때 교회 출석도 함께 약속하기 때문에 종업원들은 반드시 신도든 비신도든 예배에 참석하게 되어있었다.[58]

'산업'이라는 단어가 앞에 붙긴 하였지만 이처럼 한국의 산업전도는 일종의 교회 확장운동으로, 소위 '황금어장'에 비유되었다.[59] 또한 '공장목회'라는 이름으로 땅 짚고 헤엄만 쳐도 외국으로부터 막대한 예산이 굴러들어오고 신자 수가 쑥쑥 늘어나는 '황금알을 낳는 거위'로 생각하였다. 그 결과 예장 산업전도위원회의 목표는 점차 더 늘어나는 공장의 기업인들과 손잡고 전 공장을 복음화하는 것에만 집중되었다.

산업전도사업의 출발은 매우 순조로웠다. 이미 1940년대 말부터 월남한 몇몇 기독교인 경영주들이 노동자들의 구령(救靈)사업을 한다는 목적으로 공장에서 노동자들과 함께 예배 보는 모임이 있었기 때문이다.[60]

---

57) 오철호, 「한국에 있어서의 산업전도의 실태」, 『기독교사상』, 1961. 5, 65쪽.

58) 어라복, 「종업원 전도활동」, 『기독교사상』, 1963. 3, 50~57쪽.

59) 이규상, 「한국도시산업선교의 발전과정과 현황」.

60) 교계 신문에서는 후에 숭실대 총장을 지낸 평남 강서군 출신의 김형남 장로가 해방 직후 월남하여 운영하기 시작한 전남방직(일신방직의 전신)에서 1946년 2월부터 노동자들과 함께 예배보기 시작한 것을 국내 산업전도의 효시라고 보도하였다(「산업전도의 효시 / 공녀들 입가에선 항시 찬송이 흘러」, 『기독공보』, 1964. 8. 22.). 이외에 부산의 백흥표백공장과 대구의 경북인쇄소, 천우철공사 등도 공장예배를 보고 있었다(오철호, 「한국에 있어서의 산업전도의 실태」, 『기독교사상』, 1961. 5, 64쪽).
이외에도 초창기 산업전도에 열성적이었던 기업주 중에는 월남민이 많았다. 대동모방, 대한모직, 동아염직의 경영주 아봉수와 김성섭은 한경직과 같은 고향인 평북 신의주 출신이다. 초기 산업전도 사업에 참여했던 개신교 지도자 중에도 월남인들이 많은데, 황금천(황해), 이권찬(평남), 오철호(평남)도 이북 출신이며, 영등포산업선교회의 방지일(평북), 문학선(황해) 등이 그들이다. 이는 이북 출신들의 신앙심과 친분관계, 해방 이후 월남 기독교 지도자들의 남한 교회 장악 등이 함께 작용했던 것으로 보인다.

이들은 모두 노동자들에게 전도하는 일이 하나님께 충성하는 일일 뿐 아니라 자신들이 해야 할 사명이자 의무라는 강렬한 소명의식을 가지고 있었다.[61] 그러나 한편으로는 일을 해서 생산성을 높여야 할 시간에 예배를 봄으로써 자신들이 노동자들을 위해 상당히 많이 희생하고 봉사하고 있다고도 생각하였다. 노동을 천시하는 한국적 풍토에 더하여, 성경의 논리에 따라서 볼 때 노동은 고통스러운 죄의 결과라는 잘못된 인식도 바탕에 깔려있었다. 그들이 볼 때 노동자는 자비를 베풀어 구원해야할 대상이지 동등한 인격체는 아니었던 것이다. 따라서 자신들이 노동자를 위해 하는 이러한 일은 신앙의 본보기이며, 감동적인 일이고, 노동자들이 감사해야 할 일이라고 자찬하였다.[62] 초기 산업전도에 열성적이던 기업주 장로들은 더 나아가 직접 노동자를 위한 교회를 설립하기도 했는데, 일신방직에서 세운 서림교회, 대한모방·대한모직·동아염직에서 세운 영은교회 등이 그것이다.[63]

인천에서 개인적으로 공장목회를 하던 감리교 목사들 역시 오글이 오기 전까지는 산업사회와 접촉하는데 있어서 경영주의 힘을 이용하였다. 경영주들은 자신들이 운영하는 공장의 관리자나 노동자를 상대로 하여 전도하는 것에 대해서 아무런 거부반응이 없었다. 많은 노동자들을 얌전한 크리스찬으로 만드는 것은 기업을 위해서 바람직한 일이며, 기독교인 경영주로서도 바람직한 신앙활동으로 여겼기 때문이다.[64]

---

61) 인명진, 「영등포산업선교회의 역사」, 영등포산업선교회 40년사 기획위원회 편, 1998, 58쪽 ; 조지송, 1997 ; 1958년 당시 산업전도를 한 공장들은 섬유업과 광업이 주이며, 적게는 400명에서 많게는 5,000명의 노동자가 있는 대규모 공장들이었다(대한예수교장로회, 『제43회 총회회의록』, 1958, 167~168쪽).

62) 「신앙실업인들의 쾌거 / 영등포에 공장교회」, 『기독공보』, 1961. 5. 22 ; 「산업전도의 효시 / 공녀들 입가에선 항시 찬송이 흘러」, 『기독공보』, 1964. 8. 22 ; 「조선피혁공장 내에서도 산업전도 활발」, 『기독공보』 748호.

63) 「신앙실업인들의 쾌거 / 영등포에 공장교회」, 『기독공보』, 1961. 5. 22 ; 진방주의 오철호 인터뷰 비디오 자료 참조.

64) 조승혁, 『도시산업선교의 인식』, 민중사, 1981, 89쪽 ; 대한예수교장로회총회 전

산업전도 교육을 받은 관계자들의 노동에 대한 가치관은 그나마 기업주들과는 조금 달랐다. 그들은 "노동자들이 노동하는 시간은 가치 있는 생활의 일부이고, 노동 그 자체는 사회발전을 위한 의미 있는 역할"이라고 의미부여 하였다.[65] 그래서 공장에 들어가 근로자들에게 "열심히 일하라, 성실하라, 노동은 신성한 것이며 하나님의 역사에 참여하는 것이다" "(노동은) 단순히 먹고 살기 위한 수단으로서가 아니라 신의 창조사업에 이웃을 위한 사랑의 행위로써 하나님의 축복을 받은 생활수단이다"라고 설교하였다.[66] 그러나 이 역시 노동자들로 하여금 노동윤리를 내면화하여 꾸준하게 열심히 일하라는 것으로 기업주들이 환영할만한 것이었다. 실제로 산업전도를 접한 몇몇 비기독교인 경영주들이 적극적으로 자원해서 자신의 공장에 산업전도를 받아들이기도 하였는데,[67] 한영방직은 사장이 교인이 아니면서도 공장 내에 대지 500평을 산업전도위원회에 희사하여 한영교회를 설립하도록 하였다. 또 서울통상의 경우에는 회장이 불교도인데도 예배실까지 마련해주고 예배에 적극적으로 협조해주었다.[68]

한국 산업선교의 개척과 발전에서 가장 주목할만한 인물인 오글은 1963년 『감리교생활』에 게재한 「우리나라와 다른 나라의 산업전도」라는 글에서, "200년 전에 산업혁명이 일어난 영국과 프랑스에서는 교회가 상류사회와만 너무 가까운 관계에 있었기 때문에 새로 등장한 노동계급에

도부 산업선교위원회 편, 『교회와 도시산업선교』, 1981, 95~96쪽.
[65] 오철호, 앞의 글, 10~11쪽.
[66] 조지송, 「그리스도를 따라 일하며 선교하며」, 『기독교사상』, 1979. 10 ; 조승혁, 「산업사회에서 교회선교의 공헌」, 『기독교사상』, 1979. 7.
[67] 인명진, 「영등포도시산업선교회의 역사」, 영등포산업선교회 40년사 기획위원회 편, 1998.
[68] 차옥숭, 「한국의 노동문제와 교회」, 이화여자대학교 석사학위논문, 1976, 62쪽.

대하여는 주의를 게을리 했을 뿐만 아니라 그들의 어려운 생활을 이해하고 영향을 줄 수 없었다"며 서구 교회를 비판하였다.[69] 서구 교회를 향한 그의 이러한 비판 내용은 곧 한국 개신교의 실상이기도 했다. 일제 강점기와 해방기, 제1공화국을 거치면서 드러난 한국교회의 성향은 친미·반공 외에도 언제나 권력을 가진 자를 옹호하고 그 편에 서있었던 것이다. 산업전도를 포함한 WCC 사회운동의 취지는 바로 교회의 이러한 점을 반성하는 데서 출발한 것이었다. WCC가 내세운 산업전도사업의 근본방침에는 "기독교는 그동안 상류사회를 위한 변명은 해왔으나 서민을 대변하는 위치에 서 본 일은 그리 많지 않고, 이 양자를 조화하여 하나님의 뜻을 깨닫게 해본 일도 거의 없기에, 이를 솔직히 긍정하고 산업화시대에 나타나는 문제에 대한 해결책을 시급히 세워야한다"고 명시되어 있었다.[70] 즉, 산업전도는 지금까지 기독교가 행해왔던 여타의 권력지향적 행위에 대한 근본적인 재고와 노동에 대한 바른 이해가 있어야만 가능한 사업이었던 것이다.

그러나 앞서 살펴본 바와 같이 그 누구도 노동자나 노동문제에 대해서 기본적인 인식조차 가지고 있지 못하였고, 그래서 미국 강철노조 조직부장으로 노동운동을 하다 감옥에도 몇 번씩 다녀온 램지가 1958년 방한 당시 한국의 노동조합을 주의 깊게 둘러본 이유가 무엇인지 전혀 짐작도 하지 못하였다.[71] 다만 교회가 기업만이 아니라 노동조합에도 관심이 있다는 것을 보여주기 위해 1962년 5월 3일 산업전도위원회 대표가 한국노총 도서관에 성경과 시계를 기증하였고,[72] 1964년 3월 노동절 기념대회에 모범조합원 16명을 표창하고 성경책을 증정했을 뿐이었다.[73]

---

69) 오명걸, 「우리나라와 다른 나라의 산업전도」, 『감리교 생활』, 1963. 6. 15.
70) 오철호, 「산업전도사업의 근본 방침」, 1965, 18~20쪽.
71) 진방주의 오철호 인터뷰 비디오 자료 참조.
72) 『크리스챤신문』, 1962. 6. 4.
73) 오철호, 「산업전도사업의 근본 방침」, 1965, 44쪽.

한편, 예장의 이러한 산업전도 정착과정을 지켜본 오글은 이들과 달리 처음부터 현장과 노동자에 역점을 두고 활동을 전개하였다. 오글이 인천에 와서 처음 한 일은 윤창덕 목사가 시무하던 내리교회 교인이 일하는 공장으로 매주 수요일 점심시간마다 찾아가는 것이었다. 그는 노동자들과 함께 기독교 신앙과 실천, 불교와 무속신앙, 한국전쟁, 한국과 미국에서의 노동행위, 그리고 미국 내 인종문제까지 다양한 주제로 대화를 하였다. 이러한 과정은 노동자들이 기독교에 관심을 갖게 되는 동기를 마련하는 것이었으며, 교회가 왜 노동자에게 관심을 갖는지를 이해시키기 위함이었다.[74]

그리고 무엇보다도 오글은 앞에서도 언급했듯이 산업전도를 하겠다고 지원한 목회자들로 하여금 직접 공장에 들어가 노동자들과 똑같은 조건에서 6개월에서 1년 이상 노동을 체험하게 하였다. 산업사회와 노동자에 대한 이해 없이는 제대로 된 산업전도를 할 수 없다는 것이 그의 지론이었다. 산업사회에 대해 무지한 목회자들이 긴 시간의 시행착오 없이 비교적 빠른 시간에 노동자들을 이해하고 이들의 현실을 파악하기 위해서는 노동자들과 같은 환경, 같은 처지에서 동질감을 느끼게 하는 것이 가장 좋은 방법이라는 사실을 알고 있었던 것이다.[75] 오글은 노동체험을 하는 목사들에게 "노동자들에게 전도하겠다는 건방진 생각은 버리라"고 하였다. 그리고 "스스로 노동자가 되어라, 노동사회에는 나름의 질서가 있다. 그것을 배우라"고 주문하였다. 결코 쉬운 일은 아니었지만 오글의 방법은 확실히 효과적이었다. 그 덕분에 오글에게서 훈련받은 산업전도 실무자들은 노동문제에 빨리 눈뜨게 되었고, 그런 면에서 예장의 산업전도와는 시작부터 차별화되었다. 노동체험으로 노동자들과 친숙해진 실무자들은 이후에도 공장을 수시로 드나들면서 노동자들과 대화하고, 노

---

74) 황영환 인터뷰, 2007. 6. 13 ; 오명걸, 「공장에서의 증거」, 『기독교사상』, 1964. 3.
75) 오명걸, 「우리나라와 다른 나라의 산업전도 1」, 『감리교생활』, 1963. 6. 15.

1960년대 중반의 오글 목사

인천 만석동 소재 대성목재 노동자 시절의
조승혁 목사(앞줄 오른쪽)와 동료노동자들

동자들의 여러 문제에 협력자로서 도움을 주고 상담도 할 수 있었다. 오글은 또 더 많은 실무자 양성과 산업전도에 대한 이해의 확산을 위해 신학생 훈련도 하였는데, 이들에게도 방학에 1개월 간 낮에는 공장에서 일하고 밤에는 산업전도의 이론과 실제 및 노동문제에 대한 연구를 하게 하였다.[76]

---

76) 조지 오글, 「우리의 마음도 여러분들과 함께 울고 있습니다」, 『시대를 지킨 양심』, 민주화운동기념사업회, 2007, 45~46쪽 ; 조승혁, 『도시산업선교의 인식』, 민중사, 1981, 28~29쪽 참조. 산업전도를 처음 시작한, 신학대학을 갓 졸업한 젊은 교역자들은 전도열에 불타고 있었고, 산업전도처럼 외국기관의 원조를 받는 단체의 월급이 교회보다 훨씬 더 많아 인기가 높았다고 한다. 그러나 한편으로는 노동을 해야 한다는 조건 때문에 꺼려하는 사람들이 많았다고 한다(한국기독교여신학자협의회, 『고난의 현장에서 사랑의 불꽃으로: 조화순 목사의 삶과 신학』, 대한기독교서회, 1992, 69쪽).

■2. 한국적 산업전도의 준비와 모색[77]

1960년대 중반이 되자 산업전도는 각 교단에서 모두 전문성 있는 한국인 실무자를 양성·배출하면서 점차 한국적 산업전도의 유형을 찾아가기 시작하였다. 예장총회 산업전도위원회에서는 그간 방학을 이용해 신학생들과 대학생들을 상대로 산업전도를 홍보하고 산업전도연구회를 통해 교육한 것이 결실을 맺어 처음으로 "산업전도 목사"를 배출하였다. 1962년 3월부터 산업전도연구회와 노동문제연구회를 통해 서울, 장성, 인천, 도계 등에서 노동훈련과정을 거쳐 전문성을 인정받은 조지송이 1964년 2월부터 영락교회의 지원을 받아 영등포에서 일하게 된 것이다.[78] 더불어 안양, 대구, 부산 등지에도 각각 전임실무자들이 임명되었다. 이렇게 하여 그동안 총회 지도부 중심으로 움직이던 산업전도 사업은 점차 지역활동으로 무게중심이 옮겨지고 전국 조직은 행정적 사무와 정책을 협의하는 기구로만 남게 되었다.[79] 그러나 대부분 지역에서는 여전히 활동이 미비했고, 이 중 조지송이 맡은 영등포만이 가장 활발하게 사업을 전개하였다.

인천의 감리교 기독교산업전도회에서도 같은 시기에 1년여의 노동체험을 마친 조승혁이 실무자로 일하기 시작하였다.[80] 기독교장로회 역시 1966년 4월부터 전임실무자를 인선하여 6개월간의 훈련을 마친 후 인천, 안양, 동서울 등지에서 실제 활동에 들어갔다. 성공회의 경우는 영국식 교구 목회로, 실무자가 따로 없이 지역교회 목회자가 해당 지역의 산업화·도시화 문제에 관심을 갖고 노동자들과 그들의 가족을 위한 복지와 교육사업 등에 관심을 기울였다. 성공회 김요한 신부는 1966년 한국산업

---

[77] 이 글에서 '한국적 산업전도'라 함은 서양에서 도입된 산업전도가 비로소 한국인 실무자를 배출하고 한국 상황에 맞게 성격과 방법이 변화되어 감을 의미한다.

[78] 「한국 최초의 산업전도 목사 조지송 목사 취임예배」, 『기독공보』, 1964. 3. 7.

[79] 『교회와 도시산업선교』, 1981, 36~37쪽.

[80] 오명걸, 「우리나라와 다른 나라의 산업전도 1」, 『감리교생활』, 1963. 6. 15.

전도협의회 초대회장을 역임하는 등 초창기 한국 산업전도 활동에 큰 역할을 하였다.[81]

이처럼 산업전도가 각 교단 차원에서 정착단계에 들어서자 1964년 5월, 처음으로 이권찬·정하은(한신대 교수)·조승혁·오글·김요한 등 각 교단의 산업전도 실무자들이 합동모임을 가졌다. 이 모임은 이후 월 1회 각 지구를 순회하는 형식으로 지속되었는데, 활동 과정에서 발생하는 문제나 정보 교환, 친목 등이 목적이었다.

1966년 1월에는 크리스찬아카데미하우스에서 제1회 산업전도연구회를 열고 이를 계기로 전국 조직인 '한국 산업전도 실무자협의회'를 설립하였다. 이 협의회는 역시 매달 정기모임을 갖고 산업전도와 노동문제에 관해 연구하고 토론하였다. 또 매년 정기적으로 전국 규모의 산업전도연구회를 개최하고, 실무자들 간에 전문적인 연구모임을 가졌다.[82] 1966년 3월 13일부터 4월 4일까지는 기독교장로회의 이국선, 예장통합 측의 조지송, 감리교의 조승혁, 구세군의 안길화, 성공회의 하성근이 아시아기독교교회협의회 초청으로 대만과 일본의 산업전도를 시찰하고 돌아왔다.[83] 6월부터는 가톨릭노동청년회(JOC)까지 이 연구모임에 참석하게 되어 전국신·구교 산업전도 실무자모임이 되었다. 1967년 8월, 강원도 황지에서 열린 제2회 산업전도문제연구회에는 30여 명의 실무자들이 모여 '급변하는 산업사회에 대한 선교의 자세'라는 주제로 전문 연구회를 갖기도 하였다.[84] 그러나 한국교회의 고질적인 병폐인 교파주의 또는 교권주의를 탈피하는 것은 그리 간단한 일이 아니며, 기존관념을 벗어나 산업사회에서 발생하는 제반사건과 문제를 새로운 시각과 방법으로 접근하는 것 또한 쉬운 일

---

81) 조승혁, 『도시산업선교의 인식』, 민중사, 1981 참조. 그러나 성공회의 산업전도는 김요한 신부가 영국으로 돌아가자 활동이 중단되었다.

82) 조승혁, 1981, 29쪽.

83) 「산업전도시찰단 귀국 / 대만·일본 등지 시찰코」, 『기독교세계』, 1966. 4. 7.

84) 『교회와 도시산업선교』, 1981, 57쪽 ; 조승혁, 1981, 46~47쪽.

이 아니었다. 차차 밝혀지겠지만 이들 간에는 교류와 친목, 정보교환과 공동체의식도 있었지만, 긴장과 비판도 함께 지속적으로 상존했던 것으로 보인다.

이제 산업현장에 투입된 실무자들은 그동안 교육받고 경험한 것을 토대로 본격적인 산업전도 활동을 시작하게 되었다. 그러나 그들이 마주친 현실은 이론과는 큰 차이가 있었다. 앞에서 살펴본 대로 예장의 산업전도에 대한 이해나 접근방식은 경영주와 지도부 중심으로 되어 있었기 때문에 훈련과정을 모두 마친 실무자라고 해도 노동현실에 대해 아는 것이 없었다. 조지송은 이때까지도 노동자들이 공장 일을 기쁘게 생각하며 만족하게 살고 있는 줄 알았다고 고백하였다.[85] 또 활동방법도 교회 활동을 공장으로 옮겨놓은 것일 뿐이었다. 그가 처음 영등포지구에 가서 한 일은 공장에 가서 설교하고, 기숙사에 가서 성경공부하고, 노동자를 심방하며, 산업전도가 얼마나 신앙적이며 건설적인 운동인지를 알려주는 것이었다.[86]

한 가지 다른 것이 있다면 기독인 노동자들을 중심으로 '평신도 산업전도 연합회'를 조직한 것이었다. 원래 평신도운동은 WCC 제2차 총회에서 제기된 것으로, 그동안 목회자들이 중심이던 교회의 한계를 벗어나 사회 속 평신도의 중요성과 역할을 강조하는 데서 비롯되었다.[87] 이 활동은 처음에는 성공하는 듯 했다. 영등포산업전도위원회의 1964년 8월 사업보고서에는 현재 산업전도 관계 기업체는 34개 처라고 기록되어 있으며, 1965년에는 공장 산업인들의 월별 집회수가 21회, 월 총인원이 1,000여 명에 달하였다고 기록되어 있었다.[88] 그리고 1966년 사업계획에

---

85) 인명진, 「영등포산업선교회의 역사」, 영등포산업선교회 40년사 기획위원회, 1998, 95쪽 ;『교회와 도시산업선교』, 1981, 55쪽.
86) 조지송,『1964년도 영등포지구 산업전도위원회 사업계획안』, 1964. 3. 4 ; 조지송, 「새로운 전진을 위하여」.
87) 세계교회협의회 편,『세계교회협의회 역대총회종합보고서』, 1993, 162쪽.

서는 산업전도 대상 기업체를 168개로 정하고 목표달성을 위해서 애쓸 것을 다짐하였다.[88] 그러나 이런 성과는 내적인 문제들은 외면하고 외적 업적에만 치중한 것이었고, 실무자들은 곧 새로운 난관에 부딪치게 되었다. 이것 역시 신도수를 확장하기 위한 방법의 하나로 기독교인 노동자로서 모범적으로 일하고 착실하게 살면서 전도하라는 것일 뿐, 노동자들의 현실과는 괴리가 커 더 이상 호응을 받을 수 없었기 때문이었다.[90]

공장노동자들이 처한 현실적 어려움은 앞서 강경구 전도사의 보고에서처럼 산업전도 개척기에 공장에서 목회하던 여전도사들을 통해 이미 수차례 지적된 사항이었다. 1963년 대전에서 산업전도를 하던 김홍환 역시 여성노동자들의 실상을 다음과 같이 전하고 있다.

> (공장에서 일하는 여성노동자들은) 머리에 빨간 댕기를 매고 하루 8시간 내지 12시간을 고용주가 원하는 규율대로 살면서, 자기를 위한 자유는 전혀 없이 모든 사람들로부터 노예나 되는 듯이 여겨지고, 자신들조차도 그렇게 생각하고 있다. 노동자 가운데는 여자의 수가 9할 이상이며, 미혼 여성이 9할이 넘는다. 이 중 80~90%는 타향이며, 임시 기숙사나 합숙소, 셋방 혹은 친척집에서 어렵게 살고 있다. … 이 어린 여자들은 한 가족을 부양하기 위해 노동을 하고 있다는 것을 알게 되었다. (중략) 또 사는 것이 너무 고달파 죽음을 택하기도 하는 이들의 선결 문제는 육(肉)이 사는 것일 경우가 더 많기 때문에 예수 믿고 구원받으라는 말보다는 그가 걱정하는 것을 같이 걱정하며 슬퍼하는 것을 같이 슬퍼해주는 것이 더 필요하다.[91]

88) 영등포산업전도위원회, 「1965년 사업보고서」.
89) 영등포산업전도위원회, 「1966년 사업계획서」.
90) 정해룡(평신도연합회 서기), 「우리의 할 일」, 『산업전도』 3호 ; 인명진, 「영등포 도시산업선교회의 역사」.
91) 김홍환, 「산업전도의 실제문제: 산업전도는 어떻게 하나」, 『기독공보』, 1963. 3. 4 ; 「산업전도의 실황과 실화」, 『기독교사상』, 1963. 4, 50~57쪽.

이 글은 어린 여성노동자들의 실상이 얼마나 비참하며, 그들이 노동하는 목적이 무엇인지, 이들에게 정말 필요한 것이 무엇인지에 대해 생생하게 전해주고 있다. 영등포에서 총회의 지원이 끊긴 상태에서 혼자 여성노동자들을 돌보던 강경구도 "직공들은 … (임금을 받아도) 경제적으로 생활을 유지하기 어렵고, 12시간 중노동으로 인하여 의복을 세탁할 여유조차 없으며, 신체는 점점 더 약해지고, 피곤을 풀어볼 사이도 없이 지내고 있다"며 노동자들이 처한 현실이 얼마나 열악한지 안타까워하였다.[92]

그뿐 아니라 노동문제연구회에 참여했던 대학생들도 유사한 문제를 지적하였다. 1961년 부산에서 여름방학 동안 대한도기주식회사에서 산업전도 활동을 했던 한 학생은 "한국 여성은 너무 차별대우를 받고 있다", "안전문제에 경영주가 너무 무관심하다", "노동조합은 노동자를 위한 조직이 아니라 경영주를 위해 일하고, 또 노동자가 노동조합의 제재를 받고 있다"고 보고하였다.[93] 1964년 대학생의 영등포지구 공장들의 현장체험이 끝난 후 모인 좌담회에서도 학생들은 "공장노동자들은 항상 불안해하며, 정신적인 안정이 결여되어 있고, 노동자들은 교회는 자신들과 아무 상관이 없는 중류급 이상만 나가는 곳이며, 자기들은 교회에 가면 백안시당하는 느낌을 받아 나가고 싶지 않다고 한다"고 하였다. 학생들은 또 노동자들의 기성교회에 대한 반발이 공장의 간부급 기독인에 대한 불신감에서 비롯되고 있다며, 산업전도의 방향과 노동자의 현실에 상당한 괴리가 있다는 사실을 정확하게 지적하였다.[94] 이들이 노동체험을 한 공장들은 바로 산업전도 개척기에 적극적인 참여를 한, 한경직 목사와 절친한 기업인 장로 이봉수와 김성섭 등이 운영하는 동아염직·대동모방·대

---

92) 강경구, 「회원들의 열성으로 결실」, 『기독공보』, 1963. 3. 4.
93) 오철호, 「한국에 있어서의 산업전도의 실태」, 『기독교사상』, 1961. 5, 62~67쪽.
94) 「산전실태 그들과의 거리 있다」, 『기독공보』, 1964. 1. 25.

한모방과, 기업주가 공장에 교회까지 세운 한영방직이었다. 그렇다면 산업전도에 적극적이던 경영주들의 모순된 생각이 얼마나 파렴치한 것이었는지 따로 설명하지 않아도 쉽게 알 수 있을 것이다.

당시 기업들의 전반적인 상황이 그러하긴 하였지만, 이처럼 기독교인 기업주들도 기업경영에 관해서는 전혀 도덕적이거나 윤리적이지 않았다. 그들 역시 노동법이나 노동자의 인권에는 관심이 없었고, 오로지 생산성을 높여 고수익을 올리는 것만이 하나님이 자신에게 베푸는 축복이라고 여기는 이기적인 속물들이었다. 그리고 산업전도를 한다며 노동자를 배제하고 기업주나 간부들과만 어울리던 교회 지도부 역시 별반 다를 것이 없었다. 그래서 노동자의 현실에 대한 이러한 문제제기들은 "활짝 열리는 전도의 문, 사명감에서 진군하자"는[95] 교세확장의 성장주의적 의욕에 가려져 아무런 주목을 끌지 못하였고, 산업전도의 방향을 바로잡는 데에도 기여하지 못하였다.

문제는 이러한 현실을 전혀 알지 못하고 현장에 나간 조지송이었다. 그러나 그 역시 현장에서 1년여 지내본 후 1965년 중반부터는 자신의 활동방법이 한계에 봉착했다는 사실을 느끼며 갈등하기 시작했다. 문제는 두 가지였다. 우선은 앞서 지적한대로 예배와 전도 위주의 활동에 더 이상 진전이 없다는 것이었고,[96] 다른 하나는 노동자들이 처한 현실이 너무 어렵고 고통스럽다는 것이었다. 경영주나 관리자들을 상대로 한 프로그램은 잘 운영되지 않았으며, 기업주나 관리자 초청으로 공장에 가서 근로자들을 모아 설교하면 쉽게 전도가 될 것으로 생각했던 것에 대한 실망과 고민이 컸던 것이다. 당연한 것이, 경영주나 관리자는 산업전도가 노동자를 순화시키는 것이라고 생각했기에 자신들과는 상관없는 것이라 여겼고, 노동자들은 설교 내용을 기업가들에게 절대적으로 복종하

---

95) 『기독공보』, 1964. 6. 27.
96) 영등포산업전도회, 『1965년 사업보고서』.

며 불평하지 말고 열심히 일하기만을 요구하는 것으로 받아들였기 때문
이었다. 노동자들은 자신들에게 노동만을 강요하는 산업전도자 역시 노
동자들을 억압하고 무마하기 위해 사장이 데려온 친구로 인식하였다. 따
라서 예배 중에 "몇 푼에 팔려 와서 또 이 짓이냐? 우리는 배고프다"며 거
부반응을 보이는 경우도 종종 있었다.[97]

그때서야 비로소 조지송에게 기업주로부터 억울하게 인권을 유린당하
고 있는 노동자들이 보였다. 공장목회라는 것이 곧 노동자를 교화하는
억압장치라는 것을 알게 된 것이다. 노동자들에게는 성경이 중요한 것이
아니라 부상 치료비가 더 중요하고, 제 때에 받지 못한 체불임금, 퇴직금,
해고, 구타 등이 당면한 문제라는 사실이 가슴으로 다가오기 시작했다.
자신이 하던 산업전도는 이들과 너무 동떨어져 있고, 아무런 도움이 되
지 못한다는 것을 깨닫고 나서야 조지송은 마침내 "누가 근로대중과 참
벗이 되어 그들의 사정을 이해하고, 같이 굶고 고생하며 이 곤경에서 헤
어나게 해줄 수 있을까"를 고민하게 되었다.[98] 그는 이 사실에 눈뜨고 나
서 정말 많이 울었다고 고백하였다.[99]

감리교 인천산업전도회의 조승혁은 오글의 원칙을 따라 1962년 9월부
터 1년 4개월 간 목사라는 사실을 숨기고 대성목재공업 합판부에서 노동
자로 일하였다. 직접 경험한 노동현장은 그의 예상을 한참 뛰어넘었다.
노동자들의 삶의 모습은 어디가나 대접만 받던 목사인 그에게 곧바로 충
격적인 사건으로 다가왔다. 그의 표현대로 한다면 "전통적인 신앙의 개
념이 송두리째 무너져버리는 것"이었다.[100] 일은 힘들고, 공장은 더럽고,
경영은 아주 취약하였다. 노동자들은 서로 계속해서 대립하고 있었고,

97) 주선애, 『장로교여성사』, 1978, 297~298쪽.
98) 『1965년 5월 보고서』 ; 영등포산업전도위원회, 『1965년 사업보고서』 ; 『1965년
6월 보고서』.
99) 조지송 인터뷰, 2007. 5. 7.
100) 조승혁, 2005, 76~77쪽.

노조는 회사 간부에 의해 조종되고 있었다. 처음엔 몸도 마음도 이러한 상황들을 받아들일 준비가 되어 있지 않았다.[101]

그러나 조승혁은 그 경험 덕분에 일찌감치 노동자의 현실에 대해 눈을 뜨고 고뇌하였다. 그가 깨달은 것은 "경제적 안정이 없이는 정신적 안정도 있을 수 없다는 것, 아침은 꽁보리밥에 점심은 생각도 못하고 저녁은 밀수제비를 먹는 상황에서 교회는 무슨 교회며, 교회의 언어는 노동자들에게는 교인들끼리만 쓰는 은어더라"는 것이었다.[102] 충격에서 벗어난 그는 어떻게 이 상황을 타개할 것인가를 고민하기 시작하였다. 오글의 방법론이 적중했던 것이다. 조승혁이 변화해 가는 모습을 옆에서 지켜본 오글은 그 과정에 대해 이렇게 썼다.

> 새로운 상황이 주는 충격에서 벗어나면서 그(조승혁)는 이 상황을 어떻게 개선해 나갈 것인가를 궁리하기 시작하였다. 첫 실험은 목사로서 예견할 수 있는 것이었다. 그는 기독교인 노동자들과 함께 성경공부를 시작하였다. 하지만 그는 대부분의 노동자들이 내세지향적이라는 사실을 재빨리 알아차렸다. 이 세상을 벗어나야 하는 것이다. (노동자들에게) 공장에서의 억압은 맞서야 하는 것이 아니라 견뎌내야 하는 것이었다. (중략) 각종 작업 수칙들, 회사 간부들의 태도, 심지어 노동조합까지 모두가 노동자를 통제 하에 두는 수단으로 사용되었다. 이러한 세상에서 종교가 반드시 내세적인 것만은 아니라면 그것은 해방의 종교, 곧 억압받는 자들에 대한 정의와 자유가 되어야만 했다.[103]

101) 조지 오글, 「우리의 마음도 여러분과 함께 울고 있습니다」, 『시대를 지킨 양심』, 민주화운동기념사업회, 2007, 47쪽.

102) 조승혁, 「산업전도 보고서: 산업전도의 실제 문제와 그 방향」, 『감리교 생활』, 1964. 6. 15.

103) 조지 오글, 「우리의 마음도 여러분과 함께 울고 있습니다」, 『시대를 지킨 양심』, 민주화운동기념사업회, 2007, 47쪽 ; 조승혁, 『이런 세상에 예수님의 몸이 되어』, 정암문화사, 2005, 48~56쪽.

문제가 무엇인지를 알게 되었다고 해서 해결책이 바로 나오는 것은 아니었다. 고민하고 고민해서 스스로 방법을 찾아야만 했다. 그는 "노동자로서의 체험을 하면서 느끼고 깨달은 것이 많았지만, 막상 교회가 아닌 밖에서의 전도는 어떻게 해야 하는 것인지 몰랐다. 당황, 방황할 수밖에 없었다. 정직하게 말하면 헤맸다"고 고백하였다.[104] 문제는 그것만이 아니었다. 교회 지도자들로 구성된 산업전도위원회는 여전히 산업전도를 교세확장을 위한 도구로만 생각하였고, 노동자나 작업장의 현실에는 아무런 관심도 없었다. 조승혁의 갈등은 깊어졌다.

> 우리가 번민하고 싸워야 할 또 하나의 문제는 교회 내부적 문제였다. 즉 전통적·관습적 신앙과 시대의 변화, 산업사회로의 변화 속에서 갖는 새로운 신앙적 문제에 관한 번민과 갈등이었다. … 노동할 때부터 시작해서 나에게 가장 큰 고민은 몇 명 전도했느냐의 문제였다. … 위원들의 초점은 전도의 열매와 성과가 있느냐 였다. … 이는 큰 압력이었다. 사실대로 "전도를 못 했습니다" 대답하면 위원들은 얼굴을 찡그리거나 다소 화까지 내신다. 그리고 그럼 무엇 때문에 노동하느냐 식의 의문도 제기한다. … 전도위원회와 실무자 간의 이견과 갈등은 계속되었다.[105]

그러나 여기서 물러설 수는 없었다. 고민은 계속되었고, 뼈 빠지게 일하지만 빈곤에 허덕이는 노동자들의 삶의 현실, 정당하게 계산되지 않는 임금, 무시되는 안전절차, 이유 없는 해고와 처벌 등의 문제를 해결하기 위해서는 노동자를 도와줄 제도가 필요하다는 데까지 생각이 미쳤다. 고민 끝에 오글과 조승혁이 도달한 결론은 '노동조합'이었다.[106] 1960년대

---

104) 조승혁, 『이런 세상에 예수님의 몸이 되어』, 정암문화사, 2005, 60~61쪽.
105) 조승혁, 2005, 74~77쪽.
106) 조지 오글, 2007, 77쪽 ; 오명걸, 「우리나라와 다른 나라의 산업전도 2」, 『감리교생활』, 1963. 8. 1

인천지역 대부분의 공장에는 노동조합이 있었지만 노동자와는 무관한 조직에 불과하였다. 따라서 이러한 결론은 교과서적인 희망처럼 보였다. 그러나 이는 이후 한국의 노동계에 새로운 지평을 여는 아주 중요한 시발점이 되었다.

이제 인천산업전도는 기존 교회의 틀을 벗어나 노동자와 노동조합 쪽으로 서서히 방향을 틀기 시작하였다. 오글은 조승혁에게 매일 인천 월미도 부두에서 시작하여 인천 동부와 남부지역 공장과 노조들을 방문할 것을 제안하였다. 회사와 노조사람들을 만나 노동조합의 어려움과 노사관계의 문제점에 대해 이야기하고 기록하며, 낮은 자세로 배우고 나름대로 생각을 정리해보라는 것이었다. 그 과정에서 노동문제에 관해 공부해야 할 필요성을 느끼게 된 조승혁은 혼자서 노동관계법을 학습, 연구하고 한국노총을 찾아가 한국의 노동운동사에 대해 배웠다. 또 노동운동하는 단체가 있는지 찾다가 가톨릭노동청년회(JOC) 지도신부인 노동문제 전문가 박성종을 만나 JOC의 활동에 알게 되고,[107] 여기서 배운 것을 현장에 적용하였다. 개신교와 가톨릭은 그동안 서로 교류한 적이 거의 없었는데, 노동문제를 함께 고민하는 과정에서 개신교 산업전도가 가톨릭의 영향을 받았다는 것은 에큐메니칼운동 차원에서도 특별한 의미를 가지는 것이었다. 이 인연으로 1970년대 노동운동에서 산업선교와 JOC 활동은 따로, 또 같은 행보를 취하게 된다.

조승혁은 JOC에서 배운 것을 활용해 개신교인 노동자들을 중심으로 '느헤미야모임'과 '카프링클럽'이라는 두 개의 모임을 조직하고 훈련하였다.[108] 느헤미야모임은 평신도 노동자들의 월례모임으로 노동자들의 단

---

[107] 조지송에 의하면 박성종 신부는 프랑스에서 8년간 노동문제를 전문으로 공부하고 돌아왔다고 한다(조지송 인터뷰. 2007. 11. 23·24).

[108] 느헤미야모임은 JOC의 일반회, 카프링클럽은 JOC의 투사회와 레지오마리에를 모방한 것이다(조승혁, 2005, 61쪽). 카프링은 공장과 교회를 연결하는 매체란 뜻으로 동력선과 열차를 연결시키는 고리의 이름을 딴 것이라 한다(조승혁,『도시산

결과 연대의식을 키우는 프로그램이었다. 월 1회 인천기독교사회관에서 모임을 가졌는데, 입소문을 타고 매번 100~200명이 정도 모일 정도로 성황을 이루었다고 한다. 당시 노동자들에게는 생소했던 흥겨운 레크리에이션으로 긴장을 풀고, '노동조합이란 무엇인가', '노동운동사 이야기' 등 어디서도 들을 수 없는 이야기를 들을 수 있는 유일한 곳이었기 때문이었다.[109] 이 과정에서 오글은 언제 어디서나 노동자들에게 그들이 얼마나 중요한 존재이며, 그들이 하는 일이 얼마나 가치 있는 일인가를 설득력 있게 말해주어 노동자들의 자존감을 살려주었다.[110] 느헤미야모임은 이렇게 해서 노동자들에게 당당한 노동자의식을 갖게 해주는 역할을 하였다.

그런가하면 카프링클럽은 노동운동 지도자들을 키우기 위해 인천지역 각 공장에서 특별히 11명을 선별하여 만든 모임이었다.[111] 이들은 1964년 7월 11일부터 6개월간 매주 1회씩 6개월 동안 숙식을 같이 하고 학습하면서 노동운동에 대한 사명의식을 고취시키는 훈련을 받았다. 훈련내용은 성서연구도 있었지만, 노동관계법, 회의진행법 및 지도력 개발훈련, 노동자 의식화와 노동조합 조직화 기법, 사회문제와 노사문제, 단체교섭과 쟁의기법, 토의방법과 기법, 사회문제에 관한 시각, 단결력, 연대의식, 동지애 등이었다.[112] 이는 기존 예배중심의 산업전도와는 분명히 차별화된 것으로, 타 교단의 산업전도와도 성격을 달리하는 것이었다.[113] 훈련

업선교의 인식』, 민중사, 1981, 91쪽). 곧 이들이 교회와 산업사회를 연결해주는 연결고리 역할을 하는 중요한 인물들이라는 의미였다(황영환 인터뷰, 2008. 9. 30).

109) 황영환 인터뷰, 2007. 6. 13.

110) 황영환 인터뷰, 2008. 9. 30.

111) 「산업사회에 소망을 주라 / 인천 산업전도요원 훈련원 수료식 거행」, 『기독교세계』, 1964. 12. 25.

112) 당시 자주 초빙된 강사로는 성균관대학의 탁희준, 감리교 신학대학의 유동식, 변선환 등이었다. 유동식과 변선환은 신학자이면서도 무속과 종교다원론을 존중하는 진보적이고 열린 사고를 가지고 있었다.

113) 조지 오글, 「우리의 마음도 여러분과 함께 울고 있습니다」, 『시대를 지킨 양심』, 민주화운동기념사업회, 2007, 50쪽.

을 마친 이들은 사명감에 차 있었고, 모든 면에서 큰 변화를 보였는데, 1~2년 후 이들은 모두 인천지역의 노동운동가가 되었다. 그리고 자신들이 일하는 현장에서 노조의 간부와 위원장 등이 되어 진정으로 노동자 편에 서서 일하는 노동조합을 운영하는 역할을 잘 감당하였다.[114] 인천 산업전도는 이렇게 서서히 산업전도활동의 본질에 다가가고 있었다.

노동자들의 호응을 얻기 시작한 인천산업전도회는 이제 노조의 정당한 운영을 위한 지도자훈련의 필요성을 느끼게 되었다. 그래서 1964년부터 각 사업장 단위의 노조위원장과 상임간부 중심으로 5일 과정의 프로그램을 실시하였다. 교육내용은 노동조합 조직과 운영, 단체교섭, 노동조합과 임금문제 등이며, 이를 통해 노동조합은 노동자의 단결과 권익보호를 위한 유일한 곳이라는 사실을 주지시키려 노력하였다.[115] 당시 이런 프로그램은 한국노총에도 없는 전국에서 유일한 것으로, 1966년부터는 인천 전 지역 노조지도자들을 중심으로 훈련을 실시하여 큰 성과를 보았다.[116]

노동조합을 돕는 프로그램을 하면서 인천기독교산업전도회는 산업현장에서 노사 모두에게 존재를 알리고 어느 정도 영향력을 행사할 수 있는 단계에까지 이르렀다. 이때부터 산업전도는 노사분규 문제에까지 개입하게 되었다. 이러한 방법은 상당히 성공적이어서 1968년도에 이르러서는 인천의 노동조합 중 87%가 산업전도회와 관계를 갖고 함께 문제점과 사건을 풀어나가게 되었다.[117] 조승혁은 이 시기를 "교회의 눈치를 보면서 노동사회를 향해 한걸음씩 다가서는 시기였다"고 표현하였다.[118]

---

114) 「노조의 기업화 고발 / 인천부두노조 십장제도 부활?」, 『기독교세계』, 1965. 5. 1.
115) 「산업전도 활동에 대한 현황과 그 과제 / 인천산업전도 활동을 중심으로」, 『기독교세계』, 1967. 8. 5.
116) 「산업전도의 교두보 인천산업전도위원회의 활동상」, 『기독교세계』, 1966. 2. 5.
117) 조승혁, 『이런 세상에 예수님의 몸이 되어』, 정암문화사, 2005, 57~67쪽.
118) 「기독교도시산업선교위원회 자료」, 1972. 1. 29.

1967년, 어느 정도 자신감을 갖게 된 인천기독교산업전도회는 그때까지의 활동을 기초로 하여 제2단계적 활동을 새롭게 시도하고자 하였다. 먼저 지난 5년 동안의 활동을 돌아보기 위하여 1961년 9월 이후 1966년 12월까지의 사업을 활동 및 발전단계별로 총정리한 98쪽에 달하는 종합보고서를 작성하였다. 그리고 신학자 홍현설·정하은·유동식과 노동법학자 탁희준·박영기, 사회학자 김경동에게 부탁하여 신학적인 면에서 산업전도가 갖는 의미와, 산업전도가 산업사회 및 노동운동에 미치는 교회적 공헌에 대한 평가를 요청하였다. 보고서에서 실무자들은 자신들이 노동자 편에 서야 하는 이유에 대해 "우리나라의 현 실정에서 보면 대개의 경우 고용주와 고용인이 가지는 힘의 균형은 몹시 일방적인 것이다. 대개의 경우 거의가 고용주 쪽에만 집중되어 있는 실정이다. 이렇기 때문에 노사 간의 정당한 상호관계가 수립될 가능성은 희박하다. 양측의 힘이 그 균형을 유지할 수 있을 때라야 정당한 협약이 이루어질 수 있는 것이다"고 설명하였다. 6명의 학자들은 모두 이 논리가 타당하다고 평가하고, 이들의 새로운 방향성을 지원하는 쪽으로 결론 내렸다.[119]

인천산업전도회의 이러한 활동방향은 산업전도의 새로운 방법을 고민하던 다른 교단의 실무자들과도 공유되었다. 1964년 8월 24일부터 29일까지 장로회신학대학에서 열린 제1회 산업전도실무자연구회에서 오글 목사는 '인천의 산업전도를 중심으로'라는 제목으로 노동조합 지도자 교육활동의 성과에 대해 강연하였다. 또 한국노총 간부 박영기를 초청하여 '국제노동법과 한국노동법'이라는 주제로 강의를 들었다. 1965년 2월에는 이 모임에 JOC를 초청하기로 결정하였으며,[120] 같은 해 10월에는 감리교

---

119) 기독교도시산업선교회, 「5년활동보고서」. 이 보고서는 WCC의 협조로 미국 맥코믹신학교에서 번역되어 WCC 산업선교 관계자에게도 보내졌다(기독교도시산업선교위원회, 「1968년도 활동보고서 보고재료」).

120) 「구교신부와도 협의 / 산업전도협의회서 논의」, 『기독공보』 제768호 ; 「산업전도 간담회서 천주교 대표도 초청키로」, 『복음신문』 제33호.

의 김치복 목사가 산업전도와 노동조합의 관계에 대해 발제강연을 하고 함께 토의하였다.[121]

영등포산업전도회에서 1965년 3월부터 실시한 제1회 평신도 산업전도 교육에 '노동조합론'이 등장한 것은 이 영향이었던 것으로 보인다. 이후 영등포산업전도회 평신도 산업전도교육에는 매번 노총 관계자나 인천기독교산업전도회 실무자가 강사로 초빙되어 노동운동과 근로기준법, 노사관계, 임금론 등을 강의하였다.[122] 또 1965년 4월 9일, 처음으로 노조와 산업전도 실무자들이 모이는 제1회 노조지도자 간담회가 개최되었다. 영등포지역의 노동조합 지부장 9명과 산업전도회 대표 16명이 모여 교회 실태와 노동조합의 실태, 산업전도 활동에 관해 소개하고, 노동조합운동의 애로점과 노동조합이 교회에게 하고 싶은 말들을 듣는 자리였다.[123]

그러나 영등포산업전도회는 인천과 달리 상부조직이 견고한 예장 소속이었다. 이는 실무자의 입지가 그만큼 좁다는 것을 의미한다. 그래서였을까, 조지송은 이때까지도 산업전도의 활동방향을 놓고 고심하고 있었다. 그의 생각이 정리된 시점은 아마도 1966년 3월 대만·일본의 산업전도시찰과 같은 해 10월부터 3개월간 진행된 필리핀 노동교육원 연수기간이었던 것으로 보인다.[124] 이즈음 조지송은 지금까지의 기업주와 노동자 모두를 대상으로 설정한 공장목회는 실패이며, 산업사회란 교회와는 다른 곳이라는 사실을 확실하게 깨닫고 있었다. 그렇다면 이제 노동현장

---

121) 한국산업전도실무자협의회, 『제1회 전국산업전도연구회 안내서』, 1967, 11~17쪽.

122) 1965년 3월, 제1회 평신도 산업전도교육에선 노총의 나문섭이 '노동조합론'을 강의했으며, 1965년 11월, 2회에는 조승혁이 '산업전도와 노동운동'을 강의하였고, 1966년 6월, 3회에는 조승혁이 '기독교와 노동운동', 나문섭이 '임금론'과 '노사협의'를, 1966년 7월, 4회에는 나문섭이 '근로기준법'을, 1967년 5월, 5회에는 조승혁이 '노사관계'를, 오명걸이 '노동운동의 역사'를, 전매노조 사무국장 김덕화가 '근로기준법 해설'을 강의하였다(『영등포산업선교회40년사』, 1998, 84~87쪽).

123) 『영등포산업선교회40년사』, 1998, 84~85·93쪽 ; 「진리와 사회정의의 선봉이 되자 / 제1회 노조지도자 간담회서 강조」, 『기독교세계』, 1965. 4. 17.

124) 「산업전도시찰단 귀국 / 대만·일본 등지 시찰코」, 『기독교세계』, 1966. 4. 7.

에서 생겨나는 제반문제와 노동자들이 부딪치는 사건은 노동조합을 통해 풀어야 하며, 산업전도도 그렇게 나아가야 할 것이었다.[125] 노동자들이 거대한 산업사회 앞에서 철저하게 무력하다는 것을 절감한 조지송은 이 문제를 어떻게 교회 내의 큰 저항 없이 풀어나갈 수 있을까에 대해 고민하였다.[126]

관점에 따라 다르긴 하였지만 대만·일본의 산업전도시찰은 다른 교단의 실무자들에게도 영향을 미쳤다. 기독교장로회의 이국선은 시찰 후 선교센터의 필요성을 느껴 1967년 2월 동인천산업선교센터를 건립하였다.[127] 인천기독교산업전도회의 조승혁은 일본의 산업전도가 노동자와 노동조합 중심으로 활동하는 것을 눈여겨보고 산업전도의 방향성에 대한 확신을 가지게 되었다고 하였다.[128]

영등포산업전도회와 인천기독교산업전도회가 모두 노동자들의 실상을 접하면서 산업사회에 대해 구체적으로 고민하기 시작한 이 시기는 한국적 산업전도의 준비와 모색기였다. 그러나 아직 노동문제 해결은 사회구조적인 문제로 접근해야 한다는 데까지는 나아가지 못하였고, 비참한 현실에 처한 노동자들을 적극적이고 체계적으로 도와주어야 한다는 단계에 머물러 있었다.

---

125) 조지송, 「간추린 영등포산업선교회 이야기」, 『나의 삶 나의 이야기』, 도서출판 연이, 1997, 286쪽.

126) 인명진, 앞의 글, 96쪽.

127) 이국선, 「동인천 도시산업선교회(기장)편」, 『노동자와 함께: 산업선교와 노동자 인권』, 기독교대한감리회 도시산업선교중앙위원회, 1978, 81쪽. 센터 설립기금은 EACC의 지원으로 충당되었다(강문규, 「한국 NCC와 에큐메니칼 운동」, 『한국 교회와 에큐메니칼운동』, 대한기독교서회, 1992, 83쪽 참조).

128) 조승혁, 「대만·일본 산업전도 시찰기」, 『기독교세계』, 1966. 4. 14 ; 조승혁, 「산업 전도의 전초지 일본 서진 노동자센터」, 『기독교세계』, 1966. 5. 5 ; 「산업전도 활동에 대한 현황과 그 과제: 인천산업전도 활동을 중심으로」, 『기독교세계』, 1967. 8. 5.

■3. 산업전도에서 산업선교로

1) 산업전도가 산업선교가 되기까지

1968년은 한국 산업선교 역사에서 중요한 연대로 기록된다. 1968년을 계기로 '산업전도(Industrial Evangelism)'라는 이름이 '산업선교(Industrial Mission)'로 바뀌었기 때문이다. 이것은 단지 명칭만의 변화가 아니라 산업사회에서의 교회의 역할을 '책임사회론'에 부합하는 것으로 체질개선하는, 곧 근본적인 개혁을 의미하는 것이었다. 따라서 활동의 내용과 방법도 기존 산업전도와는 확연하게 차별되는 질적 변화를 가져오는 계기가 되었다. 이로 인해 산업선교는 당시 정치세력에 아부하며 보수적 신학을 고수하던 전반적인 한국 개신교의 분위기와는 분명 노선을 달리하기 시작했다. 산업선교와 개신교 주류 사이에 갈등의 가능성이 배태된 것이다.

1968년 1월 24일부터 29일까지 태국 방콕에서 동아시아교회협의회(EACC) 도시산업선교연구협의회가 개최되었다. 이는 아시아 산업전도의 지난 10년을 돌아보고 각국 실무자들의 활동과 경험을 나누면서 신학적 입장을 정리하는 자리였다. 한국대표 6명을 비롯하여 일본 · 대만 · 홍콩 · 호주 · 필리핀 · 인도네시아 · 인도 · 말레이시아 · 태국 · 실론 등 아시아 각국의 산업전도 실무자와 미국과 독일의 관계자 80명이 참석하였다.[129] 이들은 각기 지난 10년간의 경험을 바탕으로 의견을 나누던 중, 아시아에서 산업전도를 하는 모든 실무자들이 비슷한 경험을 가지고 있다는 것을 발견하였다. 마침 산업전도의 방법론과 의미에 대해 고민하고 있던 한국의 실무자들과 마찬가지로 이들도 기존의 방법과 사고로는 참

---

[129] 조승혁, 「EACC 도시산업선교연구협의회 보고: 급변하는 아세아의 선교적 과제는 도시산업선교이다」, 『기독교세계』, 1968. 3.

다운 산업전도를 할 수 없다는 생각을 하고 있었던 것이다. 이들은 모두 자본에 눌려 비인간적인 삶에 시달리는 노동자들을 이로부터 구해내야 한다는 것에 공감하고 있었다.[130] 지역차가 있긴 하지만 이는 2차대전 이후 급속한 산업화와 근대화 과정을 겪고 있는 아시아 국가들의 공통점 이기도 하였다. 그들은 "산업화는 아시아적인 것이 아니고 서양으로부터 왔는데 어떻게 아시아적인 풍토에 맞서 산업화되어질 수 있으며, 이런 과정에서 교회는 어떻게 공헌할 수 있겠는가"에 대해 토론하였다.

이에 대한 결론은 첫째 인간의 중요성과 존엄성, 그리고 그에 반하는 문제들에 무게중심을 두어야 한다, 둘째 사회정의를 구현하도록 힘써야 한다, 셋째 개별활동보다 연합적이고 공통적 활동으로 사회적인 공동사 명을 감당해야 한다, 넷째 교회는 산업화 과정에서 자체개혁을 단행함으 로 근로자와 비기독교인이 들어올 수 있도록 해야 한다는 것이었다. 또 한 아시아 교회의 선교적 과제는 앞으로 산업선교일 것이며, 그동안 해 왔던 교회 중심의 낚시질식 전도에서 산업사회 위주의 미션(선교)이 되 어야한다는 데에 의견의 일치를 보았다.[131] 이는 가난한 자들, 보호받지 못한 자들, 잊혀진 자들 편에 서서 그들의 관심사에 깊숙이 파고들어가 그들의 문제들과 삶의 구조에 참여해야한다는 것을 강조하는 당시 세계 교회의 추세에 발맞추는 것이었다. 이로써 산업선교는 앞으로 보다 적극 적으로 노동자 편에서 일할 수 있는 선교신학적 근거를 마련하게 되었 다. 이 신학적 근거는 1975년에는 '도시산업선교의 정책'으로, 1978년에는 '도시산업선교 신학 선언'으로 발전하면서 그들의 활동에 정당성을 부여

---

130) 인명진, 「영등포산업선교의 어제와 오늘」, 『영등포산업선교회 40년사』, 109~110 ; 조지송 인터뷰, 2007. 11. 13.

131) 조승혁, 「EACC 도시산업선교연구협의회 보고: 급변하는 아세아의 선교적 과제 는 도시산업선교이다」, 『기독교세계』, 1968. 3. 박형규 목사는 '선교'는 하나님 의 선물을 나누어주는 일이고, '전도'는 교회 안에 끌어들여서 내 사람으로 만 든다는 의미가 강하다고 설명하였다(신흥범 정리, 『박형규 회고록: 나의 믿음은 길 위에 있다』, 창비, 2010, 173쪽).

해주는 이데올로기가 되었다.

회의 마지막 날, 아시아의 산업전도 실무자들은 "산업화와 도시화로 인한 제반문제와 상황 전체 속에 있는 인간의 삶의 문제"를 선교의 대상으로 선정하였다. 그리고 새로운 사명에 걸맞게 '도시산업선교(Urban-Industrial Mission: UIM)'라는 명칭을 공식적으로 채택하였다. '도시'라는 단어가 첨가된 이유는 산업화는 결과적으로 도시화를 가져오고, 따라서 도시민에게 발생하는 제반문제들에도 관심을 가져야 한다는 지역적인 개념을 염두에 두었기 때문이었다.[132]

이제 아시아의 산업선교는 "공장 앞에서 설교하는 것이 아니고 산업사회의 보다 나은 발전에 관심을 갖는다"는 선포에 따라 근로자를 위한 구체적인 행동에 착수하게 되었다.[133] 즉 노동자 문제를 교회중심적 시각에서 보고 판단하던 것에서 벗어나 노동문제에 보다 관심을 갖고 노동조합 조직과 운영을 중심으로 사업을 전개하기로 한 것이다. 이에 따라 산업전도 시절 내걸었던 표어인 "나도 일한다(요한복음 5:17)"는 산업선교

---

132) 조승혁, 『도시산업선교의 인식』, 민중사, 1981, 255쪽. 「한국교회 산업선교 25년 약사」. 1968년, 우리나라에서도 급격한 산업화에 의한 도시화가 폭발적으로 이루어짐에 따라 도시빈민문제에 관심을 갖고 연세대학교 내에 '도시문제연구소'가 설립되었다. 미 연합장로교회에서 파송한 선교사인 허버트 화이트(Rev. Herbert White)가 컨설턴트로 선임되었는데, 도시선교 실무자 훈련에 역점을 두어 1968년부터 1973년까지 도시의 빈민지대(slum area)에서 직접 훈련받은 실무자들이 30여 명이었다. 이를 바탕으로 1971년에는 '한국도시선교연합회'가 조직되었고, '한국산업선교연합회' '한국도시선교연합회' 'JOC' '학생단체' '교회 청년단체' 등이 연합하여 '한국교회사회선교협의회'를 발족하였다. 기독교장로회의 박형규 목사가 도시선교위원회의 위원장을 맡아 활동하면서 1972년부터는 교단과 관계없이 개인적인 활동으로 권호경·이해학·이규상·모갑경·허병섭 목사 등이 적극적으로 참여, 활발하게 진행하였다(조승혁, 『도시산업선교의 인식』, 민중사, 1981, 47~48쪽. 대한예수교장로회 총회전도부 산업선교위원회 편, 『교회와 도시산업선교』, 대한예수교장로회총회교육부, 1981, 58쪽 ; 이규상, 「한국도시산업선교의 발전과정과 현황」: 신흥범 정리, 『박형규 회고록: 나의 믿음은 길 위에 있다』, 창비, 2010, 166~169쪽).

133) 「1968년 동남아시아 기독교교회협의회 보고서」, 『영등포산업선교회 40년사』, 109쪽에서 재인용.

로 바뀌면서 "가난한 자에게 복음을(누가복음 4:18)"로 바꾸기로 결의하였다. 이것은 교회 단체에게는 대단히 중요한 변화로, 노동과 사회문제를 보는 시각을 전면적으로 개혁하는 것이었는데, "나도 일한다"는 말에는 성실하게 일하라는 암시가 있는 반면, "가난한 자에게 복음을"이라는 말에는 노동자의 권익을 암시하는 뜻이 담겨있기 때문이라고 한다.[134]

이로써 일찌감치 노동자 중심 활동을 시작한 인천기독교산업전도회에는 더욱 힘이 실렸으며, 활동 방향을 놓고 갈등하며 고심하던 영등포산업전도회의 조지송에게는 변화에 정당한 명분이 생겼다. 한국의 산업전도도 이를 계기로 예장의 영등포산업전도위원회는 '영등포산업선교회(이하 영산)'로, 인천을 중심으로 활동하던 감리교의 산업전도회는 '인천기독교도시산업선교회(이하 인천산선)'로 개명하였다.[135]

이후 한국의 산업선교에 여러 가지 변화가 찾아왔다. 교육과 훈련의 내용이 종교적인 것에서 산업과 노동에 대한 것으로 바뀌면서 비기독교인들의 참여가 늘어났으며, 연합적이고 공통적인 활동을 하기 위해 교단이 다른 인천산선과 영산, JOC가 합류 또는 교류하면서 초교파적 활동을 하게 된 것이다.[136] 1970년대 산업선교가 노동자들의 인간화 문제에 관

---

134) 조지송, 「간추린 영등포산업선교회 이야기」, 『나의 삶 나의 이야기』, 도서출판 연이, 1997, 285쪽.

135) 감리교의 기독교산업전도회의 경우엔 이 회의 이후 도시빈민선교까지 염두에 두고 명칭을 바꾸었는데, 1967년 보고서까지 소급하여 '기독교도시산업선교회'라는 명칭을 사용하였다. 또한 1968년에 작성된 인천산선의 「1969년 활동계획서」에서 처음 "도시산업선교 신학"이란 용어를 사용하기 시작하였다. 예장 영등포산업전도회의 경우는 1969년부터 감리교의 김경락 목사가 함께 활동하게 되면서 내부적으로는 '영등포산업선교연합회'라는 명칭을 썼으나 총회에서 공식적으로 명칭개정이 결의된 것은 1971년(제56회 총회)이다. '하나님의 선교 신학'은 한국사회의 도시화와 산업화에 따른 민중선교의 출발점이 되었다.

136) 유일하게 기독교장로회 산업선교는 이들과 함께 초교파적 활동을 하지 않았는데, 산업선교에 대한 이해와 활동방법이 달랐기 때문인 것으로 보인다. 기장 산업선교는 다른 지역과 달리 센터를 세웠고 실무자 이국선은 감리교나 예장 산업전도 활동과는 다르게 대성목재(주)에서 월급을 받는 소속목사였다. 노동자들은 이를 회사 측에서 노동자들의 외출을 줄이기 위한 편법으로 이해

심을 두고 유신체제와 싸워가며 사회정의를 구현하는데 힘쓸 수 있었던 것도 다분히 이 영향이었다. 1970~80년대 한국 개신교의 진보성을 대표한 NCC가 산업사회 문제에 관심을 갖고 도시산업선교위원회를 구성한 것은 이보다 5년 후인 1973년 후반이니, 한국에서는 산업선교가 이 분야에서 가장 선구적이었다. 따라서 산업선교는 이후 기존 한국교회의 주변부에 위치하면서 보수적인 교회문화와는 상당히 결이 다른 문화를 발전시키게 되고, 유신체제와 만나면서 저항적 운동체로 자리매김하였다.

산업선교의 이러한 활동 방향은 세계교회와 맥을 같이하는 것이었다. 1973년 12월 28일부터 1974년 1월 6일까지 방콕에서 열린 세계선교정책협의회에서는 '오늘의 구원'이라는 주제 하에 선교의 내용을 첫째, 인간에 대한 인간의 착취에 항거하여 경제적 정의를 세우기 위한 투쟁, 둘째, 동족에 대한 정치적 압제에 항거하여 인간의 존엄성을 세우기 위한 투쟁, 셋째, 인간과 인간 사이의 소외를 극복하기 위한, 결속시키는 운동, 넷째, 인간의 삶에서의 절망에 항거하는 희망의 투쟁으로 정리하였다. 이는 1970년대 한국 도시산업선교운동이 힘겹게 겪어야 했던 경제적 정의의 문제, 인간의 존엄성 유지와 보장의 문제, 인간소외 극복을 위한 결속의 문제, 절망에 항거하는 희망의 투쟁 등과 공감대를 형성하면서 정신적·재정적으로 큰 버팀목이 되어주었다.[137]

했다고 한다(황영환 인터뷰, 2008. 9. 30). 인천산선의 「1970년도 활동보고서」에서 오글은 "(기독교장로회의) 동인천노동센터 문제는 … 앞으로도 계속 싸움을 일으킬 문제입니다. … 제가 보기에 우리의 사업은 동인천산전센터와는 반드시 독립적으로 해야 합니다. 같이 그 건물에 들어가면 싸움이 끊이지 않을 것이며, 산업선교사업의 성격을 많이 흐리게 할 우려가 있습니다"라고 하였다.

[137] KNCC문고 1 『오늘의 구원』, 한국기독교교회협의회 발행. 1974, 54쪽. 이 당시엔 WCC 내 산업선교의 지위가 상당하여, WCC 총예산의 반 정도가 산업선교예산인 적도 있었다고 한다(조지송 인터뷰, 2007. 11. 23·24). 실제로 인천산선의 경우 WCC로부터 1974년에는 7,226,307원, 1975년에는 12,651,136원을 직접 지원받았다(기독교도시산업선교회, 「1974~1975 활동보고서」).

2) 노사 갈등의 조정자

이제 산업선교 실무자들은 그동안의 갈등을 떨쳐버리고, 자신들의 경험에 근거하여 본격적인 노동운동을 할 수 있는 합리적 근거를 갖게 되었다. 이에 대해 조승혁은 "도시산업선교에 관한 세계교회들의 선교동향에 관하여 같은 입장을 갖고 세계적 호흡을 하게 됨으로써 확신과 자신감을 갖고 열심히 신나게 선교운동을 전개하게 되었다"고 하였다.[138] 이러한 활동은 산업현장에서 부대끼며 얻은 깨달음을 현장에 맞게 적용해야만 효과를 볼 수 있는 것인 만큼 실무자의 성향과 능력, 교단의 태도가 더욱 중요하게 되었다.[139]

예장은 산업전도 초창기에 전국적으로 12개의 지방위원회를 조직하였지만 1967년경부터는 산업전도에 대한 관심이 점차 시들해지면서 지방의 활동들 대부분이 중단되었다. 다만 실무자 조지송이 산업사회에서 생겨나는 문제와 사건을 만나 치열하게 고민하면서 새로운 전환점을 찾기 시작한 영등포만은 더욱 발전하며 활동을 지속하였다.[140] 감리교의 경우도 관심 있는 몇몇 목회자들이 1970년부터 대전·부산·함백·울산 등에서도 활동을 시도하였지만 대부분이 특별한 성과를 거두지 못하고 활동이 중단되었다.[141] 기독교장로회의 경우도 1968년 이국선이 동인천산업전도센터를 설립하고 대성목재에 취업하여 활동한 것 외에 안양·울산·동

---

138) 「경인지역의 도시산업선교 활동: 사회적 급변 속에 선교하는 일꾼들」, 『기독교세계』, 1970. 3. 10 ; 조승혁, 『도시산업선교의 인식』, 민중사, 1981, 9~11쪽 ; 조승혁, 『이런 세상에 예수님의 몸이 되어』, 정암문화사, 2005, 24·34쪽.

139) 기독교도시산업선교회, 「1970년 산업선교 정책을 위한 협의회 참고재료」, 1969. 7. 4.

140) 「제56회 대한예수교장로회 총회회의록」, 1971. 9, 125쪽.

141) 1970년 동서울에서 황효남 목사가, 동부연회를 중심으로 함백탄광에서 이병헌 전도사가, 남부연회에서는 대전과 부산에서, 1971년에는 영등포 구로동공업단지를 중심으로 안광수 목사가 산업선교를 시작하였으나 특별한 성과를 거두지 못한 채 그만두고 말았다(「도시산업선교의 역사적 고찰과 현황」, 『기독교세계』, 1972. 4. 10 ; 조승혁, 『도시산업선교의 인식』, 민중사, 1981, 37쪽).

서울 등 타 지역에서의 활동은 지속되지 못하였다.[142]

이처럼 산업선교가 더 이상 확산되지 못한 데에는 재정적인 문제도 있었지만 무엇보다도 실무자의 역량과 의식이 산업사회와 노동자를 대상으로 활동할 만큼 발전하지 못한 이유가 더 크다 하겠다. 능력 있는 조직은 강화되고 그렇지 않은 조직은 약화됨으로써 1970년대 초반에는 이미 교단이 직접 관리하는 선교활동은 없어지고, 교단의 조직은 단순히 일선 선교활동을 지원하는 정책적인 부분으로만 남게 되었다. 1970년대 노동운동이 주로 수도권 지역에서 일어났다는 사실은 이 지역에 산업선교 활동이 집중되어 있었던 것과 결코 무관하지 않다.

한국의 산업선교는 본격적으로 산업사회의 중심인 노동자와 그들의 조직, 그리고 노동자의 권익옹호를 목표로 하는 새로운 방법 모색에 골몰하였다. 그 결과 세계교회의 선교과제에 합당하며 노동자들이 조직된 힘을 가지고 기업 내에서 실제적이고 합법적 투쟁을 할 수 있는 최선의 길은 결국 '올바른 노동조합의 정립'이라는 결론에 도달하였다. 당시 쿠데타 정권에 의해 하향적으로 조직되어 정권의 수출드라이브정책을 철저히 수행하는 어용 노동조합은 그 자체가 운영상의 모순을 갖고 있었다. 하지만 운영만 잘된다면 노동자들의 힘을 결집하고 키울 수 있는, 노동자의 이익을 위해 존재하는 유일한 합법적 단체가 노동조합이라고 판단하였던 것이다. 이에 조지송은 "노동조합이야말로 산업선교의 목회 현장이며 노동자를 구원할 수 있는 참 교회라고 생각하고 산업선교의 장을 노동조합으로 정하고 총력을 기울이기로 하였다"고 했다.[143] 마침 1968년에 발표된 미국 장로교의 산업선교 선언문도 "노동조합은 노동자의 통일의 상징이며 하나님은 노동조합을 통해서 의미 있는 창조활동을 계속하고 있다"고

---

142) 조승혁, 앞의 책, 41쪽.
143) 조지송, 「간추린 영등포산업선교회 이야기」, 『나의 삶 나의 이야기』, 도서출판 연이, 1997, 286쪽.

그림 2-1. 산업선교 활동을 시도 또는 지속했던 단체와 지역

교단		단체
○	대한예수교장로회(통합)	총회 전도부 산하 도시산업선교 중앙위원회
△	기독교대한감리회	중부연회/동부연회 도시산업선교위원회
✱	기독교장로회	총회 산하 도시산업선교위원회
◈	대한성공회	교구

출처: 대한예수교장로회 총회전도부 산업
선교위원회 편, 『교회와 도시산업선
교』, 1981 ; 조승혁, 『도시산업선교의
인식』, 민중사, 1981.

노동조합의 역할과 중요성을 강조하여 이들에게 큰 힘이 되어주었다.[144]

이후 산업선교는 노동자들이 힘을 갖기 위해 민주적인 노동조합을 조직·유지할 수 있도록 교육하는데 주력하였다. 그리고 노동자들의 상황과 노동조합의 필요성을 대내외로 알리는 노력과 노동자들을 위한 복지사업도 전개하였다. 산업선교의 이러한 활동은 여러 면에서 취약했던 한국노총으로부터 크게 환영받았다. 노총은 적극적으로 이에 협력하였고, 산업선교회 또한 각 노조들과 함께 교육프로그램을 운영하는데 무리가 없었다. 실무자들은 당시 자신들이 노동자 편에서 모든 것을 이해하고 활동했다고 확신하였다.[145]

영등포산업선교회는 1968년부터 평신도 산업선교교육의 내용을 대폭 수정하여 기독교의 본질이나 성서의 노동관 대신 노동조합과 노동운동에 대한 강의를 증가시켰다.[146] 그러자 변화가 나타났다. 명성 있는 신학교수들의 수준 높은 강의에는 늘 피곤한 모습으로 묵묵히 앉아 있을 뿐활기가 없던 노동자들이 노동현장에서 일어난 크고 작은 일들을 이야기할 때면 폭소를 터뜨리는가 하면 때로는 흥분하기도 하면서 활기차고 진지해졌던 것이다.[147] 1969년부터는 노동문제에서 좀 더 앞서가고 있던 인천산선에서 훈련받은 감리교의 김경락 목사가 영산에 합류해 '영등포

144) 조승혁, 『이런 세상에 예수님의 몸이 되어』, 정암문화사, 2005, 70쪽 ; 조지송 목사의 증언, 『영등포산업선교 40년사』, 112쪽 ; 영등포산업선교연합회, 「1970년도 전반기 활동보고서」, 1970. 6. 30.

145) 「도시산업선교의 역사적 고찰과 현황」, 『기독교세계』, 1972. 4. 10.

146) 『영등포산업선교회 40년사』, 119쪽. 이 시기에도 영산의 교육프로그램에는 인천산선의 오글과 조승혁이 지속적으로 참여하였다. 영산이 노동문제를 중심으로 다루기로 했다고 하여 공장목회가 완전히 없어진 것은 아니었다. 영등포산업선교연합회의 「1969년도 사업보고서」에는 "(생략) 이들 그룹(공장 서클활동)이 취급하는 문제들이 현실 산업사회 근로자 문제에 기초하지 못하고 종래의 종교적 모임에서 벗어나지 못하는 것이 가장 큰 문제입니다"라고 하며 고민하고 있는 모습이 보인다.

147) 조지송, 「간추린 영등포산업선교 이야기」, 『나의 삶 나의 이야기』, 도서출판 연이, 1997, 185쪽 ; 조지송 인터뷰, 2007. 11. 23~24.

산업선교연합회'라는 이름으로 보다 적극적인 활동을 펼치게 되었다.[148] 또 프리드리히 에버트 재단의 지원과 한국노총의 협조 하에 노동운동지도자 프로그램도 실시하였다. 이 프로그램은 3년간 총 21회에 걸쳐 약 12,000명의 조직가를 훈련시켰는데,[149] 특히 영등포지역에 밀집해 있던 의류피복업체에서 일하는 노동자들에게 역점을 두어 수천 명을 조직하는데 성공하였다.[150]

이 시기 산업선교의 입장은 노동자들의 권익을 중요시하되, 노사관계에 있어서는 중재역할을 담당하는 "화해자"를 자처했다. 실무자들이 당시, 한국의 경제상황을 절대빈곤이 국가적 문제가 되는 상황으로 규정하여 경제발전을 위해서는 기업이 서야하고, 그러기 위해서는 무조건 노동자편을 드는 것이 아니라 때로 노동자에게 기업의 입장을 이해시킬 필요도 있다고 생각하였기 때문이다.[151]

---

[148] 이듬해에는 감리교의 안광수 목사도 영등포에 합류하였으나 1년 동안만 활동하였다. 연합활동은 1969년 5월 19일부터 1975년까지 6년간 이루어졌으며, 실무자를 파견하진 않았지만 성공회의 이천환 주교도 회관관리위원장으로 참여하였다(『영등포산업선교회 40년사』, 1998, 120쪽). 이외에도 크라운전자 부당노동행위에 대한 항의와 한국모방 퇴직금받아주기운동 등에는 가톨릭과 함께 연합활동을 벌이기도 하였다.

[149] 독일 사회민주당에서 지원하는 에버트재단은 에리히 홀쩨가 1968년 1월 한국사무소를 개소한 후 1972년 3월 정부로부터 강제철수될 때까지 4년 3개월 간 한국에서 활동하였다. 이들은 한국노총과 연계를 맺고 노동조합에 대한 독일적 모델을 제시하며 노동조합 활동의 계몽적 역할을 제시하였다고 한다. 특별히 노동조합간부 훈련프로그램을 재정적으로 지원하였는데, 1년에 10여 차례 이상 제주도까지 전국을 돌며 지방도시와 항만노조 등에서 순회교육을 하였다. 또한 크리스찬아카데미에서 노동조합에 대한 국제세미나를 3~4차례 실시하였으며, 독일 노동조합 교육강사 지침, 협동조합에 대한 자료 등을 번역하여 출판하기도 하였다. 그러나 국내에는 그에 대한 자료가 거의 남아있지 않다. 전직 노동부장관 이헌기와 이영희가 당시 에버트재단 지원으로 교육받았다고 한다(이삼열 인터뷰, 2008. 12. 15 ; 오길남, 조양숙 인터뷰, 2008. 12. 18).

[150] 『영등포산업선교회 40년사』, 1998, 119~121쪽.

[151] 홍현설, 「기술사회와 전도자」, 『기독교세계』, 1968. 10 ; 「발전적인 산업선교 활동」, 『기독교세계』, 1969. 2 ; 『제1회 노사문제 세미나 : 기업발전과 노사협의』 안내장, 영등포도시산업선교연합회 주최·한국노총영등포협의회 후원, 1969. 6.

'화해자'로서 영산은 노동조합 간부와 경영자 측 대표들을 한자리에 모아 6월과 10월 두 차례 '기업발전과 노사협의'라는 주제의 노사문제세미나를 개최하였다. 이 세미나의 목적은 노사 간의 극한대립을 피하고 상호 대화를 통해 평화적으로 문제를 해결함으로써 노동의 신성성도 강조하고 생산성 향상도 도모하겠다는 것이었다. 따라서 강의내용도 '최저임금제도가 노사 간에 주는 영향', '노사 간의 공동이익을 위한 제언', '노사 간의 평화를 위한 제언' 등이었고, '노사 간의 공동이익에 상반되는 문제들, 공동이익을 위해 어떤 방법으로 상호 노력할 것인가'를 주제로 토의도 하였다.[152] 그러나 이러한 노력은 결국 선성장 후분배 논리를 벗어나지 못하는 한 기업주들에게 동정을 구하는 것밖에 되지 못하였다. 실무자들이 아직도 노사문제가 정치적 · 사회적이라는 사실을 이해하지 못하고 있었기 때문이었다.

그러한 한계 속에서도 영산은 이때부터 임금체불이나 퇴직금, 현장 내 폭력문제와 노동조합 조직과 같은 문제의 해결에 개입하기 시작하였다. 노동자를 지원하는 기관이 전무한 상황에서 노동조합 지도자들과 노동자들이 현장에서 발생한 문제들을 산업선교회에 의뢰했는데, 아직도 노동문제의 본질을 직시한 것은 아니지만 노동자들의 입장을 조금이라도 대변해 줄 수 있는 유일한 기관이었기 때문이었다. 하지만 실무자들의 노력에도 불구하고 일단 분쟁이 발생하면 회사 측은 일방적이고 강압적인 태도로 일관하였고, 노동자들이 아무리 문제해결을 위해 조정을 요청해도 대부분 별 이유 없이 이를 거부하였다. 산업선교회는 이를 사용자 측의 노동조합에 대한 이해부족과 노동법 및 노동조합법에 대한 상식 부족으로 인한 것으로 판단하였지만 별다른 대책을 강구하진 못하였다.[153]

19~20 ; 『영등포산업선교회 40년사』, 1998, 109쪽.

[152] 『영등포산업선교회 40년사』, 1998, 113~115쪽.

[153] 영등포도시산업선교연합회, 「1970년도 사업보고서」.

다만 임금이 체불된 노동자들을 돕기 위해 후원금을 모금하여 전달하고, 강제해고된 노동자가 복직될 수 있도록 노동조합을 조직하는 일에 협조하거나 진정서 제출을 도와주는 역할을 할 뿐이었다.[154)

이즈음 영산은 1969년부터 경제사정이 어려운 노동자들의 복지를 위해 "만인은 일인을 위하여, 일인은 만인을 위하여"라는 슬로건을 내걸고 신용협동조합운동을 시작하였다.[155) 은행을 자유로이 이용하지 못하는 노동자들에게 이 운동은 아주 성공적이어서 이듬해에는 인천산선에서도 영산의 도움을 얻어 조합원 32명과 출자금 5,866원으로 산우신용협동조합을 시작하였다.[156)

한편, 영산보다 한발 먼저 노동자 문제와 노동조합에 관심을 가지기 시작한 인천산선은 전도에서 선교로 개칭한 이후 더욱 의욕적이고 적극적인 활동을 펴나갔다. 이들은 스스로도 1968년도를 성과가 많았던 해로 평가하였다. 노사문제에 강조점을 둔 노동교육, 노조 지도자 훈련, 노동관계 실무세미나, 노사분쟁 해결 등의 중점사업이 활발하게 전개되었

---

154) 『영등포산업선교회 40년사』, 1998, 117쪽.

155) 영산의 신용협동조합은 1968년 가을, 한 여성노동자가 사고로 인해 다리에 부상을 입었지만 돈이 없어 치료를 못하는 딱한 사정을 보고 계획된 것이다. 1969년 강행님이 협동교육연구원에서 1개월간 공부한 후 수 차례에 걸친 회원교육을 실시하고 8월 말경 45명의 노동자들이 모여 11,000원을 가지고 시작하였다. 같은 해 말 이미 200명에 가까운 회원과 40만원을 초과하는 저축을 가지게 되었으며, 이 돈은 회원들이 어려울 때 월 2부로 빌려 쓰고, 빌려간 돈은 10개월에 나누어 갚도록 하였는데, 주로 전세값으로 쓰기 위해 목돈을 대부하곤 하였다(영등포산업선교연합회, 「1969년도 사업보고서」 ; 「1976년도 활동보고서」). 또한 신용협동조합은 노동자들이 고리채 정리를 할 수 있도록 도와주었다(영등포산업선교연합회, 「1970년도 사업보고서」). 1972년에는 700명 조합원에 800만 원의 출자금을 조성하였는데, 당시 노동자들의 한 달 수입이 2,000~3,000원 내외였던 것을 생각하면 큰 금액으로, 영산은 이를 노동자들의 푼돈이 협동을 통해 낳은 기적이라고 자평하였다(영등포산업선교연합회, 「1972년도 사업보고서」). 이 신용협동조합은 '영등포산업개발 신용협동조합'이라는 명칭으로 재무부에 1-1번으로 등록되었다(박영혜, 「신협운동과 영등포산업선교회」, 『영등포산업선교회 40년사』, 460~464쪽 참조). 신용협동조합은 1960년대 부산에서 메리가벨 수녀에 의해 처음으로 소개된 운동이다.

156) 정양숙, 「1970년도 활동보고서」.

다.[157] 그러나 인천산선 역시 국가정책인 근대화를 국민적 과제로 인식하고 있었다는 점에서는 영산과 크게 다르지 않았다. 그들이 지향하는 노동조합운동의 목표는 첫째로 근로자들로 하여금 그들 자신의 이익과 아울러 전체 복지국가 건설에 부합되도록 협조하며, 둘째로는 산업평화와 생산성 향상에 근로자가 참여하는 민주적 노동운동을 함으로써 성공적인 노사협력을 통해 산업민주화를 이룩하는 것이었다.[158] 차이라면 노동조합지도자 훈련이 보다 체계적이고 조직적으로 시행되어 주변의 인정을 받게 되었다는 것이었다.

1960년대 후반에는 정부도 단체교섭을 장려하는 편이었기에 산업선교의 노동조합지도자 교육프로그램은 저항 없이 널리 알려지면서 기업체는 물론 중앙노동부처와 지역노동부처들과도 협력적인 관계를 유지할 수 있었다. 인천시 사회국장 신광수는 1969년 1월 7~10일에 열린 제4회 도시산업선교연구회에서 노동자에 대한 정부정책을 강연하는 중에 "노동문제를 다루려면 사회정책이라는 커다란 문제를 다루지 않을 수 없다. 사회정책이란 제도와 조직의 결함을 보완하는 일이다. 사회정책 중에는 노동정책이 큰 비중을 차지하고 있는데 … 우리나라에서도 점차적으로 노동문제가 크게 대두하게 될 터인데 … 산업선교 실무자에 대한 기대가 매우 크다"고 하였다.[159] 산업선교를 정부정책 수행 파트너로 인식하고

---

157) 노조 지도자 훈련과정은 38명 수료, 노동관계 실무 세미나는 69개 기업체에서 3회에 걸쳐 133명 수료, 노사분쟁 문제는 한국기계, 중공업 문제 등을 중심으로 활동하였다(기독교도시산업선교회, 「1968년도 활동보고서」). 이 시기에도 공장목회를 하였는데, 이는 현장을 방문함으로써 각 공장의 사정을 헤아리고 회사 간부와 지속적인 유대를 가지며 더 많은 노동자들에게 산업선교를 알리고 그들의 사정을 들을 수 있는, 즉 그들과 가까워지는 방편으로 노동조합운동을 위한 기초단계로써 여전히 중요하게 여겨졌다(기독교도시산업선교회, 「1969년도 활동보고서」; 「1969년도 전반기 산업선교활동보고서」).

158) 기독교도시산업선교회, 「제2회 노동문제 세미나: 정기 노동조합지도자 훈련과정」, 1968. 4.

159) 「제4회 도시산업선교연구회 보고서: 한국 산업선교의 재평가와 새방향 모색」, 1969. 1.

있었던 것이다. 인천산선은 1969년 인천시청과 한국기계로부터 감사패를 받기도 하였다.[160]

산업선교는 또 노총 경기도지역협의회와 아세아재단 등이 이들과 협조하여 각 지부와 분회 지도자들과 함께 한국노총이 설정한 방향과 지역 노동운동이 협조적 관계를 갖게 하는데 주력하였다.[161] 그 즈음에는 사회적으로 노동문제에 대한 관심이 커지면서 서강대와 고려대에도 노동연구소가 설립되었다. 이들 역시 노조지도자를 육성하기 위한 프로그램을 개발하여 단체협약과 단체교섭에 대한 세미나를 지속적으로 개최하였다. 산업선교 실무자들도 정기적으로 이 프로그램에 참여하여 교육을 받았고,[162] 크리스찬아카데미도 이들을 재정적으로 지원하였다.[163]

인천산선은 1968년 4월부터 6월까지 격주로 1주간씩 매일 저녁 6시 30분부터 9시 30분까지 '노동문제 세미나'를 실시하였다. 강의내용은 노동조합의 조직절차, 운영요령, 활동내용 등과 노동법에 관한 것, 단체협약과 단체교섭에 대한 것, 노조 지도자들을 위한 리더십 개발과 공중연설의 요령, 회의진행 요령과 실습 등으로 영산에 비해 상당히 구체적인 내용을 담고 있는 훈련과정이었다.[164] 오글은 당시 한국 노동운동이 한국을 민주주의와 경제가 함께 발전하는 길로 이끌 것이라고 믿고 이러한 프로그램 개발과 교육에 열과 성을 다했다고 한다.[165] 1970년대 들어 정

---

160) 조승혁, 『이런 세상에 예수님의 몸이 되어』, 정암문화사, 2005, 70쪽.

161) 조지 오글, 「우리의 마음도 여러분들과 함께 울고 있습니다」, 『시대를 지킨 양심』, 민주화운동기념사업회, 2007, 52쪽 ; 기독교도시산업선교위원회, 「1968년도 활동보고서: 지방회 보고재료」 ; 「발전적인 산업선교 활동」, 『기독교세계』, 1969. 2. 10.

162) 「제4회 도시산업선교연구회 보고서: 한국산업선교의 재평가와 새방향 모색」, 1969. 1.

163) 기독교도시산업선교회, 「1969년도 활동계획서」.

164) 기독교도시산업선교회, 「제2회 노동문제 세미나: 정기 노동조합지도자 훈련과정」, 1968. 4 ; 「제3회 노동문제 세미나」, 1969. 10. 27~11. 7.

165) 조지 오글, 「우리의 마음도 여러분들과 함께 울고 있습니다」, 『시대를 지킨

부가 단체교섭권을 제한하기 시작할 때까지 이러한 노력은 계속되었다.

또한 같은 시기에 인천산선에서는, 동일방직에서 6개월 간 노동훈련을 마친 조화순 목사가 직장여성부 실무자로 활동을 시작하였는데 직장여성부의 활동은 산선의 여느 프로그램처럼 진행되지 않았다. 여성노동자들과 취미활동을 하며 고민상담도 하고 좋은 이야기를 들려주는 정도에 그쳤다. 이는 여성노동자를 노동문제나 노조활동과는 상관없는 예외적 존재로만 인식한 결과였다. 그러나 이 시기에 쌓은 신뢰와 친분은 몇 년 후 여성노동자들이 의식화활동의 중요한 위치를 점하는데 기반이 되어 주었다. 이 외에 기존에 노동계의 문제를 함께 고민하던 인천 JOC와의 연합활동도 시작하였으며,[166] 산업선교와 노동조합운동의 필요성에 대해 알리기 위해 실무자들이 신학대학과 서강대 산업문제연구소 등에 초청되어 강의도 하였다.[167]

1969년은 인천산선의 역사에서 매우 중요한 해였다. 가시적으로는 산업선교가 노동현장에서 그 이념에 따른 실질적인 활동을 전개하기 시작했고, 보이지 않게는 실무자들의 의식이 그 어느 때보다 성숙하고 발전하여 산업선교의 본질에 더한층 다가간 시기였다고 할 수 있다. 목표는 여전히 노사문제에 집중하여 노동조합지도자 훈련과 노동교육을 통한 노동운동의 건전한 육성이었다. 구체적으로는 한국기계와 판유리 및 금속노조 경기지부 산하 5개 단위노동조합과 공동으로 단위노조의 대의원

양심』, 민주화운동기념사업회, 2007, 52쪽.

[166] 산업선교와 JOC는 1968년 4월부터 연합활동을 시작했는데, 남재민 신부 외 2명의 실무자가 더 인천산선에서 노동훈련을 받고 활동하였다(기독교도시산업선교회, 「1968년도 활동보고서」). 이들은 제3회 평신도 지도자 훈련 프로그램에서 'JOC 정신과 방법'도 강의하였고, 「1969년도 전반기 활동 보고서」에서는 "산우회 활동은 아직까지 JOC 정신과 그 방법을 적용하지 못하였다"고 한 것으로 보아 이 과정에서도 JOC의 정신과 방법론이 산선 활동에 많은 영향을 미치고 영향을 준 것으로 보인다.

[167] 기독교도시산업선교회, 「1968년도 활동보고서 지방회 보고재료」 ; 「1969년도 전반기 산업선교 활동보고서」.

급 이상 중견지도자 육성교육에 강조점을 두고 사업이 진행되었다. 또한 노사 간 문제점의 상호이해와 생산성 향상을 위한 제문제에 협력토록 하기 위해 인천지역 내 10여 개 사업장의 노조지부장과 경영자가 한자리에 모이게 하는 노사협력프로그램도 개설하였다.[168]

연합활동으로, JOC 소속 남재민 신부는 각 공장의 기독교인 노동자들을 모아 전문분야별로 소그룹활동을 시작하였다. 또 아직 구체적으로 진행된 것은 없으나 1969년부터는 인천지역에 공장들이 밀집함에 따라 도시빈민이 늘어가는 것을 우려해 도시선교활동도 계획하였다.[169] 이제 인천산선은 8명의 실무자가 20여 개의 사업장에서 3만여 명에 달하는 근로자를 대상으로 일하게 되었으며, 평신도그룹만도 16개에 달하는 큰 조직으로 성장하였다.[170]

1969년에 들어서면서 정부는 수출증대를 위한 압박을 강화하였다. 열악한 환경에 휴일도 없이 연일 야간근무를 하면서 임금도 제대로 받지 못하는 상황이 지속되자 공장마다 노동자들의 누적된 불만이 폭발하였다. 이 당시 인천의 대기업들의 노조 70% 정도가 산업선교와 관계를 가지고 있었는데, 한국기계공업주식회사와 인천중공업, 대한염업 등 6개 회사에서 노사분쟁이 일어나자 노동자들은 산업선교회 측에 협조를 의뢰하였다.[171] 산업선교 실무자들은 제3자인 자신들의 중재로 노사문제가

---

168) 기독교도시산업선교회, 「1969년도 도시산업선교 활동계획서」.

169) 기독교도시산업선교회, 「Urban Mission 실무자 훈련계획안」, 1969. 3. 19. 영산은 1971년부터 도시화 산업화 과정에서 도시민들이 당하는 제도, 행정, 주택 문제 등에 대한 자발적인 의식개발과 자치활동을 통하여 인간의 권리를 누리고 주인 된 역할을 감당하도록 하기 위한 도시선교활동을 신규활동으로 계획하였다. 그러나 1971년 이후 상황이 변함으로 인해 구체화 되지는 못하였다 (영등포산업선교연합회, 「도시산업선교 1971년 사업계획서」).

170) 당시 인천지역 근로자는 5만 1,000명 정도로 추산된다. 「경인지역의 도시산업선교 활동: 사회적 급변 속에 선교하는 일꾼들」, 『기독교세계』, 1970. 3. 10.

171) 이들 회사들은 해방 이후 적산불하로 국영기업이 되었던 것인데, 당시 모두 부실기업으로 판명이 나 정부에 의해 사기업으로 변환하는 과정에서 노사문

해결될 수 있다는 것에 보람을 느끼며 노사 간의 화해자 역할을 적극 수행하였다.[172]

그러나 그 과정에서 실무자들은 자신들의 생각과 활동방향에 문제가 있다는 새로운 사실을 자각하였다. 노사분쟁의 근원적 문제들이 노동자가 아닌 경영자에게서 비롯되고 있다는 것을 알게 된 것이다. 대부분의 경영자들은 일관되게 우월의식을 갖고 노동자에게 복종하라는 태도를 취하고 있으며, 노동자의 입장을 이해하려하지 않고, 동등한 입장에서의 협상이 아니라 온정을 베푼다는 식이었던 것이다. 이에 조승혁은 "우리는 지난 9년간의 활동에서 힘이 무엇이며, 그 힘이 어디 있는가를 알게 되었으며, 그 힘의 횡포 아래 눌려 설움당하는 자가 누구인가를 알게 되었다"고 한탄하였다.[173] 그러던 중 인천중공업사건에 중재자로 나선 조승혁이 산선 실무자로는 처음으로 경기도 경찰국 정보과장에게 수사를 받는 일이 발생하였다. 이는 노사문제가 기업 내의 문제일 뿐 아니라 사회적 국가적 문제이기도 하다는 것을 알려주는 사건이었다.[174]

이런 과정을 통해서 인천산선은 아주 큰 수확을 얻었는데, 평조합원인 노동자들의 중요성에 대해 눈뜨게 된 것이었다. 실무자들이 그동안 노동사회를 관찰한 내용을 토대로 노동조합이 크게 발전하지 못한 이유를 분석한 결과, 회사 측과 마찬가지로 노동조합 간부들도 노동자들을 인간적

제가 발생한 것이었다. 한국기계공업주식회사는 대우중공업이 되었다가 현재는 두산기계로 바뀌었고, 인천중공업은 현대제철로 바뀌었다.

172) 기독교도시산업선교회, 「1969년도 도시산업선교 활동계획서」. 인천 산업선교 초기 멤버이며 카프링 회원인 황영환은 모든 산업선교 실무자 중 오글 다음으로는 조승혁이 유일하게 노사문제와 관계를 제대로 파악하고 있었으며 확실한 노동자 편이었다고 하였다. 그는 여러 번 해고노동자를 복직시키기 위해서 사장 앞에서 무릎을 꿇기도 하였는데, "노동자를 위해서라면 목사가 무릎을 꿇는 것이 무슨 대수냐"고 하였다 한다(황영환 인터뷰, 2008. 9. 30).

173) 조승혁, 「도시산업선교의 역사적 고찰과 현황」, 『기독교세계』, 1972. 4. 10.

174) 조승혁, 「1969년 1-6월까지 산업선교 활동보고서: 실무자들의 활동을 중심으로」 ; 조승혁, 2005, 59~73쪽 참조.

으로 중요하게 여기지 않는 것이 문제라고 결론내린 것이다. 노동조합의 건전한 발전은 조합원의 단결 여하에 달려있다. 그리고 단결을 위해서는 조합원들과 간부들과의 의사소통이 매우 중요하다. 그러나 그동안 노조에서 평조합원들의 존재는 무시되고 기업주와 노조간부들만의 관계만 있었던 것이다. 이에 인천산선은 단위노조 조합원을 위한 프로그램의 필요성을 느끼고 6월부터 평조합원 교육을 시작하였다.[175] 오글도 다음과 같이 조합원 교육의 필요성을 역설하였다.

> 우선 가장 시급하고 뜻있는 일은 바로 조합원 개발입니다. 산업사회에서 인간적인 가치와 사회의 참여권과 민주주의적인 정치제도를 구성하려면 보통 근로자가 스스로 자기 권익을 요구하며 그 권익을 실제화하기 위해 자기 조직을 통제할 수 있어야 하기 때문입니다. 따라서 이런 과제를 실천하기 위해서 노동조합원을 상대하는 교육프로그램은 상당히 중요하다 하겠습니다. 그동안의 경험으로 보아 노조 간부들에게는 기본적으로 교육받은 내용을 현장에서 적용할 생각도 마음도 없다는 것을 알게 되었습니다.[176]

지금까지 유례가 없던 평조합원 교육은 노조지도부와 노동자 모두에게 지속적으로 큰 호응을 받아 이듬해에는 '노동학교'로 발전하였다.[177] 노동학교의 목적은 노동자들이 자의식을 갖고 노동운동에 대한 이해는 물론 조합기능과 조합원의 역할에 대해 배움으로써 적극적으로 조합활동에 참여토록 하기 위한 것이었다. 이는 노동문제에 대한 초기적 관심이 노동조합으로, 또 조합간부교육에서 일반노동자인 조합원교육으로 점차적으로 확대 발전되었다는 점에서 매우 의미 있는 것이었다. 또한

---

175) 기독교도시산업선교회, 「○○노동조합 귀중: 제2회 노동조합원 교육 실시의 일」; 「1969년도 활동보고서」; 「1969년도 전반기 산업선교 활동보고서」.
176) 오글, 「1969년도 1-6월 활동보고서: 현황평가와 앞으로의 방향」.
177) 유흥식, 「노사문제부 1970년도 활동보고서」.

일반노동자들이 교육을 통해 노동자로서의 자의식이 개발됨으로써 스스로를 조직화하게 되고, 1970~80년대 이후 노동운동의 주체로 우뚝 설 수 있는 기반을 마련한 출발점이라는 의의를 가지고 있다.

이처럼 노동현장의 문제점을 직시하고 노동자의 중요성을 인식하게 된 실무자들은 급격한 경제발전 과정에서 소외된 이들의 존재를 사회적으로 알리고 여론화시킬 필요가 있다는 것에 공감하였다. 1969년 10월 24일, 신·구교의 선교단체들이 공동으로 시민회관에서 '사회발전과 노동문제 대강연회'를 개최한 것은 그러한 연유에서였다.[178] 강사로는 가톨릭의 주교 김수환과 기장 목사로 WCC와 EACC위원으로 활동하던, 개신교 인사 중 가장 진보적이라던 강원용, 개신교 인사 유흥렬, 부흥부장관과 상공부장관을 지낸 주요한 등이었다. 이들은 각기 '노동문제를 이렇게 본다', '근로자의 사명', '근로자의 역사적 위치', '기업인에게 이렇게 말한다'는 내용으로 강연하였다. 강연이 끝난 후에는 산업선교단체들이 '우리의 주장'을 발표하여 최저임금 보장과 민주적 노동조합 등을 요구하고, '근로자 권익옹호를 위한 교회의 협력과 사회여론 조성', '근로자 입법 활동을 위한 노동법 개정' 등을 결의하였다.[179] 이 행사는 사회전반에 노동문제에 대한 관심이 거의 없던 상황에서 종교단체가 처음으로 공개발언을 했다는 점에 의의가 있었다.

그러나 한편으로는 당시 교회 내에서 가장 진보적이라는 인사들의 노동사회에 대한 인식이 얼마나 미천한 것인지를 드러내주는 자리이기도 하였다. 김수환은 수출증가로 이 나라를 하루 속히 부유한 공업국으로 만들어야겠다는 정부의 강력한 의욕을 높이 평가했고,[180] 강원용은 노사

---

178) 가톨릭노동청년회, 가톨릭노동장년회, 대한YMCA연맹, 기독교도시산업선교위원회, 영등포산업선교연합회, 크리스챤 아카데미, 한국노사문제연구협회 등.
179) 사회발전과 노동문제 대강연회 「취지문」, 1969. 10. 24.
180) 김수환, 「노동문제를 이렇게 본다」, 사회발전과 노동문제 대강연회, 1969. 10. 24.

간에 대립이 아니라 상호 협조 속에 경제성장부터 이룩해보자는데 전폭적으로 동의하고 있었다.[181) 또한 정부가 실시하고 있는 고도성장의 경제발전정책에 적극 협력하며, 근로자는 경제발전 과정에서 역사적 사명의식을 갖고 몸과 얼을 바쳐 조국 근대화에 이바지하라고 당부하는 내용이었던 것이다.[182) 이는 우리사회가 노동현장의 문제와 심각성에 대해 얼마나 무지한지, 그리고 그 관심이라는 것이 얼마나 피상적인지를 단적으로 보여주는 것이었다. 결국 우리사회가 노동문제를 철저하게 외면하고 있는 사이 안으로 깊어진 상처는 불과 1년 후부터 전태일사건, 김진수사건[183)과 같은 충격적인 참상으로 터져 나오기 시작했다.

영산에서도 1970년 4월부터 각 노조지부의 후원을 받아 노동조합원 훈련을 시작하였다. 이들 역시 조합원 훈련이 곧 노동조합 운동에 협력하는 것이라고 생각했기 때문이었다. 영산은 조합원 교육의 목적을 조합원 의식개발, 조합의 민주적인 운영방법을 통한 기업발전에의 기여, 그리고 소외되기 쉬운 근로자들의 지위 향상과 권익보장에 두었다.[184) 그리고 그 지침을 다음의 4가지로 정하였다. ①노동자에게 적합한 보호와 대우, ②정당한 생활유지를 위한 임금과 건강을 해하지 않을 정도의 노동시간의 확보를 위한 노력, ③일주일에 하루 휴식의 필요성, ④노동쟁의의 공평한 중재를 위한 역할.[185) 그러나 아직 노동자에게 적합한 보호와 대우가 어떤 것이어야 하는지, 정당한 임금과 노동시간의 기준은 무엇인지에 대해서는 실무자들도 명확한 기준을 가지고 있지 못하였다.

영산은 또 조합원 교육과는 별개로 실무자가 몇 개 공장을 분담하여

---

181) 강원용, 「산업선교를 위한 교회의 관심」, 사회발전과 노동문제 대강연회, 1969. 10. 24.
182) 「우리의 주장」, 사회발전과 노동문제 대강연회, 1969. 10. 24.
183) 김진수사건에 대해서는 제2장 4절 참조.
184) 영등포산업선교연합회, 「1970년도 사업보고서」.
185) 영등포산업선교연합회, 「제2회 노동조합원 훈련: 알고 행동하는 인간 형성」, 1970. 5. 28~30.

매주 1회씩 일반 산업인들의 의식개발 및 교양 함양을 목적으로 하는 그룹활동을 하였다. 이 중 많은 어려움을 가지고 있던 편직회(스웨터분야) 그룹이 자신들의 문제를 영산에 의뢰하였다. 영등포에 소재하는 편직업계에는 종업원 대부분이 연소노동자인데, 하루 15시간에서 17시간까지의 장시간 중노동을 하고 있을 뿐만 아니라 법정 유급휴일과 각종 수당 등의 혜택도 없이 매우 열악한 근로환경 속에서 혹사당하고 있었다.[186] 영산은 이에 1970년 12월 6일, 편직업계만을 위한 노사문제세미나를 개최하여 이들이 스스로 문제해결법을 찾아 노조를 결성할 수 있도록 도와주었다.[187] 이로 인해 전국섬유노동조합 서울의류지부가 결성되었고, 이어 1970년 12월 20일부터 1971년 1월 10일 사이에 그 산하에 한영섬유, 다옥편물, 월성섬유, 양양상사, 마산방직, 구로동 편직공장 등 5개 분회가 결성되었다. 초기 조합원 140명으로 시작된 서울의류지부는 이렇게 해서 1년이 채 못 되는 사이에 조합원이 수천 명으로 늘어났다.[188] 이처럼 노동자들을 교육하고 조직화하여 이를 산별노조에 인계해 각 산별노조가 조직을 관장토록 하는 활동은 노동계에서 좋은 반응을 얻었다.[189]

그런데 그 이면에는 산별노조 조직이 각광받는 또 다른 이유가 있었다. 1970년대에 단체교섭이 마비되면서 산별노조들이 대규모 조합을 기반으로 전국조직으로 진출하려는 경쟁이 격화되고 있었던 것이다.[190] 조직 확대가 중요한 이유는 그것이 바로 노총 내에서 권력을 형성하는 기반이 되기 때문이었다. 신규 조직을 하나 만들면 그것이 지지기반이 되

---

186) 한국노총, 「1971년도 사업보고서」.

187) 영등포산업선교회, 「노사문제 세미나: 편직업계(쉐타분야를 중심으로)」, 1970. 12. 6.

188) 영등포산업선교회, 「1970년도 사업보고서」 ; 김기선, 『김진수』, 민주화운동기념사업회, 2002, 99~100쪽 ; 한국기독교교회협의회 한국교회산업선교 25주년기념대회, 『1970년대 노동현장과 증언』, 도서출판 풀빛, 86~89쪽.

189) 한국노총, 『1971년도 사업보고서』.

190) 성공회대학교 사회문화연구소, 『1970년대 산업화 초기 한국노동사 연구: 노동운동사를 중심으로』, 노동부, 352쪽.

고, 조합비가 많아짐으로써 재정이 풍부해지게 된다. 따라서 산별노조는 이 시기에 조직을 키우기 위해 많은 노력을 하였다. 조직방식은 본조가 주로 대기업들에 직접 손을 대고, 지역지부는 중소기업과 영세 사업장에 손을 대는 형태였다. 그런 상황에서 노동자 문제를 해결하고자 노조 조직을 도와준 영산의 역할이 바로 산별노조를 도와주는 형상이 된 것이었다. 이에 대해 한국노동사회연구소 소장 이원보는 다음과 같이 말했다.

> 조직이 커야 노총 안에서도 힘을 행사할 수 있고, 정부와의 관계에 있어서도 힘을 행사하는 기반이 되는 것이지요. 조직은 섬유노조 같은 제조업에 특히 많이 늘어나게 되는데 (중략) 1970년대 전반기에 산업 선교회가 조직 증가에 기여하게 되는데 왜 그러냐 하면 조직을 하긴 해야 하는데 독자적으로 할 수가 없으니까 가까이 산업선교회에 가서 자문도 구하게 되고 해서 조직을 만드는 예가 많았습니다.[191]

이처럼 단위노조 조직에 산업선교 역할이 커지면서 한국노총과 산업 선교 사이에는 우호적인 관계가 형성된 것으로 보였다. 1970년대 초반 산업선교회의 노동조합 중심 활동은 곧 기존 노동운동 조직의 현실적 취약성을 보완해준 것이었기 때문이다. 영산의 기록에 따르면 이 시기 경인지역에서 산업선교의 도움을 받아 노동조합을 조직한 기업체는 100여 개에 이르며, 노동자들의 수는 4만여 명이나 된다고 한다.[192]

---

[191] 좌담회 「1970년대 노동운동사를 어떻게 볼 것인가」, 『1970년대 산업화 초기 한국노동사 연구: 노동운동사를 중심으로』, 성공회대 사회문제연구소, 2002, 350쪽.

[192] 『영등포산업선교회 40년사』, 121쪽 ; 조승혁, 『도시산업선교의 인식』, 민중사, 1981, 108쪽.

4. 산업선교, 노동자 편에 서다

1) 기성교회와 산업선교의 갈등

1970년에도 인천산선의 활동 기조는 크게 변하지 않았다. 다른 것이 있다면 오글의 충고를 받아들여 이 해를 실무자 재훈련 기간, 즉 실무자들이 노동문제에 대한 전문이론과 조직기술을 습득하기 위한 재충전 기간으로 설정하여 국내외에서 전문적인 훈련을 받도록 한 것이었다.[193] 지난 2년, 인천산선이 가장 바쁘고 활발하게 활동하던 바로 그 시점에서 한국의 산업선교를 언제나 한 걸음 앞에서 내다보고 방향을 제시하던 오글은 실무자들에게 다음과 같이 경고하였다.

> 실무자들의 활동은 아직도 과거의 사고방식과 감정과 습관에서 벗어나지 못했습니다. 실무자들이 생각할 시간 없이 일에 쫓겨 임의로 일을 해결하다보면 산업선교 역시 얼마 안 가서 딴 기성교회의 기관과 다름이 없어질 것입니다. 활동하느라고 눈코 뜰 새 없이 상당히 바쁘다는 것은 사업의 중심이 바로 실무자가 되는 셈이기 때문에 위험한 상태가 되기 쉽기 때문입니다. 실무자는 새로운 힘과 생명을 노동세계에서 받아야 하는데 지금은 우리가 꾸미는 프로그램이 중심이 되고 있어 우려가 됩니다.[194]

오글의 이러한 지적은 곧바로 이듬해 인천산선의 활동부진을 예고한 것이 되었다. 실무자들은 자신들의 성과에 만족하였지만 그 과정에서 기업과 노동자, 더 나아가 교회가 자신들을 어떻게 평가하고 있는지에 대해서는 관심을 두지 않았던 결과였다. 결론적으로 1970년의 활동은 이전에 비해 부진했으며 성과도 좋지 않았다. 실무자들의 교육과 훈련비용으

---

193) 기독교도시산업선교회, 「1970년도 사업계획」.
194) 오글, 「1969년도 1-6월 활동보고서: 현황평가와 앞으로의 방향」.

로 재정상태가 많이 취약해졌으며,195) 노동문제에만 관심을 쏟다보니 교회와의 관계는 더 멀어졌고, 그룹활동이 저조해지면서 산업선교의 기반인 노동자들과의 관계도 약해졌다.

상황이 이렇게 된 데에는 몇 가지 이유가 있었다. 우선 지난 2년 간 인천산선이 적극 개입했던 기업과 노조가 모두 산업선교를 달가워하지 않게 된 것이다. 인천중공업에서는 산업선교가 노사문제에 개입하는 과정에서 파생된 문제로 회사 간부들의 태도가 변해 이전처럼 협조적이지 않았다. 한국기계도 산선 실무자가 노조의 고문으로까지 추대될 정도로 산선과 밀접한 관계였지만 회사가 직접 노조를 조정하면서 조합 내 자체 분쟁이 해결되지 않아 어려움이 생기게 되었다. 그러자 다른 기업과 노조들도 산업선교를 멀리하였다. 게다가 실무자들의 재훈련에 따른 부재로 활동이 약화되자 인천 지역에서 산업선교의 영향력이 급격히 약화되었다.196) 정치적 사회적 여건으로 보아도 산업선교의 전망은 어둡기만 하였다.

이러한 변화는 평화시장 노동자 전태일의 분신사건 직후인 1970년 11월 22일, 인천지역의 교회와 사업체, 노동자들을 상대로 개최된 '노동문제 대강연회'의 실패로 나타났다. 전태일사건이 그토록 사회를 떠들썩하게 했음에도 청중이 예상인원의 1/4 밖에 모이지 않은 것이다. 예전과 달

---

195) 1970년에는 산업선교 활동이 실무자의 역량과 의식화에 따라 그 방향성과 성과가 달라지기 때문에 전문성이 요구된다는 취지에서 조화순이 중앙대 사회개발 대학원에서 사회복지 문제에 대해 연구하였으며, 조승혁이 성균관대 대학원에서 경영학 공부를 마치고 영등포산업선교회의 조지송과 함께 9월부터 미국에서 6개월간 훈련받았고, 김호현은 일본에서 EACC 산업선교실무자 훈련을, 유흥식은 필리핀 마닐라ALEC에서 3개월간 노동문제에 관한 훈련을 받았으며, 다른 실무자들은 3개월간 다시 공장에서 노동하는 시간을 갖기도 하였다(기독교도시산업선교회, 「중부연회 도시산업선교위원회 회의록」, 1970. 7. 23). ALEC(Asian Labor Leadership Institute)은 미국 AID자금으로 필리핀대학교가 운영하는 기관으로 아시아지역의 노동조합 간부들을 교육시켜 아시아의 노동운동에 협력하려는 기관이다(유흥식, 「노사문제부 1970년도 활동보고서」).

196) 오명걸, 「1970년도 활동보고서」, 1970. 12.

리 노동조합들이 청중동원에 조금도 성의를 보이지 않았으며, 기독교 단체들 및 각 교회에서도 전혀 협조적이지 않아 교회 목사는 한 사람도 오지 않았고, 교인들도 거의 참석하지 않았다. 인천산선은 자체분석에서 강사 섭외와 선택도 제대로 되지 않았고, 홍보에도 문제가 많았으며, 노동조합의 태도 변화, 그리고 아직 산업선교에 대해서 잘 알지 못하는 노동자들이 많다는 점을 이유로 들었다. 하지만 오글은 이와 더불어 교회의 비협조적 태도를 중요한 문제로 지적하였다.[197]

전도에서 선교로 명칭을 바꾸고 노동자 중심으로 활동 내용이 달라지기 시작하면서부터 산업선교회는 지속적으로 자신들의 뿌리인 한국교회가 노동문제와 산업선교에 관심 가져줄 것을 촉구하고, 교회의 지원을 요청하였다. 앞으로 아시아 교회의 선교적 과제는 산업선교라는 확신을 갖고 있던 실무자들은 한국의 교회도 도시산업선교에 대한 절박감을 갖고 서둘러야 한다고 생각하였다. 그래서 인천산선은 산업선교를 위한 전교단적인 정책과 지원의 시급성을 강조하며 감리교 총회에 산업선교위원회를 설치해 줄 것을 요구하였다.[198] 하지만 총회의 반응은 냉담하기만 했다.

1969년 1월 7일~10일까지 열린 제4회 도시산업선교연구회에서도 '한국산업선교의 재평가와 새 방향 모색'이라는 주제로 교회와 산업선교간의 관계모색에 대해 고민하였다. 실무자들의 공통적인 의견은 교단 차원에서 도시산업선교위원회를 조직하여 신학자와 기독실업인, 산업선교 실무자와 교회 목회자가 함께 이 문제를 논의하고 의견을 모아야 한다는

---

197) 오명걸, 「1970년도 활동보고서」, 1970. 12. (민주화운동기념사업회 자료)
198) 조승혁, 「EACC 도시산업선교연구협의회 보고: 급변하는 아시아의 선교적 과제는 도시산업선교이다」, 『기독교세계』, 1968. 3 ; 기독교대한감리교 도시산업선교위원회(가칭), 「박용익 총무님」, 1968. 8. 6 ; 「(기획위원회 위원장에게 보내는) 감리교 교단적인 도시산업선교 정책 수립 및 위원회 조직 협조의 일」, 1968. 9. 3.

것이었다. 그러나 실무자들의 이러한 소망은 너무나 이상적인 것이었다. 노동자 편에 선 산업선교를 반길 실업인은 존재하지 않았으며, 산업선교의 본질을 알게 된 이상 쉽고 편한 길을 마다하고 어렵고 힘든 길을 선택할 목회자도 없었다.

한국교회를 향한 산업선교의 외침은 사뭇 안타깝게 이어졌다. 조승혁은 산업선교가, 기성교회는 구조, 규칙, 전통 등의 이유로 하지 못하고 있는 것을 대신하고 있는 것이며 이는 곧 교회의 갱신운동이라며 이렇게 호소하였다.

> 이제 교회는 건물 중심에서 벗어나 일하는 세계와 근로자를 교회로 삼아야 할 것이다. 하늘을 나는 말씀이 아니라 과다노동, 임금인상, 노사분쟁, 부당노동행위, 산재보험, 해고문제 등이 기독교적인 면에서 이해되고 … (중략) 십자가의 경험을 근로대중을 위한 행위를 통하여 경험하는 마음의 자세가 성숙되어질 수 있는 데까지 교회는 나와야겠다. … (중략) 현대 교회가 고난의 대중과 함께 갈 용기가 없다면 이는 벌써 예수의 몸이 아닌 사탄의 기관이 되고 만 것이다.[199]

조승혁보다 온건하긴 하지만 조지송 역시 같은 의견을 가지고 있었다.

> 수년간 산업선교에 종사하면서 수백 수천 번 느낀 일이지만 아무리 생각해도 우리 교회는 전래적인 교회 행사 중심의 일을 지양하고 급증하는 노동세계에 관심을 갖고 그들이 처해 있는 현실에서 그들을 위한 일을 해야만 한다는 결론에 도달했다.[200]

그러나 기성교회가 이들의 간절한 바람에 응답한 흔적은 없다. 1969년

---

[199] 조승혁, 「근로자와 교회」, 『기독교사상』, 1969. 9.
[200] 영등포산업선교연합회, 「영등포산업선교회 1970년 1-6월 활동보고서」.

1월 27일, 한국NCC의 제2차 총회에서 '하나님의 선교'가 도입되었지만, 당시 한국 개신교 지도자들의 관심사는 베트남전과 대통령조찬기도회, 삼선개헌 지지 등 정권 친화적 활동에만 치우쳐 있었다. 1960년대 초반 한창 새로운 사업으로 산업전도가 잠시 각광받긴 했지만 노동문제는 그들의 관심사가 아니었던 것이다.

보수적인 기성교회들의 산업선교에 대한 관심은 기대와는 다른 방향에서 이루어졌다. 산업선교회가 교육 프로그램에서 종교성을 줄이고 노동문제 강의를 늘리면서부터 교회 안에서 이에 대한 논란이 거세게 일어나기 시작한 것이다. 또 성서적 이해와 선교개념에서 보수신학과는 다른 인식을 가지고 있는 "도시산업선교 신학"이라는 것에 대해서도 경계하고 염려하는 사람들이 늘어났다. 산업사회 정의를 위해 노동문제에 깊이 관여하는 것은 오늘의 교회가 마땅히 해야 할 일이라고 생각하는 개신교 지도자는 아주 소수에 불과했다. 대부분은 산업선교가 순수한 복음전도를 떠나서 노사문제에 치중하는 것은 기독교 신앙에서 탈선하는 것이라고 보았다. 게다가 산업선교를 이해한다는 사람들도 전 교회적 관심이 아직 미치지 못한 현실이니 서서히 추진하는 것이 좋겠다는 입장이었다.[201]

산업선교 실무자들과 대다수 개신교 지도자들과의 사이에는 이미 상당한 거리가 있어 좁혀질 기미는 보이지 않았다. 오글은 산업선교에 대한 교단의 몰이해에 대해 선언적으로 이렇게 말하였다.

지금 기성교회는 노사사건에 대해서 얘기할 자격이 없습니다. 노사문제에 대해서 어떤 목사는 오 목사 말대로 하면 교회가 깨진다 합니다. 저는 교회가 벌써 깨졌다고 대답했습니다. 현재의 교회 형태 같은

---

201) 영등포산업선교회, 「영등포산업선교회의 어제와 오늘」, 『영등포산업선교회 40년사』, 126~127쪽에서 재인용

교회는 오늘의 산업사회에 존재할 의미도 없고 또 어떻게 해야 할지도 모르는 교회입니다.[202]

그럼에도 불구하고 산업선교는 교회를 포기할 수 없었다. 조지송의 고백대로 금력과 권력이 약자에게 가하는 폭력이 너무나 많은 사회에서 미약한 실무자 몇 사람이 광대한 산업사회의 근로자들을 대상으로 선교활동을 하고 있다는 것은 아무리 생각해도 너무나 힘에 겨운 일이기 때문이었다.[203] 교회의 지지를 얻기 위한 구체적인 노력으로 영산은 1969년과 1970년에 두 차례에 걸쳐 경인지역 목회자를 중심으로 한 '도시산업지구 목회자 연구회'를 개최하고 교회가 산업사회에 대해 가져야할 태도와 구체적인 목회 방법에 대해 의견을 교환하였다.[204] 또 1972년에는 교회 내에서의 산업선교와 근로자에 대한 이해를 돕기 위해 목사·장로·전도사 등을 상대로 '교회 지도자 연구회'를 열어 노사문제와 노동문제, 경제문제, 선교문제 등에 대해 강의와 토론을 하는 프로그램을 2회 실시하였다.[205]

인천산선도 1970년도에 산업선교 활동을 교회와 사회에 이해시킴으로써 보다 폭넓은 운동을 전개하겠다는 계획을 세웠다. 각 교회에 산업선교의 의의와 중요성을 알림으로써 지원을 유도하겠다는 것이었다.[206] 이에 따라 기성교회 성직자들로 하여금 산업선교에 관심을 갖게 하고 함께 협력할 수 있게 하는 다양한 방법을 지속적으로 고민하였다.[207] 1970년 7월 28일~31일에 열린 제7회 도시산업선교협의회에서도 실무자들이 산

---

202) 좌담회 「산업선교의 현황과 전망」, 『기독교사상』, 1969. 3, 54쪽.
203) 「영등포산업선교회 1970년 1-6월 활동보고서」, 1970. 6. 30.
204) 「영등포산업선교회 1970년 1-6월 활동보고서」, 1970. 6. 30.
205) 「영등포산업선교연합회 1972년도 사업보고서」.
206) 기독교도시산업선교회, 「1970년도 사업계획」.
207) 김호현, 「(실무자 회의를 위한) 주간활동 보고서」, 1970. 4. 20~4. 25.

업선교의 필요성을 각 교회에 알려주는 메신저 역할을 해야 하며, 한국교회는 산업사회를 위해 활동하는 산업선교회를 재정적으로 돕는데 인색하지 말아야 한다고 하였다.

이러한 노력에도 불구하고 인천에 있는 교회들은 산업선교의 활동에 전혀 관심을 기울이지 않았다.[208] 그동안 줄곧 외국에 의존해오던 산업선교 예산의 일부만이라도 한국교회에서 지원을 받고자 했던 인천산선의 계획은 수포로 돌아가고 말았다.[209] 그뿐 아니라 오글은 여러 해 동안 신학교에서 강의하면서 젊은 신학생들에게 산업선교를 알려 새로운 실무자를 양성하려던 기대도 접어야 할 것 같다며 한국교회에 대한 깊은 실망을 나타냈다. 학생들이 아직도 재래적인 습관과 사고방식에 젖어있어 좀처럼 도시산업선교의 방향으로 나가려 하지 않는다는 것이었다.[210] 산업선교는 뜻을 둔 몇몇 전문가들만 하는 특수목회, 또는 특수선교라는 인식은 이후에도 변하지 않았다.[211]

산업선교는 이제 교회와의 관계에서 새로운 국면을 맞이하였다. 교회의 교역자와 교인들이 산업선교에 대해서 이해하고 협조하도록 더 많은 신경을 쓸 필요가 있는가, 아니면 한국교회와 사회에서 진취적 위치에 있는 산업선교 사업을 더욱 활발히 하여 교회 개혁에 대한 증거로 삼을 것인가를 검토하기로 한 것이다.[212]

이러한 고민은 그리 오래 가지 않았다. 전태일사건과 김진수사건 등 굵직굵직한 노동사회 문제가 연달아 발생하면서 노동자들의 절박한 현

208) 안광수, 「노동보고서(1970. 4. 20-7. 30)」 ; 김호현, 「1970년도 평신도부 활동보고서」 ; 기독교도시산업선교회, 「중부연회 도시산업선교위원회 회의 자료」 1971. 12. 16).
209) 오글, 「1970년도 활동보고서」.
210) 오글, 「1970년도 활동보고서」.
211) 한국기독교장로회 총회, 『도시산업선교』, 1974.
212) 오글, 「1970년도 활동보고서」 ; 기독교도시산업선교회, 「중부연회 도시산업선교위원회 회의 자료」, 1971. 12. 16.

실이 산업선교 실무자들로 하여금 기성교회에 대한 기대를 접고 노동자 편에 설 수밖에 없도록 하였던 것이다. 전태일사건으로 사회가 온통 들끓고 청년과 학생 및 지식인들이 엄청난 충격과 함께 노동문제에 관심을 표명했을 때에도 교회는 어처구니없게 그의 죽음의 방법이 기독교 교리에 어긋나는 자살이라는 이유를 들어 애써 냉담했다.[213] 전태일사건의 상처가 아물 틈도 없이 발생한 김진수의 살해사건은 산업선교가 관련된 일이었음에도 교회는 여전히 무관심하기 짝이 없었다.

산업선교회는 김진수의 장례식에서 참담한 마음으로 「교회에 보내는 메시지」를 발표하였다.

> … 오늘 한국의 교회는 잠자는 상태에서 깨어나지 못하고 안일한 현실도피 상태에서 꿈꾸고 있는 사실임에 우리는 개탄을 금치 못한다. 우리 사회에 가장 소외되고 버림받은 대중이 노동자들이며 모든 금력과 권력의 거대한 힘 앞에 무참히 인권을 짓밟히고 있는 이들을 향하여 교회는 과연 무엇을 하고 있단 말인가. 파벌다툼과 교세팽창만이 목적인 오늘의 한국교회는 … 이 무죄한 자의 억울한 주검 앞에서 이 참혹하고 악랄한 살인행위에 동참한 사실을 깊이 회개하라.[214]

이처럼 기성교회의 안일함과 비겁함을 개탄하는 질타에 돌아온 교회의 답변은 "목사가 중간 입장에 서야지 어느 한 편을 지원하는 것은 공정을 잃은 처사"라는 것이었다. 이에 산업선교 실무자들은 교회의 사랑은 너무나 잘 포장되어 있기 때문에 모양은 좋으나 향기가 없고 능력이 없다며, "우리들의 운동은 기성교회적 활동과는 판이하다. 우리는 교회의

---

213) 영등포산업선교회, 「1970년도 사업보고서」; 박청산, 「젊은 크리스찬이 분신자살했는데 교회는 이 현실을 외면할 것인가」, 『기독공보』, 1970. 11. 21; 황영환 인터뷰, 2007. 8. 13.
214) 「교회에 보내는 메시지」, 1971. 6. 25.

활동내용에서 불만과 구토를 느끼고 있다. 더 이상 교회에게 우리의 행동을 이해해 달라고 하지 않겠다"고 입장을 정리하였다.[215] 그리고 "분명히 우리가 아는 것은 노동자가 죽도록 일을 해도 먹고 살기가 힘들다는 것, 그리고 노동자가 기를 펴지 못하고 있다는 것, 기업하는 분들이 노동자를 파리만도 못하게 다루고 있다는 것"이라고 하면서, "우리는 금과 은을 갖지도 않았고 권세도 없다. 다만 몸으로 같이 고통당하고 몸으로 돈과 권력에 맞선다. 우리의 일은 교회세력 확장 운동이 아니라 교회와 사회의 개혁을 위한 운동이다"라고 기성교회와의 차별화를 선언하였다. 산업선교 실무자들은 자신들의 활동 방향이 기성교회의 그것보다 더 하나님 뜻에 부합한 삶의 형태라는 확신을 가지고 있었다.[216]

기성교회로부터의 재정적 심적 지원을 포기한 산업선교는 독자적으로 재정을 확충하고 조직을 운영하느라 많은 어려움을 겪어야만 했다. 그러나 이것이 꼭 부정적인 것만은 아니었다. 그 덕분에 산업선교는 보다 독립적이고 주도적으로 활동할 수 있었고, 교회 안에서 고립되어가는 것에 대해 덜 두려워하게 되었으며, 자신들만의 새로운 선교전략과 노선을 고수할 수 있게 되었다. 이것이 1970년대 정부와 교회의 압박과 탄압 속에서도 산업선교가 지속될 수 있었던 큰 요인이었다.

기성교회로부터의 지원을 포기한 인천산선은 결국 1971년 노동자들의 형편과 내용에 적합한 새로운 형태의 교회인 '노동자교회'를 탄생시켰다.[217] 산업선교가 기성교회와 노동자 사이에서 한걸음 더 노동자 편으로 다가간 것이다. 그러나 영산의 조지송은 "교회는 진보적이라 할지라도 산업선교와 같은 프로그램을 담기엔 적합하지 않다. 노동자들에게는 노동

---

215) 조승혁, 『이런 세상에 예수님의 몸이 되어』, 정암문화사, 2005, 89쪽.
216) 기독교도시산업선교회, 「1971년 활동 총평」.
217) 기독교도시산업선교회, 「새로운 정책안」, 1971. 5 ; 기독교도시산업선교회, 「노동자교회 예배실시에 대하여 알리는 말씀」, 1971. 10. 12. 노동자교회의 설립은 이후 민주화운동에 큰 역할을 한 민중교회의 시작이었다.

조합이 교회다. 노동조합이 발전하는데 기여하지 않으면 산업선교는 있을 필요가 없다"며 노동자교회의 설립에 비판적 입장을 취하였다.[218]

유신선포로 산업선교와 노동운동이 탄압받고 용공시비에 휘말리게 되었을 때도 두 단체는 교회문제에 관한한 다른 양상을 보였다. 교단과 교회를 의지할 수 없었던 인천산선은 더욱더 신앙에 의지하면서 음성적으로 노동운동을 펼치다 70년대 말에 쇠퇴하기 시작했고, 총회 소속이었던 영산은 장로기업인들과 불화를 일으키며 노동운동을 전개하다가 결국 교회와 장로들의 강력한 반발로 활동이 중단되었다. 이는 궁극적으로 1970년대 노동운동을 평가하는 데 있어서 산업선교가 교회의 선교활동이었는지 아니면 진정한 노동운동이었는지에 대한 의문을 제기하게 하였으며, 1970년대의 치열했던 노동운동과 산업선교의 활동을 평가절하 하는 기제로 작용되기도 하였다.

2) 한국노총과의 대립

앞에서도 잠시 언급했지만, 1970년대 초 당시의 노동 상황을 단적으로 드러내 준 세 가지 유형의 충격적인 사건이 발생했다. 첫 번째가 1970년 11월 평화시장 노동자들의 비참한 삶을 제도적으로 개선해 보려고 시도하다가 실패하자 '노동자 인간선언'과 함께 분신한 전태일사건이고, 두 번째는 노동조합 결성을 저지하려는 사업자 측에 의해 1971년 3월 청부살인을 당한 김진수사건이며, 세 번째는 열악한 노동조건으로 한계생존도 어렵게 되거나 혹은 노동시장에서 자신의 노동력을 상품화 하지 못한 채 노동예비군을 이루고 있는 대규모 도시빈민들의 삶의 절규였던 1971년 8월의 광주대단지사건이다. 이 중 앞의 두 가지는 노동운동과 직접적으로 관련됨으로써 이후 산업선교의 활동 방향에 지대한 영향을 미쳤다.

---

218) 조지송, 2007. 11. 23~24.

전태일사건은 1970년대 한국의 문제를 가장 상징적으로 보여주는 것
이었다. 선성장 후분배를 원칙으로 한 고도성장의 해독과 일선 노동자의
참상을 정면으로 고발한 첫 사건이기 때문이다. 이로 인해 국민적 관심
을 불러일으키게 된 노동문제는 이제 명실공히 사회문제로 급부상 되었
다. 사건 발생 후 언론은 처음으로 노동문제를 특집기사로 다루었고, 청
계천 피복공장 노동자들의 비참한 실상도 처음으로 기사화되었다.[219] 그
의 죽음이 사회에 던진 파문은 시간이 지날수록 걷잡을 수 없이 번져갔
다. 학원과 종교계에서는 연일 추모집회와 시위, 철야농성 등이 계속되었
다. 대학생 친구가 하나 있었으면 좋겠다던 전태일의 안타까운 열망에
부응하듯 각 대학의 학생들은 그가 죽은 지 사흘째 되던 날부터 정부 정
책을 비판하며 항의시위에 나섰다.[220] 학생들의 시위가 격렬하게 전개되

---

[219] 『노총보』, 1970. 11. 15 ; 『한국일보』, 1970. 11. 14 · 16 ; 『동아일보』, 1970. 11. 18.
[220] 11월 16일에는 서울법대와 상대 학생들이, 20일에는 서울법대와 문리대, 이대,
    연대, 고대생이 시위에 나서는 등 학생들이 가장 신속하게 대응하였다(『
    1970년대 민주화운동 Ⅰ』, 1987, 107~111쪽 참조). 전태일사건에 대한 충격은
    학생운동의 방향전환을 가져왔다. 이들은 60년대의 정치투쟁에서 점증하는 민
    중과 종속적 경제-저임노동, 재벌, 그리고 종속적 산업화-에 대한 문제의식
    을 지님으로써 산업사회의 부조리가 우리 사회에 끼치는 영향에 대해 눈뜨게
    되었다. 전태일의 비극적 죽음은 노동투쟁과 민주화투쟁 간에 조심스러운 연
    대를 모색하는 계기를 부여했고, 김진수사건은 이들이 구체적으로 연대한 첫
    번째 사례로 기억되고 있다. 이는 그동안 구호의 대상에 불과했던 노동사회가
    역사변혁의 주체인 민중의 중요한 한 부분으로 인식되기에 이른 것이다. 학생
    운동이 노동자와 노동문제에 관심을 갖게 된 데에는 이미 KSCF와 EYE 등에서
    활동하며 산업선교에서 노동훈련 경험이 있는 기독학생들의 영향력이 컸다고
    볼 수 있다. 가장 비근한 예로 영산에서 1980년대 초반 실무자로 활동한 신철
    영에 의하면 자신이 대학생이던 1970년에 서울공대에는 기독학생들이 주가
    되어 노동문제에 관심을 갖고 연구하며 방학 때는 공장에 가서 노동체험을
    하는 '산업사회연구회'라는 서클이 있었는데, 김진수사건과 대한모방 부당해고
    사건 때 영산과 함께 협력하며 학교 쪽으로 여론화하는 작업을 도왔다고 한
    다(영등포산업선교회, 「영등포산업선교의 10년」, 『영등포산업선교회 40년사』,
    1998, 481쪽). 인천산선도 방학을 이용하여 신학생과 일반 대학생들을 상대로
    노동체험과 훈련을 하는 프로그램을 실시하고 있었는데, 1970년 여름방학에는
    '직장여성부'에서 이화대학 사회학과 학생들을(조화순, 「1970년도 직장여성부
    활동보고서」), '노사문제부'에서는 새문안교회 대학생부에 소속되어 있는 서울

자 25일에는 연동교회에서 KSCF, 대한가톨릭학생 서울대교구연합회, 한국기독교 도시산업선교실무자협의회, JOC 등 신·구교 4개 단체가 주최하고 가톨릭중앙협의회, 가톨릭시보, NCC, 기독교방송국이 후원하는 추도예배가 거행되었다. 이 날의 추도예배에서는 「고 전태일 선생의 일대기: 일금 30원의 인생」이 낭독되었으며, 기독인으로서의 참회와 결의를 담은 「헌신고백문」이 발표되었다.221) 이 고백문에서 전태일은 고통 받는 노동자들을 대신해서 분신자살한 '현대의 예수'로 표현되었다.222)

11월 27일에는 전태일의 뜻을 받들어 '전국연합노조 청계피복지부'가 결성되었다. 전태일사건은 1970년대 노동운동의 신호탄이 되었다. 또 한국사회변혁운동의 주체에 대한 과학적 인식을 촉발시켜 노학연대, 지식인의 노동현장 참여 등 사회운동의 새로운 지평을 열어주었다.223)

산업선교에 결정적인 영향을 준 것은 전태일사건보다 김진수사건이었다. 이 사건으로 산업선교는 자신들이 그동안 기존의 노동조합에 가지고

공대생들이 1개월간 특수훈련을 하였고(유흥식, 「노사문제부 1970년도 활동보고서」), 1971년에는 학생자원봉사자가 30여 명이 있었다고 한다(조승혁, 『이런 세상에 예수님의 몸이 되어』, 정암문화사, 2005, 97쪽). 산업선교회에서는 이들이 향후 노동운동에 큰 영향을 줄 것이라고 기대하였다. 이 중 몇은 졸업 후 산업선교회에서 직접 활동하며 많은 중요한 역할을 수행하였고, 기독학생회도 노동자와 노동문제에 대한 지속적인 관심을 가지고 야학과 위장취업 등의 방법으로 노동운동과 도시빈민 저항운동을 계몽하고 조직화하는 작업을 하게 된다(한국기독학생회 총연맹에서 개체대학 기독학생회장에게 보내는 「학사단원 현지답사의 일」(민주화운동기념사업회 자료) ; 유흥식, 「한국기독학생회 학사단원 본회 공장 견학의 일」, 1973. 6. 8).

221) 『1970년대 민주화운동 Ⅰ』, 1987, 107~111쪽 참조.
222) 1970년 11월 22일에 개최된 인천 '노동문제 대강연회'에서 박성종 강연 ; 오재식, 「고 전태일 씨의 영전에 바치는 글」, 『기독교사상』, 1970. 12.
223) 한국기독교교회협의회 인권위원회, 『1970년대 민주화운동 Ⅰ』, 1987, 104~105·111~200쪽 ; 한국기독교교회협의회 한국교회산업선교 25주년 기념대회, 『1970년대 노동현장과 증언』, 풀빛, 1984, 70~86쪽 참조. 이 소식을 들은 함석헌은 큰 충격을 받고 "내가 죽였다. 우리가 죽였다"고 하였다.

있던 희망이 얼마나 부질없는 것이었는지를 확인하고, 일반 노동자들만을 위한 새로운 노동운동을 시작하게 되었다.

김진수는 1960년대 말 영산에서 실무자 김경락이 심혈을 기울여 교육하고 조직하여 산별노조에 인계한 섬유노조 서울의류지부 한영섬유분회의 노동자였다. 노조가 결성되자 한영섬유 외에도 양양상사, 마산방직, 다옥편물 등 대부분의 회사에서는 노조에 대한 극단적인 알레르기 반응을 보이며 종업원들에게 노조를 탈퇴할 것을 강요하였다.224) 특히 한영섬유는 회사 측에서 깡패까지 동원하여 자신들의 말을 잘 듣지 않는 김진수를 폭행함으로써 죽음으로까지 몰아가고 말았다. 사건이 발생하자 한영섬유 종업원들은 이것이 회사 측의 소행이라고 주장하였다. 그러나 정작 노동자 편에 서야 할 섬유노조와 한국노총은 이를 가해자와 피해자 간의 개인적이고 우발적인 사건으로 발표하였다.225) 회사 측이 유가족에 대한 보상문제에서 발뺌할 구실을 준 것이었다. 이에 분노한 한영섬유분회 조합원들은 노총 사무실에서 농성을 하였다. 그러나 한국노총과 섬유노조의 비협조적인 태도는 지속되었고, 결국 이 사건에 대한 사후 수습은 한영섬유분회와 산업선교 단체들만의 관심사가 되어버렸다. 영산 실무자들은 포기하지 않고 각계에 진정서를 보내는 등 끈질긴 조정 끝에 회사 측으로부터 위자료와 병원비를 받아냈고, 그의 사망 한 달 하고도 열흘이 지난 6월 25일에 가서야 가까스로 한국교회 도시산업문제협의회 주관으로 장례를 치를 수 있었다.226)

---

224) 전국섬유노동조합 서울의류지부 지부장 박은양이 서울시지방노동위원회에 제출한 「진정서」 참조(『1970년대 노동현장과 증언』, 풀빛, 1984, 86~89쪽).

225) 한국노동조합총연맹, 「섬유노조 서울의류지부 한영섬유분회 김진수 상해치사 사건 조사」, 『1971년 사업보고서』. 노총 중앙위는 이해 2월 정치참여를 선언하였다.

226) 한국교회도시산업문제협의회, 「진정서」, 1971. 4. 7 ; 「한영섬유주식회사에 대한 권고사항」, 1971. 4. 7 ; 김용욱(한영섬유공업주식회사 근로자 대표), 「진정서」, 1971. 6. 2 ; 한국기독교교회협의회 한국교회 산업선교 25주년 기념대회, 『1970

이 과정에서 산업선교 실무자들은 그동안 가까이 지내던 노동조합 간부들이 사건이 발생하자 너무 쉽게 노동자를 버리고 사업주 편에 서는 것을 보고 큰 충격을 받았다. 이때의 충격은 기존의 노동조합을 통한 산업선교 활동에 명백한 한계가 있다는 자각으로 이어졌다. 사건 당사자인 영산은 이후 더 이상은 상급노조와 함께 활동할 수 없다는 입장을 표명하였다.227) 산업선교는 기존 노조에 대한 강한 불신을 드러내며, 노동자들의 이해를 대변하지 못하고 어용화 된 한국노총이나 상급노조들과의 관계를 단절하겠다고 선언했다. 그리고 이제는 한국노총을 비롯한 기존 노조의 역할을 산업선교가 대신할 수밖에 없다고 결론 내렸다. 산선이 이 일로 얼마나 분노했는지는 당시 영산회관에 '노동회관'이란 이름으로 사무실을 두고 있던 섬유노조 지부를 내쫓기 위해 '영등포 노동운동 진상 폭로대회'를 개최한 것으로도 알 수 있다.228) 이제 산선은 노동문제는 노동자와 기업주만의 문제가 아닌 사회 전체와 관련이 있는 것이라는 사실을 뼈아픈 경험을 통해 확인하였다. 전태일이 당시 고통 받던 노동자들의 아픔을 세상을 향해 외쳤다면, 김진수는 노동자들이 하나로 힘을 모아 조직화하는 것이 얼마나 힘든 고난의 길인지를 예고해줌으로써 험난한 민주노조운동의 초석이 된 것이다.

노동조합이 부패하고 문제가 많다는 것은 노동자들 사이에서는 이미 기정사실화된 것이었다. 대부분의 노조가 노동자를 위한 일은 하지 않고 기업주의 강압적 태도에 쉽게 타협함으로써 오히려 기업주를 대변하는 역할을 하고 있었는데, 그 이유는 노조간부들이 회사 측에서 보수를 받고 있기 때문이었다.229) 이러한 사실은 방학동안 공장체험을 한 대학생

년대 노동현장과 증언』, 풀빛, 1984, 90~93쪽.
227) 민주화운동기념사업회, 『김진수』, 2003, 8쪽 ; 인명진, 「70년대 영산전략」.
228) 「71년도 정기총회 및 제8회 도시산업선교연구회」, 1971. 8. 26~27 ; 김경락, 「영등 포도시산업선교회 산업사회 선교전략을 위한 자료」, 1975. 8. 15 ; 김상조, 「1970 년대의 한국 기독교 운동(1)」, 『기독교사상』, 1984. 11.

들과 실무자들을 통해서도 수차례 보고된 내용이었다.[230]

이제 노조와 산업선교의 밀월관계는 끝이 났다. 이들 간에는 원색적인 비난이 오고갔다. 산업선교회는 장기집권을 위해 회사와 관권에 의지하고 있는 어용노조지도자들을 가리켜 "중이 고기 맛을 안 것처럼 돈 맛을 알았다", "노동조합의 이름으로 동료 노동자를 괴롭히고 창녀처럼 회사에 웃음을 판다"고 비난했다. 또 어느 노조 지부장이 노사교섭현장에서 "산업선교가 현 집행부를 뒤집어엎으려고 하니 도와 달라"고 회사에 요청한 것이 밝혀지자 "병신 같은 노조지도자"라고 일축하였다.[231] 산업선교 활동을 통해 조직을 확보하던 노조도 산업선교회를 향해 "조직을 파괴한다", "노동조합이 교회인 줄 아느냐"며 비난하였다.

그럴수록 산업선교회는 "노동조합은 조합원을 위한 조합이 되어야 한다. 우리 팀은 조합원을 위한 노동조합 형성에 뛰어든다"며 노동조합의 체질개선을 선언하였다.[232] 그동안 평조합원 교육과 노동학교를 통해 민주적으로 결의한 노조의 의견만이 사회정의를 실천하는 가장 유일한 길이라는 것을 배운 노동자들이 이제 산업선교의 마지막 희망이 되었다.[233]

쿠데타 세력에 의해 결성됨으로써 태생부터 어용화 될 수밖에 없는 구조를 가지고 있던 한국노총과 17개 산별노조는 1971년 말 국가비상사태가 선포되자 「비상시국 하의 우리 노동자의 자세를 밝힌다」는 성명서를

229) 조승혁, 「노사분규의 합리적 처리」, 『기독교도시산업선교회 자료: 1967년 보고서』 ; 유흥식, 「노사문제부 1970년도 활동보고서」.
230) 김호현, 「1970년도 평신도부 활동보고서」 ; 박노현, 「1971년 여름 가톨릭 신학생 실습보고서: 인천 한국기계」 ; 이길호, 「1971년 여름 가톨릭 신학생 실습보고서: 인천 이천전기」 ; 안광수, 「동신화학에서의 노동경험: 1969. 11. 1-1970. 3. 30」 ; 정양숙, 「흥한방적회사 노동경험을 중심으로: 1969. 11. 1-1970. 4. 30」 ; 이상복, 「민주화물노동실습보고서: 1971년 여름」.
231) 기독교도시산업선교회, 「1971년 활동 총평」.
232) 기독교도시산업선교회, 「1971년 활동 총평」.
233) 기독교도시산업선교회, 「평신도 재훈련 보고서」, 1971. 1. 23.

발표하였다. 그들은 우선 국가가 있고서야 노동운동도 발전할 수 있다고 하며 6·25와 같은 전철을 밟지 않기 위해 범국민적인 단결과 굳건한 안보태세를 갖출 것을 결의하였다.[234] 1972년 유신이 발발하였을 때도 노총은「구국통일을 위한 영단을 적극 지지한다」는 성명을 내 전폭적인 환영의사를 밝혔다. 그뿐 아니라 '10월유신 중앙계몽유세반'을 구성하여 전국의 지부와 분회를 순방하면서 유신헌법 제정 투표에 적극 참여하자는 유세활동을 전개하였다.[235] 1973년에는 "유신과업의 적극 추진과 조직체제 및 운영의 유신적 개혁"과 "새마을운동의 강화 및 평화통일태세의 완비"를 다짐하는 노총의 10대 활동목표를 제시하면서

> 격동하는 70년대를 맞이하여 조국의 안정·번영·통일을 위한 유신 과업 수행의 강력한 추진력이 될 것을 다짐하는 우리 노총은 먼저 우리 스스로의 체질을 개선하고 내실을 기함으로써 국력 조직화의 일익을 담당하여 국가시책을 효율적으로 뒷받침하는 동시에 남북대화와 평화통일에 있어 북한의 직업동맹보다 우위에 설 수 있는 조직력과 대응태세를 시급히 갖출 필요가 있음을 통감한다[236]

고 천명하였다. 이는 노총이 국가권력에 예속되었음을 만천하에 공개하는 것이었다. 이후 1970년대 말까지 한국노총에 의한 조직노동운동은 계속 답보상태에 빠졌고, 산업선교와의 갈등은 깊어졌다. 이들은 산업선교와 연대한 노동운동이 발생하면 어김없이 종교인의 직분을 망각한 노동조직 침해행위라고 공격하며 적대감을 여과 없이 노출하였다.[237]

특히 1974년 1월 한국모방 사장의 지부장 구타사건에 대해 신·구교

---

234) 『1970년대 노동현장과 증언』, 1984, 233~234쪽.

235) 앞의 책, 234~236쪽.

236) 앞의 책, 1984, 239쪽.

237) 앞의 책, 1984, 269~272쪽 참조.

노동문제공동협의회가 결의문을 발표한 사건은 이 둘의 관계에 쐐기를 박는 역할을 하였다. 이 결의문은 한국노총과 전국섬유노조에 대해 "노동자들의 기본권 보장을 위해 일하지 못할 바에는 즉각 해체하고, 근로자를 착취하는 제2의 기구로 전락한 사실을 400만 근로자와 전 국민 앞에 사죄하라"고 공격하였다. 한국노총은 즉각 1월 19일자『동아일보』와 20일자『조선일보』에 반박성명을 냈다. 일부 종교인들의 직분을 망각한 노동조직 행위를 엄중 경고하면서, 만일 산업선교가 분별없는 책동을 계속할 때에는 자신들의 조직력을 총동원하여 이를 분쇄하겠다는 내용이었다.[238] 이와 같은 산업선교회와 한국노총 간의 성명전은 몇 차례 더 계속되었다. 한국노총에 대한 산업선교회와 민주노조의 불신은 계속 확산되어갔고, 한국노총의 반노동자적 행위는 1970년대 후기로 갈수록 노동자들의 투쟁현장을 중심으로 첨예화되었다.

1971년 4월, 한국노총과의 결별로 새로운 활로가 필요했던 산업선교는 마침 6개월간의 미국연수를 마치고 돌아온 영산의 조지송과 인선산선의 조승혁이 들여온 새로운 조직론과 방법론에 힘입어 방향을 선회하게 되었다. 더 이상 교회와 노총에 기대지 않고 당당하게 독자적인 길을 갈 수 있는 틀을 만들게 된 것이다.

그러면 이들이 미국에서 배워온 것은 과연 무엇이었을까.

조지송과 조승혁은 시카고 맥코믹신학교의 '교회와 노동자 및 지역사회조직' 과정에서 초창기 예장 산업전도를 지도했던 스콧 박사 및 홍콩에서 산업선교를 하고 있는 신부, 대만 목사, 필리핀의 평신도 등과 함께 '아시아의 노동문제'를 주제로 10주간 세미나를 하였다. 또 루즈벨트대학의 '노동조합 간부 훈련소'에서 미 전국에서 온 노조간부 25명과 함께 노

---

238) 원풍모방 해고노동자 복직투쟁위원회 엮음,『민주노조 10년: 원풍모방 노동조합 활동과 투쟁』, 풀빛, 1988, 96~98쪽 참조.

동문제에 대한 이론을 공부하고, 노동운동의 실제에 관한 훈련을 받았다.[239] 연수과정을 통해 자신들이 세계의 첨단에서 매우 중요한 역할을 감당하고 있다는 사실을 확신한 이들은 한국에 돌아가 소신껏 노동운동을 지속할 수 있는 자신감을 얻었다고 한다.[240]

또한 조승혁은 시카고에서 미국의 유명한 민권운동단체인 알린스키산업재단(Alinsky Industrial Foundation)의 산하조직에서 조직운동에 대한 훈련을 받았다.[241] 이 과정에서 그는 알린스키를 '나의 스승'이라 부를 정도로 많은 영향을 받았는데, 알린스키의 '조직운동론'은 이후 산업선교는 물론 기독교사회문제연구소과 크리스찬사회행동협의체의 실무자 교육, 대학생들의 노동실습과 연구에도 포함되는 등 조직운동가를 배양하는 이론으로 널리 교육·훈련되어 1970~80년대 한국의 민주화운동에 크게 기여하였다.[242] 조지송은 조승혁과 달리 한 곳에 머물지 않고 미국 전역의 농민·흑인·빈민 운동단체 70여 곳을 순회하며 사회운동에 대한 확신을 가지게 되었다. 또한 유럽 순방 중 노동신부,[243] 빈민운동하는 목사, 유럽의 노동조합을 돌아보면서 산업선교와 노동운동의 방향성에 대해 많은 생각을 하였다.[244]

지난 10여 년 간 산업선교와 실무자들이 발전해 온 과정은 따로 설명

---

239) 조지송 인터뷰, 2007. 11. 23~24.
240) 「71년도 정기총회 및 제8회 도시산업선교연구회」, 1971. 8. 26~27.
241) Saul D. Alinsky(1909~1972)는 미국의 유명한 민권운동가로 '조직의 사도'로 불린 알린스키는 힘없고 가난한 이들과 함께 살면서 그들과 더불어 조직하고 조직된 힘을 행사하여 세상을 바꾸는 조직운동에 평생을 바쳤다. '알린스키산업재단'은 1940년 창설되었다(S. D. 알린스키 외, 조승혁 편역, 『S. D. 알린스키 생애와 사상』, 1983 참조). 2008년 미국 대통령에 당선된 버락 오바마와 민주당의 유력한 대권주자였던 힐러리 클린턴도 알린스키의 사상적 세례를 받았다고 한다(『경향신문』, 2007. 3. 26 ; 『조선일보』, 2007. 3. 27 ; 『한국일보』, 2007. 3. 30).
242) 신홍범 정리, 『박형규 회고록: 나의 믿음은 길 위에 있다』, 창비, 2010, 174쪽 ; 조승혁, 『이런 세상에 예수님의 몸이 되어』, 정암문화사, 2005, 407~410쪽.
243) 일반적인 종교 수행 대신 노동을 하는 신부.
244) 조지송 인터뷰, 2007. 11. 23~24.

이 필요 없을 정도로 점점 더 낮아지고 낮아지는 길이었다. 언제나 혼란
스럽고 충격적이며 많은 것들을 포기해야 하는, 그래서 항상 많은 미련
을 남기고 고통이 뒤따르는 깨달음의 과정이었다. 그럼에도 산업선교를
떠나지 못하고 산업선교와 함께 성숙의 과정을 거친 실무자들은 이제 먼
길을 돌아 스스로 확신을 가질 만큼 산업선교의 본질에 접근하였다.

조지송은 1972년 11월 『활천』에 기고한 글에서 "산업선교는 더 이상 공
장주의 허락을 얻어 종업원에게 설교하는 것이 아니며 사회사업이나 자
선기관이 아니다"라고 함으로써 그동안 모호한 부분이 있던 산업선교의
차별적 정체성을 명확히 하였다. 또 산업선교의 새로운 지향성과 운동의
전개방식에 대해서도 정당한 노동의 대가를 강조하고, 앞으로는 기업주
보다는 노동조합을 통한 노동자들의 구체적인 문제에 더 관심을 가지고
노동자를 위한 활동을 할 것이라고 선언하였다.[245] 지금의 시각으로 보
면 너무나 당연하고 더 이상 새로울 것이 없어 보이는 이야기지만, 한국
에서 가장 크고 견고한 교회조직인 예장 소속 목사로 감성적이고 온화한
성품을 가진 조지송의 이러한 선언은 오랜 시간 숙성된 그의 다짐이었
다. 또한 "정당한 노동의 대가"를 언급한 것은 앞으로 그가 이끌 노동운
동의 주요 이슈가 무엇이 될 것인지를 암시하는 것이었다.

다혈질이며 운동적 성향이 강한 조승혁도 "그동안 산업선교는 노사분
쟁이 생겼을 때 중간적 위치에 있었으나, 이제는 노동자들의 고통을 더
잘 알게 되었으니 노동자 편에서 그들의 고난에 참여할 것"이라고 입장을
분명하게 밝혔다. 또 노동사회를 교회 못지않게 존중하게 되었다고, 목사
로서는 파격적인 고백을 하였다.[246] 그러나 아직 이들의 선택이 가져올
고난의 강도가 어느 정도일지를 예측할 수 있는 사람은 아무도 없었다.

---

245) 조지송, 「산업선교의 새로운 방향」, 『활천』, 기독교대한성결교회 출판부, 1972.
11, 39~42쪽 참조.
246) 조승혁, 「인천기독교도시산업선교회 자료」, 1972. 1. 29.

1971년 5월, 인천산선은 지난해의 부진을 떨치고 기구와 내용에 변혁을 줄 새로운 정책안을 내놓았다. 이 정책은 노동사회 개혁을 위한 프로그램으로 노동자들의 의식화 훈련 및 조직 확대, 그리고 노사분규 시 노동자 편 지원을 골자로 하는 것이었다. 이러한 새로운 정책의 실현을 위해서는 실무자의 변화가 우선되어야 했으므로 조승혁과 오글은 6월부터 12월까지 6개월 동안 실무자들에 대한 훈련을 실시하였다. 훈련내용은 '알린스키의 조직이론과 방법', '소그룹 운영의 과제와 관리기술', '외국의 도시산업선교 활동내용과 과제', '파울로 프레이리(Paulo Freire)의 의식화 교육 방법론'[247] 등 가장 최근에 미국에서 배워온, 가장 첨단적이고 수준 높은 것들로 채워져 있었다.[248]

이 훈련은 실무자들이 그동안 자신들의 활동이 노동자들의 자율성을 침해하는 실무자 중심의 활동이었다는 점을 반성하는 것으로 시작되었다.[249] 노동사회를 개혁하기 위해서는 근로자들이 스스로 자신들의 문제를 발견하고, 이를 해결하기 위한 조직을 만든 후, 조직적 행동을 통해 자주적이고 자율적인 힘을 갖게 되어야 한다. 이 과정에서 실무자는 보조자 또는 밑거름 역할만 해야 하는 것이다. 그런데 그동안 산선은 의욕이 앞선 나머지 자신들이 일을 해결하려 했으며, 이는 결국 노동자들이 힘을 키울 수 있는 기회를 차단하는 역할을 한 것이었다. 실무자들은 기존의 침입자 역할을 자제하고 노동자들이 자립할 수 있게 돕는 법을 배워나가야 했다.

두 번째 단계는 그동안 산업선교에서 훈련받은 노동자들 중 각 그룹의

---

247) 파울로 프레이리는 브라질의 민중교육자이자 교육철학자, 사회운동가이다. 그는 저서 『페다고지』에서 억눌린 자를 위한 교육을 주창하고, 교육의 궁극적 목표는 인간해방이라고 주장하였다.

248) 「1971년 기독교도시산업선교회 활동보고서」.

249) 기독교도시산업선교회, 「새로운 정책안」, 1971. 5. 14 ; 기독교도시산업선교회, 「개혁내용에 따른 문제점 토의 및 지도자 훈련」, 1971. 11. 13.

리더들을 키우는 것이었다. 노조간부나 실무자가 아닌 평조합원들을 산업선교의 실질적인 주체세력으로 인정하고, 실무자들과 침식을 같이 하며 특수훈련에 참여케 하였다. 이들을 통해 조합원들에게 노동자의식을 훈련시키고 조합원의식을 개발하여 간부 중심으로 되어 있던 노동조합 활동을 감시하도록 하려는 것이었다. 당면한 문제가 많긴 하지만 그래도 노동조합은 노동자들의 유일한 기관이므로, 민주적으로 운영하여 노동자를 위한 일을 하는 곳으로 변화시켜야 한다는 것이 이들의 명제였던 것이다. 비록 힘없는 노동자들이지만 조직화를 통해 힘을 결집시키면 노동자들도 경제적·사회적 그리고 정치적으로 지위향상을 하고, 법적 보장도 받을 수 있다고 생각했기 때문이었다.

훈련의 목적은 노동자의 의식화인데, 내용적으로는 구체적인 노동조합운동 사례를 들어 투쟁의 경험과 그 과정에서 얻게 되는 신념에 중점을 두었다. 이들에게 무엇보다 강조된 것은 토의를 통해 자신들의 문제를 발견하고 공동의식과 단결의식을 갖도록 하는 것이었다.[250]

이제 산업선교는 노사 간에 대등한 관계가 유지될 때까지 약한 노동자를 지원하는 것을 원칙으로 삼는 노동자들의 "협력자"가 되었다.[251] 조합원이 억울하게 해고된 한국베아링에서는 조합원들의 법적 투쟁에 적극 협력하였으며, 임금체불로 극심한 진통을 겪어온 경성공작에서는 종업원들에게 양식을 대여하며 조합 활동에 힘을 더했다. 여성종업원이 대부분인데도 남성들이 노조를 장악하고 있던 동일방직에서는 처음으로 여성노동자들을 대상으로 조합원 의식개발 프로그램을 실시하였고, 새로 설립된 신진자동차 지부를 위해서는 수시로 임원들과 협력회의를 갖고 정신적·기술적으로 도움을 주었다. 또한 노조결성을 위해 지원을 요청

250) 「1971년 기독교도시산업선교회 활동보고서」.
251) 「중부연회 도시산업선교위원회 회의 자료: 1972년도 사업계획에 따른 아이디어」, 1971. 12. 16.

한 해진기업의 경우에는 노동자들이 스스로 노조를 조직할 수 있게 미조직 노동자들의 조직화에 강조를 두고 지원하였다.[252]

그리고 보다 효과적인 활동을 위해서 산업선교의 체제를 문제 중심의 분과별 활동으로 전환하였다. 노동사회 발전을 위해 노동자들로 조직된 '노사분과위원회', 직장여성들의 권익과 인권회복을 위한 '직장여성부', 지역사회발전과 주민권익옹호 활동을 위한 '주민향상위원회'를 두었다. 또한 산업재해 왕국이라는 표현이 있을 정도로 안전이 고려되지 않은 작업환경에서 노동자들이 위험에 처하는 경우가 많다는 것에 착안해 새로 '산업안전분과위원회'를 만들었다. 이들 위원회는 1971년 초부터 연구모임과 교육활동, 홍보 등 적극적인 활동을 시작하였다.[253]

그러나 정부는 1971년 국가보위에 관한 특별조치법(법률 2,312호)을 제정하여 노동자들의 활동을 제약하였다. 1981년 폐지될 때까지 한국의 노사관계를 규율하는 기본장치가 된 이 법은 제 5조 1항에서 노동자의 단체교섭권 또는 단체행동권 행사시에는 미리 주무관청에 조정을 신청해야 하고, 그 조정결정에 따라야 한다고 규정하였다. 또 2항에서 대통령은 국가기관 또는 지방자치단체, 국영기업체, 공익사업, 국민경제에 중대한 영향을 미치는 사업체 등에 종사하는 노동자의 단체행동을 규제하기 위해 특별한 조치를 취할 수 있다고 하였다. 이는 노동자의 단결권을 통제하진 않았지만 단체행동권과 단체교섭권을 제한함으로써 사실상 노조활동을 무력화 시킨 것이었다.[254] 입법을 통한 이러한 노동통제는 1972년 유신헌법이 공포되면서 더욱 강화되었다.

---

252) 「기독교도시산업선교회 임시 이사회를 위한 1972년도 상반기 활동보고」 ; 「도시산업선교의 역사적 고찰과 현황」, 『기독교세계』, 1972. 4. 10.
253) 「기독교도시산업선교회 임시 이사회를 위한 1972년도 상반기 활동보고」.
254) 『1970년대 노동현장과 증언』, 1984, 123~124쪽.

3) 여성노동자와의 결합 : 공순이에서 여성노동자로

1972년에도 산업선교회는 노동자들로부터 기업주들이 노동자에게 강요하는 여러 가지 형태의 부당한 일들에 대한 진정을 받았고, 그때마다 노동자 편에서 문제해결을 위해 노력하였다. 그러나 무엇보다도 이 시기 산업선교 활동 중에서 가장 의미 있는 것은 산업사회에서 가장 약자임에도 산선에서조차 주변부에 머물러있던 여성노동자들에게 관심을 가지기 시작했다는 점이다.

그동안 여성노동자들은 산업선교 회원 중 많은 수를 차지하고 있으면서도 산업선교의 주된 프로그램인 노사문제나 조합원 훈련 등에서는 늘 제외되었다. 노조간부나 평조합원 남성노동자들은 물론이고 실무자들조차도 노동운동은 남성들의 영역이라고 생각해 여성노동자는 염두에도 두지 않았던 것이다. 그들에게 여성노동자들은 단지 머릿수 채우기 위해 필요한 존재일 뿐이었다. 모두들 여성노동자들은 노사문제에는 별로 관심이 없고, 회사나 노동조합 자체에 개입할 수 있는 지식이나 역량이 없으며, 경제적인 빈곤, 정신적인 나태, 낮은 학력으로 인해 의식주나 이성교제에만 관심이 있다고 생각하는 편견을 가지고 있었다.[255] 그러나 남성노동자들이라고 해서 처음부터 의식이 있고 노동문제에 관심이 있었던 것은 아니었다. 남성노동자들 역시 지속적인 교육과 훈련을 통해 의식화된 것이다. 결국 여성노동자들은 단지 여성이라는 이유만으로 산업선교 내에서도 오랜 시간 소외되고 가장 취약한 상태로 남겨져 있었다. 인천산선의 경우 60년대 중반부터 조화순이 동일방직, 중앙도자기, 전신전화국, 흥한방직, 송도직물 등 여성노동자들이 많은 공장을 대상으로 전도를 하다가 요리, 꽃꽂이, 뜨개질 등 소그룹 취미활동을 하며 "가엾은 여공"들을 돌보는 수준이었던 것이다. 그렇게 5년이라는 세월이 흘렀지

---

255) 정양숙, 「1970년도 활동보고서」 ; 조승혁 인터뷰, 2007. 5. 7.

오글이 1960년대 산업전도를 시작하며 매입한 초가집과 여성노동자들. 현판이 '기독교도시산업선교위원회'인 것으로 보아 1969년 이후 사진으로 추정된다.

만 여성노동자들의 활동이나 의식에는 변한 것이 없었다.

　그러던 중 동일방직 여성노동자들에게 변화가 오는 계기가 생겼다. 조승혁이 미국 연수를 마치고 돌아온 직후인 1971년 5월 '약한 것을 강하게'란 주제로 산업선교회원 교육을 하였는데, 질문시간에 동일방직의 이영숙이 "동일방직에서는 남녀를 구별하여 임금인상을 하는데 이를 어떻게 하면 좋으냐?"는 질문을 한 것이다. 이 질문 한마디는 그 당시에는 어느 누구도 의식하지 못하였지만, 이후 1970년대 노동운동이 남성노동자들의 침묵 속에서 여성노동자 중심으로 치열하게 전개될 것을 예고하는 신호탄이 되었다.

　이영숙의 질문을 받은 조승혁은 알린스키의 조직의식화 방법 중 하나로 욕을 함으로써 모욕감을 갖고 화를 내도록 유도하면서 "여성조합원이 3/4이나 되는데 왜 숫자적 힘을 가지고 있으면서도 노조지부장과 집행부를 장악하지 못했는가?", "억울하면 여성노동자들이 단결해서 노동조합을 장악하라"고 답하였다. 이 말을 들은 여성노동자들은 울면서 "왜 목사가 우리에게 욕지거리냐. 다음 해에는 우리가 단결해서 노동조합을 장악하겠다. 두고 보라"고 하였다.256) 이를 계기로 이때부터 동일방직 여성노동자들만을 위한, 처음으로 여성노동자들을 대상으로 하는 노동교육이 시작되었다. 그러나 이때까지만 해도 실무자들은 여성노동자들이 무엇을 얼마만큼 해낼 수 있을지에 대해서는 별 기대가 없었고, 이들이 70년대 노동운동에서 얼마나 중요한 역할을 할지에 대해서는 예상도 하지 못하였다.

여성노동자들은 실무자들의 생각과 달리 노동조합에 관심이 많았다. 매주 목요일마다 '노동조합이란 무엇인가', '한국 노동운동의 역사', '노동조합의 이상과 현실' 등의 내용으로 집중적인 훈련을 실시했는데 120명이나 듣기를 원해 3반으로 나누어 교육하였다. 당시 여성노동자들의 노동환경은 잘 알려져 있다시피 매우 열악하였는데, 동일방직은 상대적으로 여러 가지 조건이 좋은 편이어서 많은 노동자들이 들어가기를 원하는 곳이었다. 종업원들의 만족도도 매우 높은 편이었으므로 노동자들은 일이 힘들어도 큰 불만이 없었다. 그러나 산업선교의 노동자교육을 통해 의식화되면서부터 변화가 시작되었다.257)

여성노동자들은 노동법에 대한 이야기를 듣는 순간 처음으로 "아, 이런 게 있었네. 무조건 복종하고 사는 것만이 좋은 것은 아니구나"라는 생

---

256) 조승혁, 『이런 세상에 예수님의 몸이 되어』, 정암문화사, 2005, 106~107쪽 참조.
257) 박수정, 「이총각, 노동자, 거짓됨 없이 세상을 일구어 온 사람」, 『숨겨진 한국 여성의 역사』, 아름다운 사람들, 2004, 18~19쪽 ; 정영태, 「개발연대 노동자들의 공장생활과 대응방식」, 『1960-70년대 노동자의 작업장 경험과 생활세계』, 한울아카데미, 2005, 269-280쪽 참조.

인천산선 시절의 조화순 목사

각을 하였다고 한다.[258] 또한 이 기회를 통해 노동자의 사회·경제적 지위를 향상시킬 수 있다는 새로운 사실을 알게 되었다.[259] 그러자 가뭄에 단비를 맞듯 여성노동자들의 의식화 속도는 남성노동자들을 능가하였고, 길지 않은 시간에 지부 전체가 의식화되고 연대감을 형성하여 단합되는 모습을 보여주었다.

훈련과정에서 조화순은 자신이 여성으로서 겪었던 사회적 차별경험을 바탕으로 여성노동자들이 노동자의식만이 아니라 여성의식까지 가질 수 있도록 교육하였다.[260] 한 여성노동자는 노동운동을 알게 되면서 자신의 인생 역정이 노동자·시민·여성으로서의 주체성 획득 과정이 되었다고 하였다.[261] 당시 생산직 노동자는 단순사무직노동자보다 약 60% 정도 낮은 임금을 받았고, 이

---

258) 정영태, 「개발연대 노동자들의 공장생활과 대응방식: 인천지역 노동자들을 중심으로」, 『1960-70년대 노동자의 작업장 경험과 생활세계』, 한울아카데미, 2005, 286쪽 ; 『고난의 현장에서 사랑의 불꽃으로: 조화순 목사의 삶과 신학』, 1992, 162쪽.

259) 동일방직복직투쟁위원회 엮음, 『동일방직노동조합운동사』, 돌베개, 1985, 33쪽 ; 정영태, 「개발연대 노동자들의 공장생활과 대응방식: 인천지역 노동자들을 중심으로」, 『1960-70년대 노동자의 작업장 경험과 생활세계』, 한울아카데미, 2005, 271쪽.

260) 여성노동자 뿐 아니라 산업선교회에서 중요한 역할을 하였던 조화순도 목사요 실무자면서도 '여자이기 때문에' 같은 일을 하고도 남성 실무자의 1/2에도 훨씬 못 미치는 인건비를 받았다고 한다. 게다가 용기를 내어 그 문제를 제기하자 돌아온 답변은 "미국에 가서 사소. 미국은 남녀평등이라고 생각할지 모르지만 거기도 별 수 없이 차별이 심하고 여자의 인건비는 적소. 그러나 정 불편이 있으면 거기라도 가서 사쇼"였다. 그는 자신이 오글과 조승혁의 영향으로 여성으로서의 자각과 독립심을 갖고 살게 되었다고 한다. 이들은 조화순에게 "대들어라. 네가 못 싸우면 본이 안 된다. 여성노동자의 권리를 찾기 위해서는 싸워야 한다. 이것이 너의 역할이다"고 했다고 한다(한국여신학자협의회 여성신학자연구반 편, 『고난의 현장에서 사랑의 불꽃으로: 조화순 목사의 삶과 신학』, 대한기독교서회, 1992, 51·89~90쪽).

261) 신순애, 「13살 여공의 삶」, 성공회대학교 NGO대학원 석사학위논문, 2012.

인천산선에서 교육을 받는 동일방직 여성노동자들과 조화순 목사. 상대적으로 조건이 좋고 만족도가 높은 동일방직의 종업원답게 옷차림이나 외모가 여느 여성노동자들보다 세련되었음을 알 수 있다.

중에서도 여성노동자들은 남성노동자의 42~46%를 받고 있었다. 이처럼 차별대우를 받으면서도 여성들은 자신들이 배우지 못해서 좋은 대우를 받지 못하며, 남자들은 남자라서 더 받는 것이라고 당연시하고 있었다.[262] 또 욕과 폭력, 남성 간부들의 성추행에 대해서도 "여자로 태어났으니 어쩔 수 없다. 여길 벗어나려면 좋은 데로 시집가는 것뿐"이라는 자

---

[262] 앞의 책, 76~77쪽. 당시 한국의 임금구조는 관존민비, 남존여비적 의식구조에 학력과 기능인력의 부족이 중첩되어 이중구조를 더욱 심화시키고 있었다. 그럼에도 남녀 간 임금격차가 당연하다는 수용적 반응이 72.6%에 달하였다(박희진, 「여성노동자의 근로의식」, 『노동공론』, 1974. 3, 128~136쪽). 여성노동자와 남성노동자의 임금격차에 대한 기록은 「여성근로자 임금 남성의 60% 미달」, 『서울신문』, 1975. 10. 21 ; 『1970년대 노동현장과 증언』, 풀빛, 1984, 75쪽 ; 노동조합사전간행위원회, 『노동조합사전 5 ; 노동자의 상태와 제요구』, 형성사, 1985, 1182쪽 참조.

조적인 생각을 가지고 있었다. 아직 여성의 인권, 여성운동이라는 것이 고학력 중산층 이상의 여성들에게도 관념적인 것으로만 머물러 있던 시절, 조화순은 가난하고 힘없는 여성노동자들이 이러한 의식구조에서 벗어나 스스로 자존감을 가질 수 있도록 교육하였다. 또 노동자의 권익보장과 남녀 동등한 대우와 진출, 스스로 단결된 힘을 가지고 자신들의 문제를 해결하는 힘을 기르는 것에 주안점을 두었다. 여성노동자들이 이후 무시무시한 회사의 관리자나 공권력 앞에서도 당당할 수 있었던 것은 이러한 교육과 훈련 덕분이었다.[263]

그동안 취미생활만을 하던 소규모 그룹활동은 이렇게 조합원 의식개발에 역점을 둔 활동으로 성격이 바뀌었다. 팀별로 체계적인 지도자 교육을 실시하였는데, 마지막 훈련까지 마치면 어느덧 리더로서의 소양을 갖춘 여성노동운동의 씨알로 성장해 있도록 하는 것이 목적이었다.[264] 내용은 단체생활 훈련, 사회의식 교육, 정서·생활 훈련, 인간관계, 노사문제교육, 리더십 훈련 등으로 다양해졌다. 1971년에는 한 해에만 동일방직 여성노동자 165명이 소그룹 15개를 조직하였다. 모임 횟수는 672회, 연인원 7,820명이 인천산선에서 가장 활발하게 활동하였다.[265]

그리하여 교육을 시작한 지 1년도 채 안 된 1972년 5월 10일, 동일방직 정기대의원대회에서는 큰 이변이 일어났다. 한국 노동조합 역사상 처음으로 회사 측의 지원을 받는 남자후보들을 큰 표 차로 물리치고 조합원들의 전폭적인 지지를 받는 여성지부장이 탄생한 것이다. 게다가 사상 처음으로 집행부도 모두 여성노동자들이 장악하였다.[266] 산선에서 교육

263) 「1971년 기독교도시산업선교회 활동 보고서」 ; 조화순, 「여성근로자가 노동조합 지부장이 되기까지의 의식화 훈련: 동일방직 공업주식회사를 중심으로」.
264) 기독교도시산업선교회, 「1976년도 활동보고서: 직장여성부 보고서」.
265) 기독교도시산업선교회, 「1971년 기독교도시산업선교회 활동보고서」.
266) 『동일방직노동조합운동사』, 1985, 32쪽 ; 「기독교도시산업선교회 임시 이사회 보고를 위한 1972년도 상반기 활동 보고」 ; 조화순, 「여성근로자가 노동조합 지부장이 되기까지의 의식화 훈련: 동일방직 공업주식회사를 중심으로」 ; 조

을 받은 여성노동자들이 조직의 핵이 되어 회사에서도 노동운동의 주체로 나서게 된 것이었다. 이 사건은 두 가지 면에서 가히 혁명적인 것이었는데, 하나는 여성노동자들이 처음으로 기존의 남성중심 지배체제를 무너뜨린 것이고, 다른 하나는 대부분의 노동자들이 연고로 채용된 경우라 담임이나 계장 등과 관계가 얽혀있는데다 매일 이들과 얼굴을 대해야 하는 상황임에도 자신들이 원하는 사람을 뽑았다는 사실이었다. 자신을 나약하고 어린 존재라고만 여기던 여성들이 조직적으로 움직이고, 실력을 행사하는가 하면, 직책을 맡아 역할을 수행하는 경험은 공순이가 여성노동자로 거듭나는 계기가 되었다. 자주성을 확보한 여성노동자들은 이 과정에서 처음으로 인간으로서의 긍지를 갖게 되었다고 고백하였다.[267] 짧은 기간에 이루어진 이러한 성과는 기존의 편견을 깨고 여성노동자들이 얼마나 적극적이고 주체적이며 훌륭한 자원인가를 증명하는 것이었다. 동일방직의 사례는 1970년대 여성노동자들이 주체가 된 민주노조운동의 하나의 신화이자 창조의 시발이 되었으며 이제까지 침체되었던 여성노동자들의 사회적 지위가 향상되는 계기가 되었다.

동일방직을 효시로 이후 1974년에는 반도상사 부평공장에서, 1975년에는 YH무역에서 노조결성과 함께 여성지부장이 선출되는 등, 여성이 대다수를 차지하는 공장에서는 여성지부장과 여성대의원들이 속속 선출되었다. 1977년 말에는 전국에 걸쳐 11개 노조, 56개 분회에서 여성이 지부장이나 분회장에 선출되었다.[268]

여성집행부는 대개가 어용인 남성지부장들과는 달리 사리사욕 없이 순

승혁, 『이런 세상에 예수님의 몸이 되어』, 정암문화사, 2005, 106~107쪽 ; 「최초의 여성지부장 탄생」, 『노동공론』, 1972. 7, 122~126쪽.
267) 조화순, 「여성근로자가 노동조합지부장이 되기까지의 의식화 훈련: 동일방직 공업조식회사를 중심으로」, 1973.
268) 성공회대학교 사회문화연구소, 『1970년대 산업화 초기 한국노동사 연구』, 2002, 258쪽.

수하게 노동자들의 권익옹호만을 위해 일하였다. 회사와 적당히 타협하는 일이 없게 되었으며, 여성노동자들의 기본적인 문제인 생리수당·임신부의 산전 산후 혜택·기숙사 문제·퇴직금 누진제 등 많은 근로조건이 개선되었다. 여성지부장이 이렇게 개인의 영달을 위해 불의와 타협하는 일 없이 끝까지 투쟁하자 여성지부장과 여성집행부는 회사 측의 큰 부담이 되었다.

비슷한 시기에 영산에서도 여성노동자들이 주목받기 시작하였다. 영산의 활동 무대인 영등포는 경공업 발달지역으로 남성노동자보다 여성노동자의 수가 더 많은 곳이었다. 여성노동자들이 70~80%를 넘는 공장이 대부분이었으며, 산업선교회원도 여성들이 더 많은 수를 차지하고 있었다. 그러나 이들 역시 인천산선의 경우와 마찬가지로 노동문제에서 소외된 채로 전문성과 결정권이 없고 재임기간도 짧은 여성실무자를 중심으로 열 명 안팎씩 함께 모여 뜨개질, 요리강습, 완구 만들기 등의 취미활동만을 하는 것이 고작이었다.

조지송의 귀국 후 김진수사건의 충격에서 벗어나면서 소외된 말단 노동자문제에 더 관심을 갖기로 한 영산은 하루 140원 임금을 받기 위해 12시간 야간작업을 지탱해야 하는 여성노동자들에게 관심을 기울이기 시작하였다.[269] 그러나 여성노동자들의 문제에 산업선교가 어떻게 참여해야하는가는 고민거리였으며, 여전히 산업선교에서 여성노동자들은 활동의 주체가 되지 못하였다.[270]

기회는 곧 찾아왔다. 1972년 4월, 마침 한국모방에서 퇴사한 여성노동자들이 회사 측이 퇴직금을 지불하지 않는다며 산업선교회에 도움을 요청한 것이다. 영산은 JOC와 함께 연대해 이들의 퇴직금 받아주기 운동을

---

269) 조지송, 「산업선교의 새로운 방향」, 『활천』, 기독교대한성결교회 활천사, 1972, 39~42쪽.
270) 인명진, 「영등포산업선교회의 역사」, 『영등포산업선교회 40년사』, 110~111쪽.

하였는데, 이 과정에서 가톨릭 신자 회원 40명과 산선 회원 70명, 신용협동조합 회원 50명과 함께 조합원 의식화 교육을 위한 소그룹활동이 처음으로 시도되었다.[271]

한국모방 여성노동자들이 산업선교회를 찾아간 이유는 두 가지였다. 첫째는 섬유노조나 한국노총, 노동청을 신뢰할 수 없었으며, 둘째는 산업선교회는 일반노동자를 대상으로 하는 노동자 교육을 실시하며 많은 노동자들과 관계를 갖고 그들의 고충을 상담하고 있었기 때문이었다.[272] 이는 산업선교회의 존재가 일반 노동자들에게도 알려졌고, 노동자들이 산선을 자신들의 편이라고 생각하고 있다는, 상당히 긍정적인 증거였다. 산업선교는 '한국모방 퇴직금 받기 투쟁위원회'를 조직하여 30여 차례나 회사에 찾아가고 데모를 하는 등 노동자들을 위해 최선을 다하였다. 회사는 결국 퇴직금 전액을 돌려주고 해고된 노동자들을 원위치로 복귀시키겠다고 약속하였다.[273]

투쟁과정에서 의식화 훈련을 받은 한국모방 노조는 '한국모방 노조 정상화 투쟁위원회'를 구성하였는데, 더 나아가 1972년 8월 대의원대회에서 총 대의원 42명 중 여성대의원 29명과 조합원들의 지지를 받는 조합장을 선출함으로써 어용노조를 축출하고 민주노조를 출범시키는데 성공하였다.[274] 이들은 기업이 부실경영으로 원풍모방으로 넘어간 뒤에도 전 조합원이 온갖 어려움을 무릅쓰고 민주노조를 지키고 활성화하여, 가장 모범적인 노동조합으로 성장하였다. 이후 원풍모방 노조와 영산과의 관계는 10여 년 간 지속되면서 상호간에 굳이 주체를 구별할 필요가 없을 만

---

271) 『민주노조 10년: 원풍모방 노동조합 활동과 투쟁』, 풀빛, 1988, 39~43쪽. 원풍모방은 한국모방의 후신이다.
272) 『민주노조 10년: 원풍모방 노동조합 활동과 투쟁』, 1988, 44쪽.
273) 김경락, 「1972년도 사업보고서」.
274) 김경락, 「한국모방주식회사 노사분규, 그 요인분석과 문제점: 퇴직금 체불 문제와 노동조합 문제를 중심으로」, 1972. 8. 17.

큼 동일한 인식 하에 운동이 진행되었고, 1970년대 후반에는 이들이 영산을 주도하는 세력으로 성장하였다. 그래서 정부당국과 관제언론은 원풍노조를 "도시산업선교의 못자리" 또는 "도시산업선교의 나바론"이라고 불렀다.[275]

한국모방의 퇴직금받기 투쟁을 통해 소그룹운동의 효과를 간파한 영산은 1970년대 유신정권의 시선을 피해 본격적으로 여성노동자 의식화를 위한 소그룹활동을 시작하게 된다.

■소 결

산업전도는 1957년 미국NCC(NCC U.S.A) 원조사업의 일환으로 한국에 도입되었다. 당시 세계교회협의회(WCC)는 교회가 전쟁의 참상에 침묵한 것을 참회하며 적극적으로 사회문제에 참여할 것을 선언했는데, 미국교회도 그 일환으로 아시아와 한국에서 산업전도를 시작한 것이다.

산업전도는 장차 급속한 산업화가 진행될 한국에서 미리 산업사회의 폐해를 막기 위한 수단이었다. 그러나 한국교회에서는 이를 미국으로부터 막대한 예산이 들어오는 원조사업으로, 공장에서 노동자들을 상대로 전도하는 것으로만 이해하였다. 한국에서 산업전도 활동이 가장 활발하게 진행된 곳은 예수교장로회가 영등포에 세운 영등포산업전도회(영산)와 오글 목사가 인천에서 시작한 감리교의 기독교산업전도회(인천산선)였다. 시간이 지나면서 실무자들은 현장경험을 통해 노동자들의 현실을 알게 되었고, 교회와 기업, 노동자 사이에서 갈등하게 된다. 그 과정에서 1968년 동아시아교회협의회(EACC)에서 아시아산업전도 실무자들이 공통된 문제를 논의하며 전도를 선교로 바꾸었고, 산업선교는 보다 노동자

275) 『민주노조 10년: 원풍모방 노동조합 활동과 투쟁』, 풀빛, 1988, 339쪽.

편에서 그들을 위해 일하는 단체로 성격을 달리하게 되었다.

산업선교는 노동자들을 위한 노조를 조직하고, 노사 간에 갈등이 생겼을 경우 이를 조정하는 역할을 감당하기 위해 최선을 다하였다. 그러나 산업선교가 노동자를 위해 일하자 교회와 기업, 어용노총은 모두 산업선교의 활동에 대해 우려하며 비협조적인 태도를 취하기 시작했다. 한편, 산업사회 문제에 무관심하던 한국 사회에서는 취약한 노동자들의 상황이 악화되면서 전태일사건, 김진수사건 등 노동문제가 발생하였다. 사건을 처리하는 과정에서 산업선교는 기업과 교회, 노총이 한편으로, 더 이상 이들을 믿을 수 없다는 것을 깨닫게 된다.

마침 이 시점에 미국연수를 마치고 돌아온 영산의 조지송과 인천산선의 조승혁은 노동자 중에서도 가장 낮은 자리에 있던 여성노동자에게 관심을 갖기 시작했고, 이들을 교육하기 시작하였다. 그 결과 인천의 동일방직에서는 최초로 여성지부장과 여성집행부가 탄생하게 되었다.

제3장
개신교와
박정희 정권과의 유착

제3장 개신교와 박정희 정권과의 유착

■1. 개신교의 5·16쿠데타 정권 지지

1) 쿠데타 환영과 한일협정 반대 투쟁

해방 이후부터 이승만 집권기 내내 호황을 누리던 개신교는 4월혁명의 발생으로 잠시 자숙의 기미를 보였다.[276] 그러나 4월혁명기의 자유 분위기 속에서 폭발된 다양한 가치들과 학생과 진보적 인사들이 주장한 적극적인 통일운동은 특히 서북인들이 대다수였던 한국 개신교에게 위협적인 기제로 인식되었다. 이러한 불안감은 1961년 5월 16일 반공과 친미를 내세운 군사쿠데타가 발생하자 이를 환영하는 것으로 나타났다.[277] 개신교는 쿠데타 발발 직후 미국의 반응과 쿠데타 세력이 대대적으로 폭력배와 혁신세력들을 검거하는 등 발 빠르게 움직이는 것을 보고 안도하였다. 그리고는 5월 29일, 한국NCC를 통해 다음과 같은 지지선언을 하였다.[278]

---

[276] 「참회와 반성」, 『감리교생활』, 1960. 8·9월 합본.
[277] 임대식, 「1960년대 초반 지식인들의 현실인식」, 『역사비평』 겨울호, 2003, 302~313쪽 참조.
[278] 한국NCC(한국기독교교회협의회)는 예장통합·감리교·기독교장로회 등이 가입되어있는 한국개신교의 대표기관이다.

금번 5 · 16 군사혁명은 조국을 공산침략에서 구출하며 부정과 부패로 기울어져가는 조국을 재건하기 위한 부득이한 처치였다고 생각하며, 그 애국정신을 높이 평가하는 동시에 발표된 혁명공약 실천에 있어서 과감하고도 민속한 모든 시책을 환영한다.[279]

　예장통합의 기관지인 『기독공보』 역시 5월 29일자 신문에서 "우리는 자유를 희생하더라도 방종한 무리들이 숙정되는 것을 보고 싶다"고 하였다. 또, 군사정부의 내각수반인 장도영이 영락교회 교인이고 해병대의 김윤근이 기도하고 거사에 나섰다고 하며 쿠데타세력이 자신들의 편이라는 듯 기술하였다. 감리교 수장 김종필 감독이 『감리교생활』에 쓴 글은 더 낯 뜨거웠다.

　　군사혁명은 역사의 필연적인 귀결이 아닐 수 없다. 이 거대한 일을 치루기까지는 생사를 같이 하는 창조적인 소수의 고급장교들의 숨 막히는 조심과 불안 속에서 내일의 이 민족의 참된 행복과 번영을 위해 끊임없이 논의하며 연구하여야만 하였다. … 처음에 약간 불안하였던 시민들의 불안은 어느덧 사라지고 오히려 기대와 소망을 가지게 되었다. 이 기회야말로 하나님께서 이 백성에게 허락하신 최후의 기회가 아닌지? … [280]

　이것은 3 · 15 부정선거로 인한 학생시위가 각지에서 일어나고 있는데도 이승만과 이기붕의 승리를 축하하며 정동제일교회에서 이승만의 생일축하예배를 보던 감리교다운 아부였다. 이에 질세라 미국유학을 마치고 돌아온 예장의 한 소장 신학자도 이런 글을 남겼다.

---

[279] 한국기독교교회협의회, 「NCC가 발표한 역대의 성명서들」, 『기독교연감 1972』 ; 한국기독교교회협의회, 1972, 294쪽.
[280] 김종필, 「국가백년대계에 참가하는 역군이 되자」, 『감리교생활』, 1961. 7. 1.

현재 박정희 장군이 잡고 있는 권세는 본래 이 땅에 이루어질 공민
적 정치를 위하여 하나님께서 준비하여 주신 권세요, 따라서 이 권세
는 그가 장악하든 다른 사람이 장악하든 간에 이미 하나님께서 준비하
여 두신 것이다. 그리고 이 권세를 그에게 맡기신 것도 주님의 특별한
섭리 가운데 이루어진 것이다.[281]

WCC대회 단골 참석자로 가장 진보적인 개신교 지도자의 하나로 손꼽
히던 기독교장로회 목사 강원용도 이들과 대동소이했다. 그는 5·16쿠데
타 직후 군사혁명위원회 감찰부장 박창암의 소개로 박정희를 만났는데,
당시 우리나라가 처했던 상황을 고려할 때 차선의 선택으로 그것을 받아
들일 수밖에 없다고 생각했다고 한다. 그의 이러한 생각은 후에 이렇게
정리되었다.

5·16이 터지자 윤보선 대통령은 드디어 올 것이 왔다는 유명한 말
을 남겼지만 나 또한 솔직히 말해서 올 것이 왔다는 생각이었다. … 혁
명공약에 반공을 국시의 제일로 삼는다는 내용이 있는 것을 보고 공산
주의자들은 아닌 것 같다는 생각에 안심했다. … 5·16이 터졌을 당시
군사혁명이 성공하기를 바랐던 사람의 하나다. (중략) 무질서보다는
독재가 '더 작은 악'이라고 생각하였다. 또 민정이양을 약속한 혁명공
약을 보고 적절한 시기가 지나면 우리도 자유와 평화를 이룰 수 있을
것이라는 기대를 가졌다.[282]

자유와 평화보다 반공이 우선이며, 반공만 할 수 있다면 쿠데타도 독
재도 용납할 수 있다는 내용이었다. 결국 공산주의에 대립되는 개념으로

---

281) 한철하, 「칼빈의 정치론」, 『신학지남』 122호, 1962. 9, 93쪽.
282) 강원용, 『빈들에서 2』, 1993, 143~148쪽 ; 『역사의 언덕에서 2: 전쟁의 땅 혁명
    의 땅』, 한길사, 2003, 376~383쪽 참조.

자본주의가 아닌 '자유민주주의'를 끊임없이 내세우던 대한민국에서는 이후 군사정권 30여 년 동안 반공 앞에서는 얼마든지 기꺼이 포기할 수 있는 수준의 자유 밖에 누리지 못하였다.

1961년 6월 20일, 쿠데타 발생 한 달이 지났다. 자신을 지지하는 각계의 반응을 보고 한숨을 돌린 박정희는 이제 자신을 계속 신뢰하지 못하는 미국을 안심시키고 혁명정부의 국제적 지지를 얻기 위해 가장 친미·반공적인 개신교 지도자 한경직·김활란·최두선을 민간사절로 보냈다.[283] 그러나 개신교가 새로운 군사정권에게 아무리 아부성 환영과 지지를 보내고, 박정희가 개신교의 친미 반공적 성격을 이용했다 해도 1960년대 중반까지 박정희 정권과 개신교 사이에는 별다른 관계가 성립되지 않았다. 우선 박정희가 이승만처럼 자타가 공인하는 개신교인이 아니었고, 쿠데타에 참여한 군지도자들 가운데는 불교신자도 다수 포함되어 있어 군사정부가 개신교에 더 친화적일 가능성은 별로 보이지 않았다.

한국교회와 군사정권과의 본격적인 관계는 1963년 12월 박정희가 제5대 대통령에 취임한 이후 시작되었는데, 유착이 아닌 갈등의 양상으로 나타났다. 개신교가 한일협정 비준 반대투쟁에 참여하기 시작한 것이다. 이 당시의 한일회담 반대투쟁은 군사정권의 첫 위기라고 할 만큼 전국적이고 대대적인 것이었다. 연일 학생들의 가두시위와 단식농성이 벌어졌고, 일반시민들도 대거 참여했다. 수많은 학생들이 부상당하고 연행되었다. 박정희 정권은 시위와 저항이 격화되자 비상계엄을 선포하고 학생시위 배후에 좌익용공단체가 있다고 발표함으로써 시위대를 위협하였다.

개신교는 1964년 학생들이 굴욕적인 한일국교정상화 반대운동을 전개할 때는 참여하지 않았지만 한일기본조약과 부속협정이 정식 조인된 직후부터 목소리를 내기 시작했다. 1965년 7월 1일, 김재준·한경직·함석

---

283) 『크리스챤신문』, 1961. 6. 26 ; 김활란, 『그 빛 속의 작은 생명: 우월 김활란 자서전』, 여원사, 1965, 337~383쪽.

헌·강신명·강원용 등 개신교 지도자 215명이 「불순·저열한 외세에의 예속과 추종을 배격 한다」는 성명서를 발표한 것이다. 이 성명서의 발표를 계기로 전국으로 번진 개신교의 비준반대운동은 전례 없이 적극적으로 전개되었다. 대전·군산·전주·이리·광주·부산 등지에서 연이어 연합구국기도회가 열렸다. 서울 영락교회에서는 7월 5~6일에 이어 11일에도 각 교파 7,000여 명의 신도가 구국기도회를 열고 박정희 대통령과 이효상 국회의장 및 국회의원에게 보내는 공개서한을 채택하였다.[284]

7월 12일에는 비준반대운동을 전국적으로 전개하기 위한 회합이 영락교회에서 열렸고, 33인의 확대위원을 두는 '나라 위한 기독교 교직자회'가 결성되었다. 함석헌은 "그동안 개신교가 무엇 하나 제대로 한 것이 없는데 이번에는 확실하게 우리의 의지를 보여주어야 한다"며 삭발하고 2주 넘게 단식투쟁도 하였다.[285] 예장합동 측도 7월 8~9일 서울 평안교회당에서 '민족자주성의 보존과 굴욕적 한일협정 비준에 반대하는 국난타개 기도회'를 열고 이 운동에 동참하였다.[286]

한일협정 비준 반대투쟁에 대한 개신교계의 평가는 교단이나 교파를 막론하고 대체로 긍정적으로 일관되고 있다. 개신교 내에서는 한국교회가 3·1운동 당시의 예언자적 목소리를 되찾았다고 높게 평가하기도 한다.[287] 또한 4월혁명 이후 사회참여의 첫걸음을 디딘, 집약된 겨레의 의

---

284) 김경재, 「김재준의 정치신학: 신학적 원리와 사회·정치변혁론1: 1970-80년대 인권·민주화·평화통일운동을 중심으로」; 『기독공보』, 1965. 7. 17 ; 홍현설, 「생사를 건 비상대책 있어야 일본의 경제침략을 경계」; 「경향 각지서 구국기도회 교역자들 한일협정비준 반대성명」; 「함석헌 옹을 찾아서 - 이번에야말로 교인의 긍지를 보여주자」, 『기독교세계』, 1965. 7. 10 ; 「박 대통령에 공개서한 교역자들, 국회의장, 각 의원에게도」; 「교직자 특별기도회 개최」, 『기독교세계』, 1965. 7. 17 ; 신홍범 정리, 『박형규 회고록: 나의 믿음은 길 위에 있다』, 창비, 2010, 131~132쪽.

285) 「함석헌 옹을 찾아서 - 이번에야말로 교인의 긍지를 보여주자」, 『기독교세계』, 1965. 7. 10 ; 김성수, 『함석헌 평전』, 삼인, 2001, 135쪽.

286) 『크리스챤신문』, 1965. 7. 2·9·16 ; 『기독공보』, 1965. 7. 17 ; 『기독신문』, 1965. 7. 12·19.

지를 표명한 운동이며,[288] 반일민족주의 의식과 결합한 기독교의 역사참
여였다고 의미를 부여하고 있다.[289]

그러나 잘 살펴보면 개신교 지도자들이 한일협정에 이렇듯 격렬한 반
대투쟁을 벌인 이유는 학생들과는 다른 관점에서 전개된 것이었음을 알
수 있다. 학생들은 한 · 일 간의 경제적 예속의 부활 내지는 외자도입을
통한 근대화가 몰고 올 신제국주의적 종속의 문제를 우려했지만, 개신교
인사들은 주로 민족 감정의 차원에서 굴욕외교라는 것에 국한되어 있었
다. 반대의 구체적인 내용도 정부의 대일 저자세와 과소한 청구권 자금,
평화선 문제와 어업문제 등을 거론하는 것이었을 뿐, 구체적이고 현실적
인 차원의 정부 정책에 대한 비판과 대안은 없었다.[290] 이들은 오히려 학
생들의 시위가 격렬해지자 이를 '빨갱이'라고 하며 부정적인 시각으로 바
라보았다.[291] 따라서 이러한 격렬한 반응은 쿠데타 정권에 대한 투쟁이
아닌, 해방 전후에 걸친 개신교의 친일에 대한 면죄부를 얻고자 하는 노
력이었다고 보는 편이 더 타당할 것이다. 이는 이후 개신교 지도자들의
행보를 참작해보면 더욱 확실해진다. 한일협정 비준 반대투쟁으로 군사
정권과 마찰을 빚는 듯 했던 한국 개신교는 곧바로 베트남전쟁을 적극
지원함으로써 박정희 정권과 아주 원만하고 돈독해 질 수 있는 기회를

---

287) 김용복, 「해방 후 교회와 국가」, 『국가권력과 기독교』, 민중사, 1982, 229쪽 ;
    장규식, 「군사정권기 한국교회와 국가권력」, 『한국기독교와 역사』 제24호, 기
    독교역사연구소, 2006, 103 · 113쪽 ; 김경재, 「해방 후 한국 기독교의 역사인식
    과 죄책고백」.
288) 김준영, 「에큐메니칼운동과 한국 감리교회」, 박상증 편저, 『한국교회와 에큐메
    니칼 운동』, 대한기독교서회, 1992, 116쪽.
289) 차선각, 「유신체제 하의 기독학생운동」, 박상증 편저, 『한국교회와 에큐메니칼
    운동』, 대한기독교서회, 1992, 138쪽 ; 강문규, 「한국 NCC와 에큐메니칼운동」,
    박상증 편저, 『한국교회와 에큐메니칼운동』, 대한기독교서회, 1992, 87쪽.
290) 「박 대통령에 공개서한. 교역자들, 국회의장, 각 의원에게도」, 『기독교세계』, 1965.
    7. 17 내용참조.
291) 이삼열 인터뷰, 2008. 12. 15.

얻게 된다.

2) 베트남 파병 지원

1964년, 한국은 미국의 우방 가운데 가장 먼저, 그리고 가장 적극적으로 대규모 베트남 파병을 결정했다.[292] 박정희 정권이 미국과의 동맹을 강화하고 이를 바탕으로 경제개발의 강력한 추진력을 얻을 목적으로 계획한 것이었다. 박정희는 정권 초기부터 한·일국교정상화와 함께 한국군의 베트남 파병을 국가전략으로 선택해 '안보'와 '경제'라는 두 마리 토끼를 동시에 잡으려 했다. 따라서 미국의 요청이 있기 전에 파병을 기정사실화하고 파병의 구체적 방안을 검토하고 있었다.[293] 더 나아가 박정희는 베트남 파병으로 반공주의를 고조시켜 정권의 기반을 확대하는 도구로 활용하였다. 국민들에게는 베트남전이 냉전·반공주의, 즉 공산주의의 세력 확장과 그것을 막으려는 자유민주주의 진영의 대결로 홍보하고, 그렇게 인식되게 하였다.

한국전쟁 이후 전 사회적으로 반공의식이 강했던 상황에서 파병에 반대하는 항의나 시위 등 국민적 저항은 없었다. 대다수 국민들은 지난날 우리를 구해준 미국과 자유우방에 대해 어떠한 희생의 대가를 지불하더라도 은혜에 보답해야 한다는 생각을 가지고 있었기 때문이었다. 또한 전투병 파병에 따른 인명 희생을 우려하기보다는 오히려 베트남전을 통해서 미국으로부터 얻을 경제적 이득에 대해 기대감을 가지고 있었다.[294]

---

292) 나종삼, 『월남파병과 군사발전』, 국방군사연구소, 1996, 162·163·168, 175~76, 178~79쪽.
293) 국방부 군사편찬연구소, 『통계로 본 베트남전쟁과 한국군』, 2007 참조.
294) 채명신, 「남기고 싶은 이야기들: 베트남전쟁과 나」, 『장로신문』, 2007. 11. 24·12. 22

그래서인지 끊임없이 라디오를 통해 흘러나오던 "자유통일 위해서 조국을 지키다가…"로 시작되는 '맹호는 간다'라는 군가는 어린 학생들의 애창곡이 되었다. 파병부대의 거리행진에는 학생들이 동원되어 태극기를 흔들며 환호하였고, 각 학교에서는 베트남 참전 군사들에게 위문편지와 위문품을 모아 보내게 하였다. 사람들이 죽어가고 생사를 넘나드는 전쟁이 우리나라에서 벌어지고 있지 않고 오히려 우리에게 경제적으로 이익이 되는 기회라는 공감대를 가진 덕분인지, 우리에게 베트남전은 좀 심하게 말하면 일종의 '축제'로 인식되는 분위기였다. 비행기 타고 외국에 나가는 것이 쉽지 않았던 시절, 가수와 배우들이 베트남으로 위문공연을 가고, 그것이 이국적 풍경이 담긴 영화 '속 팔도강산' 등으로 만들어져

베트남전에 파병되는 국군 환송회

상영되기도 하였다. "월남에서 돌아온 새카만 김 상사…"로 시작되는 흥겨운 가요도 크게 유행하였다.

영화관에서 영화 시작 전에 상영하는 대한뉴스에서는 연일 베트남에서 우리 역전의 용사들이 용감하게 승리를 거듭하고 있을 뿐 아니라 파괴된 도시에 학교와 도서관을 지어주고 마을회관을 세워주는 등 '자랑스러운 일'을 한다는 내용을 영상과 내레이션으로 전해주었다. 뉴스를 통해 전해지는 베트남 소식들은 "베트남 사람들이 오직 한국군만 절대 신임하며, 태권도의 위력으로 베트콩이 혼나고 있고, 베트남 사람들로부터 절대적인 환영을 받으면서 거의 희생 없이 모든 전투에서 승리했다"는 영웅주의적 내용이거나, "공산주의자들의 만행과 악랄한 수법을 보면 반공사상과 애국심이 생기고 민주적 사상까지 자라게 되며, 자유세계의 일원으로 활동한다는 자신감도 갖게 되므로 가능한 한 많은 군대가 더 갈 수 있으면 좋겠다"는 반공주의적 내용이 대부분이었다.

베트남전 기간 동안 폭탄 투하량이 755만 톤이나 되는 속에서 수백만 명이 사망하거나 부상당하였지만,[295] 한국 개신교 역시 베트남전 참전에 대한 거부반응은 별로 보이지 않았다. 정부의 반공교육과 상호작용을 하면서 공산주의에 대한 증오심을 키워나간 한국교회는 한국전쟁의 발발과 그로 인한 비극의 원인은 공산주의가 악의 화신, 즉 사탄이기 때문이며, 한국전쟁은 신앙자유 수호를 위한 신성한 십자군전쟁이라고 해석하고 있었다.[296] 이 논리에 따르면 베트콩과 맞서 자유월남을 위해 싸우는 베트남전쟁 역시 하나님이 한민족을 선택해 특별한 사명을 부여하신 계

---

[295] 국방부 발표에 의하면 베트남전에서 사망한 미군은 58,193명, 부상자는 36만 명이며, 한국군 사망자는 5,099명, 부상자는 10,962명이라고 한다. 같은 시기 남·북 베트남군 사망자는 110만여 명, 민간인 사망자는 150만 명으로 발표되었다(국방부 군사편찬연구소, 『통계로 본 베트남전쟁과 한국군』, 2007).

[296] 김양선, 『한국기독교 해방 10년사』, 대한예수교장로교총회 종교교육부, 1956, 141~143쪽.

기가 된다. 그리고 우리 민족은 반공주의를 위해서 하나님으로부터 선택받은 선민이며, 공산주의와의 싸움에서 죽은 이들은 곧 '순교자'가 되는 것이었다.[297]

한국교회는 이 '순교자'가 될 우리의 젊은 병사들을 정신적으로 지원하기 위해 베트남전에 군목(군종장교)을 파견하였다. 군목파견은 1965년 2월 2,000명 규모의 전투지원부대인 비둘기부대 파병과 함께 시작되어 1970년대 초반 미군과 한국군이 베트남에서 철수할 때까지 지속되었다.[298] 맹호부대 군목 손인화는 "(베트남전은) 오랫동안 우상 숭배적 신앙으로 굳어진 베트남에 참된 신앙, 새로운 복음을 전파하려는 하나님의 뜻이 작용하고 있으며, 그것이 한국을 통해 이루어지려는 것 같다"[299]며 개신교인들의 베트남 참전을 합리화하는 글을 썼다. 또 베트남에 파병된 부대의 지휘관 중에는 주월 한국군 사령관 채명신을 비롯하여 해군 백구(白鷗)부대 사령관 이계호, 청룡부대장 이봉출 등 유난히 개신교인이 많았다.

이뿐만이 아니었다. 한국 개신교는 박정희에게 자신들의 반공의식이 얼마나 철저한지, 그리고 얼마나 규모있게 잘 조직되고 영향력 있는 단체인지를 확인시켜 주는 기회로 베트남전을 활용하였다. 그 중 가장 특징적인 것이 지휘관과 병사들이 모두 기독교인들로만 구성된 '임마누엘부대'라는 특수중대였다. 기독교가 국교가 아닌 나라에서 기독교인으로만 구성된 중대가 정부군으로 파병된다는 것은 매우 특이한 일이었다.[300] 이 부대가 어떻게 조직이 되었는지는 알 수 없지만, 그 과정에서

---

297) 강인철, 「개신교 반공주의의 재생산기제 ; 순교담론과 신심운동을 중심으로」, 『역사비평』, 2005 여름호 참조.

298) 「월남에 군목도 파견」, 『기독공보』, 1965. 2. 13 ; 「인물」, 『기독공보』, 1965. 2. 13 ; 「이창식 군목 환영예배」, 『기독공보』, 1965. 2. 20.

299) 손인화, 「월남전 속의 한국군」, 『기독교사상』, 1967. 7, 76·85쪽.

300) 류대영, 「베트남전쟁에 대한 한국 개신교의 태도」, 『한국기독교와 역사』 제21호, 2004 참조.

개신교 지도자들과 정부 당국의 동의가 이루어졌음은 분명하다.

1966년 8월 26일 오전 10시, 여의도 백마부대 숙영지에서는 한국NCC 주최로 환송연합예배가 있었다.[301] 일제 말기에는 징병제에 특별지원병으로 영예의 입영을 하라며 젊은이들을 독려했던 김활란은 이 자리에서 장병들을 '자유의 십자군이자 평화의 사도'라고 부르면서 신의 가호가 있을 것이라며 격려했다.[302] 총무 유호준도 환송사를 통해 "이 세상을 창조하시고 악을 누르시는 하나님이 월남·한국·아시아의 생명과 재산을 수호하기 위한 성전(聖戰)을 치루기 위해 그들을 베트남에 보내는 것"이라고 하였다.[303] 반공의 논리로 무장한 십자군 의식은 전쟁이 격화될수록 강화되어갔다.

이들의 말은 이튿날 중앙청 광장에서 열린 백마부대 공식 환송식에서 행한 박정희의 유시(諭示) 내용과 대동소이했다. 박정희는 베트남전쟁 참전이 한국전쟁 때 자유우방의 지원을 받아 국토를 보존한 우리 민족의 사명이요 책무이며, 침략의 위험 없는 진정한 평화 가운데 자유와 번영을 향한 국가적 노력을 지속할 수 있는 길이라고 말했다. 베트남전쟁은 베트콩과 싸우는 것이지만, 궁극적으로는 1950년 북괴를 사주하여 우리를 공격케 했던 바로 그 국제 공산주의자들과 맞닥뜨려 승패를 겨누는 결전장이라는 것이었다.[304] 베트남 참전에 대한 개신교의 긍정적이고 적극적인 자세는 이처럼 박정희의 의도와 일치함으로써 집권 초기 애매했던 교회와 한국정부 사이에 긴밀한 교류와 공감대가 형성되는 계기가 되었다.

---

301) 「임마누엘 군대」, 『기독공보』, 1966. 9. 3 ; 「임마누엘 중대」, 『연합기독신보』, 1966. 11. 27 ; 「백마환송예배」, 『기독공보』, 1966. 8. 26 ; 「파월 장병을 위한 전국 기도회」, 『교회연합신보』, 1966. 8. 7.
302) 「주여 같이하여 줍소서」, 『교회연합신보』, 1966. 9. 4.
303) 「한국교회 정성어린 환송」, 『기독공보』, 1966. 9. 3.
304) 「백마부대파월환송식에서의 박대통령 유시」, 『월남전과 한국의 안전보장』, 국제문제연구소, 1966, 2~4쪽(류대영, 2004, 77쪽에서 재인용).

베트남전이 격화되자 1966년부터는 이에 반대하는 반전평화운동이 전 세계적으로 확대되었다. 세계교회는 물론 미국교회와 EACC도 전쟁을 가속화시키는 미국을 비난하며 베트남에 가하는 미국의 공격을 중지하라고 촉구하였다.[305] 그러나 한국교회는 미국의 대규모 베트남 공습과 전투병 파견을 옹호하며 반전운동을 비난하였다. 이러한 현상은 한국전쟁 당시 WCC와 미국NCC가 휴전을 원하는 방향으로 노선을 전환하자 한경직을 대표로 하는 한국NCC가 필사적으로 이에 반대한 것과 닮은꼴이었다.[306]

1966년 1월, 한국NCC는 이러한 반전평화운동은 공산침략을 당한 직접적인 경험이 없는 나라의 교회가 공산주의와의 협상에 대해 가지는 막연한 기대에서 비롯된 것이라고 일축하였다. 또 미국과 유럽, 그리고 동남아교회 대표들을 한국에 초청하여 공산주의와 대치하고 있는 한국의 현실을 보여줌으로써 공산주의의 침략수법이 얼마나 악랄한 것인지, 그리고 공산주의자와의 평화협상이 얼마나 환상적인 것인지를 직접 보여주겠다고 하였다.[307] NCC 총무 길진경은 1967년 1월 대화를 통해 평화적으로 베트남 문제를 해결하자는 우탄트 유엔사무총장의 발언은 공산주의의 음흉한 간계를 모르는 망언이라고 몰아세웠다.[308] 한국기독교반공연맹과 아시아기독교반공연맹도 베트남전쟁 지지와 WCC 반대 결의를 하였다.[309]

이처럼 세계교회가 베트남전쟁의 평화적 종식을 요구하면 한국교회가 그것에 대해 반대하는 현상은 1970년대에 들어서도 지속되었다.[310] 1972

---

305) 「월남문제에 대한 미국NCC 성명 요지」, 『연합기독신보』, 1966. 1. 16 ; 「동남아기독교협의회 임원과 미국 기독교연합회의 임원이 소집하여 월남문제에 관해 협의한 보고서」, 『연합기독신보』, 1966. 1. 16.
306) 전택부, 「한국에큐메니칼운동사」, 한국기독교교회협의회, 1979, 39쪽.
307) 「동남아·구미교회 지도자 초청계획」, 『기독신문』, 1966. 1. 16 ; 「반공에 대한 성명 내기로」, 『기독공보』, 1966. 2. 12.
308) 길진경, 「우탄트 UN 사무총장의 망언을 박함」, 『교회연합신보』, 1967. 1. 22.
309) 『기독신문』, 1966. 4. 4. · 1967. 1. 7.

년 5월, 미국 지상군이 지속적으로 철군하면서 베트남에 파병된 장병들의 안위가 불안해지자 한국기독교평신도회는 YMCA 강당에서 파월장병 안전기원대회를 개최하였다. 그러나 파월장병들이 무사히 빠른 시간 내에 돌아올 것보다는 세계교회 지도자들의 베트남전에 대한 부정적 태도를 더 맹렬히 비난하였다.[311]

한국은 미국화 된 베트남전쟁, 즉 공산주의 세력의 확장을 봉쇄하겠다는 미국의 전략에 동원되었다. 앞서도 기술하였지만 이렇게 된 이면에는 박정희 정부의 군사·정치·경제적 계산이 작용하였다. 박정희의 이러한 계산과 한국 개신교의 반공에 대한 병적 증상은 묘한 조화를 이루며, 전 세계의 여론을 뒤로 하고 '한국군 베트남파병 적극 지지'라는 합작품을 만들어냈다. 이로써 집권 명분이 약했던 박정희 정권은 자신들의 정책을 지지해주는 개신교라는 강력한 세력을 하나 얻었고, 4월혁명 이후 잠시 자숙하고 있던 한국 개신교는 또다시 정권에 다가갈 수 있는 호기를 얻게 되었다.

2. 정교유착의 지름길, 대통령조찬기도회

한국교회의 보수성에 대해서는 이미 앞에서 여러 번 언급되었지만, 이 시기 한국교회의 보수화에 가장 많이 기여한 단체는 '한국대학생선교회(Campus Crusade for Christ: 이하 CCC)'였다. CCC는 미국의 복음주의자 목사인 빌 브라이트가 1951년에 시작한 것으로, 1958년 11월 예장합동 소속

---

310) 「인류의 화해와 자유선언」, 「미군철군 결의에 항거」, 『기독공보』, 1970. 9. 12 ; 「파월국군의 안전 위해 기도」, 『교회연합신보』, 1972. 5. 7. 「회장인사」, 『교회연합신보』, 1972. 5. 14
311) 「박 대통령에게 드리는 메시지」, 『교회연합신보』, 1972. 5. 14 ; 류대영, 『한국 근현대사와 기독교』, 푸른역사, 2009, 281~290쪽.

의 김준곤 목사에 의해 미국에 이어 두 번째로 한국에 설립되었다.[312] 한국교회는 1960년대 초중반까지 교파와 교단 내 분열을 거듭하였는데, 예장통합보다 보수적인 신앙을 고수한 예장합동은 WCC와 미국NCC로부터의 지원이 끊기면서 현실적으로 많은 어려움에 봉착하였다.[313] 그 과정에서 교회 기성세대의 행태에 염증을 느낀 젊은이들이 순수복음주의에 매료되어 열정을 가지고 적극적으로 CCC활동을 하였다.[314] 복음주의는 하나님의 영감으로 기록된 성경이 전혀 오류나 누락이 없는 정확무오한 하나님의 말씀으로, 과학적 · 역사적 · 지리학적 모든 면에서 잘못된 것이 하나도 없는 성스러운 책이라고 믿는 것이었다.[315]

CCC의 목적은 반공과 복음주의로 민족의 복음화를 이루는 것으로, 이를 위해 전도를 제1의 가치로 두고 있었다. 따라서 WCC가 주도하는 에큐메니칼운동의 일환인 교회의 사회참여나 책임사회론과는 상당한 거리가 있었다.

당시 CCC와 노선이 다른 개신교 청년들의 모임으로는 규모는 작지만 산업선교운동의 일환으로 방학을 이용하여 노동실습을 하던 한국기독학생회(KSCM)와 대학YMCA, YWCA대학생연합회가 있었다. 1969년 11월에 KSCM과 대학YMCA가 통합하여 세계적인 에큐메니칼 학생운동기구인 세계학생기독교연맹(World Student Christian Federation: WSCF)과 맥을 같이 하는 기독학생회총연맹(KSCF)을 탄생시켰다. 이들의 설립목적은 "학원과 사회에서의 선교, 대학이념의 구현과 학원의 민주화, 경제적 · 정치적 ·

---

312) 김상철, 『나와 김준곤 목사 그리고 CCC』, 순출판사, 2005 ; 「김준곤 목사 인터뷰」, 『신동아』, 2006. 12.

313) 개신교의 분열에 대해서는 『한국기독교의 역사 II』(한국기독교역사연구소, 기독교문사, 1990), 「해방이후 4.19까지의 한국교회와 과거 청산문제」(강인철, 『한국기독교와 역사』 제24호, 한국기독교역사연구소, 2006), 『한국기독교회와 국가 · 시민사회 1945~1960』(강인철, 한국기독교역사연구소, 1996) 참조.

314) 박용규, 「한국교회 복음주의 운동과 김준곤 목사」, 『나와 김준곤 목사 그리고 CCC』, 순출판사, 2005, 553~554쪽.

315) 엑스플로 74 교재 참조. 박용규, 2005, 555~556쪽.

사회적 정의실현을 위한 사회개발운동의 전개"로 CCC와는 성격과 지향점이 다름을 알 수 있다.316) 이 단체가 바로 1970~80년대 도시빈민지역과 공장지역, 농촌에서 문제해결의 협력자와 압력단체 역할을 하게 되는 '학생사회개발단(약칭 학사단)'의 주역이다.317)

CCC가 어느 정도 자리를 잡아가자 김준곤이 구상한 것은 이를 바탕으로 개신교 기업인 장로들과 연합하여 미국의 국가조찬기도회를 모방한 조찬기도회를 한국에서도 개최하는 것이었다. 미국 국가조찬기도회는 1935년 시애틀에서 기독실업인들이 시(市)가 당면한 문제를 해결하기 위해 모인 기도회가 발전한 것으로 기독교를 매개로 재계와 정계가 만나는 자리였다.318) 따라서 한국에서도 성사되기만 하면 권력과 재력의 심층부를 뚫을 수 있는 최상의 방법이었다. 당시 예장합동 내에는 '맨손으로 출발한 교단의 희생적 독지가'로 불리는 백남조와319) 벽산그룹 설립자인 김인득, 성창그룹 회장 정태성 등의 자본가가 실업인 신앙동지회를 구성하고 있었다. 이 모임은 장차 다른 교단의 기업인들까지 흡수하여 '한국

---

316) 조승혁, 『도시산업선교의 인식』, 민중사, 1981, 78쪽 ; 대한예수교장로회 총회 전도부 산업선교위원회 편, 『교회와 도시산업선교』, 대한예수교장로회 총회 교육부, 1981, 85쪽.

317) 세계기독학생회(WSCF)는 WCC 설립 이전에 이미 창설되어, WCC 창설을 주동했던 인물들은 모두가 WSCF 출신으로 에큐메니칼운동의 핵심을 차지하였다. 아시아에서는 1968년에 WSCF 아시아지역준비위원회가 구성되었다(안재웅, 「학생운동과 URM에서 본 에큐메니칼운동」, 박상증 편저, 『한국교회와 에큐메니칼 운동』, 대한기독교서회, 1992, 160~166쪽 참조).

318) 김철영, 「국가조찬기도회의 역사와 뿌리를 조명한다」, 『국가조찬기도회 메시지』, 순출판사, 2005, 132쪽.

319) 『크리스챤신문』, 1961. 6. 12 ; 한국기독교사료수집회, 『한국기독신교연감』, 경천애인사, 1964, 418쪽 참조. 김덕환, 『한국교회 교단 형성사』, 임마누엘출판사, 1985. 67, 80쪽 ; 백남조는 경북 성주 출신으로 1964년에 총회신학교 초대 재단이사장을 맡은 이래 사당동의 임야 12,000평을 신학교 신축부지로 기증하는 등 총회를 위해 헌신하며 20여 년간 재직하였다. CCC와 한국기독실업인회의 주요 인물이다(신세남, 「초대재단이사장 효암 백남조 장로를 회고하며」, 『신학지남』, 2001, 겨울호 ; 박희석, 「믿음의 사람 효암 백남조」, 『신학지남』, 2001. 겨울호 ; 신복윤, 「한국의 보수주의신학」, 『기독교사상』, 1977. 10, 92쪽).

기독실업인회'로 성장하는 모태가 되었는데, 기독실업인회는 개신교 행사와 박정희 정권을 물심양면으로 도움으로써 자신들의 성장은 물론 개신교가 정권의 핵심부로 진입하는 데 큰 공헌을 하였다.

김준곤은 치밀하게 준비하였고, 목표는 현실화되었다. 김준곤은 먼저 1963·64년에 미국 상·하의원의 조찬기도회에 참석하여 가능성을 타진하였다. 그리고는 미국의 국가조찬기도회와 국회조찬기도회를 주관하는 '국제기독교지도자협의회(International Christian Leadership)' 총무 클리프턴 로빈슨과 국제CCC 이사이며 미국 국회조찬기도회 지도목사인 하버슨, 그리고 미국의 실업인 3명의 도움으로 한국에서의 국회조찬기도회를 계획하였다. 그는 국회조찬기도회의 시작에 대해 이렇게 말하였다.

> 나(김준곤)는 당시 공화당 의원이던 박현숙 장로, 김종필 의원과 의논했는데, 그들은 전적으로 동의를 표하면서 국회 사무처에 등록된 기독의원 약 30명의 명단을 건네주었다. 이들에게 국회조찬기도회의 취지를 설명하고 초청했다. 김종필 당시 공화당 의장과 김영삼 당시 민중당 원내총무, 정일권 국무총리 등 20명 정도가 참석했다. 이때가 1965년 3.1절을 앞둔 2월 27일이었다. … 나는 국회조찬기도회를 정례화 시키기 위해 국회조찬기도회 조직방법을 참석의원들에게 물었던 바, "김준곤 목사가 임명을 해 달라"고 위임을 해주어서 여당 총무에 김종필 의원, 야당 총무에 김영삼 전 대통령을 위촉하고, 1년 동안 매주 박현숙 의원 집에서 모이게 되었다.[320]

---

320) 김준곤, 「민족복음화연표」, 『나와 김준곤 목사 그리고 CCC』, 한국대학생선교회, 순출판사, 2005, 579~580쪽 ; 1965년 2월 27일 제1회 국회조찬기도회에 참석이 확인된 의원은 김종필, 김임식, 이남준, 이병희, 차지철, 황호현, 김재순, 최서일, 배길도, 이재만, 박현숙, 나용균, 김영삼, 손창규, 함덕용, 고형곤, 박찬, 이영준, 최희송, 민영남 등이다(「기도 안에 여야 없다 국회의원 조반기도회 발족」, 『기독교세계』, 1965. 3. 12).

이처럼 국회조찬기도회는 김종필 등 정권실세와 여야 기독교인 의원들의 지원을 받으며 개최되었다.[321] 국회에서 개신교만이 정권실세들과 공식적인 종교행사를 정기적으로 연다는 것은 대단한 특혜라 할 수 있었다. 그러나 김준곤의 궁극적 목적은 더 높은 최고 권위에 선을 대는 것, 그의 표현대로 한다면 "골리앗 같은 상한선을 깨뜨리는 것"이었다.[322] 그리고 이듬해인 1966년 3월 8일, CCC의 주관으로 '대통령조찬기도회'를 개최함으로써 그가 원하던 대로 정권 심층부와의 교류를 본격화하게 되었다. 국회조찬기도회와 마찬가지로 이 역시 아시아에서는 처음 열리는 행사였다. 대통령조찬기도회의 시작에 대한 김준곤의 설명은 이러하다.

> … 그러던 중(국회조찬기도회를 진행 하던 중) 박정희 대통령을 모시고 대통령조찬기도회로 모이자는 제안이 있어 김종필 의장을 통해 박 대통령의 뜻을 타진한 바, 기쁘게 참석하겠다는 응답이 왔다. 그래서 한국CCC가 그 준비 일체를 담당했던 것이다. 한국CCC 총무를 맡고 있던 윤두혁 목사와 강용원 간사가 실무를 담당하게 하였다. 외국인 관계의 코디네이터는 나일스 베커 선교사 부부가 맡아 수고했다. 그리하여 1966년 3월 8일 오전 7시 30분, 구 조선호텔 볼룸에서 제1회 한국 대통령조찬기도회가 개최되었다.[323]

그러면 대통령인 박정희가 특정종교의 조찬기도회에 "기쁘게 참석하겠다"고 한 이유는 무엇이었을까. 물론 우리 사회가 이때까지는 대통령이 특정종교를 편애했다고 해서 사회적 물의가 일어날 정도는 아니었고, 박정희가 개신교에 일정 정도의 호감을 가지고 있었던 것으로 보이긴 하

---

321) 윤인식 편, 『국회조찬기도회 설교집』, 신망애출판사, 1971 참조.
322) 김철영, 「국가조찬기도회의 역사와 뿌리를 조명한다」, 『국가조찬기도회 메시지』, 순출판사, 2006, 138쪽.
323) 김철영, 2006, 133~134쪽 ; 김준곤, 「민족복음화연표」, 『나와 김준곤 목사 그리고 CCC』, 한국대학생선교회, 순출판사, 2005, 579~580쪽.

지만,324) 여기에는 분명히 다른 요인이 작용했으리라는 것을 그리 어렵지 않게 추측할 수 있다. 국회조찬기도회가 시작된 1965년 2월은 베트남전에 군목이 파견되기 시작한 때이고, 대통령조찬기도회가 시작된 1966년은 한국NCC의 성원 아래 임마누엘부대가 파병된 해였다. 따라서 어찌보면 개신교 내에서는 교단과 교파 간에 정권과 밀착하기 위한 충성 경쟁으로 보일 수도 있는 일이었다. 어찌되었든 교리적으로 진보를 자처하건 보수를 자처하건 정권에 유착하기 위해 안간힘을 쓰는 이들의 행태는 똑같은 것이어서 박정희는 이들의 요구를 거절할 이유가 없었을 것이다.

처음 열리는 대통령조찬기도회는 한국교회의 친미적 성향과 파워, 재정적 능력을 한껏 보여줄 수 있는 자리여야 했다. 이 자리에는 한국에서 조찬기도회가 열릴 수 있도록 주선한 로빈슨과 하버슨을 비롯하여 미국 ICL 멤버 5명과 브라운 주한대사, 각국 외교사절, 삼부요인, 이효상 국회의장, 정일권 국무총리, 노기남 천주교대주교, 김수환 추기경을 비롯하여, 한경직, 강신명, 유호준 목사와 길진경 NCC 총무, 최태섭 경제인연합회 부회장, 김활란 등, 명실공히 기독교 전 교단 대표들과 정부요인, 재

---

324) 박정희가 기독교에 일정 호감을 가지고 있었다고 보이는 몇 가지 기록을 찾을 수 있었다. 우선은 그가 15~16세까지 고향인 경북 선산 구미면 상모리의 상모교회의 주일학교에 한 주도 빠짐없이 다닌 신자였다는 것이고(『기독신문』, 1967. 5. 20), 그 연유로 1960년대 초반에는 개신교의 전국아동부연합회 총회에 가서 축사도 하였다 한다(『장로신문』 유○○ 장로 인터뷰, 2007. 12. 21). 1965년 12월 24일에는 전 국민에게 "이번 크리스마스에는 하나님의 두터우신 은총이 여러분에게 고루 베풀어질 것을 기원한다"는 성탄메시지를 보냈으며(「박 대통령 전국에 성탄 메시지」, 『기독교세계』, 1965. 12), 1967년에는 자신이 어린 시절 다니던 고향 교회에 새 건물을 지었는데, 박정희는 이 교회를 방문하여 자신이 주일학교 다닐 때는 동리에서 기와집이라고는 교회뿐이었다고 하면서 "목사님 석조로 단단히 지으시지요. 도와드리지요"라며 교회의 소원을 이루어주었다고 한다(「박 대통령 향리에 기념교회」, 『기독신보』, 1967. 5. 20). 또한 한국신학대학 내 함태영기념관 설립에 개인적으로 기부금을 낸 것, 1971년 새문안교회 건축에 개인자격으로 건축헌금을 낸 것 등을 들 수 있다(『새문안교회 100년사』, 444~445쪽 ; 새문안교회, 『당회록』, 1971. 5. 23). 이외에도 조갑제의 「근대화 혁명가 박정희의 생애: 내 무덤에 침을 뱉어라」 76회(『조선일보』, 1998. 1. 8)에서 몇 가지의 사례를 더 찾을 수 있다.

계인사와 각계 지도자들이 대거 참석하여 호화롭게 개최되었다.

그러나 정작 주인공이 되어야 할 대통령은 참석하지 않았다. 정일권 국무총리와 김종필 공화당 의장이 모시러 갔으나 급한 사정으로 못나온 다는 전언이 있었다고 한다.[325] 이에 대해 1968년부터 대통령조찬기도회 실무 총무를 지낸 윤남중 목사는 종교가 다른 대통령 비서실장의 방해로 불참한 것이라고 하였다.[326] 주인공이 빠진 자리에서 예정대로 진행된 기도회에서 김준곤은 "박 대통령도 링컨 같이 하나님의 은총을 받은 사 람으로 되어주기를 바란다"면서 "박 대통령이 이룩하려는 나라가 속히 임하길 빈다"는 아부성 설교를 하였다.[327] 김활란도 "모세와 같은 능력으 로 민족을 이끌어나갈 지도자에게 지혜와 능력의 지팡이를 달라"고 기도 하였다.[328]

『사상계』는 곧바로 조찬기도회는 중지되어야 하며, 기독교의 예배정 신에 역행하는 불순한 의도의 호화정치쇼라고 비난하는 글을 실었다.[329] 그러나 대통령조찬기도회에 대한 전반적인 교계의 반응은 상당히 긍정 적이었다. 이승만 집권기 12년 동안 이미 권력의 맛을 톡톡히 본 감리교 는 교계지인 『기독교세계』를 통해 곧바로 「조찬기도회는 정치행위가 아 니다」라는 기사를 싣고,

---

[325] 김철영, 「국가조찬기도회의 역사와 뿌리를 조명한다」, 『국가조찬기도회 메시 지』, 순출판사, 2006, 134쪽.

[326] 윤남중, 『나와 김준곤 목사 그리고 CCC』, 순출판사, 2006, 21쪽. 당시 대통령 비서실장은 이후락이며, 그는 1976년 불교 조계종 전국 신도회 회장을 지낸 불교신자였다(윤남중 인터뷰, 2008. 12. 26).

[327] 『경향신문』, 1966. 3. 8. 김준곤은 대통령조찬기도회에서 1966·1969·1970·1973 년에 설교하고 사회와 기도를 맡는 등 주도적인 역할을 하였다.

[328] 「여호와는 나의 목자 대통령 조찬기도회 성료」, 『기독교세계』, 1966. 3. 13.

[329] 노홍섭, 「조찬기도회는 중지되어야 한다」, 『사상계』, 1966. 4 ; 장규식, 「군사 정권기 한국교회와 국가권력: 정교유착과 과거사 청산의제를 중심으로」, 『한 국기독교와 역사』 제24호, 2006. 3.

교회는 그런 모임에 적극적으로 관계할 수 있는 대로 그 모임의 한 회원으로 활동해야 하는 것이다. … 이 날 이 자리에 참석한 300여 명은 제각기 다른 양식의 사회생활을 하고 있으면서도 가장 궁극적인 일치점을 찾아 함께 모인 것인 만큼 한국 기독교는 … 이 영향력 있는 인사들에게 접근해야 할 것이다. 만일 이 일에 우리가 등한히 한다면 우리 스스로가 … 마침내 세상에서 무용한 존재로 전락할 수밖에 없는 것이다[330]

라고 하여 주도권을 빼앗긴 데 대한 불편한 속내를 드러내며 적극적인 태도를 보였다. 『연합기독신보』역시 1966년 3월 13일 「조직과 아이디어의 명수」라는 타이틀로 제1회 대통령조찬기도회에 관한 기사를 자세히 싣고, "이만큼 규모 있고 질서 있게, 그리고 성대하게 꾸며진 기도회는 아마도 처음 있는 일일 것이다. … 김준곤 목사는 대통령조찬기도회가 성료 되기까지의 전 과정을 미국 국제지도자 조찬기도회와 긴밀한 유대관계를 가지고 지도했다"고 보도하였다.

이듬해에는 이 기도회는 열리지 않았다. 아마도 1967년 대선을 앞두고 있어 여러 가지 사정상 열리기 어려웠던 것으로 보이다. 김준곤은 대신 대통령조찬기도회를 이어가기 위해 더 한층 치밀한 준비를 하였다. 우선 김종필에게 부탁하여 자신이 추천하는 윤인식이라는 장로가 국회에 들어갈 수 있도록 조처하였다. 김준곤의 국회 창구역할을 담당한 윤인식은 1967년 자신의 고향인 영광·함평 지역구에서 공화당 후보로 출마, 당선되어 4선 의원까지 하면서 대통령조찬기도회를 전담하였다.[331] 또한 김

---

330) 「조찬기도회는 정치행위가 아니다」, 『기독교세계』, 1966. 3. 13.

331) 김철영, 「국가조찬기도회의 역사와 뿌리를 조명 한다」, 『국가조찬기도회 메시지』, 순출판사, 2006, 136쪽.
윤인식은 김준곤과 같은 고향사람으로 초대·2대 전남도의원을 지냈고, 7(1967)·
8(1971)·9(1972)·11(1981)대 국회의원으로 보건사회위원회 보사위원을 지내면

준곤은 자신의 오른팔인 윤남중을 대통령조찬기도회 실무 총무로 임명하고,[332] 박현숙 공화당 창당위원, 윤인식 의원, 김일환 상공부 장관, 방순원 대법원장, 조찬기도회의 재정을 담당하는 기독실업인회 회장 김인득과 임원 최태섭, 오랜 기간 동안 조찬기도회장을 지낸 국회의원 나석호 장로[333] 등 7명을 지정하여 부부동반으로 매주 목요일 아침 한국유리 건물에서 조찬기도회를 가졌다. 이 '7인상설위원회'가 물심양면으로 대통령조찬기도회를 지원함으로써 드디어 1968년 5월 1일 대통령이 참석한 대통령조찬기도회가 개최될 수 있었다.[334]

마치 이러한 기회를 애타게 기다리고 있었기라도 한 듯 대통령조찬기도회는 매년 성황을 이루었다. 1969년 중앙일보 기사는 기도회에 참석한 국내외 내로라하는 참석자들을 나열하였는데, 이 기도회가 또 다른 특권계층의 모임으로 변질될 충분한 가능성을 시사하는 것이었다.

> 그 자리에는 300여 명의 국내·외 각계 인사들이 참석하였다. 박정
> 희 대통령을 비롯하여 이효상 국회의장, 윤치영 공화당 의장서리, 김

서 국회조찬기도회 총무를 역임하였다. 1968년부터 1974년까지 총 5회 대통령조찬기도회 사회를 담당하였다. 국회조찬기도회는 대통령조찬기도회에 주도적 역할을 하였다.

[332] 윤남중은 미국 유학 중이던 1966년 12월 김준곤으로부터 돌아와 대통령조찬기도회를 맡아달라는 부탁을 받고 귀국하여 대통령(국가)조찬기도회를 20여 년간 담당하였다(윤남중 인터뷰, 2009. 6. 15).

[333] 나석호는 나주·광산 지역구에서 제8대(신민당), 11·12대(민주정의당) 국회의원을 지냈다.

[334] 윤남중(윤남중 인터뷰, 2009. 6. 15 ; 윤인식 편,『국회조찬기도회 설교집』, 신망애출판사, 1971)과 장규식(「군사정권기 한국교회와 국가권력: 정교유착과 과거사 청산 의제를 중심으로」,『한국기독교와 역사』제24호, 2006)은 대통령조찬기도회의 시작을 1968년 5월 1일로 잡고 있다(『크리스챤신문』, 1968. 5. 4). 그러나 CCC 측에서는 대통령이 참석하지 않았어도 대통령조찬기도회의 시작은 1966년이라고 주장하고 있다(김준곤, 「민족복음화운동연표」,『나와 김준곤 목사 그리고 CCC』, 한국대학생선교회, 2005 ; 김철영, 「국회조찬기도회의 뿌리와 역사를 조명 한다」,『국가조찬기도회 메시지』, 순출판사, 2006, 142쪽. 이 책에서는 2회 대통령조찬기도회가 1968년이 아닌 1969년에 시행된 것으로 되어있다).

박정희 대통령이 참석했던 1968년의 대통령 조찬 기도회

성곤, 길재호, 정일형 등 여·야 의원, 주한외교사절이 모두 참석하였
고, 미국 상·하원 조찬기도회 간사인 로빈슨과 데이비슨도 참석하여
성황을 이루었다. 또한 박대선 연세대 총장의 개회기도, 노기남 대주
교의 구약성서 낭독, 김계원 육군참모총장의 신약성서 낭독, 김옥길
이대총장의 대통령과 국가지도자를 위한 기도, 김준곤 목사의 설교 등
의 순서로 약 한 시간 동안 기도회가 진행되는 동안 박 대통령은 경건
히 머리를 숙여 기도하고, 설교에 귀를 기울이기도 하였다. 국회조찬
기도회 회장인 정일형은 개회사에서 "매년 5월 1일을 나라와 대통령을
위한 기도의 날로 지키도록 기도해 달라"고도 하였다.335)

　1969년은 박정희의 삼선개헌에 대한 꿈이 무르익어가는 시점이었는데,
김준곤은 새삼스럽게 대통령조찬기도회에서 우리나라의 군사혁명이 성
공한 이유는 하나님이 혁명을 성공시키셨기 때문이라며 5·16쿠데타를
신의 이름으로 합리화시켜주는 센스를 발휘하였다.336)
　대통령조찬기도회는 개신교와 참석자들에게만 유익한 것은 아니었다.
회를 거듭하면서 개신교 지도자들의 비호 속에 박정희는 이를 국내외적으

---

335) 중앙일보, 1969. 5. 2.
336)『교회연합신보』, 1969. 5. 5 ;『기독신보』, 1969. 5. 11.

로 자신의 정권과 정책을 정당화시키고 자신에 대한 비난을 잠재우는 자리로 이용하기 시작하였다. 유신체제 출범 후 처음 열린 1973년 제6회 기도회는 15개 국가 고위지도자 50여 명을 초대하여 영어와 한국어로 동시 진행되었고, 이들을 청와대로 초대하였으며 저녁에는 국무총리가 외국인 참여자들을 위한 별도의 만찬행사를 마련하였다.[337] 김준곤의 아부는 이제 도를 넘었다. 이날 대표기도에서 그는

> 민족의 운명을 걸고 세계의 주시 속에 벌어지고 있는 10월유신은 하나님의 축복을 받아 기어이 성공시켜야 하겠다. … 당초 정신혁명의 성격도 포함하고 있는 이 운동은 … 맑스주의와 허무주의를 초극하는 새로운 정신적 차원으로까지 승화시켜야 될 줄 안다. … 10월유신은 실로 세계 정신사적 새 물결을 만들고 신명기 28장에 약속된 성서적 축복을 받을 것이다[338]

라며 신학적 근거까지 들어 유신의 앞날을 축복하였다. 이후 유신체제로 인한 우리 사회의 고통이 얼마나 컸는지를 생각하면 그의 이러한 발언은 지금도 용서하기 힘든 것이다. 김준곤 뿐 아니라 대통령조찬기도회에 정기적으로 참석한 한경직, 박대선, 이천환, 이상근, 윤창덕, 조용기 등은 보수복음주의자건 WCC 회원교단 소속이건 구분 없이 모두 한마음 한목

---

337) 대한뉴스 930호, 「새마음 새뜻에 축복 지원」 ;『기독공보』, 1973. 4. 21. 미국 대통령 닉슨(1969~1974)이 서울에서 열린 대통령조찬기도회에 사적으로 파견했던 나이데커(John E. Neidecker)는 조찬기도회가 끝난 후 박정희의 경호실장으로부터 10,000달러짜리 수표를 건네받고는 되돌려주고 이 사실을 미 대사관에 보고했다고 한다. 짐 스탠출은 대통령조찬기도회에서 활발하게 움직이고 있는 한국 관료와 관계된 사람 가운데는 1977년 당시 미국 언론에 부각되어 뇌물수수 혐의나 스캔들에 연루된 사람도 있다고 하였다(Stentzel, Jim, "The Anti-Communist Captivity of the Church", *Sojourners*, 1977. 4, pp.15~17. 한국기독교교회협의회, 『1970년대 민주화운동 Ⅱ』, 1987, 847쪽에서 재인용).

338) 『교회연합신보』, 1973. 5. 6.

소리로 유신을 지지하고 정권에 영합하려 애썼다. 이중에는 한경직이나 김활란처럼 일제 강점기의 친일행각과 이승만 독재 지지에 열심이던 인물들이 아무런 반성도 없이 군사독재 지지로 이어지는 일련의 맥락에서도 여전히 중요한 역할을 하고 있는 경우도 있었다.

대통령조찬기도회는 또 유신정권을 귀찮게 하는 개신교의 산업선교나 노동운동, 인권운동 등을 견제해달라는 부탁이 오고가는 자리이기도 했다. 1974년 5월 대통령조찬기도회에서 박정희는 참석자들에게 "북한 공산당이 통일전선을 형성하기 위한 전략의 하나로 종교계에 침투하려 획책하고 있다"고 경고하고, 종교계 지도자들은 여기에 유의해주기 바란다고 당부하였다. 마침 이때는 긴급조치 상황에서 대학생들의 반정부시위가 가속화되고, 진보적인 개신교 인사들을 중심으로 반유신운동과 산업선교의 노동운동이 전개되면서 투옥되는 목사들이 늘어나는 시점이었다.[339] 따라서 조찬기도회에 모인 교계 지도자들에게 교계의 일부 저항세력을 무미시키라는 지시를 내린 것이었다. 그리고 이에 대한 보상은 다양한 형태로 충분히 이루어졌다.[340]

박정희는 1968년부터 매년 빠지지 않고 참석하였고, 나오지 못할 시에는 불교신자인 부인 육영수나 국무총리를 대신 보낼 정도로 적극적이었다.[341] 이들의 묘한 동거에 대해 월요모임 회원이었던 선교사 짐 스탠출

---

[339] 대한뉴스 제981호 '대통령을 위한 조찬기도회', 1974. 5. 4 제작.

[340] 1974년 11월 9일 제작된 대한뉴스 제1008호는 이원경 문화공보부장관과 국내외 종교계 인사들이 초청된 '기독교선교 90주년' 행사를 소개하면서 "해방 이후 북한에서는 기독교와 모든 종교가 말살된 데 반해서 대한민국에서는 사랑의 그리스도 정신을 전파하며 크게 발전해 왔습니다. 이제 한국의 기독교는 공산주의자와의 대결을 의식하면서, 또 고난 속에 살고 있는 동포를 생각하면서 뜻 깊은 선교 90주년을 맞았습니다"라고 설명을 덧붙였다. 내레이션에 의하면 이 당시 남한의 개신교회는 13,417개이며, 신도수는 350만 명이라고 한다. 온 국민을 대상으로 하는 뉴스 영상을 통해 개신교 홍보를 해 준 것이다.

[341] 1972년 대통령조찬기도회에 대통령 대신 참석한 육영수 여사는 "대통령이 몸이 불편하여 나오시지 못했지만 지금 이 시간에 청와대에서 여러분과 함께 뜻과 마음을 같이 하고 계신다. 민족과 나라와 대통령을 위해 전국 교회에서

은 이렇게 기술하였다.[342]

　　대한민국의 안팎에서 CCC는 박 정권의 독재와 억압에 대한 가장 든
든한 지지자이다. CCC의 예수교장로회 대표인 김준곤 씨는 박 대통령
과의 오랜 교분, 손쉬운 청와대 출입 등의 측면에서 한국에서 가장 세
력 있는 기독교인으로 알려져 있다. 또한 국제CCC의 창시자이자 대표
인 빌 브라이트 씨는 기독교인의 투옥을 포함한 박 정권의 억압적인
통치를 노골적으로 변호하는 가장 대표적인 인물이었다. … 조찬기도
회를 통해 두 사람은 정규적으로 만나기 시작하였고, 곧이어 상호 이
익을 주고받는 거래가 이루어졌다.[343]

김준곤 역시 대통령조찬기도회의 성과에 대해 이렇게 말하였다.

　　… 내가 박 대통령을 설득한 부분도 있고, 교회에 해서는 안 될 일도
많이 고쳤지요. 그 자리에서 얘기하는 게 가장 효과적이었어요. 문교
부에서 성경을 못 배우게 하는 게 가장 큰 고통이었는데 그것도 고쳤
어요. 전군신자화운동도 제안했구요.[344]

늘 기도드리고 있는데 대해 무척 감사하게 생각하고 있다고 전해달라는 말씀
이 계셨다"고 전하였다(『기독교세계』, 1972. 5. 5). (사)국가조찬기도회 자료에
의하면 육 여사 서거 이듬해인 1975년에는 조찬기도회가 열리지 않았고 1976년
에는 대통령이 참석하였으나, 1977년 이후부터는 대통령이 참석하지 않았는데
차지철 경호실장의 영향력이 컸다고 한다. 윤남중은 대통령 불참은 보안상의
이유와, 당시 정국이 안팎으로 매우 시끄러워 야당 국회의원들이 조찬기도회
참석을 거부하는 등 많은 문제가 있었다고 한다(윤남중 인터뷰, 2009. 6. 15).

342) 짐 스텐출 엮음, 『시대를 지킨 양심』, 민주화운동기념사업회, 2007 참조.

343) Stentzel, Jim. "The Anti-Communist Captivity of the Church", *Sojourners*, 1977. 4,
　　p.15. 한국기독교교회협의회 인권위원회, 『1970년대 민주화운동 II』, 1987, 848
　　쪽에서 재인용.

344) 「김준곤 목사 인터뷰」, 『신동아』, 2006. 12. 이 외에도 1966년에는 사회단체등
　　록법 중 개정 법률안이 종교의 자유를 침해한다고 하여 철회시키도록 하자는
　　의견이 여야 기독인 국회의원들 사이에서 발의되어 수정되었으며(「종교를 억
　　압하는 악법이다: 사회단체등록 개정법안 폐기 강력추진」, 『기독교세계』,

김준곤이 말하는 '그 자리'란 기도회와 기도회가 끝난 후의 청와대 오
찬초대 자리일 것이었다. 대통령조찬기도회를 통하여 권력의 핵심부에
도달하겠다던 김준곤의 계획은 이렇듯 아주 성공적이었다.

대통령조찬기도회를 통해 김준곤이 거둔 또 다른 성과는 "돈 100만 원
을 5부 이자로 빌려 묵정동 푹푹 찌는 지하실에서 빈궁하게 지내던" CCC
가 정동 옛 러시아 대사관 터에 건물을 세운 것이었다.[345] CCC 학생회관
은 피난민들이 모여 살던 정동 지역에 어느 날 아무런 경고나 예고도 없
이 파견된 경찰부대가 거주자들을 트럭에 태워 쫓아낸 얼마 후 바로 이
곳에 세워졌다. 거주민들이 강제 퇴거되던 당시를 목격한 한 외국인 선
교사는 그 광경을 "파도치는 최루가스와 언덕 아래로 흘러내리는 피의

1966. 4. 14 : 「사회단체 등록법 폐기 확정 / 국회조찬기도회서 만장일치 합의:
여당 김동환, 야당 김영삼 의원 책임지고」, 『기독교세계』, 1966. 6. 30), 1972년
에는 새로 통용되기로 한 10,000원 권 지폐 도안에 석굴암과 불국사가 그려진
데 대해 항의하자 박 대통령이 검토를 지시하였다(「교육부의 종교교육 및 행
사중지 지시」, 『기독신문』, 1970. 5. 23).
세계적으로 유례를 찾기 힘든 전군신자화운동은 우리나라의 60만 대군을 모두
개신교 신자화 하자는 것이었다. 1969년 박정희가 군대 내 좌익 침투에 대한
우려를 갖고 김준곤에게 군인들의 사상무장과 정신무장에 대해 자문을 구해 시
작되었다고 한다. 초기 산업전도에 이어 군대를 또 하나의 황금어장이라 여긴
한경직은 이를 새마을운동과 더불어 우리 국민의 활로를 개척하는 새로운 정신
운동이라 평가할 정도였다(양영배, 「전군신자화운동의 현황」, 『기독교사상』, 1974.
10 ; 「전군신자화운동」, 『기독교사상』, 1972. 3 ; 『기독공보』, 1972. 11 ; 「전군신
자화운동은 계속되어야 하며 이젠 민족복음화 운동의 횃불 들어야 할 때」, 『기
독교세계』, 1973. 8. 10. 온태원, 「전 군선교부 총무 온태원 목사가 전하는 군
선교 추억 / 민족 복음화의 지름길 후회 없이 달려왔습니다」, 『기독공보』, 2007.
12. 14 ; 「영혼의 갑옷' 믿음으로 전방무장」, 『군선교연합회 30년』, 2002).

345) 윤남중에 의하면 박정희는 김준곤의 설교를 아주 좋아했다고 한다. 김준곤은
조찬기도회 때마다 박정희 옆에 앉아서 많은 이야기를 나누었고, 1969년 세종
호텔에서 설교를 마치고 러시아대사관 땅을 달라고 부탁했다고 한다. 대통령
은 그 자리에서 김현옥 서울시장에게 명해서 그 땅을 CCC에 주라고 했으나
외교적 문제도 있고 주변인들도 싫어해 진전이 되지 않았다. 그러자 CCC 측
에서는 윤남중과 박현숙 등에게 부탁해 김준곤이 1970년과 1972년에도 설교를
하게 하였고, 김준곤은 그때마다 기도회 후 청와대에 가서 다시 부탁하고 확
답을 얻었다고 한다(윤남중 인터뷰, 2009. 6. 15).

표 3-1. 연례 대통령(국가)조찬기도회 개요(1966~1979)

일시	개회기도	대통령과 국가지도자를 위한 기도	설교	축도	대통령 참석
1966. 3. 8		김활란	김준곤		불참
1968. 5. 1	김석규	백리인	이환신	김재준	참석
1969. 5. 1	박대선	김옥길	김준곤	강신명	참석
1970. 5. 1	한경직	이해영	김준곤	홍현설	참석
1971. 5. 1	윤창덕	송상덕	한경직	박형용	참석
1972. 5. 1	박현숙	김준곤	박대선	노진현	육여사
1973. 5. 1	조기선	강신명	김준곤	배명순	참석
1974. 5. 1	고황경	한경직	이상근	정규오	참석
1976. 5. 1	김인득	박창원	유상근	강신명	참석
1977. 5. 2	박조준	장경규	정진경	박운선	국무총리
1978. 5. 2	김익준	김성은	강신명	김희보	국회의장
1979. 5. 1	최동진	오석용	김해득	박명원	국무총리

출처: (사)국가조찬기도회 자료를 중심으로 재구성

강"이라고 묘사할 정도로 살벌했는데, 이 건물의 건축비도 정부 자금으로 제공되었다는 것이 거의 정설이라고 한다. 그는 이때부터 CCC가 종종 있었던 친정부 기독교 시위와 집회에 열성적으로 앞장섰다고 말하고 있다.[346]

---

346) 진 매튜스, 「그들이 농장에서 우리에게 결코 가르쳐 주지 않았던 것들」, 『시대를 지킨 양심』, 민주화운동기념사업회, 2007, 171~172쪽. 김준곤은 이에 대해 서울시로부터 덕수궁 뒤편의 사유지를 헐값에 불하받아 건물을 지었다고 하였다(「김준곤 목사 인터뷰」, 『신동아』, 2006. 12). 짐 스탠출은 이에 대해 "박이 독재를 향한 진군을 시작하기 1년 전인 1968년, 박은 이승만 독재정권을 쓰러뜨린 1960년의 학생혁명을 재현시키고자 하는 정열적이고 정치적인 학생들로 인해 걱정을 하고 있었다. 박은 김을 향하여 학생들의 정치적인 정열을 북한 공산주의 적에게로 향하게 하는 대학 내 학생운동을 전개할 것을 조건으로 백지수표를 제시하였다. 김은 이에 동의하고 서울 중심부에 학생선교본부를 지을 수 있는 땅을 달라고 요구하였다. 서울시 당국의 반대에도 불구하고 박은 서울에 있는 전 러시아대사관 부지 일부를 대학생선교회에 제공하였다(무상제공 되었다고 전해진다)"고 전하였다(Stentzel, Jim, "The Anti-Communist Captivity of the Church", *Sojourners*, 1997. 4. pp.15~17. 한국기독교협의회 인권위원회, 『1970년대 민주화운동 Ⅱ』, 1987, 846쪽에서 재인용).

이처럼 대통령조찬기도회는 박정희 정권과 개신교가 서로의 필요를 충족시킬 수 있는 기회로 작용하였다. 나아가 분열 이후 재기를 위해 전 전긍긍하던 보수교단이 정권과 유착하게 되는 계기를 제공함으로써 1970~80년대 복음주의가 한국교회를 주도하는 세력으로 자리 잡을 수 있는 토대가 되었고, 2013년 현재 예장합동은 한국 개신교에서 가장 큰 세력이 되었다. 조찬기도회는 궁극적으로 왜곡된 정교유착의 온상으로 진전되었고, 정부기관과 어용언론은 기독교가 박정희 정권의 폭압통치를 지지한다는 사실을 홍보자료를 제작하여 활용하도록 협조하였다.

대통령조찬 기도회는 1974년 8월의 대통령 총격사건으로 인한 육영수 서거 이후 안보와 보안상의 이유로 1975년에는 시행되지 않고, 1976년 제 8회부터는 '국가조찬기도회'로 명칭을 바뀌어 현재까지도 지속되고 있다. 1970년대에 참석자 규모가 600~700명에 달하던 국가조찬기도회는 1990년 대엔 음악회, 세미나 등이 추가되면서 프로그램이 다채로워졌고, 2000년 대에 들어와서는 그 규모가 훨씬 커졌다. 2002년 당시 국회조찬기도회 회원은 여야의원 112명으로 국회의원 총수의 41%나 차지했으며, 2002년 제34회 국가조찬기도회에는 2,000명, 2003년 제35회 때에는 3,000명으로 늘어났다. 2003년에는 '대한민국국가조찬기도회'가 사단법인으로 등록되어 국내와 해외에 지부를 두게 되었으며, 급기야 국가조찬기도회가 중심이 되어 기독교 정당을 창당하였다.[347] 또 2011년 3월 3일 개최된 국가조찬기도회에서는 인도자인 길자연 목사가 개신교신자인 이명박 대통령 부부를 무릎 꿇고 통성기도를 하게끔 하는 해프닝이 벌어지기도 하였다.

이 건물은 CCC가 2003년 현재 현금 214억, 부암동센터와 전국 회관 50곳, 천마산 8만 평 땅, 신안군 소재 간척지와 그 밖의 토지, 순출판사 등 방대한 재산가로 성장하는데 밑거름이 되었다(이진오, 「CCC 세습 전개과정과 부당성」, 『뉴스엔 조이』, 2003. 4. 14).

347) 한규무, 「국가조찬기도회 무엇을 남겼는가」, 『기독교사상』, 2004. 1, 29쪽.

■3. 삼선개헌과 개신교 진보·보수의 갈등

한국 개신교는 이제 베트남전에 대한 전폭적인 지지와 대통령조찬기도회를 통해 권력의 핵심부에 접근함으로써 예전의 정권친화적인 모습을 회복하였다. 한편 1960년대 말부터는 정치적 선택에 따라 이들과 계보를 달리하는 소수의 개신교 지도자들이 등장하기 시작하였다. NCC 소속 몇몇 인사들이 박정희 정권의 독재 야심에 반기를 들기 시작한 것이다.

1969년, 정부는 북한의 도발위협 속에서 경제건설의 가속화를 위한 정치적 안정의 극대화를 위해 박정희의 강력한 지도력이 필요하다는 이유로 삼선개헌 논의를 가시화시켰다. 이승만 독재를 무너뜨린 4월혁명을 딛고 쿠데타를 일으킨 자들이 다시금 독재를 하겠다는 것이니 보다 많은 설득과 명분이 필요한 것은 사실이었다. 따라서 삼선개헌에 대한 논의는 최대의 정치적 쟁점으로 부각되어 찬반논쟁을 거듭하였다. 이 과정에서 한국교회도 정권과 유착하는 대부분의 보수세력과 사회참여를 주장하는 소수의 진보세력으로 확연히 나뉘게 되었다.

삼선개헌 반대를 위한 활동에서 가장 적극적인 활동을 보인 개신교 인사는 기독교장로회의 김재준이었다. 그는 삼선개헌을 반대하는 이유를 묻는 질문에 "이 나라가 남과 북으로, 즉 공산주의와 민주주의가 대결하여 싸우고 있는데 민주주의가 그 뿌리부터 흔들린다면 이 나라의 운명이 어떻게 되겠느냐"고 반문하였다.[348] 그의 반정부 민주화운동의 시작은 공산주의와의 대결을 위해서 베트남전은 불가피한 것이라며 묵과하던 것과 같은 논리인 '반공을 위한 민주주의의 수호'였다. 1967년 삼선개헌을 위한 유례 없는 부정선거의 와중에서 김재준은 "우리는 여야 어느 편에도 정당적인 의식을 가지고 편드는 말을 하지 않는다. 정권이 어느 누

---

348) 천사무엘, 『김재준, 근본주의와 독재에 맞선 예언자적 양심』, 살림출판사, 2003, 53쪽.

구에게 넘어가든지 그것 자체에 대하여는 담담하다. 그러나 불의가 있을 때는 어느 편, 어느 누구의 소행이든 간에 우리는 이를 묵과하지 않을 것"이라고 했는데, 그가 말하는 불의 역시 반공을 지키지 못하는 것을 의미하는 것이었다는 것을 알 수 있다.[349] 따라서 '반공'을 명분으로 독재를 하겠다는 것은 그에게 있어 설득력이 없는 이유이며, 장기집권에 대한 권력욕으로 밖에는 볼 수 없는 것이었다.

1969년 6월 5일 '삼선개헌반대 범국민투쟁위원회(이하 범투위)'가 만들어졌을 당시 김재준은 바로 이러한 맥락에서 위원장을 맡아 활동하였다.[350] 범투위는 김재준·함석헌·박형규 등 진보적인 개신교 인사들이 여럿 포함되긴 했지만 주로 신민당과 재야세력 36명이 연대하여 결성한 것이었다.[351] 1969년 7월 『기독교사상』과의 인터뷰에서 김재준은 "어느 특정인의 영구집권을 위해서 헌법을 고쳐야 한다는 것, … 이런 목적으로 개헌하는 것을 방관하면 나라가 어떻게 되겠느냐"며 개헌문제는 이 나라 민주주의의 사활을 건 것이라고 목소리를 높였다. 『사상계』 역시 「삼선개헌을 반대한다」는 글에서 박정희와 그 주변세력이 삼선개헌을 통해 장기집권을 획책하는 이유에 대해

---

[349] 장공 김재준 기념사업회 간행, 『김재준 전집』 제14권, 한신대출판부, 1992, 59~60쪽.

[350] 김재준을 본격적으로 삼선개헌반대투쟁 대열로 끌어들인 사람은 그의 오랜 친구로 서울시장을 지낸 김상돈과, 김재준의 제자요 사상계의 주필인 장준하였다(「범용기」, 『김재준 전집』 제14권, 한신대출판부, 1992, 67~83쪽). 김재준은 이후 반체제운동의 대표적 인물로 부상하게 되었는데, 강원용은 그를 혼자 사색하는 것을 즐기고 자연에 취하기를 좋아해 시끄러운 정치적 활동과는 기질상 맞지 않는 사람이었는데, 다만 당시의 극악했던 시대상황이 그런 사람을 살벌한 투쟁의 장으로 내몰았다고 하였다(강원용, 『빈들에서 3: 호랑이와 뱀 사이』, 도서출판 열린문화, 1993, 219~222쪽 참조).

[351] 범투위의 주요인사는 윤보선, 김재준, 함석헌, 이병린, 장준하, 김상돈, 유진산, 유진오, 김대중, 김영삼, 박순천 등 재야인사와 야당 정치인들, 그리고 김지하 등 젊은 문인들이었다.

박 정권의 그늘에서 치부하고 향락하는 부패무능분자들의 생존책은 박정희 씨의 계속집권 없이는 불가능하기 때문이다. 차관, 특혜, 독과 점 재벌들과 그들을 엄호하여 그들로부터 막대한 정치자금을 받아 황 금으로 모든 정치적 난제까지도 협잡 해결하는 정치풍토를 조성한 정 상배들이 그들의 생존과 현상유지를 꾀할 수 있는 최선의 방책은 박정 희 씨의 계속집권일 수밖에 없다. 따라서 항상 독재자의 옆에는 아첨 하는 간신배가 들끓기 마련이고, 따라서 집권자는 '자기 아니면 안 된 다'는 독재적 나르시시즘에 빠지게 된다. 박정희 씨도 예외가 아니어서 자기에게 반기를 드는 모든 사람에게 증오의 독화살을 직접 간접으로 쏘아대고 있다[352]

며 맹공격하였다. 국회·대통령 조찬기도회의 주된 멤버인 공화당 의장 서리 윤치영이 "(경제문제 등) 국내의 정세에 비추어서도 박정희 대통령 의 계속 집권이 필요한데 그를 위해 삼선개헌이 불가피하며, 또 박 대통 령의 영도력은 강화되어야 하기 때문에 국민이 삼선개헌을 고려해줄 것 을 촉구한다"고 하자 김재준은 또

근대화 작업이 성공적으로 되어 간다는 말은 액면 그대로 받아들이 기 다소 어려우며, 미국의 대한원조, 일본과의 경제관계 등을 볼 때 결 코 우리의 경제전망이 밝다고만 말할 수는 없다. 또 부패세력을 청산 하기 위해서도 박정희의 장기집권은 불가하다[353]

고 이를 반박하였다.

삼선개헌 반대 논의는 4월혁명으로 부정하고 부패한 정권이 타도되는 것을 직접 경험한 시민들에게도 큰 관심을 불러 일으켰다. 7월 19일 효창

---

352) 「삼선개헌을 반대 한다」, 『사상계』, 1969. 7, 50~53쪽.
353) 「인터뷰 기사: 나는 삼선개헌을 이렇게 본다」, 『기독교사상』, 1969. 7, 66~73쪽.

운동장에서 열린 범국민대회에는 자발적으로 6만 명 이상의 시민이 모여들었다.[354] 삼선개헌이 국회를 통과할 즈음엔 학생시위가 전국적으로 확대되어 개헌반대 투쟁이 극에 달할 정도로 국민들의 호응이 컸다.

그러나 기독교계의 반응은 도통 달아오르질 않았다. 이에 김재준은 8월 15일 「전국의 신앙동지 여러분」이라는 성명서를 통해 불의한 국가권력에 대한 기독교인의 결단과 참여를 촉구하였다.[355] 범투위에 참여한 기독교계 인사들도 신민당 정일형 의원이 회장으로 있는 기독교 염광회에 합류하여 「정부와 여당은 개헌발의를 적극 즉시 중단하고 징계학생을 즉각 구제하라」는 성명을 발표하고, 교계를 대상으로 한 개헌반대운동의 조직화에 나섰다. 하지만 교계의 반응은 여전히 차가워서, 김재준의 소속교단인 기독교장로회 내에서조차도 의견의 일치를 보지 못하였다. 대통령조찬기도회에 열심히 참석하던 기독교장로회 총회 원로인 길진경 목사는 오히려 "박 대통령은 국방력을 증강함으로 반공에 대한 확고한 신념을 우리들에게 보여주었고, 이에 대한 실천을 굳게 했다"며 개헌을 찬성하였다.[356] 김재준이 아끼는 제자라고 자타가 공인하는, WCC와 EACC 활동에 적극적인 강원용조차도 "(나는) 개헌 반대 입장에 서 있었지만 특정 조직이나 정치단체와는 거리를 두고 대한다는 원칙에 따라 어떤 집단에도 가담하지 않았다"고 하였다.[357] 장준하와 박형규 등이 직간접으로 한국 기독교계가 민주주의 구국대열에 참여해주기를 호소했지만 이는 광야에서 외치는 외로운 소리에 그치고 말았다. 최소한의 응답은 NCC에서 보인 짧은 반응이었다. NCC는 9월 8일 고작 "국론의 분열과 국력의 약화를 초래할 삼선개헌 발의에 대해서 깊은 우려와 유감의 뜻을

---

354) 『조선일보』, 1969. 7. 20.
355) 김경재, 「김재준의 정치신학: 신학적 원리와 사회·정치변혁론 1970~80년대 인권·민주화·평화통일 운동을 중심으로」, 『신학사상』 봄호, 2004, 64~68쪽 참조.
356) 이만열, 「한국현대사에 나타난 과거사 청산의 문제」, 『신학사상』 92집, 1996. 4.
357) 강원용, 『역사의 언덕에서 3: Between and Beyond』, 한길사, 2003, 240~246쪽.

표한다"는 성명을 통해 소극적으로 개헌반대의 입장을 밝혔을 뿐이었다.[358] 그도 그럴 것이 NCC 소속 교단의 지도자들이 모두 대통령조찬기도회에서 떨어지는 떡고물에만 관심이 있는데 무엇을 기대할 수 있었겠는가.

반면, 김준곤의 소속 교단인 예장합동은 총신대 재단이사장 백남조가 신학교 확장사업을 위한 차관도입을 명분삼아 삼선개헌지지 운동을 벌였고, 그 결과 총회 명의의 삼선개헌지지 성명을 발표하였다.[359] 또한 김윤찬·이인식·박형룡·김준곤·명신홍·김장환·조용기 등 개신교 목사 242명도 1969년 9월 4일 조선일보에 「개헌문제와 양심자유선언」이란 성명서를 발표하고,[360] 김재준 목사의 정치적 활동은 정교분리에 어긋나며 성직의 권위를 도용하는 일이라며 정죄하였다. 또 기독교인은 성경의 가르침에 따라 날마다 그 나라의 수반인 대통령과 그 영도자를 위해 기도해야 하며, 기도함이 없는 비판은 비생산적이며 비기독교적이라고 주장하였다. 대한기독교연합회도 이튿날인 9월 5일 주요 일간지 광고란에 「개헌에 대한 우리의 소신」이라는 성명을 실어 "우리 기독교인은 개헌문제에 대한 박 대통령의 용단을 환영한다"고 지지하고 나섰다.[361] 그들은 "오늘과 같은 국제정세와 국내시국에서는 강력한 영도력을 지닌 지도체제가 필요하다"고 하면서 삼선개헌에 찬성하였다. 더하여 정국의 혼란과 불안이 북한의 전쟁 위험성을 높인다며 개헌문제로 인해 국력이 약화되고 북괴침투의 기회를 주는 결과를 초래한다면 이것은 정녕 국가의 큰

---

358) 『교회연합신보』, 1969. 8. 10 ; 9. 14: 인터뷰 기사 「나는 삼선개헌을 이렇게 본다」 ; 이명재, 「삼선개헌에 대한 학생들의 입장」, 『기독교사상』, 1969. 8.

359) 김덕환, 『한국교회교단형성사』, 임마누엘출판사, 1985, 66쪽.

360) 이들에 대한 명단은 이덕주·조이제 엮음, 『한국 그리스도인들의 신앙고백』 (한들출판사, 1997) 251쪽 참조.

361) 『조선일보』, 1969. 9. 5. 이만열은 대한기독교연합회를 정체도 없는 기관이라고 하였다. 실제로 이 단체는 정부관련 발언을 할 때 외에는 아무런 활동을 하지 않았다(이만열, 「한국현대사에 나타난 과거사 청산의 문제」, 『신학사상』 92집, 1996. 4).

손실이요 비극이라고 국민을 위협하였다.362) 대한기독교연합회 총무 김
종근 목사도 삼선개헌은 역사의 요구라며 국민의 신임을 받는 정치가라
면 국민의 지지를 통해 연한 제한 없이 집권할 수 있는 것이 민주주의의
일면이라고 어처구니없는 발언을 하였다. 또 덧붙여 5·16 후 기간산업
의 발전과 경제적 부흥과 북괴의 남침에 대한 강력한 국방태세를 구축한
박정희 대통령에게 조국의 번영과 민족의 중흥을 위해 또다시 정권이 맡
기는 것이 이번 개헌의 요점이라고 친절한 설명까지 곁들였다.363)

　1972년 10월 12일, 정해진 수순대로 유신이 선포되자 열렬하게 삼선개
헌을 지지했던 대한기독교연합회는 또 재빨리 지지성명을 냈다. 같은 해
11월에는 삼선개헌에 대해 가타부타 말이 없던 이종성, 김희보, 김정준,
조종남, 홍현설 등 개신교 교단 대부분의 신학대학 학장들과 유호준, 김
윤찬, 지원상, 김창인, 조용기, 한경직 등 40여 명의 영향력 있는 목사들
도 유신을 찬양하는데 가세하였다.364) 한경직은 자신이 유신을 지지한
이유를 이렇게 설명했다.

　　유신헌법 만들 때, 교회에서도 떠들고, 청년들이 데모도 하고 우리
　　영락교회 청년들도 데모하려 했거든요. 나는 막았단 말이요. 절대로
　　못한다고 했시오. '잘못하는 것은 잘못한다고 말을 해라. 진정서를 보
　　내든지 온건한 방법으로 하지, 사회 불안을 조성하여 공산당에게 기회
　　를 주는 일은 절대 하지 마라' 했시오…. 그때 한 가지 더 생각 했시오.
　　내가 제일 원하는 것은 민족복음화가 아니갔소. 그때 군인 전도할 때

362) 『교회연합신보』, 1969. 9. 14.
363) 『기독신보』, 1969. 10. 11.
364) 『조선일보』, 1972. 11. 13 ; 「보람찬 내일 / 10월 유신의 미래상」, 『기독공보』,
　　1972. 11. 18 ; 「10월 유신의 미래상」, 『기독공보』, 1972. 11. 25 ; 「민족주체세
　　력의 형성」, 『기독공보』, 1972. 12. 2 ; 「국민투표 결과와 대의원 선거의 자세」,
　　『기독공보』, 1972. 12. 9 ; 「한국적 민주주의의 정초」, 『기독공보』, 1973. 2. 17 ;
　　「국회의원선거에 임하는 국민의 자세」, 『기독공보』, 1973. 2. 24.

인데, 내가 이거 서명운동하고 내 이름을 먼저 써 놓으면 군인 전도의 길이 막히거든.[365]

결국 전군신자화운동을 위해 유신을 지지했다는 어처구니없는 변명이었다. 독재정권에 대한 지지의 이유가 '전도'를 위해서라는 것은 언뜻 이해가 가지 않는다. 그러나 한경직은 1970~80년대 내내 자신의 말대로 군사독재정권을 비판하고 반대하는 성명서에 서명을 하는가 하면, 반공과 전도를 위해서라면 군사독재 지도자들을 위해서 기도하며 후원하는 이율배반적인 행동을 반복하였다. '전도'란 결국 개신교의 '세 불리기'이니, 이는 결국 '민족복음화'란 허울 속에 숨겨진 개신교의 세속적인 탐욕이며, 이를 위해서라면 국가와 민족의 현재와 미래도 안중에 없다는 무서운 논리이기도 한 것이다.

결국 '삼선개헌반대 범국민투쟁위원회' 활동을 했던 김재준·함석헌 등 소수의 개신교 진보인사들은 1971년 김재준·함석헌·지학순·이병린·천관우 등과 함께 최초의 재야단체인 '민주수호협의회'를 결성하였다. 박정희의 그칠 줄 모르는 정권욕을 방치해선 안 된다는 절박감에 재야세력이 연대하게 된 것이다. 민주수호협의회는 유신체제에 대항하며 1970년대 전반기 반독재민주회복운동의 구심체 역할을 하였다.

▨4. 대형집회를 통한 개신교와 유신권력의 밀월

1) 빌리 그래함 전도대회

강인철은 자신의 저서 『한국기독교회와 국가·시민사회 1945~1960』에

---

365) 김명혁, 「목회자 한경직 목사」, 한경직 목사 탄신 100주년 기념학술대회, 2002. 10. 31.

제3장 개신교와 박정희 정권과의 유착 157

서 "국가가 권위주의적이고 개입주의적일수록 국가는 종교영역의 특정 부문에 대해 선택적, 편파적으로 행동할 가능성이 높다. 특히 1인 독재에 가까울수록 이 같은 성향은 더욱 두드러질 것이다. 이 경우 종교 지도자층은 교리를 불문하고 정치에 대한 높은 관심을 나타내는 경향이 있다"라고 하였다.[366] 이는 이 시기 박정희로 대표되는 유신정권과 한국 개신교의 관계에 대해 아주 적절한 가설이었다.

이제 박정희에게 한국 개신교는 도저히 무시할 수 없는 큰 지원세력이 되었다. 자신의 쿠데타를 하나님의 뜻이라고 하며, 세계교회와 맞서 정부 편에서 베트남전을 가장 적극적으로 지지했고, 대통령조찬기도회를 통해 자신을 링컨과 같은 대통령, 다윗과 같은 왕이라고 칭송하는, 그리고 10월유신을 성경적 축복을 받을 일이라고 해주는 고마운 사람들, 그리고 그들의 말이라면 무조건 믿고 따르는 350만 명의 신도들이 있으니 이 얼마나 든든한 일인가. 게다가 개신교는 한국 내에서 가장 강력한 친미 반공의 보루가 아닌가.

이에 대한 박정희의 보답은 1970년대 초부터 연이은 초대형 부흥전도집회들을 통해 특히 잘 드러났다. 그 첫 번째는 유신체제가 출범한 지 6개월이 채 지나지 않은 1973년 5월 말부터 닷새 동안 여의도광장에서 열린 '빌리 그래함 한국전도대회'였다.[367] 이 대회의 초청강사인 빌리 그래함은 WCC의 진보적 입장을 견제하기 위한 세계복음주의협의회 조직에 직접 참여하고, 스위스 로잔에서 열린 세계복음화 국제대회를 주창한 인물이었다.[368] 또 WCC의 사회구원론을 공산주의의 사주를 받은 것이라며

---

366) 강인철, 1996, 29쪽.
367) 『서울신문』, 1973. 5. 30 ; 『한국일보』, 1973. 5. 30 ; 『동아일보』, 1973. 5. 30.
368) 로잔대회는 복음주의 입장이 WCC와 어떻게 다른가를 분명하게 보여주는 장이었다. 1974년 약 150개국에서 모인 2,700여 명의 복음주의 대표들은 WCC의 에큐메니칼운동이 지향하는 사회적 관심을 비판하며, 세상을 위한 교회로서의 역할은 복음전도자와 선교사들을 세계 곳곳으로 파송하여 그들을 복음화하는 것뿐이라고 정의하였다(박용규, 「한국 교회 복음주의운동과 김준곤 목사」, 김준곤

1973년 집회를 위해 방한한 빌리 그래함이 5월 26일 청와대에서 박정희 대통령과 만나
성경책을 건네며 인사하고 있다.

집중적으로 공격하는 전미복음주의협의회(NAE) 소속으로 세계적으로도
유명한 개신교 보수세력의 대표자였다.[369] 그런데 국내에서 이 행사를
주도한 대회장은 바로 WCC와 미국NCC의 후원으로 초창기부터 산업선
교를 적극 수용하고 지원하고 있던 예장통합의 최고위 지도자이자 영락
교회 원로목사인 한경직과 감리교신학대 학장 홍현설이었다. 덕분에 이
집회는 해방 이후 처음으로 초교파적이며 교단적으로 하나가 되어 분열
의 상처를 씻는 모임이 되었다는 평가를 받으며, 그동안 이런저런 이유
로 분열되었던 19개 교파 1,300여 교회의 신도들이 참석하는 대형집회로

<hr />

목사 제자들 엮음, 『나와 김준곤 목사, 그리고 CCC』, 순출판사, 2005, 564~565쪽).
[369] 박용규, 2005, 560쪽.

성공하였다.[370]

준비과정도 철저해서 같은 해 5월 16일부터는 전국 9개 도시에서 연인 원 120만 명을 동원해 순회집회를 열었고, 5월 29일에는 여의도광장에서 약 2만 명의 신자들이 참여한 대회헌신예배가 진행되었다. 그리고 5월 30일부터 6월 3일까지 여의도광장에서 본 대회가 개최되었다.[371] 본 대 회에 동원된 숫자는 첫날 경찰이 발표한 숫자가 27만 명, 개신교 측이 발 표한 숫자가 51만 명이었으며,[372] 마지막 날에는 110만 명이 운집하는 등 닷새 동안 무려 320만 명이 대회에 참여하였다고 한다. 마지막 날 행사장 에서 한경직은 이 행사가 한국교회 역사에 새로운 기원을 만들었다고 평 가하였다. 빌리 그래함 역시 5일 동안의 전도대회에 300여만 명이 모였 다는 사실은 기독교 교회 역사상 가장 많은 사람에게 복음을 직접 전한 모임이라며 매우 흡족해하였다.[373]

여기서 우리가 주목해야 할 부분은 기독교가 국교도 아니며 대통령이 이승만처럼 공개적인 기독교인도 아닌 나라에서 정부가 특정종교에 베 푼 괄목할만한 특혜이다. 우선 대회가 시작되기 닷새 전인 5월 25일, 군 악대의 대대적 환영을 받으며 한국에 도착한 빌리 그래함은 다음날인 26 일 청와대를 방문하여 박정희 대통령과 50여 분 동안 환담을 나누었다.

370) 대담「빌리 그래함 전도대회를 말한다」,『기독교사상』, 1973. 7.
371)『한국일보』, 1973. 5. 30 ;『서울신문』, 1973. 5. 30 ;『동아일보』, 1973. 5. 30.
   일간신문이 특정종교집회의 기사를 연속적으로 다룬 것도 유례가 없는 일이
   긴 하였지만, 동아일보는 정치 제1면에서 대형으로 이 기사를 다루었다.
372)『경향신문』, 1973. 5. 31 ;『동아일보』, 1973. 5. 31.
373)『기독공보』, 1973. 6. 2 ;『경향신문』, 1973. 6. 2·4 ;『서울신문』, 1973. 6. 4 ;
   『한국일보』, 1973. 6. 2·5 . 유동식,「빌리 그래함 전도대회를 말한다」,『복음
   의 대향연: 빌리 그래함 한국전도대회 전말』, 기독교서회, 1973. 47~55쪽.『기
   독교사상』1973년 7월호 대담「빌리 그래함 전도대회를 말한다」에서도 이 대
   회를 "우리 역사 5천년 래 최대의 민중집회" "기독교 2,000년 선교역사상 최대
   의 집회"로 평가하였다. 그러나 그 이유를 "빌리 그래함의 설교는 그리 신통
   한 것이 없었으나, 답답한 현실에서 탈출구가 없어서 이런 기회를 통해 욕구
   불만을 해소해보자는 대중 혹은 군중심리가 크게 작용한 것"으로 보고 있다.

여기서 빌리 그래함은 한국에서의 전도집회를 위해 정부가 직접 많은 지원을 해준 것에 대해 감사하면서 미국 대통령 닉슨이 안부를 전한다는 인사말을 하였다. 이에 박정희는 남북대화를 통해 확인해본 결과 공산주의 국가인 북에는 종교가 없다고 하면서 "우리나라에는 신앙의 자유가 보장되어 있고, 또한 종교의 역사적인 공헌은 이미 빛나는 전통이 되어 있다"고 하였다.[374] 언중유골이라고 박정희의 답변 속에는 종교문제로 남과 북을 비교하면서 자신은 개신교를 허용하고 지원하고 있으니 알아서 공헌하라는 요구가 담겨있었다. 이에 대한 답은 행사기간 내내 흡족하게 이루어졌다.

실제로 빌리 그래함이 수차례 감탄할 정도로 역사상 최대의 청중을 동원하는데 성공함으로써 세계적 주목을 받은 이 대회를 위해 박정희는 개인자격으로 금일봉도 전달하였고,[375] 범정부적 차원의 파격적인 지원도 제공하였다. 그동안 관제행사 외에는 개방하지 않던 여의도 5·16광장을 내주었으며,[376] 헬리콥터까지 동원해 경비를 하게 했고, 행사기간 동안 서울시내 수백 대의 버스가 여의도를 경유하도록 노선을 조정했다. 어디 그뿐인가, 국가행사도 아닌데 육군사관학교 군악대가 행사에 참석해 찬송가를 연주했다. 일간지는 물론이고 주간지들도 전부 이 대회를 특집으로 다루었으며, 방송국들은 다투어 토픽으로 여러 차례 좌담회를 가졌고, TV에서도 중계를 하는 등 매스컴들도 상당한 호응을 보였다. 과연 그 어떤 시민조직들도 기대할 수 없는 특혜적 배려였다. 당시 서울신문의 보도를 살펴보자.

---

374)『서울신문』, 1973. 5. 25 ;『한국일보』, 1973. 5. 27 ;『기독공보』, 1973. 6. 2.

375)『기독공보』, 1973. 6. 2. 국회의원들도 58만원을 모아 본부에 전달하였다.

376) 1950년대 중반부터 1960년대에 걸쳐 대규모의 전도집회가 열린 장소는 서울운동장을 비롯한 공설운동장과 체육관이었다.

1972 빌리그래함 전도대회.
설교하는 빌리 그래함과
통역하는 김장환 목사(왼
쪽 위). 여의도 광장을 가
득 메운 인파로 당시의 집
회에 얼마나 많은 인원이
참석했는지를 알 수 있다.

　　대회장 시설 및 진행을 위한 관계당국의 지원과 배려도 컸다. 군공
병대는 많은 장비와 병력을 투입하였고, 매일 수십만 명이 넘는 청중
의 안전을 위해 1,800명의 경찰이 동원되었다. 대회장엔 90평짜리 2층
구조의 높다란 강단, 6,000명이 들어설 수 있는 스탠드식 성가대석,
1,000석의 귀빈석 등 모두가 초대형이다. … 서울시가 대회기간 중 (밤
11시부터 시작되는 철야예배를 위해) 여의도 일대의 야간통행금지를
해제시킨 것도 해방 뒤 처음의 특례였다.[377]

---

[377] 『서울신문』, 1973. 6. 2. 『기독공보』1973년 6월 2일자는 정부가 철야·새벽기
　　도 참가 신자들의 편의를 도모하기 위해 여의도 전역에 통금 해제 한 것을
　　크게 다루었다.

정부의 특혜에 대한 보답은 대회 기간 중 '북한동포의 해방을 위한 밤'과 '군인을 위한 예배의 밤' 행사에서 여실히 드러났다. 46만여 명의 신자들은 한자리에서 사회자의 인도에 따라 북한 체제를 성토하며 "억압받고 있는 북한동포를 어서 속히 해방시켜 주시옵소서", "북한에서 신음하는 동포들에게 자유의 기쁨을 주옵소서", "북한의 허물어진 교회를 다시 세우고 아시아의 예루살렘 평양에서 이 같은 모임을 갖도록 하옵소서"하고 큰소리로 기도했다. 그 중에는 감정에 복받쳐 우는 사람도 있었다.[378] 북한 정권의 반종교성과 북한주민들의 종교적 부자유를 강조할수록 남한 정부의 친종교성과 남한주민들이 누리는 종교적 자유와의 대조가 더욱 선명하게 드러날 것이며, 정부로서는 대내외적으로 홍보효과를 누릴 수 있는 더 없이 좋은 기회가 될 것이었다.[379] 한국 개신교는 이처럼 반공을 정책기조로 유신체제를 유지하여 장기집권을 하고자 하는 박정희에게 든든한 지원병이었다.

빌리 그래함은 행사 마지막 날인 6월 3일, 행사기간 내내 연단에 설치되어있던 대형 태극기와 성조기 앞에서 110만 명의 청중을 향한 고별설교를 하며 또다시 집회가 성공적으로 끝날 수 있게 도운 한국정부에 감사한다고 말하였다. 그는 예배 도중 동경행 헬리콥터를 타고 기도하는 성도들의 머리 위를 비행하였고, 사회자는 성도들이 일제히 일어나 손을 흔들며 전송하게 하였다.[380]

이 같은 초대형 집회를 성공적으로 개최하고 또 마칠 수 있었다는 것

---

378) 『경향신문』, 1973. 6. 1 ; 『한국일보』, 1973. 6. 1. 이 행사 다음 날 북한당국은 평양방송을 통해 이 전도대회를 "귀신에 매달리는 광란적인 푸닥거리 놀음"이라고 규정하고, "남조선 당국자들이 미국 전도사놈과 작당해서 푸닥거리 놀음을 벌이고 있다"고 비난하였다(『경향신문』, 1973. 6. 2 ; 『서울신문』, 1973. 6. 2 ; 『동아일보』, 1973. 6. 2).

379) 강인철, 2007, 206쪽.

380) 『경향신문』, 1973. 6. 4 ; 『서울신문』, 1973. 6. 4 ; 「시론: 엑스플로 74를 보고」, 『기독신보』, 1974. 8. 17.

은 한국 개신교에게도 자신들의 사회적 위치와 교세를, 또 그 조직력을 대내외적으로 과시할 수 있는 절호의 기회였다. 한 개신교 인사는 "이 대회는 한국의 기독교가 가지고 있는 커다란 잠재력을 보여주었다. 대회준비기간과 진행 중에 동원된 인력과 금력과 지력은 한국의 교회들이 힘을 모으기만 하면 사회 전체를 바꿀 수도 있다는 확증을 보여주었다"고 까지 자신하였다.[381]

이 집회가 이처럼 수량 면에서 뿐 아니라 내용 면에서도 초교파적이고 초교단적일 수 있었던 이유는 행사를 주관한 이들이 모두 '민족복음화'를 대의명분으로 하여 맹목적인 전도에 열과 성을 쏟는 공통점을 가지고 있었기 때문이었다. 또 교파나 교단에 관계없이 한국 개신교의 태생인 보수복음주의와 친미반공에 강한 공감대를 형성하고 있었기 때문이었다.

그러나 이 집회에서는 기독교의 기본정신인 사회의 약자에 대한 배려나 교회의 사회적 책임에 대한 언급은 한 마디도 없었다. 1973년은 교회가 사회구원을 더욱 더 적극적으로 실천해야만 한다는 WCC의 열망이 최고조에 달하고 있던 시점이었다. 1973년 1월 방콕에서 모인 WCC 관계자들은 세상을 위한 교회로서의 자각으로, 건강과 부와 평화와 정의의 새 사회를 건설하기 위한 경제, 사회, 정치적인 해방운동과 혁명투쟁에 참여할 것을 선교적 사명으로 삼기로 하였다. 그러나 한국 개신교의 저력을 만방에 떨친 초대형집회에서 한국 산업사회의 어두운 면이나 힘없는 노동자들의 문제는 관심 대상이 아니었다.

1970년대 도시빈민선교운동을 하던 박형규 목사는 한국 개신교 전체가 빌리 그래함 전도대회에 모든 것을 쏟아 붓고 있는 동안, 같은 서울 하늘 아래에서 같은 하나님을 믿으면서도 이들로부터 소외된 산업선교

---

381) 박형규, 「소외된 대중과 교회의 선교」, 『기독교사상』, 1973. 7, 28쪽 ; 홍현설, 「빌리 그래함 전도대회 총평」, 『복음의 대향연: 빌리 그래함 한국전도대회 전말』, 기독교서회, 1973, 94쪽.

회원들의 외롭고 쓸쓸한 모습을 다음과 같이 고발하였다.

　　그리고 바로 이때에 국내 산업사회의 한편에서는 한국 개신교 기업
인들의 생리를 여실히 드러내는 하나의 사건이 진행되고 있었다. 영
등포에 위치한 한 방직공장의 여성노동자들이 근로조건 개선과 강제
예배의 폐지를 요구했다가 해고당하고 만 것이다. 그 공장의 경영주
는 산업전도 초창기부터 열성을 보이던 서울 시내 대형 교회의 장로
이며, 경영진 대부분이 교회에서 장로나 집사 직분을 받은 사람들이
었다. 해고당한 노동자들이 자신들의 억울한 사정을 호소하고자 교회
를 찾았으나 때마침 거창하고 화려한 빌리 그래함 전도대회에 몸과
마음을 사로잡힌 교회는 그들의 호소를 들을 귀가 전혀 없었다.[382)]

이 사건은 영등포산업선교회 활동을 하던 대한모방 여성노동자들의
이야기인데,[383)] 이로써 앞으로 산업선교 활동에 대해 한국교회가 어떤
반응을 보일 것인지 예측해 볼 수 있는 대목이다.

물론 그동안에도 에큐메니칼운동을 지향한다는 교단들의 행보가 늘
의심스럽기는 했지만, 특히 이번 집회와 그 이후에 나타난 예장통합의
행태는 1959년 대분열 당시 미국NCC와 WCC 노선을 택한 이유가 과연 무
엇이었는지를 명백하게 보여주었다. 에큐메니칼운동에 대한 이해도 없
는 상태에서, 내적으로는 보수적 신앙관을 그대로 유지하면서, 오로지
선교비 지원 때문에 WCC 쪽에 줄을 선 것이라는 사실이 그대로 드러난
것이다. 또한 자신들의 이익에 관한 한 친미반공과 내세의 구원을 빌미
로 하는 전도와 정권과의 유착에만 몰두하며, 사회문제나 약자에 대해서
는 무관심하다는 것을 단적으로 증명한 셈이었다. 이후에도 이들은 에큐
메니칼운동의 방향과 자신들의 이익 사이에 갈등이 있을 경우에는 예외

---

382) 박형규, 1973, 28쪽.
383) 제4장 제1절 참조.

없이 교단의 이익을 우선하는 것을 당연하게 여겼다.

이듬해에 개최된 대형집회인 엑스플로 '74도 바로 이러한 연장선상에서 진행된 것이었다. 선교사 짐 스탠출은 1973년의 '빌리 그래함 한국 전도대회'와 1974년의 '엑스플로 '74'는 김준곤이 개신교로 하여금 유신을 지지케하고 교계의 반체제 인사들을 고립시키기 위한 방편으로 박정희와 함께 계획한 것이라고 하였다.[384] 실제로 이 집회 이후 한국 개신교 전반에서는 극소수의 산업선교와 도시빈민선교 관계자를 제외하고는 더 이상 아무도 노동사회 문제에 관심을 기울이지 않았으며, 대신 복음주의 운동이 본격적으로 떠오르기 시작하였다. 대통령조찬기도회에서 손발을 맞추기 시작한 한경직과 김준곤은 이 집회를 계기로 한국의 복음화라는 공동목표 아래 '한국복음주의신학회'와 '한국복음주의협의회'를 조직하고 복음주의운동을 향한 구체적인 움직임을 시작하였다.[385] 이후 1977년 민족복음화대성회와 1980년 세계복음화대성회 등 크고 작은 대중전도집회가 유행처럼 열리면서 복음주의세력은 1980년대 들어 한국 개신교를 주도하는 세력으로 자리 잡게 되었다. 한경직은 연로한 나이에도 불구하고 이 모든 행사들을 적극적으로 주도하였다.[386]

이처럼 박정희 정권은 모든 사회 영역을 철저히 통제하면서도 강력한 반공 및 친미 이데올로기를 확대 재생산하는 보수복음주의 개신교에 대해서만은 상당한 자율성을 보장해 주고, 그의 사회적 영향력과 공신력을 적극 활용하였다. 개신교와 정부 상호간의 우호적인 행동과 정책은 개신교 신자들의 정치사회적 성향에 중대한 영향을 주었다.

---

384) Stentzel, Jim, "The Anti-Communist Captivity of the Church", *Sojourners,* 1977. 4, pp.15~17(한국기독교교회협의회, 『1970년대 민주화운동 Ⅱ』, 1987, 846~847쪽에서 재인용).
385) 박용규, 「한국 교회 복음주의 운동과 김준곤 목사」, 김준곤 목사 제자들 편, 『나와 김준곤 목사, 그리고 CCC』, 순출판사, 2005, 561쪽.
386) 박용규, 2005, 566~567쪽.

한편, 유신체제에 정면으로 도전하는 첫 신호탄을 쏜 것도 개신교였다. 1973년 4월 22일 새벽 5시, 서울의 남산 야외음악당에서 열린 부활절 연합예배에서 기독교장로회의 박형규 목사를 중심으로 한 수도권 도시 선교위원회 실무자들과 KSCF 학생들이 중심이 되어 "주여, 어리석은 왕을 불쌍히 여기소서", "민주주의의 부활은 대중의 해방이다", "회개하라 이후락 부장", "꿀 먹은 동아일보 아부하는 한국일보" 등의 민주회복과 언론자유를 촉구하는 전단을 살포한 것이다. 이 사건은 발생 후 2달이 지난 6월에 발각됨으로써 현직 목사 등 다수의 성직자와 기독학생이 내란예비음모혐의로 구속되었는데, 빌리 그래함 집회 이후 복음주의 신앙으로 은혜 충만한 한국교회에 커다란 충격을 주었다.[387]

이후 8월에 김대중납치사건의 발생으로 반유신운동이 본격화되면서 10월부터는 전국 대학생들의 유신 반대 시위가 확대되었다. 삼선개헌을 반대하던 개신교의 김재준·함석헌·장준하 등도 다시 일어났다. 이들은 천관우와 함께 11월 5일 「민주회복을 위한 시국선언문」을 발표하였다. 12월에는 민주원로회의 사무국장 장준하에 의한 '민주개헌 100만인 서명운동', 동아일보 기자들의 언론수호선언문 등이 줄을 이어 터져 나왔다.

2) 엑스플로 '74

1974년은 연초부터 정치 사회적으로 매우 숨 가쁜 해였다. 1973년부터 불기 시작한 반유신 바람이 점차 거세지고, 김대중납치사건으로 시국이 뒤숭숭해져 있었다. 정부는 반정부운동을 일거에 제거하겠다는 듯이 1월 8일부터 대통령긴급조치로 국민을 위협하며 시위학생과 반정부인사들을 구속하기 시작했다. '긴조시대'라는 용어는 지금까지도 그 시대를 산 사람들에게 아픔으로 남아있다.

---

387) 한국기독교교회협의회 인권위원회, 『1970년대 민주화운동 Ⅰ』, 1987, 254~274쪽.

그러나 이러한 정치사회적 상황에는 아랑곳없이 개신교 지도자들은 빌리 그래함 전도대회를 성공적으로 마친 여세를 몰아 복음주의 성격이 더 강한 엑스플로 '74를 개최하였다. 이 대회는 김준곤의 CCC가 주도하였다. 대회 도중인 8월 15일 광복절 기념식에서의 육영수 여사 저격사망 사건으로 인해 이 행사는 빌리 그래함 전도대회만큼 언론의 주목을 받지 못하였지만, 역시 미국의 복음주의운동과 깊은 관련 하에 진행된 것이었다. 주 강사는 세계대학생선교회 총재인 빌 브라이트였고, 한경직과 김준곤을 비롯하여 일본 · 싱가포르 · 홍콩의 복음주의 목사들이 함께 집회를 인도하였다.[388]

1974년에 8월 14일부터 18일까지 4박 5일간 쉬지 않고 여의도광장에서 진행된 이 대회는 연인원 655만 명이 모이는 초유의 기록을 남겼고,[389] 빌 브라이트는 이 행사를 "기독교 역사상 오순절 이래로 두 번째 큰 사건"이라고 평가하였다.[390] 대회에는 외국인들도 대거 참석했는데, 84개국의 3,400명으로, 아시아지역 35개국 1,995명, 미국 · 캐나다 등 북미가 876명, 남미가 16개국 47명, 유럽이 14개국 139명, 아프리카 16개국 21명과, 한국에 와 있는 외국인과 군인 328명이었다.[391] 이들이 외국인 유치에 이처럼 신경을 쓴 까닭은 국외에서 반정부운동을 하는 사람들은 정부의 기독교에 대한 태도를 폭력의 잣대로 간주하는 경향이 있기 때문에, 외견상으로라도 정부가 개신교를 이처럼 지지하고 있다는 모습을 내외에 알리기 위해서였다.[392]

---

388) Stentzel, Jim. "The Anti-Communist Captivity of the Church", *Sojourners*, 1977. 4, pp.15~17.

389) 『서울신문』, 1974. 8. 14 ;『기독신보』, 1974. 8. 17 ;『경향신문』, 1974. 8. 20.

390) 빌 브라이트, 「한국에서의 놀라운 경험」, 『그리스도의 계절이 오게 하라』, 순출판사, 2003, 17쪽.

391) 『조선일보』, 1974. 8. 20.

392) 진 매튜스, 「그들이 농장에서 우리에게 결코 가르쳐주지 않았던 것들」, 『시대를 지킨 양심』, 민주화운동기념사업회, 2007, 171쪽.

실제로 유신정권은 빌리 그래함 전도대회에 이어 방대한 규모의 본부석과 1만 명의 성가대가 찬양할 수 있는 좌석의 설비, 수십만 명을 수용할 수 있는 군사용 텐트 500채 및 22만 명을 수용할 수 있는 숙소로 여의도 주변 76개 학교의 교실 3,000개를 마련해 주었다. 또한 5·16광장의 조명·음향 등의 시설, 기타 의료 안전에 관한 준비, 1회에 1만 명의 식사를 제공할 수 있는 취사시설, 숙소와 대외장소까지 사람들을 운송하기 위한 버스까지 대여해주는 등 세심한 배려를 하였다.[393] 체신부에서는 엑스플로 '74 대회 개최기념 우표도 발행하였다.[394]

이 대규모의 집회를 위해서 당시 CCC 회원으로 활동하던 69학번부터 73학번까지의 대학생들이 6개월간 헌신적으로 밑바닥부터 준비하고 진행하였다. 이들은 같은 또래의 대학생들이 유신체제 반대 운동을 하다 긴급조치 위반으로 구속·기소되는 동안 티셔츠에 "성령폭발 전도폭발"을 새겨 입고서 서울의 번화가와 동네 곳곳을 훑으며 적극적으로 홍보활동을 하였다.[395]

이 대회는 이처럼 수량적으로는 세계기록을 경신할 정도의 성과를 올렸으나, 1973년 행사보다 더 많은 문제점을 내포하고 있었다. 빌리 그래함 전도대회가 박정희와 개신교의 상호부조의 관계였다면, 이번에는 개신교와 독재정권과의 의도적 유착, 또는 모종의 거래가 더욱 강화되었기 때문이다.

이즈음 한국모방·대한모방·삼원섬유·반도 등의 기업체에서는 산업

---

393) 「시론: 엑스플로 74 개회를 보고」, 『기독신문』, 1974. 8. 17 ; 김진환, 『한국기독교부흥운동사』, 크리스찬 비전사, 1976, 449쪽 ; 짐 시노트, 「신부님 이제 마음껏 이야기 하십시오」, 『시대를 지킨 양심』, 민주화운동기념사업회, 2007, 356~365쪽 참조.

394) 『서울신문』, 1974. 8. 15 ;『경향신문』, 1974. 8. 15 ;『동아일보』, 1974. 8. 15 ; 『한국일보』, 1974. 8. 15.

395) 『조선일보』, 1974. 8. 20 ; 박명철, 「흑백사진 속의 푸른 젊음들」, 『기독신문』, 1997. 10. 8.

선교와 관련된 노동운동이 전개되고 있었다. 많은 노동자들이 기업과 관으로부터 폭력·해고·구금을 당했으며, 수도권특수지역선교위원회 사무실에서 긴급조치 반대운동을 하던 산업선교 실무자 김경락과 인명진도 긴급조치 1호 위반으로 구속되었다.[396] 긴급조치 1·4호 위반으로 구속 수사를 받은 사람은 1,024명이었고, 이 중 180명이 군법회의에 회부되어 일부에게는 사형선고가 내려졌다.[397] 그러자 종교기관을 비롯한 세계여론이 한국의 인권문제에 집중되기 시작하였다. 엠네스티 국제본부에서도 관심을 가지고 이들에 대한 관대한 처분을 요청한 상태였다.

엑스플로 '74는 다급해진 한국정부가 지금의 사태는 한국의 특수상황상 어쩔 수 없는 것이라는 긍정적인 증거를 제시하기 위해 한 것이었다. 이 사실을 잘 알고 있던 이 대회의 주최자들은 성경의 로마서 13장 1절을 들어 기꺼이 정부의 뜻을 헤아리고 협조하였다.[398] 『기독신보』의 「시론」은 이러한 맥락을 아주 잘 보여주고 있다.

불순분자 혹은 공산분자들의 허위선전으로 인하여, 한국과 한국 교회를 이해하지 못하는 일본을 비롯한 구미 각국에서 한국에는 정부가 종교를 탄압하고 성직자를 불법으로 구금·정죄·투옥하며, 국민의 자유는 억압되고 경제는 파탄되어 민생이 도탄에 빠져 기아선상에서 허덕인다며 한국의 현상을 좋게 여기지 않고 있다. … (이번 기회에) 한

---

396) 김경락과 인명진은 1월 17일 수도권특수지역선교위원회 사무실이 있는 서울제일교회에서 김진홍·이해학·이규상·박윤수와 함께 긴급조치 반대운동을 하다 구속되었다. 일각에서는 이들이 김대중납치사건 이후 동경에서 EACC 활동을 하던 오재식과 지명관의 말을 듣고 미국의 영향력을 과대평가하고 박정희를 과소평가하여, 조금만 더 밀면 된다는 생각에서 이 같은 일을 했다고도 한다. 인명진은 2013년 8월 23일, 39년 만에 긴조1호 위반 실형선고 재심에서 무죄 판결을 받았다.
397) 한국기독교장로회 역사편찬위원회, 『한국기독교 100년사』, 1992, 517~763쪽 참조.
398) 짐 시노트, 「신부님 이제 마음껏 이야기 하십시오」, 『시대를 지킨 양심』, 민주화운동기념사업회, 2007, 356~365쪽 참조.

국은 완전하게 신앙의 자유가 보장되어 있고, 선진기독교 국가에도 유례없는 종군목사, 경찰목사, 형무소 목사 제도가 정부에 의해 제도화되어 관이 솔선하여 전군신자화운동과 전 재소자 신자화 운동, 관공서 전임목사가 있어서 전 민족 복음화 운동에 앞장서고 있음을 보여주어야 한다. 또한 (종교의) 자유는 완전히 보장되어 있으며 검거 투옥된 사람들은 반민족, 반정부, 반국가적 행위를 한 자와 안녕질서를 위반한 범법자에 한한 것이라는 것을 알려주어야 한다. … 80년대를 향한 한국의 부흥사를 저들에게 보여주어 한국을 새로이 인식시켜 오도된 국외 인사들에게 바른 이해를 시키도록 최선을 다하기 바란다.[399]

박정희가 이들에게 요구하는 것은 이미 1974년 5월 1일 열린 대통령조찬기도회를 통해 충분히 전달되었다. 조찬기도회에서 설교를 맡은 이상근 목사와 기도회 준비위원들을 초청한 오찬석상에서 대통령이 직접 산업선교 실무자들과 노동자들이 연행·구금된 사건과 관련하여 "북한공산주의자들이 통일전선 형성의 일환으로 종교계에 침투하려고 기도하고 있다"면서 종교계 지도자들이 이를 경계해야 한다고 말한 것이다.[400]

이 말은 바로 WCC의 사회구원 활동에 반대하는 복음주의자들의 상투어이기도 했다.[401] 이들은 "한 마리의 미꾸라지가 물을 흐려놓듯이 한 사람의 불순분자가 교인의 탈을 쓰고 교계에 깊숙이 침투해 있다가 사건을 일으키고 있다"며 박정희의 의견에 적극 동조하였다.[402]

따라서 이 대회는 그 어느 때보다도 가장 반공에 대한 열기가 뜨거운

---

399) 「시론: 엑스플로 74 개회를 보고」, 『기독신보』, 1974. 8. 17.
400) 『기독공보』, 1974. 5. 4 ; 『크리스챤신문』, 1974. 5. 11. 1974년 6월 12일, 이효상 공화당 의장서리도 종교인들에게 반공을 촉구하는 발언을 하였다(『기독신보』, 1974. 6. 15).
401) 「사설: 교회는 용공과 폭력을 부정한다」, 『기독신보』, 1974. 5. 18 : 「기독교와 공산주의」, 『기독신보』, 1974. 6. 15.
402) 「기독교와 공산주의」, 『기독신보』, 1974. 6. 15.

반공궐기대회 양상을 띠었다. 전야행사의 설교를 맡은 조용기는 엑스플로 '74는 이 땅에 공산주의와 무신론의 검은 세력을 몰아낼 수 있는 절호의 기회라고 주장하였다.[403] 행사 둘째 날 육영수 여사가 광복절 기념식장에서 조총련으로 의심되는 재일교포에게 저격당해 사망하는 사건이 벌어지자 행사는 더욱 긴박하고 극적인 분위기에서 치러졌다.[404] 추모와 눈물, 분노가 뒤섞인 분위기 속에서 신자들은 "북괴의 간악한 도발에 맞서 한국을 이끌어 온 박정희 대통령에게 용기와 지혜를 불어넣어 달라"고 빌었다.[405] 또 이 대회에 참석한 일본교회 대표들은 구류 중인 한국교인들이 성령에 눈을 뜨고 복음을 바로 이해하게 됨으로써 빨리 석방되게 해달라고 기도하였다.[406]

1973년 남산부활절사건 이후 반유신운동의 기수가 된 기독교장로회와 NCC는 이러한 복음주의자들의 태도에 자신들은 이 대회와 관련 없음을 공식적으로 발표하였다. WCC는 1969년 삼선개헌 반대운동 당시에는 소극적 태도를 보였는데, 총무 김관석 목사가 자신의 선교신학적 기치를 '하나님의 선교'로 정한 이후 70~80년대 민주화운동의 사령탑 역할을 하게 되었다.[407] 기독교장로회 총회장을 지낸 조향록은 "아직도 한국의 개신교 일부가 계속 시행하고 있는 대중집회가 과연 선교양식의 하나로서 효력이 있는가"라고 물으면서,

> 73년 5월에 있었던 여의도광장 대전도집회, 또 금년에 모인 '엑스플로 74' 같은 … 대중심리를 신속히 파악한 대중지도자 부흥사들은 그들

403) 『한국일보』, 1974. 8. 14 ; 『동아일보』, 1974. 8. 14.
404) 『한국일보』, 1974. 8. 16 ; 『서울신문』, 1974. 8. 16.
405) 『경향신문』, 1974. 8. 17.
406) 좌담 「엑스플로 74를 말한다」, 『기독교사상』, 1974. 10, 85쪽.
407) 김영일, 「한국 기독교의 사회참여」, 한승헌 외, 『유신체제와 민주화운동』, 춘추사, 1984, 45쪽 ; 좌담 「엑스플로 74를 말한다」, 『기독교사상』, 1974. 10, 84쪽.

영혼과의 목숨의 대결보다 그들의 기호에 부응하려는 쇼맨쉽으로 대하기에 이른다. 그 대표적인 예로서 미국 빌리 그래함 전도단이나 그와 유사한 부흥전도단들의 전도행사에서 명백히 볼 수 있다. 그들은 오늘 커머셜리즘이 창안한 대중선전술을 최대한으로 이용하며, 그 선전비를 위하여는 물질을 아끼지 아니한다. 그리고 대중을 동원하기 위한 모든 가능한 방법을 쏟아 붓는다[408]

고 비난하였다. 덧붙여 김준곤 등이 암울한 정치·사회현실을 외면하고 유신정권과 유착하여 군부독재에 동조하며 교세확장에만 몰두한다며 거세게 비판하였다. 김준곤은 이에 대해

그 시절 교회가 하루에 6개가 생겨날 정도로 기독교가 성장했어요. 교회부흥이 최대로 이루어진 시기지요. 그런데도 일부 사람들은 이 정부가 교회를 박해한다고 왜곡된 사실을 나라 밖에 알렸어요. 어느 목사가 감옥에 갔다느니 하면서 한국정부를 악마처럼 여겼지요. … 정부는 내게 학생선교 하지마라, 예배드리지 말라고 강요한 적 없어요. 기독교를 부정한 적도 없구요[409]

408) 조향록, 「한국교회의 선교양식」, 한국천주교중앙협의회, 『사목』 제35집.
409) 「김준곤 목사 인터뷰」, 『신동아』, 2006. 12 ; 「제3의 성령폭발 엑스플로 74를 조명 한다」, 『CCC 편지』, 1997. 11, 28~31쪽).
이 시기 한국교회의 양적 성장에 대해 선교사 진 매튜스는 이렇게 말하고 있다. "한국교회들은 국가경제의 성장과 더불어 오랜 기간의 빈곤상태에서 벗어나고 있었다. 교회가 성장하고 번성해가면서 더 크고 웅장한 교회 건물, 사무실과 기관들을 짓기를 갈망했다. 교회의 이런 식의 발전에 대한 승인은 정부를 비판하지 않음으로써 가능할 뿐만 아니라, 만일 교회가 공개적으로 적극적인 지지를 표하면 종종 눈에 띌 정도로 재산증식이 빨라진다는 것을 재빨리 알아차렸다. 이들은 사회적 불의와 싸우는 어떠한 노력도 교회 영역 바깥의 일이라고 생각했고, 독재정부가 공산주의와 같은 악으로부터 그들을 보호한다고 확실히 믿으면서 독재정부를 성실하게 옹호했다. 하나의 유명한 사례가 CCC였다"(진 매튜스, 「그들이 농장에서 우리에게 결코 가르쳐주지 않았던 것들」, 『시대를 지킨 양심』, 민주화운동기념사업회, 2007, 171쪽).

라며 일축하였다. 그리고 이러한 비난을 "사탄의 방해"라고 하면서, 개인적·집단적으로 계획적인 음모와 책략으로 파괴공작을 하는 것이라고 맞받아쳤다.

실제로 1973년과 1974년, 그리고 1977년 '민족복음화대성회',[410] 1980년 '세계복음화대성회'를 거치면서 대부분의 교단 교회들이 양적인 면에서 '교회성장폭발'이라고 할 정도로 비약적인 교세신장을 만끽하였다. 〈표 3-2〉에서 볼 수 있듯이 1950년도에는 3,114개였던 교회가 1960년에는 5,011개로 증가하였고, 1970년에는 12,866개로 1950년대에 비해 무려 157%가 성장한 것으로 나타나고 있다. 통계자료에 문제가 있긴 하지만 교인수 역시 〈표 3-3〉에서 보이듯이 1960년대부터 1980년대에 걸쳐 크게 증가하였다는 것만은 분명한 사실이다. 특히 1970년대는 교회수와 교인수가 폭발적으로 늘어난 시기였고, 김준곤 등은 이를 자신들의 정권친화적 활동과 대규모 부흥집회의 영향이라고 주장하였다.

이 과정에서 교회는 현세적인 가치와 성공을 하나님의 축복이라 하여 경제성장을 제일로 삼는 시대의 가치관과 영합하면서 기독교 신앙이 현실문제를 해결하는 지름길, 곧 신앙의 결과는 물질적 축복으로 보상 받는다는 인식을 심어주었다. 따라서 에큐메니칼 측의 사회적 역할과는 상치되는 가치관을 가지게 하였고, 오히려 앞장서서 그들을 꺼려하고 비판적으로 보게끔 하는 역할을 하였다. 결국 그동안 신학적 담론을 중심으로 양분되었던 복음주의와 에큐메니칼운동의 갈등과 대립은 이 대회를 통해 속내가 드러나며 보다 세속적이고 물질적인 문제로 비화되기 시작하였다.

---

[410] 1977년 8월 15일~18일까지 여의도 5·16광장에서 철야로 계속된 '민족복음화대성회'에서는 하루 평균 80만 명이 참가하여 주한미지상군 철수 반대와 승공이념투철 국력배양을 위해 기도하였다(대한뉴스 제 1148호 참조).

[411] 한국종교사회연구소, 『한국종교연감』, 1993. 그러나 한국교회의 성장을 보여주는 각각의 통계 자료들의 신빙성에 관해서는 의문을 제기하는 이가 많다. 모든 통계자료가 정확성을 유지하지 못하고 있다는 것이다. 그 이유에 대해서는 첫째로, 개신교의 통계 중에는 교단의 관리체제의 미비 및 통일된 기구가 없

표 3-2. 한국 개신교 교회 수의 증가(1950~1980) [411]

년도	1950	1960	1970	1980
교회 수	3,114	5,011	12,866	21,243
증가율(%)		60.9	157.0	65.1

출처: 한국종교사회연구소, 『한국 종교 연감』, 1993

표 3-3. 한국 개신교 교인 수의 증가(1950~1980)

년도	1950	1960	1970	1980
교인 수(명)	500,198*	623,072* 1,524,258**	3,192,621*	7,180,627***

출처: * 한국종교사회연구소, 『한국 종교 연감』, 1993 ;
　　　** 한국기독교교회협의회, 『기독교 연감』, 1970 ;
　　　*** 문화공보부, 『종교법인 및 단체현황』, 1980

　이제 한국교회는 대부분의 교단과 교파가 노골적으로 복음주의 성향을 가지고 있고, 아주 소수의 NCC회원과 진보적 성향의 기독청년회, 산업선교 등 몇몇 단체와 개인들만이 에큐메니칼운동을 지향하고 있다는 것이 명확해졌다. 이같은 수적인 차이에도 불구하고 이들의 갈등은 심화되었고, 국가권력에 대한 태도에서도 양극화의 골이 깊어졌다. 보수 복음주의 진영이 정부의 적극적인 지원 하에 치룬 대형집회를 통해 한국교회의 놀라운 성장 잠재력과 세력을 과시하면서 에큐메니칼 진영에 대한 탄압을 이념적으로 뒷받침해주었기 때문이었다.

　복음주의 개신교에 대한 정부의 편애는 대단해서 한국의 인권문제에 개입한 선교사들은 지속적으로 추방하면서도 복음주의개신교협회 총재

다는 것이다. 둘째로, 교단들의 보고 자료들이 각 교단의 교세를 과시하기 위하여 과장되어 있다는 것이다. 이러한 경우는 특히 교파 분열 후에 많이 나타나는 현상으로 그 한 예로 예장합동이 주류와 비주류로 분열된 뒤 서로의 교세를 과시하기 위하여 교세를 과장한 경우가 있다. 성장한 교회를 교파별로 보면 오순절교회가 60·70·80·90년대에 이르러 계속 급성장하였으며 다음으로는 장로교와 감리교이다. 각 교단별로 교회성장의 원인을 정확하게 지적하기는 불가능하다. 한국교회 성장은 교회구조적인 요인과 사회상황적인 요인, 문화적인 요인이 모두 복합적으로 작용한 결과이기 때문이다.

칼 매킨타이어는 대통령이 직접 만나 환담을 나누었다. 그는 체류기간 동안 YWCA 대강당에서 반공강연회를 갖고 한국에는 종교의 자유가 확실히 있으며, 성직자들이 정부를 비방하고 서명운동을 하며 데모를 조장하는 것은 비성서적이라고 하고, WCC는 기존교회를 와해시키고 있다고 한국 정부를 옹호하였다.[412] 이에 대해 NCC가 "칼 매킨타이어 같이 하찮은 인물을 마치 기독교의 전통적인 대변가인양 잘못 소개하는 일이 정부의 비호 아래 진행되었다"고 비난하자, 한국예수교협의회(KCCC)는 "이는 묵과할 수 없는 중대한 발언"이라고 분노하면서, "NCC야말로 400만 기독교를 대변하는 것처럼 기회가 있을 때마다 사회참여라는 구실로 정치참여를 일삼고 있으나 분명한 것은 어디까지나 극히 일부의 의견일 뿐 기독교 전체의 의견은 결코 아니라는 것을 분명히 밝혀둔다"고 공박하였다.[413]

이처럼 1970년대 유신정권 하에서 양심적 지식인들이 박해받고 민중이 탄압받는 상황에서, 개신교 전반은 물론 자신의 소속 교단에서도 지지를 받을 수 없었던 진보 진영은 서로 연대하게 되었다. 수많은 청년학생과 교역자들이 구속되고 지식인들이 해직되었지만 진보적인 기독학생들은 노동현장과 도시빈민지역에 뛰어들어 이들과 함께 인권과 민주화를 위해 증언하고 투쟁하였다. 이 중에서도 밑바닥 노동자들의 삶의 문제를 다룬 산업선교 활동은 빼놓을 수 없는 중요한 활동이었다.

이 당시 산업선교는 급변하는 정치 상황 속에서 활동의 방향성을 모색하며 노동운동을 시도하는 단계에 있었으나 아직 반체제운동으로까지 발전하진 않은 상태였다. 그러나 산업선교와 노동운동을 견제하는 정부에 의해 1974년 들어 도시산업선교 실무자가 8명이나 구속되었고, 인천 산선을 주도했던 오글은 외국 선교사로는 처음으로 대한민국 정부로부터 추방당했다. 그를 연행한 중앙정보부 요원은 산업선교에 대해 "그것

---

412) 『기독신보』, 1974. 11. 23.
413) 『기독신보』, 1974. 11. 30.

이 언제 시작되었으며, 누구누구가 회원인가?", "목적은 무엇인가?", "왜 성직자들을 공장에서 일하게 했는가?", "왜 노조에 협력했는가?" 등을 물어보았다고 한다. 답변을 들은 그들은 산업선교의 방법과 내용이 공산주의자들이 하는 수법과 비슷하다고 하면서 공산주의자들이 남한에서 문제를 일으키기 위해 전선으로 교회를 이용하려 한다고 결론 내렸다고 한다.[414]

산업선교에 대한 이 같은 박 정권의 견해는 묘하게도 보수교단이 1960년대부터 기독신보를 통해 WCC와 NCC, 그리고 산업선교를 공격하기 위해 수도 없이 반복 게재한 내용과 정확하게 일치하는 것이었다. 냉전논리에 기반을 둔 극단적인 반공논리와 안보논리를 무기로 기독교 인권운동과 도시산업선교운동에 가해진 개신교와 정부의 공격은 이제 점차 산업선교를 용공으로 몰아세우는 방향으로 강화되기 시작하였다.

5. 한국기독실업인회의 활약

1) 산업인 복음화운동

고도로 권력 집중된 국가에서는 종교집단이 국가에 굽실거리는 경향이 있다는 잉거의 주장은 앞선 개신교 지도자들의 행태와 더불어 1970년대 한국기독실업인회의 활동으로도 증명되고 있었다.[415]

1973년 9월 26일 서울 세종호텔에서는 제1차 한국기독실업인회 전국대회가 교계 각 신문과 서울경제신문의 후원을 받으며 성대하게 개최되었다.[416] 기독실업인회(Christian Business Men's Committee : CBMC)는 1930

---

414) 조지 오글, 「우리의 마음도 여러분과 함께 울고 있습니다」, 『시대를 지킨 양심』, 민주화운동기념사업회, 2007, 62~63쪽.
415) Yinger, J. Milton, 한완상 역, 『종교사회학』, 대한기독교서회, 1973, 146쪽.

년대에 미국 시카고에서 탄생된 보수적인 개신교단체로, 사업을 하는 개신교 장로나 집사인 남성들이 구성원이며 '성경무오설'을 믿는 보수적 신앙을 근간으로 하고 있다.[417] 이들은 1951년 한국에 도입된 이후 대구 · 경주 · 부산 등 경상도 지역에서만 활동했는데, 1950년대 말 교단의 분열로 재정적 곤경에 처한 예장합동을 재정적으로 지원하는데 큰 역할을 하였다. 1967년 지방조직을 벗어나 한국기독실업인회라는 전국조직을 설립하였지만 별다른 활동을 보이지 않고 있다가, 1973년 갑작스러운 전국대회를 계기로 유신정권 하에서 괄목할만한 활동을 펼치기 시작하였다. 이 단체는 개신교를 매개로 정권과 긴밀한 관계를 유지하며 산업선교 활동을 견제하고 방해하는 데에도 중요한 역할을 하였다.

지난 20여 년 동안 지방 개신교 사업가들의 친교모임 정도로만 활동하던 기독실업인회가 이 시기에 화려하게 등장하고 두드러지게 활성화된데에는 다음의 몇 가지 이유를 들 수 있을 것 같다. 첫째는 정부의 경제정책이 노동자보다는 기업인들을 지원함으로써 노동자들의 희생을 바탕으로 한 고도성장을 기획하고 있었다는 것이고, 둘째는 박정희 정권의 복음주의 개신교를 매개로 한 친기독교정책이 개신교 지도자들과 각 교회에서 영향력 있는 장로 · 집사 기업가들의 적극적인 협력활동을 촉진

---

416) 「실업을 통한 선교 / 경영을 통한 영광을 / 기독교실업인들의 활동」, 『기독신보』, 1973. 4. 21.

417) 한국의 기독실업인회는 한국전쟁 와중인 1951년 대구와 경주, 부산 등지에, 1965년에는 서울에 조직되고 1967년에 한국기독실업인회를 조직하였다(한국기독실업인회 편, 『한국 기독실업인회 30년사』, 한국기독실업인회, 1982, 23쪽). 개신교회의 장로 · 안수집사는 대부분 남성으로 평신도로서는 가장 높은 직책인데, 주로 교회의 재정을 담당하고 있어 교회 운영과 목사 초빙 등에도 영향력이 크다. 기독실업인회의 신앙고백에 명시된 '성경무오설' 또는 '문자영감설'은 성경은 처음부터 끝까지 문자 하나하나가 하나님의 거룩한 영감으로 기록된 책인 만큼 절대적 오류가 없다는 것을 믿는 것으로 개신교 복음주의의 근간이 되는 것이다. 이에 반해 자유주의, 혹은 에큐메니칼운동을 하는 측은 '사상영감설', 즉 성경은 거룩하게 씌어졌지만 하나님의 구원사건을 그 시대상황과 민족적 정서에 맞는 인간의 언어로 옮긴 책이므로 문자 하나하나를 절대로 우상화할 수 없다는 입장이다.

하였다는 것이다. 기독실업인회의 중심인물들이 모두 예장합동을 일으 킨 장로들로, 기독실업인회의 획기적인 성장에 김준곤의 역할이 컸으리 라는 것을 예측하는 것은 그리 어렵지 않다. 그리고 셋째는 한국기독실 업인회 회장으로 선출된 김인득의 둘째 아들이 1972년 5월 박상희의 딸 과 혼인하여 김종필과 동서지간이 되고 박정희와도 사돈 간이 됨으로써, 정-재계를 잇는 혼맥을 형성했다는 것도 중요하게 작용했으리라 여겨진 다.[418]

이렇게 힘을 얻은 기독실업인회는 김준곤이 중심이 되어 있는 대통령 조찬기도회의 재정을 전담하면서, 경제성장을 정권유지의 근간으로 삼 고 있는 유신체제에서 개신교의 한 축으로 편입되어 새로운 형식의 정- 경 연대를 형성하였다.[419] 기독실업인회 회원 중에는 복음주의 개신교의 대형집회를 강력하게 비판하던 기독교장로회 소속의 장로와 집사들도 포함되어 있었다.[420] 이들은 단체의 성향이나 교단·교파를 불문하고 정 계의 높으신 분들과 교류하고 친분을 쌓으며 정보를 공유할 수 있는 이 모임에 적극적으로 참여하고 헌신하였다.

제1회 한국기독실업인회 전국대회는 '기업인들의 종교단체'로서 자신 들의 우선적 역할을 무엇으로 인식하고 있는지 잘 보여준 행사였다. 대 회 1부에서 김준곤은 '경제발전의 측면에서 본 기독실업인의 역할과 예

---

418) 김인득, 『내 집을 채우라』, 홍성사, 1989, 82쪽 ; 김인득은 1962년부터 슬레이 트사업을 시작하였는데, 새마을운동의 농촌지붕개량사업에 적극적으로 참여하 여 국내 유일의 슬레이트 메이커로 부상하였다. 또한 여기서 얻은 수익으로 다양한 사업을 시작함으로써 벽산그룹을 이루었다(벽산 김인득 선생 회갑기념 『남보다 앞서는 사람이 되리라』, 벽산 김인득 선생 회갑기념 문집발간위원회, 1975 참조). 김인득은 1972년 12월 통일주체국민회의 대의원이 되었다.
419) 기독실업인회 회원들은 대통령조찬기도회 준비위원회의 재정위원과 부장으로 적극 참여하였다(윤인식, 『국가조찬기도회 설교집』, 신망애출판사, 1971, 248쪽 ; 『크리스챤신문』, 1973. 4. 21 ; 『기독공보』, 1979. 4. 28 ; 한국기독실업인회 편, 『한국기독실업인회 30년사』, 한국기독실업인회, 1982, 89쪽).
420) 『기독실업인회 30년사』 참조.

수혁명'이라는 주제로 "기업을 복음화하자. 예수신앙이 경제부흥의 제 1 조건이며 경제의 하부구조이다. 지금 우리에게는 사상 최대의 복음화 기회가 주어졌다"고 설교하였다. 전군신자화에 이어 전민족복음화를 목표로 하는 그가 이번에는 기업복음화를 외친 것이었다. 한경직 역시 2부에서 '대전환기의 민족과업 달성을 위한 한국기독실업인과 교회의 역할'이라는 주제의 설교에서 기독실업인들의 전도사업을 강조하였다. 몇 몇 장로기업인들의 간증도 이어졌다. 간증의 내용은 하나님의 은혜로 사업이 번창하게 되었다는 것과 사업체 내에서 전도사업을 얼마나 성공적으로 하고 있나 하는 것이었다.[421] 이는 곧 기독실업인들이 경영하는 기업체에서 고용인들을 종교로 순화시킴으로써 생산량을 늘려 사업을 확장하고 궁극적으로는 국가의 경제발전에 이바지 하자는 논리로, 초창기 산업전도 인식에서 그대로였다.

기독실업인회 회원 중에는 초기부터 산업전도를 지원하던 기업인들도 다수 있었다. 그러나 이즈음 이들은 그동안 자신들이 투자하고 정성을 들인 기존의 산업전도가 산업선교로 바뀌면서 노동자 편에 서기 시작하는 것에 대한 배신감과 불만, 그리고 불안감을 가지고 있었다. 마침 1973년 초 발생한 동아염직과 대한모방에서의 '강제예배반대사건'은 이들에게 상당한 충격을 주었다. 이후 유신체제 하에서 발생한 노동투쟁의 뒤에는 산업선교가 있다는 소식 역시 빠른 속도로 이들에게 전해지면서 산업선교에 대한 강한 거부감을 가지게 되었다.

그러나 개신교 기업주 입장에서는 자신들의 사업체에서 예배를 보고 노동자에게 전도를 한다는 것이 곧 대외적으로 자신의 신앙정도를 나타내는 척도인 만큼 쉽게 포기할 수도 없었다. 따라서 산업선교가 노동자 의식화운동을 열심히 하는 동안 그들은 '전국 산업인 복음화운동'과 '만

---

421) 「실업인 전국대회」, 『기독신보』, 1973. 10. 6.

(萬) 교회 운동'을 펼치는 등 산업선교와는 배치되는 방향으로 노동자 전
도에 열성이었다.[422] 구미와 울산 공단에서는 만 교회 운동의 일환으로
개척교회를 설립하고 회사에서 교회까지 직행하는 복음버스를 운행하며
이 사실을 적극적으로 직원들에게 홍보하기도 하였다. 이는 명목상으로
는 노동자들에게 편의를 도모한다는 것이었지만 노동자들이 산업선교로
빠지지 않게 하려는 의도도 포함된 것이었다.[423] 그들은 노동자들의 인
권을 존중하고 노동환경을 개선시키기 위한 일에는 무감각하고 필요성
을 느끼지 못하면서도, 하나님의 가호로 기업이 번창하고, 그 보답으로
더욱 충실하게 교회에 봉사와 헌신한다는 것을 모임에서 종종 간증하곤
하였다.[424]

　이러한 기업주의 목적에 동의하며 공장예배를 인도하는 목사도 많았
다. 이들은 "여러분의 온갖 근심 걱정을 송두리째 하나님께 맡기십시오.
하나님께서는 언제나 여러분을 돌보십니다(베드로전서 5장 7절)", 또는
"수고하고 무거운 짐 진 자들아 다 내게로 오라. 내가 너희를 편히 쉬게
하리라(마태복음 11장 28절)"라는 성경구절을 애용하였다. 이들의 설교
내용은 "모든 근심은 하나님께 맡기고 범사에 감사한 마음으로 일에 성
실히 임하라", "현재는 고통스럽고 힘들지라도 참고 순종하고 견디면 영
광을 얻을 수 있다", "모든 고민은 기도함으로써만 해결될 수 있다"는 것
으로 노동자의 의식화와 권리 증진과는 거리가 먼 것들이었다.[425]

422) 『기독신보』, 1976. 4. 3.
423) 「산업전도에 새 방향 제시 / 활기 띠는 만(萬) 교회운동」, 『기독신보』, 1975. 11. 8.
424) 「신앙으로 양육하여 대우실업을 낮게 한 전인환 권사」, 『기독교세계』, 1973. 9.
　　30 ; 「산업인 복음화에 주력 부사장 박찬수 장로 부산 송월타올공업사 신우회
　　서 전국 산업인 복음화운동 전개」, 『기독신보』, 1974. 3. 16 ; 「태화기업사 직장
　　예배 / 5년 전 소규모로 시작한 회사가 급성장한 것은 오직 하나님께서 축복
　　해 주신 것」, 『기독교세계』, 1974. 7 ; 「보수적 신앙심을 지닌 차지철 대통령
　　경호실장」, 『기독교세계』, 1974. 8~9월 합본 ; 「산업선교의 현장을 가다」, 『기
　　독신보』, 1975. 12. 27 ; 김인득, 『내 집을 채우라』, 홍성사, 1989, 87쪽.
425) 차옥숭, 「한국의 노동문제와 교회」, 이화여자대학교 석사학위논문, 1976, 59~60쪽

특히 1973년 대한모방 강제예배 반대투쟁 당시 기숙사 사감으로 있던 이용남은 기업과 적이 되면 복음화 하는 길이 막혀버린다며 산업선교의 방법을 비난하였다. 그는 또 "전문적으로 하는 산업선교회에서는 노동자들을 의식화 시키고 인권문제, 노임문제에까지 개입하기 때문에 기업가들로부터 도전을 받고 있다"며, 자신은 정치적인 것을 떠나 완전히 복음을 중심으로 하기 때문에 칭찬이 자자하다고 자랑하였다. 또한 노동자들이 열심히 일해 회사가 이윤이 오르면 자연적으로 공원에게도 혜택이 갈 텐데 공연히 임금투쟁을 해서 회사가 망하면 공원들만 비참하게 되는 것 아니냐며 자신을 합리화하였다.[426] 다른 한편으론 일부 공장전도를 하는 목사들은 새마을운동에도 앞장서서 공장 내 조기청소, 화단 가꾸기, 식당질서 잘 지키기, 언어순화운동 등을 하여 기업주로부터 크게 환영을 받았다.[427]

사정이 이렇다보니 전태일·김진수 사건 이후 노사 간 화해자가 아닌 노동자 편에서 노동자의 인권을 위해 투쟁하기로 한 산업선교 활동이 환영받을 수 있는 여지는 전혀 없었다. 산업선교와 기독실업인 간에 갈등, 그리고 더 나아가 산업선교와 개신교 전반과의, 산업선교와 유신정권과의 갈등은 이렇듯 예정된 방향으로 나아가고 있었다.

2) 유신체제의 나팔수

그동안 개신교 성직자들이 국가정책에 대해 거의 맹목적인 지지를 계속하면서 지배집단의 ·이익만을 선택적으로 대변해 왔다면, 기독실업인

중 이용남(예장 서울 영은교회), 한상면(기독교장로회 서울 가리봉교회) 목사 인터뷰에서 재인용.

[426] 차옥숭, 앞의 글, 59~60쪽 중 이용남(예장 서울 영은교회) 목사 인터뷰에서 재인용.

[427] 차옥숭, 앞의 글, 61~62쪽 중 한상면 목사 인터뷰에서 재인용.

회의 등장은 평신도 기업인들도 종교를 매개로 정치권력에 줄을 대고 그들의 정책에 적극 동조하면서 자신들의 실익을 도모하게 되었다는 것을 뜻하는 것이었다. 기독실업인들은 경제력을 바탕으로 종교행사를 매개로 한 정부-기업연대를 도모함으로써 정부-종교-기업의 특수연대를 구축하는데 성공하였다.[428]

그런 의미에서 한국기독실업인회의 본격적인 활동은 1974년 11월 7일~9일까지 개최된 제2회 전국대회부터라 할 수 있다. 대회는 서울특별시장 초청 환영리셉션을 서막으로 이한빈과 한완상의 특별강연, 임방현 대통령 특별보좌관의 강의로 이어졌다. 한국기독실업인회 회장 김인득은 대회장 메시지를 통해 기독실업인회가 복음주의운동과 그 지도자들, 또한 정부정책과 얼마나 긴밀한 관계를 맺고 있는지를 보여주는 다음과 같은 발언을 하였다.

> 산업사회의 주역을 담당한 실업인의 처사는 사회 각 영역에 막중한 영향력을 가지고 있습니다. (중략) '빌리 그래함 전도대회'와 '엑스플로 74'는 세계 기독교인으로 하여금 눈을 한국으로 돌려 우리가 당면한 문제를 인지시키고 참 뜻을 알게 하려는 운동이었습니다. (중략) 그리하여 세계 기독교인은 어느 정도 한국이 안고 있는 정신의 넓이와 깊이를 이해하였으리라 믿어 의심치 않습니다. (중략) 이번 대회를 통하여 동북아에 위치한 공동의 마당에서 국내외 인사들이 함께 모여 문제해결과 개선책까지 이끌어내자는 의미가 내포되어 있습니다. … [429]

개신교 대형집회의 의도성과 그에 대한 기독실업인회의 기여도가 충분히 짐작되는 내용이 아닐 수 없다.

그러나 그 무엇보다도 이 대회의 하이라이트는 행사 마지막 날 있었던

---

428) 강인철, 2007, 397쪽.
429) 『기독신보』, 1974. 11. 9.

국무총리를 위한 조찬기도회였다. 국회조찬기도회의 창립회원이기도 한 국무총리 김종필을 비롯하여 삼부요인, 외교사절, 각부 장관 등 512명이 참석한 자리에서 김종필은 치사를 통해 반공을 강조하고 유신정권이 개신교에 얼마나 많은 혜택을 주고 있는가를 예로 들면서, 정권홍보와 저항세력의 탈정치화를 위한 거침없는 발언을 하였다.[430] 이는 긴급조치 1·4호가 해제된 이후 에큐메니칼 측이 주도하는 반정부운동이 사회전반으로 확산되고, 특히 외국 선교사들의 참여가 눈에 뜨이게 증가하는 것에 대해 그 불편한 속내를 가감 없이 드러낸 것이었다. 좀 길지만 중요한 부분을 옮기면 다음과 같다.

> … 오늘날 우리 국가와 사회, 그리고 개개인에게 주어지고 있는 가혹한 시련과 이에서 빚어지는 혼란과 위기는 그 대부분이 적화통일을 하겠다고 끈질기게 덤비고 있는 북한 공산주의자들로부터 비롯되고 있습니다. (중략) (그러나) 교역자나 신자 중 일부 사람들이 종교와 종교인으로서의 본연의 위치와 영역을 벗어나 정치적인 집단행동에 가담하거나 그러한 행동에 합류하라고 딴 사람들을 선동하고 … (중략) 로마서 13장에 의거하여 우리 기독교인들은 한 나라의 구성원으로서 정부에 협력하는 것이 당연하고, … 하나님으로부터 그 권위가 비롯되는 민주정부에 대하여 미워하거나 두려워하는 이가 있다면 그것은 곧 악을 행하는 자일 것입니다. 그렇기 때문에 정부의 권능을 부인하려고 하거나, 그 권위에 도전거나, 부당한 방법으로 전복을 꾀하는 자가 있다면 정부는 이들로부터 더 많은 하나님의 선량한 아들·딸의 인권 즉 생존권을 보장하기 위해 그들을 심판하지 않을 수 없습니다.(중략)
> 어떤 이들은 우리 정부가 기독교계를 탄압한다고 주장하고 있는 이가 있는 듯합니다. … 1960년에 6,391개소의 교회가 있었습니다. 그것이

---

430) 『기독신보』, 1974. 11. 9 ; 11. 16 ; 한국기독실업인회 편, 『한국기독실업인회 30년사』, 한국기독실업인회, 1982, 89쪽.

작년 초에는 13,417개소에 달했습니다. 이것은 지난 10년 동안 210%의 증가율을 보인 것으로 실로 경이적인 교세신장이라 하지 않을 수 없습니다. 이 같은 교세 신장은 세계 어느 곳에서도 그 유례를 찾아볼 수 없으며, 종교의 자유가 철저히 보장되지 않고서도 그러한 성과를 거둘 수 있는지 묻고 싶습니다. 이 나라에는 현재 정부가 허가를 내 준 16개의 신학대학이 있습니다. 그들 신학대학 중에는 실제로 재학생수는 9명에 불과한 곳도 있습니다. 일반대학이라면 있을 수 없는 일입니다. 이 일만 보아도 정부가 교파별 신학대학에 대해 얼마나 배려를 하고 있는가를 쉽게 아실 것입니다. 그런 정부가 어떻게 기독교를 탄압한다는 말입니까? … 외국인 선교사들 중 일부가 그 자유가 지나쳐서 정부를 비판하는가 하면 신자들을 동원해 가두데모에 나서게 하고 … 그들은 어디까지나 이 나라의 손님이니 손님이라면 응당 지켜야 할 것이 있고, 남의 나라 정치에 간여하는 것은 어느 모로 보나 이탈행위입니다.… 431)

유신정권 실세가 한 이 같은 발언은 자신들을 추종하는 자에게는 당근을 주고, 반대하는 자에게는 채찍을 날림으로써 체제를 유지하겠다는 강한 의지의 표현이었다. 따라서 이 발언은 몇 가지 향후 전망을 내포하고 있었다. 첫째는 유신정권에 합의하지 않는 에큐메니칼 인사나 단체, 심지어는 외국인 선교사에 대한 탄압계획이 이미 10월 말 혹은 11월 초에 정권 내에서 구체적으로 논의되었다는 것이며, 둘째는 이러한 발언이 기독실업인회 전국대회에서 행해짐으로써 개신교 내 양극화 현상을 더욱 더 심화시키리라는 것이었다. 실제로 김종필의 이 발언 이후 한국산업선교의 개척자인 오글 목사는 인혁당사건이 고문으로 인한 조작이라는 사실을 세상에 알렸다는 이유로 정보부에 끌려가 산업선교 등에 대한 심문

---

431) 「기독실업인회 제2차 전국대회 김종필 국무총리 치사 전문」, 『기독신보』, 1974. 11. 16. 김종필은 이외에도 보수교단이 극동방송국 기지를 한국으로 옮기는 것에 관세법상 문제가 있자 이를 면세통과 시켜주는 등 혜택을 주었다.

1974년 엠네스티 한국위원회에서 한국 인권문제에 대해 발언하는 오글 목사

을 받고 같은 해 12월에 추방당하였다.[432]

정부요인들의 이러한 발언은 이외에도 몇 차례 더 있었다. 1974년 6월 11일 공화당 의장서리 이효상이 "종교지도자들이 자기 할 일을 하지 않고 남의 할 일을 한다면 간판을 바꾸어달아야 할 것"이라고 하고, 이틀 뒤 또다시 "일부 기독교인사들 가운데 성경보다는 빵을 주어야 한다는 주장을 펴는 사람들이 있는데, 이것은 종교지도자로서는 옳지 못한 태도"라고 한 것이다.[433] 두 번째는 김종필의 발언과 같은 시기에 외무장관 김동조가 UN총회 참석차 미국에 가서 주한외국인 성직자들이 국내 정치문제에 간여하는 것은 엄연한 입국목적 위반이라며, 범법행위가 계속될 때에는 이들에 대한 추방령을 내릴 수 있다고 한 것이다.[434] 이러한 현상은

---

[432] 오글 외에도 이후 추방된 선교사는 인혁당사건 당시 격한 시위를 벌인 시노트 신부(1975. 4. 30), 그리고 영산을 돕던 호주 선교사 라벤더(1978. 6. 17) 등이다. 김종필은 이후에도 오글에 대한 비난을 멈추지 않았다(『중앙일보』, 1974. 12. 19).

[433] 한국기독교교회협의회 인권위원회, 『1970년대 민주화운동 Ⅱ』, 1987, 498~502쪽 참조.

1970년대 내내 계속되었는데, 강인철의 표현을 빌자면 국가가 종교 내부의 영역에까지 개입하여 '건전한' 종교의 영역을 협소하게 제한함으로써 '종교의 자유'의 한계, '선교'의 개념과 범위를 규정짓는 것이었다.[435]

11월 18일, NCC는 「최근 정부요인들의 기독교에 대한 발언에 관하여」란 성명서를 발표하여 정부가 언론·집회·선교의 자유를 억압하고 있다고 반발하였다.[436] 그러나 이에 대한 반론은 정작 본인인 국무총리가 아니라 복음주의 지도자들에 의해서 전개되었다. 그들은 WCC와 에큐메니칼운동을 용공이라고 몰아 부치면서,[437] 순수한 신앙운동에 대해 정부는 협조할 뿐이며 탄압한 일이 없다고 국무총리와 정부를 대변하였다.[438] 이들은 또 삼선개헌 지지 이후 아무런 활동이 없던 대한기독교연합회를 등장시켜 외국인 선교사들이 반정부시위를 하는 일은 공산침략자에 대한 이적행위라며 김종필과 김동조의 발언을 두둔하였다.[439] 이후에도 복음주의 측은 반공대강연회를 개최하여 유신체제의 정당성을 옹호하고 NCC를 맹공격하였다.[440] 이는 정권과 보수개신교의 밀착정도를 여실히 보여주는 것이었다. 이로써 복음주의자들의 대정부 종속은 더욱 더 심화되었고, 에큐메니칼 측과는 좁혀질 수 없는 거리를 확인한 셈이 되었다.

그러나 문제는 여기서 끝나지 않았다. 예고된 대로 한국정부는 1974년 12월 14일과 1975년 4월 25일, 한국민의 인권문제에 관심을 갖고 활동하던 오글 목사와 시노트 신부를 강제 추방하였다.[441] 이 사건은 유신 선포

---

434) 『동아일보』, 1974. 11. 9.

435) 강인철, 「민주화 과정과 종교: 1980년대 이후의 한국 종교와 정치」, 『종교연구』 제27집, 한국종교학회, 2002 여름호.

436) 『기독신보』, 1974. 11. 23 ; 『동아일보』, 1974. 11. 19.

437) 『동아일보』, 1974. 11. 28 ; 『경향신문』, 1974. 11. 27 ; 『서울신문』, 1974. 11. 27 ; 『기독신보』, 1974. 11. 30.

438) 『기독신보』, 1974. 11. 23.

439) 「현 시국에 대한 우리의 견해」, 『기독신보』, 1974. 11. 30 ; 「교회는 독재에도 순응해야」, 『동아일보』, 1974. 11. 27

440) 『서울신문』, 1974. 11. 30 ; 『한국일보』, 1974. 11. 30 ; 『경향신문』, 1974. 11. 30.

와 연이은 긴급조치 발호, 김대중 납치사건, 기독교 인사와 학생들의 체포, 구금, 실형 선고로 이어지는 한국 상황을 우려하고 있던 미국 내 반한인사들의 활동에 기름을 부은 격이었다. 오글과 시노트는 추방 이후 미국 내에서 활동하고 있던 미 의회와 언론계의 반박정희체제 인사들과 일정한 연계를 가지면서 활동하였다. 미국 언론은 연일 한국정부가 미국의 원조를 국민억압정치에 사용하고 있다고 비난하였고, 미 의회에서는 도널드 프레이저 하원의원이 인권을 조건부로 한국에 대한 군사원조 수정안을 제출한 것이 초점이 되어 군사원조에 대한 폐지 또는 감축을 실현시킬 가능성이 더 높아졌다.[442]

그러나 한국정부는 고삐를 늦출 시기를 이미 놓쳤고, 한미관계는 악화일로를 걷게 되었다. 그 출발부터 미국의 행정부나 의회로 통하는 별다른 통로가 없던 박정희 정권으로서는 문제를 해결할 능력이 없어 속수무책이었다. 이 상황에서 기독실업인회와 보수개신교의 지도자들은 박정희 정권을 위한 구세주가 되기로 하였다. 자신들의 경제력을 기반으로 대미 민간외교사절이 되기를 자처한 것이다. 이로써 박정희는 대미관계를 원만하게 해결하기 위해 쿠데타 직후에 이어 또다시 개신교의 도움을 받게 되었다.

종교문제는 물론, 자신들을 대변해서 직접 노동통제까지 수행해주는 고마운 정부를 위해 미국민의 반한감정을 순화시키기 위한 방법을 궁리한 기독실업인회는 이 사업을 크게 두 가지 방법으로 전개하였다. 하나는 미국 각계의 영향력 있는 인사들을 초청하여 한국 상황을 이해시키고 미국 내 여론을 환기시키는 것이고, 다른 하나는 직접 미국을 순방하며

---

441) 짐 시노트, 「신부님 이제 마음껏 이야기 하십시오」, 『시대를 지킨 양심』, 민주화운동기념사업회, 2007, 367쪽 ; 조지 오글, 「우리의 마음도 여러분들과 함께 울고 있습니다」, 『시대를 지킨 양심』, 민주화운동기념사업회, 2007, 70쪽 참조.
442) 김명섭, 「1970년대 후반기의 국제환경변화와 한미관계」, 『1970년대 후반기의 정치사회변동』, 백산서당, 1999, 49~50쪽.

가능한대로 많은 사람들을 만나 유신정권의 불가피성을 홍보하여 반한 여론을 순화시키는 것이었다.[443] 이 두 가지 방법은 모두 한국정부의 대미외교 상황이 얼마나 열악한지를 보여주는 대표적인 사례였다.[444]

한국에 초청받아 와서 극진한 대접을 받고 한국교회와 경제의 부흥상만을 본 미국인들은 대부분 한국정부를 이해하고 적극 지지한다는 입장을 표명하였다. 이들은 귀국 후 미국 내 인사들에게 자신의 방한소감과 함께 한국을 지지해주도록 당부하는 편지를 보내는 일도 하였는데, 그들의 초청 비용은 물론 그들이 띄운 편지의 우표 값도 모두 기독실업인회가 전담하였다. 이 사업은 수년간 꾸준히 진행되었다.[445]

미국 순방길에는 유신정권으로부터 다양한 혜택을 받은 기독실업인회 회장 김인득이 직접 나섰다. 그는 1973년 빌리 그래함 전도대회에서 능숙한 영어로 통역을 맡아 급부상한 김장환 목사와 한 조가 되어 활동하였다.[446] 순방은 모두 세 차례에 걸쳐 이루어졌다. 1차는 반한여론이 다

---

443) 조성출,『8만 달러의 우표 값, 13만 통의 편지』, 교학사, 1988, 169쪽.

444) 이 외에도 미국 생활을 오래 했다는 박동선과 김한조, 미국에서 교세를 넓히고 있던 통일교 등이 당시 정부가 활용할 수 있었던 정말 열악한 민간외교 채널이었다. 정부는 박동선과 김한조 등을 통해 미의회 의원들에게 일명 '백설(白雪) 작전'이라는 암호명의 로비전을 벌였다. 이들의 활동은 1976년 10월 15일 워싱턴포스트 지가 보도하면서 "50명 이상의 전·현직 미의회 의원과 미 정부 관리에게 매년 50만~100만 달러의 금품과 선물을 전달했다"고 폭로하였다. 미 언론은 이를 '코리아 게이트'라고 불렀다(김한조,『코리아게이트』, 열림원 1995 참조). 또한 이즈음 국내 교계에서는 통일교에 대한 이단시비와 견제가 끊이지 않았는데, 한국전쟁 직후 우리 사회에 큰 물의를 일으켰던 통일교가 갑작스레 국내에서 언론·식품 분야 등에서 사업을 전개하고 적극적인 홍보·전도 사업을 펼칠 수 있었던 데에는 이와 같은 배경이 있었다고 보여진다.

445) 초청받은 인사들은 대부분 복음주의개신교의 지도자나 교인으로 영향력 있는 인물이었다. 이렇게 지불한 우표 값만 해도 8만 불이나 되었다고 한다(김인득,『내 집을 채우라』, 홍성사, 1989, 90~100쪽 ; 조성출, 앞의 책 참조).

446) 김장환은 1934년 수원 출생인데 한국전쟁 당시 미군부대의 하우스보이로 있다가 미군의 주선으로 17세에 유학을 가 그곳에서 신학대학을 졸업하고 1959년 미국인 아내와 함께 귀국하였다. 수원 중앙침례교회 목사로 재직하던 중 1973년 빌리 그래함 집회에서 통역을 맡아 일약 유명인으로 떠올랐고, 카터와의 인연을 빌미로 이후 지속되는 군사정권과 개신교세력 사이에서 많은 역할을

시 고조되기 시작하는 1975년 1월에, 2차는 베트남전 종료로 국제정세에 큰 변동이 생겨 한미관계에도 재검토가 불가피했던 시점인 1975년 7월에, 3차는 포드 대통령이 하와이대학 동서문화센터에서 '신태평양독트린'을 발표한 직후인 1976년 2월에 시행되었다. 2차 방미에는 새문안교회 장로이자 기독실업인회 회원이며 이듬해 유정회 국회의원이 된 김익준이, 3차에는 김익준과 기독실업인회 회원인 전 통일원장관 신도성이 동행하였는데, 이때의 경비 역시 모두 기독실업인회와 김인득이 부담하였다.[447]

대신 이들이 방미할 때마다 정부는 적극적이고 세심한 지원과 배려를 아끼지 않았다. 문공부와 총리실에서는 로비활동에 필요한 모든 자료를 제공해주었고,[448] 정보부장 신직수는 중요한 인물에게 줄 선물로 모형금관을 마련해 주었다. 또 주미대사 함병춘과 주미공사 김영환, 공보장관 정인식이 수백부의 한국선전용 책자를 지급하고 몇몇 상원·하원의원들과의 면담을 주선하였으며, TV 출연, 신문·방송 인터뷰 등을 주선하는 등 적극적으로 협조하였다. 대한항공에서는 정부를 위해 큰일을 한다며 이들에게 일등석을 제공하였다.

이들은 매번 미국 전역을 돌며 수차례의 조찬모임과 성대한 만찬을 베풀어 저명인사들을 초대하였고, 가는 곳, 만나는 사람에게 마다 폭발적인 증가세를 보이고 있는 한국의 기독교와 무한한 종교의 자유, 그리고 북한이 WCC에 가입하려고 획책하고 있으니 이를 경계해야 한다는 내용을 알리기 위해 많은 애를 썼다. 적극적으로 유신정권의 나팔수 노릇을 한 것이다. 이때 가장 유용한 자료는 1973년과 74년의 여의도 대집회 사진과 실황 녹화테이프였는데, 한국에서의 특별한 경험을 잊지 못하던 빌리 그래

하고 극동방송 승인 등 엄청난 특혜를 받은 대표적 인물이다.
447) 김인득, 1989.
448) 김인득, 앞의 책, 88쪽 ; 조성출, 1988, 137쪽.

함 또한 워싱턴에서의 만찬 자리에서 강연을 하는 등 이들을 도왔다.[449]

특히 1차 순방 때 CBS TV 월터 크롱카이트 프로그램에 출연하여 오글과 대담방송을 한 것은 이들에게 무척 중요한 것이었는데, 이는 오글의 추방이 한국정부의 큰 실책으로 꼽히고 있었기 때문이었다.[450] 이 대담에서 오글은 자신이 추방된 것은 종교박해 때문만이 아니라 자신의 사회적 활동방법을 한국정부가 못마땅하게 여겼기 때문이라고 하였다. 그는 "종교 활동은 기도나 예배, 전도만은 아니다"라고 함으로써 자신이 행한 산업선교와 인혁당사건에 대한 언급도 엄연한 종교 활동이었고, 한국정부가 바로 이것을 문제 삼은 것이라는 사실을 밝혔다.[451] 하지만 김인득은 이 대담이 자신들의 목적을 달성한 성공적인 것이었다고 하였고,[452] 『기독신보』도 이에 대한 기사를 실으면서 「한국에 종교탄압 없다, 오글 목사 TV 출연에서 밝혀」라는 제목으로 왜곡보도도 하였다.[453]

두 번째 순방이 끝난 1975년 10월, 김종필은 역시 기독실업인회가 초청하고 후원한 재미교포 종교지도자들과 재미교포 실업인들과의 조찬기도회에서 '기독실업인은 평화와 번영을 위한 믿음의 사도'라는 요지의 치사를 함으로써 이들의 방미 종교외교가 거둔 성과를 높이 평가하였다.[454] 민간외교사절단은 3차 순방이 끝나고 정부에 「미국여행 귀환보고서」를 제출하는 것으로 역할을 다하였다.[455]

---

449) 김인득,『내 집을 채우라』, 홍성사, 1989 ; 조성출, 1988 참조.

450) 김인득, 앞의 책, 90쪽 ; 조성출, 앞의 책, 139쪽.

451) 조지 오글, 「우리의 마음도 여러분들과 함께 울고 있습니다」,『시대를 지킨 양심』, 민주화운동기념사업회, 2007, 71쪽 ;『기독신보』, 1975. 2. 8.

452) 김인득, 앞의 책, 92쪽.

453)『기독신보』, 1975. 2. 8.

454)『교회연합신보』, 1975. 10. 12.

455) 이들은 이 보고서에서 미국의 종교지도자와 사회 인사들과 교포들을 대거 초청하고, 박근혜, 윤치영, 김연준 등 한국의 저명인사들이 수시로 미국을 방문하여 민간외교를 펼치며, 종교음악단 등이 순회공연을 할 것 등을 건의하였다 (김인득,『내 집을 채우라』, 홍성사, 1989, 182~188쪽 참조) ; 개신교는 주한미

이외에도 기독실업인회는 1975년 7월 1일, 교단과 교파를 불문하고 권력과 돈에 취약한 개신교 지도자들을 한데 묶어 '한국기독교지도자협의회(기지협)'를 구성하였다.[456] 이 협의회는 기독실업인회의 적극적인 후원으로 1975년 3월에 개최된 부활절연합예배와[457] 나라를 위한 기독교연합기도회를[458] 주관해온 19개 교단 대표들로 구성되었다.[459] 이 단체의 활동계획과 목적은 현재 한국교회가 당면한 어려운 문제를 범교회적으로 해결할 것과, 외국교회의 여론을 환기하기 위해 해외홍보활동을 적극적으로 벌일 것 등이었다.[460]

기독교지도자협의회는 1975년 7월 26일, 광복 30주년을 기해 19개 교단

군 철군문제가 한반도를 뜨겁게 달구던 1977년, 주한미지상군철수 반대를 미국교회와 정계에 여론화시키기 위해 또다시 예장총회의 김민제 총회장을 위시한 8명을 미국에 파견하였다. 이에 미국연합장로회와 미국남장로회는 각각 한국에서의 미 지상군 철수에 대한 결정을 제고토록 카터 대통령에게 요청하였다고 한다(「철군반대 건의 미국의 도덕적 책임 강조」, 『장로회보』, 1977. 7. 12).

456) 이 단체의 초기 명칭은 '기독교범교단지도자협의회'였다(『복음신보』, 1975. 7. 6 ; 『교회연합신문』, 1975. 7. 6 ; 『크리스챤신문』, 1975. 7. 12). ; 강명순 자필 노트, 「한국기독교지도자협의회에 관하여」, 1976. 3. 2.

457) 개신교의 최대 행사인 부활절연합예배는 1950년대 말 교회의 분열 이후 진보교단과 보수교단으로 나뉘어 남산과 덕수궁에서 각기 진행되다가 1975년부터 기독실업인회에서 경비 일체를 담당하기로 하고 연합예배로 보게 되었다. 이 행사 역시 다른 기독교대형집회들과 마찬가지로 여의도에서 개최되었는데, 당국의 협조로 새벽 4시부터 오전 8시까지 서울시내버스 1,600대의 노선버스가 여의도를 통과하도록 하였다(『복음신보』, 1975. 3. 30 ; 『크리스챤신문』, 1974. 4. 5 ; 『주간종교』, 1975. 4. 9).

458) 한경직을 위원장으로 한 '나라를 위한 기독교연합기도회'는 1975년 6월 22일, 6·25 25주년을 맞이하여 베트남 종전 이후 인도차이나 사태와 사이비 종교의 난립, 부정부패와 불신 등 사회 부조리의 문제들 회개·반성하기 위한 것으로 여의도 광장에서 18개 교단 공동으로 개최되었다. 언론은 이를 "전후 최대의 전쟁의례 기념"이라고 보도하였다(『동아일보』, 1975. 6. 5, 6. 23, 6. 25 ; 『경향신문』, 1975. 6. 23 ; 『서울신문』, 1975. 6. 23 ; 『조선일보』, 1975. 6. 23 ; 『기독공보』, 1975. 6. 14 ; 『크리스챤신문』, 1975. 6. 14 ; 『주간종교』, 1975. 6. 18 ; 『기독공보』, 1975. 6. 21 ; 『크리스챤신문』, 1975. 6. 28 ; 『복음신보』, 1975. 6. 29 ; 『기독실업인회 30년사』, 96~99쪽).

459) 『기독실업인』, 1975. 8. 15.

460) 『복음신보』, 1975. 7. 6 ; 『교회연합신문』, 1975. 7. 6 ; 『크리스챤신문』, 1975. 7. 12.

이 모두 모여 세종호텔에서 기자회견을 자청하고 「세계교회에 보내는 한국교회 선언문」을 발표하는 것으로 활동을 개시하였다. 이는 김인득이 2차 방미를 앞두고 기획한 것이었다.[461] 선언문은 "아직까지 한국교회는 정부로 인해서 그 신앙이나 교회에 간섭이나 침해를 받은 일이 없고, 선교활동도 큰 제약 없이 자유로이 계속하고 있다"고 강변하였다. 또한 "대한민국의 주권 없이는 이 땅에 교회도 있을 수 없음을 인정하고 현 시국 하에서는 신앙수호와 국가 안보를 우리의 제일차적인 과업으로 간주한다"고 하였다. 이어서 전개된 8개항 주장에서는 "외국 선교단체의 재정적인 원조는 환영하나, 우리의 자주성을 침해하지 않는 범위 내에서 계속 협조해 줄 것을 요망한다"는 어이없는 요구를 하기도 하였다. 이는 인도차이나사태를 빌미로 긴급조치 9호를 발호하고 인권을 탄압하는 정부의 입장을 충실히 대변함으로써 방미사절단에게 힘을 실어주기 위함이었다.[462]

한국기독교지도자협의회는 1976년 4월에도 기독실업인회의 재정 지원을 받아 "미 상원 외교의 대외원조소위에서 행한 청문회에서 도널드 프레이저가 발언한 친공적인 망언에 대하여 한국의 400만 기독교인과 3,500만 한국민은 유감으로 생각하지 않을 수 없으며, 다시는 그런 실언을 하지 않기를 경고하는 바이다…"라는 프레이저 의원 발언 규탄성명서를 발표하였다.[463]

그런가 하면 기독교지도자협의회는 당시 수도권특수지역선교위원회 선교자금사건으로 구속 기소되어 재판을 받고 있던 NCC총무 김관석 목사에 대한 관대한 처분을 바라는 진정서를 발표하기도 하였다.[464] 그러

---

461) 김인득, 『내 집을 채우라』, 홍성사, 1989, 93쪽.
462) 『기독공보』, 1975. 8. 9. 강인철, 2007, 244쪽.
463) 김인득, 1989, 188~190쪽 참조.
464) 『경향신문』, 1975. 7. 26 ;『동아일보』, 1975. 7. 26. 수도권특수지역선교위원회 선교자금사건은 1975년 4월 3일 서독교회의 원조자금을 NCC 총무 김관석과

1977년 한국기독실업인회 주최로 개최된 세계기독실업인대회

나 김관석 목사의 구속 이유가 종교계와 민주화운동의 고리를 끊어내려는 정치적 이유에서 비롯된 것인 만큼, 그리고 이미 선언문의 내용이 정부의 에큐메니칼 측에 대한 탄압을 옹호하는 것인 만큼 이는 어디까지나 악어의 눈물일 뿐이었다.

이후에도 한국기독실업인회는 지속적으로 기독교지도자협의회를 재정적으로 지원하여 교계 현안들과 함께 정치적 사안들에 대한 보수적 개입에 적극 관여하였다. 결국 기독실업인회는 재력을 바탕으로 오랜 기간

위원장 박형규, 실무자 권호경, 한국교회사회선교협의체 사무총장 조승혁이 변태사용(긴급조치 위반으로 구속된 수감자를 돕는 일)했다 하여 업무상 배임 혐의로 구속한 사건이다(한국기독교교회협의회 인권위원회, 『1970년대 민주화운동 Ⅱ』, 1987, 586~641쪽 참조). 이 사건은 유신반대운동을 하는 종교인들을 빨갱이로 모는 것이 곤란해지자 횡령죄를 적용하여 파렴치범이라는 낙인을 찍으려 한 것이었다.

분열되어 있던 한국 개신교 교단과 교파의 대부분을 하나로 결집하는데 성공함으로써 에큐메니칼 측을 고립시키는데 큰 역할을 한 셈이다.

■소 결

이승만 집권기 12년 동안 기독교가 국교도 아닌 나라에서 온갖 혜택을 누린 개신교는 1960년 4월혁명으로 잠시 반성의 기미를 보였으나, 5·16 쿠데타가 발생하자 또다시 쿠데타 정권을 환영하는 성명서를 발표하는 등 정권에 아부하는 모습을 보였다. 군사정권이 한일협정 비준을 강행하는 과정에서 개신교는 이에 반대하여 성명서도 발표하고 시위도 하였지만, 이는 정부정책에 대한 비판이이 아니라 과거 자신들의 친일활동에 대한 면죄부를 얻고자 했던 것으로 이해할 수 있다. 이들은 곧바로 박정희가 주도하는 베트남전 참전을 반공주의의 보루답게 적극 지원하고, 치밀한 준비로 대통령조찬기도회를 성사시켜 온갖 아부의 말로 설교와 기도를 쏟아내며 정권에 밀착했기 때문이다. 개신교는 1950~60년대에 여러 번 분열하며 진보적인 WCC계열과 보수복음주의계열로 나뉘었지만, 한국 개신교의 본질은 보수복음주의였기 때문에 교단이나 교파에 상관없이 대다수가 정권과의 밀월에 동참하였다. 다만 소수의 에큐메니칼 인사들만이 박정희의 삼선개헌을 반대하고 산업선교를 하며 나아가 유신체제 반대세력으로 성장하게 된다.

대다수의 개신교 지도자들은 박정희 정권에 대한 지지의 대가로 급성장할 수 있는 기회를 얻었다. 또 70년대에는 '빌리 그래함 한국전도대회'와 '엑스플로 '74'와 같은 초대형 집회를 치르며 한국 개신교의 세를 과시할 수 있었는데, 박정희는 또 이를 이용해 자신의 독재를 대내외적으로 합리화시키는 데 사용하였다.

개신교와 박정희 정권의 유착에서 빼놓을 수 없는 것이 기독실업인들이다. 대부분이 교회 장로였던 이들 역시 화려한 대통령조찬기도회나 대형집회 등에 재정을 담당하며 정권에 밀착하였다. 마침 박정희 정권이 수출드라이브 정책에 선성장 후분배를 내세우고 있었기에 이들은 이 기회를 이용하여 사업을 확장시키고, 경우에 따라서는 정권 실세와 혼맥까지 형성하며 자신들의 세를 불려나갔다. 특히 김인득은 한국정부가 외국인 선교사 추방 등으로 대미관계에서 어려움에 빠지자 자비를 들여 직접 미국을 순방하며 유신체제를 옹호하고 그 불가피성을 설명하는 등 유신체제의 나팔수 노릇을 하였다.

그러나 이들은 모두 산업사회 가장 밑바닥에서 저임금과 고된 노동에 시달리는 노동자들에 대해서는 아무런 관심이 없었으며, 오히려 노동자들에게 예배를 강요하고 산업선교를 경계하였다.

제4장
산업선교와
노동운동

제4장 산업선교와 노동운동

▮1. 산업선교의 노동운동과 수난

1970년대 초반, 한국사회는 "잘살아보세"라는 구호 아래 경제개발 5개년계획이 한창 진행 중이었다. 공장이 하루가 다르게 늘어나고, 농촌에서는 새마을운동이 한창이었다. 수출증대, GNP 몇천 불, 선진국 대열, 근대화의 역군 등등의 낱말들이 어디에나 흔하게 널려있었다.

선성장 후분배를 경제전략으로 삼고 있던 박정희 정권은 1960년대에 이어 1970년대에도 다양한 산업부문에 대해 억압적인 노동정책으로 시종일관하였다. 노동자들은 예외 없이 제대로 된 임금도 받지 못하고 휴일에도 쉬지 못하면서 12시간 노동도 모자라 잔업으로 밤을 꼬박 새우기 일쑤였다. 박정희 정권이 추진한 세계시장 지향의 수출공업화정책에서 낮은 임금과 장시간 노동은 국제경쟁력의 중요한 요소였기 때문이다. 박정희 정권의 노동통제정책은 크게 보아 두 가지, 곧 물리력을 이용한 법적·제도적 탄압과 반공이데올로기를 이용한 탄압이었다.

1970년대 노동억압정책은 단계를 밟아 상당히 조직적으로 진행되었다. 그 첫 단계는 1971년 12월 27일 기습으로 통과된 국가보위법에 의한 노동자들의 단체교섭권과 단체행동권의 규제였다. 1972년 3월에는 1968년부터 한국노총 노동조합간부교육의 재정을 전담하다시피 하던 독일 에버트재단이 전태일지원사업을 하였다는 이유로 강제 철수당했다.[465] 정부는 또한 1973~74년에 걸쳐 각종 노동관계법을 개정하였다. 개정노동법은 국가가 노동자의 단결권 자체에 대한 법적 통제를 가하지는 않았다. 그러나 노조조직에 대해 '전국적 규모를 가진 노동조합'과 '산하노동단체'라는 표현을 삭제함으로써 당시까지 노동조합법이 산별체제를 지향하던 규정을 무력화하는 것이었다. 또한 집회 및 시위에 관한 법률을 통해서 노동쟁의의 장소 및 수단을 극도로 제한하고, 노동자의 단체행동권과 단체교섭권을 제한함으로써 노동조합을 사실상 무력화시켰다. 그 대신 협조적 노사관계를 지향하는 노사협의회 기능을 강화시켰다.[466]

이에 따라 1973년부터 정부는 개별기업이 노사협의제를 설치할 것을 적극적으로 권장하였다. 노사 간의 갈등관계를 협조적 관계로 대체하겠다는 의도였다. 노동자들이 자신의 역할에 충실하고, 그 일에 대한 정당한 대가를 얻는 것은 당연한 일이다. 그러나 이익을 분배하는 단계에서 고용주는 노동자에 대한 배려나 정의를 외면하는 것에 익숙해 이러한 제도가 불편할 수밖에 없었다. 기업가들은 노사협의제가 처음 실시될 때에는 반대를 표시했다. 그러나 곧 이 기구가 노동자들의 일방적인 양보를 끌어내기 위한 것이라는 것을 인식하게 되면서 적극적으로 수용하기 시작하였다. 1970년대 후반기에 들어서는 대상 사업체의 90% 이상이 이 제도에 합의하였다. 노사협의제는 용어자체로는 이상적이지만, 노동자들의 단결권이 억제된 상태에서는 오히려 노동계급의 이익을 크게 배제하는 노동통제의 주요한 제도적 장치로 기능했다.[467] 게다가 한국노총이 적극

465) 당시 에버트재단 직원이던 조양숙 인터뷰, 2008. 12. 18.

466) 한국기독교교회협의회 한국교회산업선교 25주년기념대회, 『1970년대 노동현장과 증언』, 풀빛, 1984 ; 김호기, 「1970년대 후반기의 사회구조와 사회정책의 변화: 노동정책과 복지정책을 중심으로」, 『1970년대 후반기의 정치사회변동』, 백산서당, 1999, 177~178쪽 참조.

467) 이규창, 「우리나라 노사협의제의 전개와 경영문화상의 문제」, 박세일 · 이규창 · 이영희, 『노사협의제 연구』, 한국개발연구원, 1983, 94쪽.

적으로 유신체제를 환영하는 쪽으로 입장을 정리함으로써 노동조합 활동은 극히 약화되었다. 노동자들이 자주적인 힘을 키울 수 있는 공간과 여건이 마련되지 않은 상황에서 노사 간의 협력관계가 유지된다는 것은 허구였다. 이제 노동조건이나 임금결정방식은 사실상 자본가의 주도하에 놓이게 되었다.[468] 저임금구조와 장시간 노동, 고용불안정이 심화되었지만, 억압과 사슬로 위협하며 조용하라는 일방적인 명령에 의해 참고 견디는 것만이 노동사회의 윤리가 되고 만 것이다.

노사간의 문제를 '화해'로 풀겠다는 노력은 이미 60년대 후반부터 산업선교가 하던 것이었다. 그러나 산업선교는 더 이상 노사합의가 아닌 '노동자 편들기'로 입장을 굳힌 상태였다. 이제 산업선교는 노총과 교회가 외면하는 노동자의 인권을 위해 일하는 유일한 단체가 되었다. 정부나 기업으로서는 전혀 달갑지 않았으며, 노총 또한 자신들의 자격지심을 자극하는 산업선교의 활동이 반가울 리 없었다. 산업선교의 활동은 결국 기업과 국가권력이 그들과는 비교도 되지 않는 소규모 노동운동 단체를 상대로 하는 싸움으로 비화되었다. 몇 명 안 되는 실무자와 제대로 된 지원도 없는 작은 단체가 정부와 기업, 교회를 상대로 투쟁한다는 것은 어디로 보나 다윗과 골리앗의 싸움이며, 현실적으로 결코 승산 있어 보이지 않는 것이었다. 그러나 역설적으로 산업선교의 노동운동은 이때부터 본궤도에 오르게 되었다.

1) 영등포산업선교회의 소그룹활동

유신 선포 직후인 1972년 11월 28일, 영등포산업선교회는 이틀에 걸쳐 시경 수사과로부터 강제수색을 당하였다. 한국모방사건이 마무리된 지

---

[468] 김형기, 『한국의 독점자본과 임노동』, 까치, 1988, 307~308쪽 ; 『1970년대 노동현장과 증언』, 풀빛, 1984, 247~251쪽 참조.

한 달이 지난 후였다. 수사관들은 수사의 목적이나 이유도 밝히지 않은 채 일체의 서류와 몇 십 원짜리의 영수증까지 낱낱이 수색하고, 산업선 교와 관련된 사람들도 수사하였다. 이후 영산에는 매일 영등포서 정보과 형사가 출입하여 사찰을 하기 시작하였다. 정부의 산업선교에 대한 견제가 시작된 것이었다. 이에 영산은 예장총회장, 기독교대한감리회 감독, 영등포도시산업선교회회장 명의로 강제수사 진상규명을 요청하는 질의서를 내무부장관, 국무총리실, 법무부장관, 검찰총장, 서울시경국장, 영등포경찰서장에게 보냈다.[469] 그러나 그 어디서도 답변은 없었고, 계엄사령부는 영산이 그동안 매년 실시하던 프로그램에 대해서도 집회허가를 내주지 않았다.

더 이상 노조 지도자 훈련 프로그램과 같은 공식적인 활동을 할 수 없게 된 영산은 한국모방사건을 해결하기 위해 시도되었던 소그룹활동에 착안하였다. 소그룹활동은 동서고금을 막론하고 정치적 압박과 탄압이 심한 경우 의식화 및 조직화의 초기단계에 가장 일반적으로 채택되는 고전적인 방식이다. 활동할 수 있는 방법들이 모두 차단당한 산선이 대안으로 택한 방법 역시 이것으로, 공장 노동자들을 상대로 소그룹을 통해 의식화교육을 시키려는 것이었다. 조지송은 1960년대 초 영산에 발을 들여놓을 때부터 친숙한 관계를 유지하고 있던 동아염직과 대한모방 노동자들과 함께 처음으로 하나의 소그룹을 만들었다. 효과는 기대 이상이었다. 소그룹은 금세 입소문을 타고 늘기 시작해 같은 해 말 경에는 그룹수가 20개가 넘게 되었다.[470]

여성노동자들이 대부분인 이 두 회사는 개신교 장로인 이봉수와 김성섭이 함께 운영하는 관련업종이었다. 이들은 산업전도를 초창기부터 지

---

[469] 「질의서: 영등포도시산업선교연합회 강제수사 진상규명 요청에 관한 일」, 1972. 12. 22.

[470] 성공회대학교 사회문화연구소, 『1970년대 산업화 초기 한국노동사 연구: 노동운동사를 중심으로』, 노동부, 2002. 12, 195쪽.

원하였으며, 공장 내에 노동자들을 위한 교회를 지을 정도로 열성적이었다. 그러나 이즈음 대한모방과 동아염직의 경영주들은 조지송이 미국에 다녀온 후 "무엇인지 모르게 반항적이며 거만해진 태도"를 보이는 것에 대해 불편한 감을 갖기 시작하였다. 또 예전과 다르게 노동자들이 몰려 다니며 산업선교 활동에 열중하는 것도 의아하게 여겨졌다.[471] 그래서 산업선교 회원이라는 노동자들에게 은연중에 또는 노골적으로 간섭도 하였다. 그러자 영산은 진정서를 내고 회사는 근로자들이 산업선교에 참가하는 일에 대해 음으로나 양으로나 간섭하지 말아달라고 요구하였다.[472]

결국 1973년 1월 29일, 경영주의 우려대로 대한모방에서는 20여 개 소그룹을 통해 의식화교육을 받은 노동자들이 처음으로 회사에 반기를 드는 사건이 발생하였다. 회사가 노동법을 어기며 노동자들을 혹사하고, 종교성향에 상관없이 강제적인 수단으로 예배를 보게 하며, 예배시간에 존다든지 예배 참석을 안 할 경우에는 외출을 하지 못하게 하는 벌칙을 받게 한다는 것이었다.[473] 영산 소그룹 의식화교육의 첫 성과가 '노동조건 개선과 강제예배반대투쟁'으로 현실화된 것이다. 그러나 기업주들은 당시 상황으로는 장시간 노동이나 휴일에 쉬지 못하는 것은 전국 어디나 비슷한 상황이므로[474] 어이없다는 반응이었다.[475]

---

471) 당시 이 사건을 담당했던 대한모방 총무부장 이○수는 "(조지송이) 1971년 미국에 다녀온 후 거만해져서, 이전처럼 아이들 데리고 놀고 하는 것만으로는 안 된다고 하면서 태도가 변하기 시작했다"고 하였다(대한모방 이○수 인터뷰, 2007. 10. 27). 미국 연수 후의 자신감과 소신이 기업 입장에서는 이렇게 보인 것이다.

472) 영등포산업선교연합회, 「진정서」 ; 「동아염직사건 배경과 전개」.

473) 임경자, 「강제예배도 예배입니까?」, 1973. 4. 11 ; 대한모방 노동자 일동, 「진정서」, 1973. 1. 29 ; 고성신, 「산업역군이던 70년대를 돌아보며」, 『영등포산업선교회 40년사』, 456~458쪽.

474) 「사업장 96%가 위반 / 근로조건 명시 않고 시간 외 혹사 / 3천8백 업소 감독 결과」, 『서울신문』, 1973. 10. 16 ; 「사설」, 『동아일보』, 1973. 10. 19.

475) 『영등포산업선교회 40년사』, 1998, 456쪽. 대한모방 전 총무부장 이○수는 회사로서는 그동안 돈들인 것도 있는데 뒤통수 맞은 기분이었다고 하였다(이○수 인터뷰, 2007. 10. 27).또 대한모방에서 1955년부터 25년을 근무하고 1970년

조지송은 목사로서 감히 예배반대 투쟁을 한 이유를 이렇게 설명하였다.

전국에서 기독교를 팔아 기업을 운영하는 기업주들에게 조종을 울린 것이지. 다른 회사도 많았지만 본보기로 한 것이야. 파급효과가 상당했어요.476)

개신교 장로라고 하면서 전혀 종교인답지 않게 노동자에 대한 배려가 없는 것에 대한 경고였다는 것이다. 실제로 당시 많은 기업체에서는 기업주나 회사의 간부가 종교인이라는 사실과 노동자들에 대한 대우나 작업환경, 노동법을 지키는 것과는 상관관계가 없는 경우가 대부분이었다. 삼도물산은 공장장이 예장 집사였지만 근로자를 상습 폭행하였고, 어떤 모직회사의 공장장 역시 예장의 장로이자 저명한 목사의 아들이었지만 "교회에서나 장로지 회사에서도 장로입니까. 신앙과 기업은 어디까지나 분리되는 것 아닙니까"라고 하였다 한다.477) 종교인이라면서도 인격을 가진 사람을 노동력으로만 취급하고 있었던 것이다. 『기독신보』도 「기독교인들의 기업윤리」라는 제목의 글에서 "크리스찬 경영주들이 노동자에게 과연 크리스찬의 사랑과 온정을 베풀고 있는가. 오히려 불신자의 기업체보다도 낮은 임금, 보건시설의 빈약, 복지면에서 뒤떨어지고 있다면 어느 교회의 장로 집사가 경영한다고 해서 그들을 신뢰하고 노동조건에 순응할 수 있을 건가" 하고 반문할 정도였다.478)

대 초반에 공장장을 지낸 심○○은 조지송이 늘 회사 내 작은 사무실에서 살다시피 하였다고 하였다. 그는 회사와 사이가 좋던 산업선교가 갑자기 반기를 든 것에 대해 "노동착취에 대한 것보다는 소위 장로들이 기업해서 돈을 벌었으면 좀 내놓고 해야 하는데 그걸 안한다고 해서 그랬던 것"이라고 보았다(심○○ 인터뷰, 2007. 10. 25).

476) 조지송 인터뷰, 2007. 11. 23.
477) 김경락, 「1975년도 전반기 활동보고와 후반기 활동계획」.
478) 『기독신보』, 1976. 12. 18.

그러나 상대적인 것이긴 하지만 당시 대한모방은 양성공의 경우 하루 임금이 149원 86전, 본공인 경우 450원으로 동일업종인 한국모방이 양성공 127원 95전, 본공 321원인데 비해 대우가 좋은 편이었다.[479] 더구나 전도를 위한 예배행위가 문제라는 것, 그리고 그것을 목사가 선동하여 투쟁으로 발전시켰다는 것은 장로 기업인으로서는 도저히 납득할 수 없는 사안이었다. 따라서 공장에서는 곧바로 주동자를 찾아 해고하고 산업선교회원들을 탄압하였다. 영등포경찰서에서는 1973년 2월 9일 실무자인 조지송과 김경락을 연행해 정보3계에서 철야심문 하였다.[480] 조지송의 말대로 교회의 체질은 권력층과 관계가 아주 깊은데다 교인 중에 경찰간부 또는 관이나 기업의 유력인사들이 포진해 있다 보니, 이러한 기업을 건드린다는 것은 직통으로 관(경찰)을 건드리는 것과 마찬가지였기 때문이었다.[481]

그러나 영산은 이에 지지 않고 "크리스찬 경영자들 자신도 기업윤리와 신앙양심을 떠난 비인도적인 입장에서 기업의 이윤만을 추구하는 행위는 범교회적 입장에서 비판해야 한다"며 그동안 노동법은 무시한 채 강제예배 보는 것만으로 사명을 다했다고 착각하던 장로기업인들을 비난하는 성명서를 발표하였다.[482] 또한 산업선교 활동에 동의하는 소장목사들을 중심으로 '대한모방 부당해고 근로자 복직추진위원회'를 결성하여 자금모금운동과 서명운동을 하고, 진정서와 성명서를 계속 배포하였다. 회사 측을 수차례 방문하여 해고 노동자의 복직을 요구하고 항의도 하였다.[483] 그러자 이 사건은 곧 교회 내 재력 있고 영향력 강한 장로들과 기

---

479) 원풍모방 해고노동자복직투쟁위원회 엮음, 『민주노조 10년: 원풍모방 노동조합활동과 투쟁』, 풀빛, 1988, 26쪽 ; 『원풍모방 노동운동사』, 삶이 보이는 창, 2010, 82~83쪽.
480) 영등포산업선교연합회, 「한국도시산업선교연합회 성명서 ; 김경락 목사 조지송 목사 영등포경찰서 강제연행의 건」, 1973. 2. 28.
481) 조지송 인터뷰, 2007. 11. 23~24.
482) 영등포산업선교연합회, 「각 교단 총회장님께 고합니다」, 1973. 2. 28 ; 영등포산업선교연합회, 「크리스찬 경영주 제위께 고합니다」, 1973. 2. 28.

존교회의 방향성에 문제의식을 가지고 있던 소수 소장목사들과의 갈등으로 비화하였다. 산업사회에 대한 이해가 없는 교계에서는 산업선교와 소장목사들이 좋은 일 하는 장로들을 방해했다는 비난이 거세게 일었다. 산업선교회가 좋은 단체인 줄 알았는데 큰일 날 뻔 했다며 재정적 지원을 끊은 곳도 있고, 이 일로 산업선교에 대해 노골적인 경계를 시작한 사람도 많아졌다.[484] 그래서 해고자 복직 추진위에 가담했던 목사 중에는 소속교회의 장로들과의 불화로 교회를 사임하는 경우도 있었다.[485]

영산으로서도 그동안 자신들에게 협조적이던 장로의 사업체를 상대로 이렇게까지 투쟁한다는 것이 결코 쉬운 일은 아니었다. 조지송도 스스로 "(대한모방사건은) 내가 지금 생각해도 그 상황에서 어떻게 그렇게 할 수 있었는지 경이로운 일"이라고 하였다. 성공이나 실패가 문제가 아니라 교회 선교단체가 예배반대를 했다는 자체가 대단한 일이었다는 것이다.

그런데 이 사건에는 표면적으로 제기된 위의 두 가지 문제제기 외에 아주 중요한 요소가 잠재해 있었다. 산업선교 실무자들의 노동자 중심 활동 목적이 기업주 장로들의 기대치와 다르다는 것을 분명히 공표한 사건이었다는 것이다. 그리고 산선 실무자는 이미 이 양자 간에 갈등이 발생할 것을 예측하고 있었다. 곧 이 사건은 영산이 목표를 정하고 전략적으로 새롭게 시도하는 소그룹 의식화운동의 효과와 투쟁방법에 대한 실험이었다.

'대한모방 부당해고 근로자 복직추진위원회'는 문제를 해결하기 위해 공장관계자와 여러 번 면담을 시도하였다. 그러나 워낙 감정의 골이 깊

---

483) 영등포도시산업선교연합회, 「대한모방 여성근로자 복직을 위한 서명 청원의 일」, 1973. 4. 2. 이 글은 대한모방 사장 김성섭과 가톨릭대학생회, JOC, 천주교중앙협의회, 가톨릭시보사, 장로회신학대학, 각 교회 목사, 전도사, 장로, 구세군, 산업선교 실무자, 동남아시아 산업선교위원장, 한국노사협회 회장 등에게로 보내졌다.
484) 조지송 인터뷰, 2007. 11. 23~24.
485) 『영등포산업선교회 40년사』, 154~160쪽.

다보니 의견 차는 좀처럼 좁혀지지 않았다. 회사 측은 오히려 같은 해 5월 30일, '빌리 그래함 전도대회'를 인도하러 온 강사 중 한 사람을 초청하여 노동자들과 함께 예배를 본 후 전체 종업원 단합대회를 열었다. 그리고는 노동자들을 선동하여 박수로써 산업선교를 공격하는 「결의문」을 채택하고, 이를 회사 내 게시판과 식당에 게시하였다. 결의문의 내용은 "산업선교회는 본래의 목적을 떠나서 노사 간의 이간을 획책하고 선량한 노동자를 현혹하여 질서문란, 명예훼손을 일으켜 유신과업 수행에 역행하는 집단이므로 사내의 산업선교회원은 노동자들 스스로가 축출하겠다"는 것이었다.[486]

또한 전국 장로교회에 "본 사건은 교단에서 사업비를 받아 운영하는 산업선교가 하라는 선교는 안하고 불법적으로 노동문제를 다룬 결과 발생한 일이며, 자신들의 잘못이 아니"라는 내용의 해명서를 보냈다. 이 기업의 경영주들이 장로로 있는 동신교회도 산업선교가 노동자를 선동하여 불신자 전도를 목적으로 한 예배를 방해한다는 내용의 유인물을 제작하여 전국 교회에 배포하고, 기독교방송과 『기독공보』등 개신교 매체를 통해 홍보케 하였다.[487]

이 사건은 결국 발생 반년이 지난 7월 26일, 해고자를 복직시키되 1개월 후 자진사퇴토록 한다는 데 합의함으로써 마무리 되었다. '합의사항 약정서'에는 엄연히 합의된 내용을 왜곡 또는 확대하여 선전하지 않기로 한다는 사항이 있었지만,[488] 이 사건에 대한 소문은 어느새 교회와 기독실업인들, 그리고 다른 사업체에도 파다하게 퍼져 나갔다. 이를 계기로 그동안 산업선교를 지원하던 교회들은 더 이상 산업선교를 키우면 안 되

---

486) 대한모방 부당해고자 복직추진위원회와 영등포산업선교연합회가 제공한 「결의문」, 1973. 6. 11.
487) 『기독공보』, 1973. 7. 6 ; 조지송 인터뷰, 2007. 11. 23~24.
488) 영등포산업선교연합회와 대한모방 간 「합의사항 약정서」, 1973. 7. 9.

겠다고 생각하게 되었고, 기업인 장로들은 교회와 교단, 산업계에 산업선교에 대해 절대적으로 부정적인 견해를 계속 확대 재생산하였다.[489] 한 장로는 산업선교는 크리스챤경영주 입장에선 "역적"이라고 단언하였다. 기독교인의 사명인 전도사업과 산업발전에 도움을 준 것이 아니라 방해만 했다는 것이다.[490] 조지송은 이 사건을 산업사회와 교계에 던진 "작은 돌"이었다고 표현하였다.[491] 그러나 그 파장은 예상보다 컸고, 산업선교 활동의 앞날에 깊고 어두운 그림자를 드리우게 되었다.

이후 기업주 장로들을 중심으로 한 강력한 반(反)산업선교 정서는 계속 성장하여 1980년대 초에는 조직적 세력으로 화하였고, 예장총회를 동원함으로써 산업선교 파괴에 결정적인 역할을 담당하게 된다. 따라서 이 사건은 단순한 노동운동이 아니라 목사인 산업선교 실무자와 소그룹활동을 통해 의식화된 노동자들이 교회와 경영주의 권위에 맞서 문제를 제기한 첫 투쟁이라는 의의를 가지고 있다.

강제예배반대사건이 일단락 된 후, 영산은 산업선교 활동을 불신하고 의심하기 시작한 일선 교회들과 단체들을 설득하고 이해시키기 위해 1973년 10월 '산업선교활동 평가회'를 개최하였다. 이 평가회에는 산업선교위원과 총회 총무, 장로회 신학대학장, 그리고 산업선교를 후원하고 있던 영락교회 전도부 간부와 여전도회 간부들을 초대하였다. 실무자들은 이들과 장시간의 대화를 통해 산업선교 활동의 정당성을 설명하느라

---

489) 이를 계기로 예장통합의 재력이 있는 장로들은 소장파 목사들에 대립하여 『장로신문』을 창설했는데, "장로들이 맘 놓고 목사들을 비판하고 목사와 대결하기 위해 설립하였다"고 한다. 이 신문은 1970년대 후반으로 갈수록 산업선교를 맹공격하였다(『장로신문』, 유○○ 장로 인터뷰, 2007. 12. 21).

490) 장로신문 유○○ 장로 인터뷰, 2007. 12. 21 ; 당시 대한모방 공장장이었던 심○○는 사건이 갑작스레 해결된 것은 아마도 영락교회나 총회에서 압력이 들어가서 그랬을 것이라고 하였다. 또 당시 노동운동이 일어났던 다른 회사들은 모두 극단적으로 말하면 산업선교 때문에 회사가 뒤집어지고 망했다고 보아야 한다고 하였다(심○○ 인터뷰, 2007. 10. 25).

491) 영등포산업선교연합회, 「1972년도 활동보고서」.

애썼다. 그러나 그들은 교회 선교단체가 노동자들의 입장을 옹호하는 것이 과연 성서적인가에 대해 의문을 가졌고, 실무자들의 노력은 그리 효과를 보지 못하였다.[492]

종교인들의 허식과 이율배반적 행동을 또다시 확인한 조지송은 이후 노동자들과 소그룹을 하고 노동운동을 하면서 단 한 번도 기도와 예배, 찬송을 해 본 적이 없다고 했다. 그는 노동자들과 함께 어떻게 이 사회를 정의롭게 만들 수 있는가, 노동자로서 어떻게 살아야 하는가 하는 고민과 이야기들이 바로 진짜 설교이며, 노동자들의 노래와 울부짖음이 곧 기도와 찬송이라고 생각하였다 한다.[493] 이는 예장에서 최초의 산업전도 목사로 안수를 받고 노동자 전도를 시작했던 조지송의 종교관과 노동자 인식이 산업현장을 경험하면서, 또 미국 연수를 통해 얼마나 획기적으로 변화했는가를 보여주는 단적인 증거였다.

대한모방사건으로 기업과 틀어지면서부터 회사들이 산업선교를 기피하게 되자 영산은 더 이상 공장 내에서 노동자들과 함께하는 프로그램을 운영할 수 없게 되었다. 그동안 산업선교가 운영하던 프로그램이 모두 중단된 상태에서 영산이 할 수 있는 일은 그다지 많지 않았다. 조지송은 노동현장 대신 산업선교회관에서 노동자들을 모아 소그룹활동을 계속하기로 하였다. 관에서 그리 눈여겨보지 않는 여성노동자 7~8명씩을 모아 부침개도 만들어 먹고 손뜨개도 하는 등 취미활동을 하는 것은 위험요인도 없어보였고, 교회단체로서 충분히 할 수 있는 자선활동으로 인식되었다. 마침 영등포지역은 나이 어린 여성노동자들이 대부분을 차지하는 섬유와 전자 등 경공업 위주의 공장들이 밀집해 있는 지역이었다. 영산은 우선 기존에 있던 신용협동조합 회원들을 기본조직으로 하여 소그룹을 발전시켰다.

---

492) 『영등포산업선교회 40년사』, 1998, 182~183쪽.
493) 조지송 인터뷰, 2007. 11. 23~24.

산업선교가 70년대에 여성노동자 중심으로 활동하게 된 것에 대해서는 여러 의견이 있다. 이에 대해 영산은 정부와 회사의 감시와 탄압 속에서 가계의 책임을 져야하는 남성들이 산업선교에 가담한다는 것은 큰 모험이요 위험스러운 일이라고 보았다. 그래서 결혼하면 대부분 직장을 그만 둘, 또 설사 직장을 잃더라도 그런 정도 수준의 임금을 받을 수 있는 여성근로자들을 대상으로 했다고 한다.[494] 그런가 하면 영산 실무자였던 신철영은 산업선교가 여성들을 택할 수밖에 없었던 이유에 대해 "중공업(회사의) 남성들은 이미 노총이 장악하고 있어 산선이 들어갈 여지도 여력도 없었고, 또 하나는 실무자들이 목회자들이었기 때문에 남성노동자들과 어울리려면 소주도 한 잔 하고 그래야 얘기가 통하고 그러는데 그런 걸 못하는 한계가 있었기 때문"이라고 하였다.[495]

구해근은 여성노동자들이 교회조직과 특별한 관계를 갖게 된 이유를 다음의 세 가지 요인으로 분석하였다. 첫째, 교회집단들이 가장 착취당하고 가장 나약한 여성노동자들을 대상으로 삼은 것은 자연스러운 일이었고, 둘째, 경공업부문이 산업선교가 침투하기에 상대적으로 쉬운 부문이었으며, 셋째, 여성노동자들은 남성노동자들보다 교회에 다닐 가능성이 더 컸고, 소집단 활동에 관심이 더 많았다는 것이다.[496]

그러나 그 어떤 이유보다도 분명한 것은 산업선교는 처음부터 여성노동자에게 관심을 가진 것이 아니라 노동운동을 필사적으로 막는 박정희정권에 의해 어쩔 수 없이 여성노동자에게 눈을 돌리게 되었다는 사실이다. 또 여성노동자들은 교회단체라서 산업선교회에 다닌 것이 아니라 이

---

494) 『영등포산업선교회 40년사』, 1998, 140쪽.
495) 성공회대학교 사회문제연구소, 『1970년대 산업화 초기 한국노동사 연구: 노동운동사를 중심으로』, 노동부, 2002, 358쪽. 실제로 산업선교 실무자 중 산업사회의 체질을 가장 잘 이해하고 있었던 조승혁은 노동자들과 어울려 막걸리도 마시고 담배도 피웠는데, 이 때문에 교단 내에서 어려움을 겪기도 했다고 한다(조승혁 인터뷰, 2007. 7. 12).
496) 구해근, 『한국노동계급의 형성』, 창작과 비평사, 2002, 143~144쪽.

세상에서 그들을 받아주고 그들의 이야기에 귀 기울여주는 곳이 이 곳 뿐이었기 때문이라는 것이다.

어쨌든 여성노동자들은 이제 정부의 노동억압정책으로 남성노동자들이 부재하게 된 빈자리에 비로소 중심으로 자리 잡을 수 있게 되었다. 산업선교가 본의 아니게 또 다른 국면을 맞이하게 된 것이다. 그러나 이 여성노동자들과 소그룹으로 무엇을 어떻게 해야 하는지는 조지송도 확실하게 알지 못하였다. 그에게 소그룹을 통한 노동운동의 새로운 방향과 구체적인 방법을 제시하고 가르쳐 준 것은 바로 나이 어리고 배운 것 없는 여성노동자들이었다. 실무자들과의 사이에 신뢰가 쌓이면서 노동자들은 자신들의 속 이야기를 하며 자신들이 진정으로 원하는 것이 무엇인지를 알려주었던 것이다. 실무자들은 취미생활 틈틈이 노동문제에 대한 상식, 일반 사회문제와 여성문제, 그리고 종교문제와 같은 주제를 곁들

1970년대 영등포산업선교회관에서 소그룹활동을 하는 조지송 목사와 여성노동자들

여 대화하며 이들이 직장 내에서 발생하는 문제들을 인식할 수 있도록 유도하였다.[497]

소그룹활동은 노동자들에게 인기가 있었다. 1973년 한 해에만 1,648회의 모임을 가졌으며, 참가인원수도 11,536명이 되었다. 영산은 산업선교 실무자훈련을 받은 인명진 목사를 새로 영입함으로써 조직을 보강하였다. 조지송은 소그룹의 역할을 "노동자들이 기업주로부터 당하는 불법적이며 비인도적인 처사를 인식하고, 그에 대한 시정을 기업이나 행정기관 또는 사회에 건의하여 자신들의 문제를 자발적으로 해결할 수 있도록 협력하는 것"으로 규정하였다.[498] 그리고 노동자들이 장시간노동 반대, 법정휴식시간 요구, 체불임금과 체불퇴직금 요구, 법정휴일 실시 요구, 부당해고 복직 요구 등 각종 문제들을 진정할 때마다 정신적·행정적·법률적으로 적극 후원하였다.[499]

1974년 1월 17일, 김경락과 인명진이 긴급조치 1호 위반으로 구속되어 15년 형을 받는 일이 발생하였다. 유신 이후 산업선교 활동에 예민한 반응을 보이던 한국노총은 이틀 뒤 최고간부확대회의를 열고, "일부 종교인들의 직분을 망각한 노동조직 침해행위를 엄중경고하며 조직력을 총동원해 이를 분쇄하겠다"는 결의문을 발표하였다.[500] 이는 조직노동운동의 상층부가 자신들의 어용화를 또다시 공표하며 산업선교에게 공식적으로 대결선언을 한 것이었다. 영산의 활동은 큰 타격을 받고 소강상태에 빠지게 되었다.[501]

---

497) 영등포산업선교연합회, 「1972년 사업보고서」.
498) 「영등포산업선교연합회 1973년도 사업보고 및 1974년도 사업계획」.
499) 「영등포산업선교연합회 1973년도 사업보고 및 1974년도 사업계획」.
500) 조승혁, 『도시산업선교의 인식』, 민중사, 1981, 124쪽 ; 한국기독교교회협의회 한국교회산업선교 25주년기념대회, 『1970년대 노동현장과 증언』, 풀빛, 1984, 271~272쪽.
501) 영등포산업선교연합회, 「1974년도 새 사업」 ; 김경락, 「영등포도시산업선교회 산업사회 선교전략을 위한 자료 1: URM 노사문제 7단계 전략과 방법」.

긴급조치 1호 위반으로 재판받는 인명진·김경락 목사

　노동자들은 더 이상 겁에 질려 모이지 않았고, 대들보 같은 실무자를 둘이나 잃은 상태에서 조지송 혼자 그 많은 소그룹을 운영할 수도 없는 노릇이었다. 105개까지 조직된 소그룹은 실무자의 구속과 긴급조치의 잇단 발호로 전폐되다시피 하였다. 그러나 조지송의 의식은 더욱 선명해졌다. 그는 그동안의 활동을 통해 노동자 선교는 개인구원이나 종교의식에 치중하는 것 보다 오히려 기업이윤의 공정한 분배를 통한 산업사회 정의에 역점을 두어야 하며, 산업사회의 문제해결은 기업주나 노동자 개인의 종교나 윤리가 크게 영향력을 갖지 못한다는 사실을 확신하게 되었다.[502]

　그는 자신이 많은 어려움에도 불구하고 노동운동을 계속할 수밖에 없었던 이유에 대해 이렇게 말하였다.

---

[502] 조지송, 「노동자선교」, 1974. 10. 25.

노조는 완전 어용화 되어 버렸고, 폭압정치는 계속되고, 교회는 기업과 정부쪽에 매달려 있고, 나는 이미 노동자 속에 너무 깊숙이 들어와 버린 상태가 되었지. 교회에선 몰라야 할 것들을 너무 많이 알아버린 거야. 이젠 도저히 피할 수가 없는 상황이 되었더라구. (난 당시) 목사나 종교인을 떠나 하나의 인간으로서 노동자들을 이렇게 대하는 것은 용서할 수 없다는 흥분상태였어요.[503]

2) 인천기독교도시산업선교회의 소그룹활동

인천기독교도시산업선교회는 1973년 3월 조승혁이 크리스찬사회행동협의체로 자리를 옮기면서 조화순 중심의 체제로 재편되었다. 조화순은 당시 자신의 일기에 산업선교의 클럽활동이 추구해야할 바를 "정치의식 고취와 정신적·내면적인 자세 고양"이라고 적었다. 산업선교의 활동방향에 대해서는 "사회정의 실현을 저해하는 악에 대항하여 투쟁할 수 있는 조직을 만들고, 자주적인 힘의 형상의 일환으로 소그룹 확장에 역점을 두며, 민주시민 의식과 개발, 경제적 지위 향상을 위하여 자질 향상에 역점을 두고 개인을 훈련해야 한다"고 썼다.[504] 어려운 상황에서 산업선교를 떠맡은 그의 각오가 잘 보이는 글이다.

이 당시 인천산선 역시 정부의 노동억제정책과 한국노총의 산업선교 배격, 게다가 조승혁의 부재까지 겹치면서 기존 남성노동자 또는 노조간부들의 활동이 현저하게 저하하였다.[505] 인천산선 초창기에 카프링클럽을 통해 일찌감치 노동운동 지도자가 된 카프링 회원들이 자신들의 경험을 바탕으로 산선 프로그램에서 강의도 하고 협력 실무자로 노동자 교육

---

503) 조지송 인터뷰, 2007. 11. 23~24.
504) 조화순 자필 노트, 「일기」, 1973.
505) 기독교도시산업선교회, 「1973년도 활동보고서」.

도 하는 등 조승혁의 빈자리를 보충하였지만 예전처럼 많은 노동자들이 모이지 않았다. 1973년 남성노동자들의 모임은 5개 42명으로 대폭 축소되어, 그동안 주요사업이던 노사분과위원회 활동은 미미하게 되었다.

대신 직장여성부 소속 여성노동자들의 모임은 동일방직을 중심으로 22개 286명이나 되었다. 동일방직 노동조합은 전 조합원이 매주 화 · 수요일마다 하는 노동학교를 이수하도록 하고, 각 그룹이 중심이 되어 부서별로 모임을 가지면서 조합원 의식개발에 역점을 두어 활동하였다. 따라서 여성노동자들을 위해 이전에는 없던 '여성운동사', '한국여성의 위치와 역할', '현대사회에서의 여성운동의 중요성' 등의 강의가 교육프로그램에 추가되었다.506) 이러한 부분은 영산에서는 보이지 않는 것인데, 여성총무인 조화순의 영향으로 볼 수 있다.

한편 더 이상 기존 프로그램을 지속할 수 없게 된 인천산선 노사분과에서는 인천지역을 벗어나 새로운 활동영역과 방법을 개척하기 시작하였다. 인근에 있는 노동운동의 사각지대인 부평수출공단까지 활동영역을 넓힌 것이다. 1967년에 설립된 부평 제4수출공업단지는 인천중공업지대로부터 약 16Km 떨어진 인천시 북구 부평동에 위치해있으며, 약 60여 개의 기업체가 모여 있는 곳이었다.507)

1970년대 박정희 정부는 외국자본을 도입해 수출중심의 공업화를 추진했다. 정부는 수출 기업체에게 금융지원, 면세혜택을 주어 독점대기업으로 성장할 수 있는 기반을 마련해 주었다. 한국 기업들이 외국과 경쟁에서 우위를 점할 수 있는 방법은 가격 경쟁력을 가지는 수밖에 없다는 판단에서 노동자의 임금은 매우 낮은 수준에서 유지되었고, 어디에서나 장시간의 고된 노동이 강요되었다. 결국 노동자의 희생으로 재벌을 키운

---

506) 기독교도시산업선교회, 「1973년도 활동보고서」.

507) 한국기독교교회협의회 한국교회산업선교 25주년 기념대회, 『1970년대 노동현장과 증언』, 풀빛, 1984, 246쪽.

셈이었다. 또한 외국자본의 한국 투자를 촉진하기 위해 1970년 '외국인 투자기업의 노동조합 및 쟁의조정에 관한 임시특례법'을 제정하여 외자기업에서 노동자의 기본권을 제한하였다. 1971년에는 '국가보위에 관한 특별조치법'으로 노동3권 중 단체행동권과 단체교섭권도 전면적으로 제한됐다.

이런 상황에서 수출공단에서의 노조결성은 언감생심 꿈도 못 꿀 일이었다. 그러나 유신체제의 등장으로 인한 충격과 유신초기의 억압적인 환경으로 잠시 주춤하던 노동운동은 인천산선의 새로운 전략과 활동으로 바로 이곳 부평에서 다시 불을 지피게 되었다.

1970년대 전반기는 그야말로 인천산선의 전설적인 활동기였다. 정치적 상황으로 많은 제약을 받게 된 산업선교 활동은 공식적인 것과 비공식적이고 음성적인 것으로 나뉘어졌다. 산업선교와 노동운동에 대한 견제가 갈수록 심해지자 점차 "예측할 수 없는 시간과 장소에서, 확실한 목적을 가지고, 산업사회의 변혁을 일으킬 수 있는 액션을 중심으로 한 활동"이 대부분을 차지하게 된 것이다. 이 방법은 지속되기만 한다면 산업사회에 충격을 주고 변화를 가져올 수 있는 아주 강력한 것이지만 늘 많은 위험을 수반했다.

당시 부평수출공단은 나이 어린 여성노동자들을 이용한 전자제품 조립과 봉제품 공장이 주종이었다. 사회학자들에 의하면 당시 한국은 양질의 저렴하고 풍부한 노동력을 가지고 있었다고 한다. 그러나 그 노동자들은 자신들의 노동력에 합당한 대접을 받지 못하고 있었다. 일 자체가 특별한 기능을 필요로 하지 않는 직종이기 때문에 일부 기계 기능공을 제외한 대부분의 노동자들은 저임금과 장시간 노동, 열악한 환경에 처해 있었던 것이다.[508] 하루 10시간 노동에 고작 담배 한 갑에 지나지 않는

---

508) 김호기, 「1970년대 후반기의 사회구조와 사회정책의 변화: 노동정책과 복지정책을 중심으로」, 『1970년대 후반기의 정치사회변동』 백산서당, 1999, 170쪽 ;

기아임금을 받던 여성노동자들은 생계를 유지할 수 없어 쉬는 날이나 저녁시간에는 심지어 술집 작부로 나가거나 아예 그 직업으로 전환하는 사람들도 상당수 있었다고 한다.[509]

당시 이 지역에는 기성교회 60여 개가 밀집되어 있었는데도 공장전도는 할지언정 노동자들의 문제에 관심을 갖는 곳은 한 곳도 없었고, 오히려 노동자들이 산업선교 활동에 포섭될 것을 우려는 형편이었다.[510] 이러한 상황을 파악한 인천산선은 이곳에서 이제까지 해오던 활동과는 다른 전략과 방법으로 괄목할만한 노동운동과 투쟁을 이끌어냄으로써 노조 금지구역 안에 민주노조를 조직하는 쾌거를 일으켰다.

수년 동안 노사문제를 담당해오던 실무자 유흥식과 카프링 회원 황영환은 부평지역선교위원회를 구성하고, 1972년 10월부터 6개월 간 공단에서 노동자들과 함께 생활하면서 이 지역의 문제점 파악에 들어갔다.[511] 보위법과 유신선포로 노동현장은 경색되어 있었고, 정부 경제정책상 특혜지역으로 지정된 곳이었기에, 부평공단에 있는 모든 기업체는 노동조합이 없는 점을 이용해 근로기준법을 무시하는 것이 일반화되어 있었다. 이미 예상은 했지만 법적인 제반수당과 보상은 하나도 없고, 저임금과 장시간 노동, 남녀의 차별대우와 미성년 근로자대책에 관한 무방비 등 너무나 많은 문제를 안고 있다는 사신을 확인할 수 있었다.

김준, 「아시아 권위주의 국가의 노동정치와 노동운동: 한국과 대만의 비교연구」, 서울대학교 박사학위논문, 1993.

[509] 유동우, 『어느 돌멩이의 외침』, 청년사, 1984, 42 · 57쪽. 당시 담배 한 갑의 가격은 150원~200원 정도였다.

[510] 「감리교 도시산업선교의 발전과 방향」 ; 유동우, 앞의 책, 50 · 67쪽 ; 『농토를 떠나 공장으로:1970년대 이촌향도와 노동자의 삶』, 국사편찬위원회, 2011, 180쪽.

[511] 황영환은 1961년 인천산업전도가 처음 시작될 때부터 오글과 조승혁에게서 교육과 훈련을 받은 한국 베아링주식회사의 노동자였는데 1971년 해고당하였다. 그는 조승혁이 산업선교회를 떠나고 나서 그동안의 경험을 바탕으로 협력실무자로서 부평공단 노동자 훈련과 교육에 일익을 담당하였다(황영환 인터뷰, 2008. 10 ; 권진관, 「1970년대의 산업선교 활동과 특징」, 『1960~70년대 노동자의 작업장 문화와 정체성』, 한울아카데미, 2006, 207~208쪽).

지금까지 산업선교의 활동은 노동자들의 청원이 있을 경우 그들을 돕기 위해 노사문제에 개입하는 형식이었다. 그러나 이 지역의 경우는 노동자들의 요청을 기다릴 형편이 아니었다. 따라서 노동자들의 청원이 있기 전에 실무자들이 처음부터 노동조합 조직이라는 분명한 목적의식을 갖고 의식화할 대상을 모으는 일부터 시작하였다. 실무자들은 많은 어려움을 딛고 우선 몇몇 공장에 근무하는 20~30세 청년 12명을 선정하여 소그룹을 구성하고, 1973년 6월부터 6개월 간 노동법과 노동문제, 노동조합에 관한 것을 집중적으로 교육하고 훈련하였다. 또 그들의 주거지를 방문하여 삶의 문제 등 여러 의견을 교환하면서 친밀한 관계를 다져나갔다.[512] 이 중 끝까지 훈련을 받은 사람은 8명이었는데, 노동법이나 노동자의 권리라는 것이 있다는 사실조차 알지 못했던 노동자들은 근로기준법을 읽어주는 것만으로도 충격을 받았다. 이들은 월 2회 중 1회는 숙식을 함께 하였는데, 토의가 얼마나 진지했던지 시간 가는 줄 모르고 밤을 꼬박 새우곤 했다고 한다.[513]

그렇게 6개월이 지나자 정말 놀랄 만큼 활발한 변화들이 일어나기 시작하였다. 교육과 훈련을 통해 의식화된 노동자들은 자신이 일하고 있는 공장에서 산업선교가 문제로 지적한 인권문제, 저임금, 장시간 노동, 폭행과 폭언, 근로기준법 미달 등에 항거할 수 있는 분명한 이유와 명분이 무엇인지 확실히 알게 되었고, 이에 분노하였다. 당시 노동자들은 노동법의 존재와 내용을 알게 되면 민주노조의 결성만을 유일한 구원으로 여겨 곧 행동에 옮기길 원했다.

한 예로 삼원섬유주식회사에서는 산업선교에서 훈련받은 유해우가 "나는 모임을 통해 억눌리고 고통 받는 내 이웃에 대한 관심을 가지게 되었고, 그때부터 현장에서 일어나는 여러 가지 문제들을 좀 더 깊은 관심

---

512) 기독교도시산업선교회, 「1974년도 활동보고서」.
513) 유동우, 1984, 54~55쪽.

을 가지고 관찰하게 되었다"고 하며 생산현장의 부조리에 항거를 하기 위해 노동자들의 조직화 작업을 하였다.[514] 삼원섬유는 일본인이 경영하는 스웨터 생산기업으로 360명의 종업원 중 2/3가 여성이었는데, 13세의 미성년자부터 일하고 있었으며, 하루 13~16시간에 달하는 장시간 노동, 형편없는 저임금, 불결한 작업환경, 감독자의 횡포와 인권유린으로 노동자 대부분이 결핵성 늑막염과 폐결핵, 소화기능장애와 시력저하 등의 건강상 문제를 가지고 있는 곳이었다. 근로기준법을 줄줄 외우고 다닐 정도로 의식화된 유해우는 남성노동자들로 구성된 '동력회'·'폭포회'와 10대 여성노동자들의 소모임인 '열매회'와 '샘'·'조약돌'·'기적', '다이아몬드'도 조직하여 산업선교에서 교육을 받았다. 이들 소모임은 노동조합 발전의 핵심이 되었다.[515] 이 과정에서 노동자들은 자신들의 권리가 회복되어야 한다는 것을 의식하게 되었고, 뭉쳐야 힘이 생긴다는 것을 경험을 통해 터득하였다. 그리하여 1973년 12월 12일, 한국의 수출공업단지 안에서는 처음으로 이들이 자주적인 노동조합을 결성하였는데, 결성 사흘만에 전 종업원의 90% 이상이 가입할 정도로 노동자들의 호응이 높았다.[516]

이외에도 삼송물산, 태양공업주식회사, 신한일전기주식회사, 삼연섬유, 세정실업, 세정공업, 평화교역 등지에서도 삼원섬유의 경험을 토대로 비밀리에 조직을 확장하여 노동조합을 결성하였다. 이 방법은 상당히 효과적이어서 1973년 인천산선을 통해 결성된 노조는 3개였는데 1974년에는 19개나 되었다.[517]

---

514) 유동우, 1984, 56쪽.
515) 유흥식, 「부평지역을 중심한 산업선교 활동 및 사례」: 유동우, 1984, 56·61~62·64·72·73·127·166쪽). 유동우와 유해우는 동일인물이다(황영환 인터뷰, 2008. 10. 13.
516) 유동우, 1984, 103쪽.
517) 유흥식, 「노사문제분과위원회 활동보고서 1973-1975」;「부평지역을 중심한 산업선교 활동 및 사례」;「삼송산업을 중심한 산업선교 활동」;「태양공업분회

그러나 노조 결성은 문제해결의 첫 출발일 뿐이었다. 그동안 빼앗겼던 인간의 기본권 회복에 눈 뜬 노동자들이 투쟁하기 시작하자 허울 좋은 수출공단의 모순이 속속 드러나기 시작하였다. 노동조합 조직을 주도한 노동자들은 회사의 숱한 방해공작과 폭행을 감수해야 했다. 산업선교회원이란 이유로 노조상층부의 견제를 받아 경찰에 연행되고, 유죄판결을 받고 구금되기도 하였다. 특히 삼원섬유의 유해우는 분회장이 되고 나자 공단본부부터 시작해서 경찰서, 노동부, 보안사, 안기부까지 다 찾아와서 엄청나게 시달렸다고 한다.[518] 또 투쟁 과정에서 회사는 어용조합원들을 매수하여 이들을 폭행하고 싸우게 하였고, 경찰은 산업선교 회원들만 골라서 연행하였다. 수십 명의 여성노동자들이 경찰에 연행되어 며칠씩 수사를 받았다. 이에 대해 유해우는 "아무리 혼자서 뚝심 있고 강하다고 해도 노동운동이 처음인 왕초보로서 그 당시 만약에 산업선교라는 게 없었다면 절대 버틸 수 없었다"고 하였다.[519]

이 과정에서 인천산선은 에큐메니칼현대선교협의체와 공동심포지움을 열고 홍성우 변호사를 선임해 법적투쟁을 하는 등 이 사건을 전국적으로 여론화시키기 위하여 애썼다. 이 사건은 정책적으로 다루어져 종국에는 정부기관과 산업선교회의 싸움으로 번지게 되었다. 회사는 계속 노조집행부를 괴롭혔으나 노동자들은 깨어난 의식과 투쟁정신으로 결국 어려움을 타개하고, 부조리 시정 및 근로조건 개선에 적극 노력하였다.[520]

그러자 회사의 부당노동행위를 견디다 못한 부평공단 노동자들이 소문을 듣고 산업선교를 찾기 시작했다.[521] 결국 주변의 다른 회사들도 이

노조 결성 및 분규」.

518) 전국섬유노동조합 경기지부 삼원섬유분회 조합원 일동, 「진정서」, 1974. 12. 16 ; 조화순, 「섬유노조위원장님 귀하」, 1975. 12. 16 ; 기독교도시산업선교회, 「왜 노동자 유해우 씨는 감옥에 있나」, 1975. 1. 15.

519) 성공회대학교 사회문화연구소, 「1970년대 노동운동사를 어떻게 볼 것인가」, 『1970년대 산업화 초기 한국노동사 연구: 노동운동사를 중심으로』, 2002. 12, 351쪽.

520) 기독교도시산업선교회, 「1975년도 상반기 활동보고서」.

표 4-1. 1970년대 전반기 인천산선의 노조활동 지원상황

일시	회사명	내용
1972. 5 ~	동일방직	의식화훈련을 통한 여성지부장 선출과 여성집행부의 출범. 어용노조를 민주노조로 개편
1973. 10 ~	삼원섬유	소그룹 의식화 훈련을 통한 리더 양성. 근로조건 개선운동과 노조결성 지원. 구속된 분회장 유해우 석방운동
1974. 2 ~	삼송산업	소그룹 의식화 훈련을 통한 리더 양성과 노조결성 지원. 산업선교 회원 축출 반대 투쟁 지원
1974. 2 ~	반도상사	소그룹 의식화 훈련을 통한 리더 양성. 근로조건 개선과 부당노동행위 저지투쟁 지원. 노조결성 지원
1974. 3 ~	태양공업	리더 양성과 주요 회원들의 의식화 교육을 통해 노조결성 지원. 회사의 부당노동행위와 노조파괴행위에 대한 투쟁 지원
1974	한진주철	노조결성 지원
1974	뉴코리아전자	노조결성 지원
1974	GM코리아	노조결성 지원
1974. 12 ~	신한일전기	조합원 의식화 교육 지도. 회사의 노조파괴와 부당해고 저지 투쟁 지원

출처: 한국기독교교회협의회 한국교회산업선교 25주년기념대회,『1970년대 노동현장과 증언』, 풀빛, 1984 ; 기독교도시산업선교회, 「1974년도 활동보고서」; 「1975년도 상반기 활동보고서」; 유흥식, 「부평지역을 중심한 산업선교 활동 및 사례」; 최영희, 「여성근로자의 권익투쟁기」.

영향으로 마지못해 사전에 노동환경을 개선하고 노동계약을 재정비 하는 등 움직임을 보였다.[522] 산업선교 활동이 기업가들에게까지 영향을 미친 것이다. 이로써 인천산선은 첫 번째 부평지역 소그룹 미션을 성공하였다.

---

[521] 한국기독교교회협의회 한국교회산업선교 25주년 기념대회,『1970년대 노동현장과 증언』, 풀빛, 1984, 159쪽.
[522] 기독교도시산업선교회, 「1974년도 활동보고서」; 유흥식, 「부평지역을 중심한 산업선교 활동 및 사례」;「감리교도시산업선교의 발전과 현황」.

부평지역의 두 번째 미션은 1973년부터 인천산선의 새 실무자 최영희에게서 훈련받은 여성노동자 한순임을 통해 반도상사에서 발생되었다.[523] 이 역시 저임금과 장시간 노동으로 불만이 팽배해 있는 수출공단 여성노동자들이 노동조합을 통해 정당한 요구를 하고 환경을 개선시킬 수 있게 하는 것이 목적이었다. 최영희는 역시 처음부터 계획적이고 조직적으로 소수정예 교육과 훈련을 실시해 반도상사 노조에서 여성지부장을 선출하고 민주노조를 결성하는 결실을 맺었다.

반도상사 여성노동자 훈련이 실시될 당시는 긴급조치 1·4호가 계속적으로 발호되고, 민청학련사건, 육영수 여사 저격사망사건 등의 대형사건이 숨 쉴 틈 없이 국민을 위협하던 시점이었다. 게다가 거듭되는 노동운동으로 인해 산업선교에 대한 정부의 탄압과 감시가 날로 거세지고 있었다. 관과 기업이 이미 산업선교에 대해 부정적인 이미지를 갖고 예의 주시하고 있었기 때문에 훈련기간이 장기화 되면 발각될 우려가 많았다. 또 노동조합을 조직하기도 전에 산업선교와 관계되어 있다는 것이 알려지면 노동자들을 합법적으로 구제할 수 있는 방법이 없었다. 따라서 이 경우에는 단기간의 훈련으로 노동조합을 조직하는 것이 우선목적이었다. 또한 기록을 남기는 것은 매우 위험한 일이었기에 최영희는 모든 자료를 외워서 교육했다고 한다.[524] 삼원섬유의 경우도 그러했지만, 반도

---

[523] 최영희는 비기독교인으로 이화대학 사회학과 4학년이던 1972년 여름방학동안 사회활동실습을 위해 인천산선에서 노동체험과 훈련을 하고 졸업 후 이 단체에서 일하게 되었다. 당시 최영희의 인건비는 국제부인회에서 지급했는데, 6개월 후에 노선이 다르다고 하며 지급을 거부했다고 한다(성공회대 인터뷰, 2002 ; 권진관, 「1970년대의 산업선교 활동과 특징」, 『1960-70년대 노동자의 작업장 문화와 정체성』, 한울아카데미, 2006). 국제부인회의 회장은 전남방직 김형남의 부인이었는데, 김형남은 서북인으로 자신의 사업체 안에 산업전도의 효시인 공장교회를 세우고 숭실대 총장을 지낸 인물이다.

[524] 최영희 성공회대 인터뷰, 2002. 이는 전태일사건 이후 결성된 청계노조의 경우도 마찬가지였다. 신순애는 "당시 우리는 일기를 쓰거나 기록을 남기지 않았다. 심지어 청계노조에 온 외부 사람들의 이름을 알려고 하지 않았다. 기록들이 압수를 당했을 때 증거가 되는 것을 막기 위함이었다"고 한다(신순애, 2012, 3쪽).

상사에서 민주노조가 조직되는 과정은 마치 한 편의 드라마를 보는 듯하다.

최영희는 동일방직에 다니던 한 여성노동자를 통해 다양한 노력 끝에 1973년 12월 8일부터 3개월 예정으로 반도상사 외 3개 회사에서 총 8명을 모아 교육에 들어갔다.[525] 여성노동자를 조직의 리더로 설정할 수 있었던 것은 동일방직 여성노동자들의 성공적인 민주노조 운영 경험이 있었기에 가능한 것이었다. 그러나 동일방직의 경우와 다른 것은 취미활동과 같은 그룹활동을 통해 기본적인 신뢰를 쌓을 시간적 여유가 없었다는 점이다.

모임과 훈련은 삼원섬유의 경우처럼 경찰의 감시를 피할 수 있는 곳을 찾아 비밀리에 실시할 수밖에 없었다. 노동자들은 계획된 프로그램에 의해 한번에 5~6시간씩 한 달에 2~3회 교육을 받았고, 이따금씩은 숙식을 함께 하며 관계를 다져나갔다. 또한 주어진 과제에 대한 활동보고와 결과 및 반성도 반드시 곁들여졌다.[526] 이들 역시 처음에는 별로 자격을 갖추고 있지 못하였지만 훈련을 통해 점차 변화되어 갔는데, 이 과정에서 가장 뛰어난 능력을 보이며 빨리 의식화 된 여성노동자가 바로 반도상사의 한순임이었다. 한순임은 공주에서 초등학교를 졸업한 학력이지만 리더십과 이해력이 뛰어나며, 조리 있게 말도 잘하고, 문제의식도 있고, 자존심도 강한 사람이었다. 그는 탁월한 리더십으로 주변 노동자들을 설득하여 회사 내에서 영향력을 키워나갔다. 최영희는 당시에 한순임이 없었더라면 반도상사에서의 노동조합 조직은 가능하지 않았을 것이라고 하였다.[527] 한순임 자신도

---

525) 최영희 성공회대 인터뷰, 2002.
526) 최영희, 「여성근로자의 권익투쟁기」, 1974. 12. 20 ; 최영희 성공회대 인터뷰, 2002.
527) 최영희 성공회대 인터뷰, 2002 ; 최영희, 「여성근로자의 권익투쟁기」, 1974. 12. 20).

도시산업선교라는 단체를 처음 알게 된 후부터 생각하는 관념이 바뀌고 생활에 변화가 오게 되어 신변에 부닥쳐 왔던 많은 사건들을 잊지 못합니다. 근로자들의 무지를 이용하여 최소한의 근로조건이나 복지시설 개선 등을 게을리 하고, 고의적으로 회피하고 있는 기업주의 태도와 지도 감독할 의무가 있는 행정기관의 무책임한 태도가 어떠한 사건의 발단을 초래하는지…528)

라고 하며 산업선교를 만난 이후 의식의 변화에 대해 서술하였다.

반도상사는 락희(럭키)그룹의 계열사로, 가발과 봉재를 주로 했는데 락희그룹은 반도상사 외에도 락희화학과 호남정유, 금성사를 소유하고 있는 거대한 한국 유수의 재벌이었다. 당시 종업원 1,400명 중 여성노동자가 1,200명이었던 반도상사의 임금수준은 초임 153원, 최고수준의 여공이 500원으로 형편없는 저임금이었다. 상급노동자나 남자사원, 경비들이 여성노동자나 하도급 노동자를 폭행하는 일이 잦았고, 천장에서 비가 새는 기숙사에는 난방도 하지 않아 동상에 걸린 사람이 400명이 넘을 정도로 열악하였다. 게다가 강제적으로 새벽 4시까지 계속되는 철야작업이 자주 있었고, 불만을 토로하면 해고로 귀결되곤 하였다. 대부분의 노동자들은 기본적인 근로조건은 물론 고용계약의 내용도 모르는 형편이었기 때문에 이러한 누적된 불만을 안으로만 삭이고 있었다.529)

그렇지만 이제 의식화된 노동자들은 회사와의 협상에서 스스로의 자각과 협동심에 기초하여 단결된 힘으로 어려움을 극복할 수 있다는 의지를 갖게 되었고, 자신들의 권익을 위한 투쟁에 적극적으로 참여하기로 하였다. 거사 하루 전날, 요구조건 6개항을 적은 유인물을 받은 노동자들은 아무도 이 사실을 외부로 누출하지 않았으며, 내용을 읽고는 이불 속

528) 한순임, 「새 생활을 누리면서」, 『현대사조』, 1978. 5, 32쪽.
529) 최영희, 「여성근로자의 권익투쟁기」, 1974. 12. 20.

1974년 인천기독교도시산업선교회에서 노동자들을 상대로 개최한 강연회의 모습. 여성노동자들이 주체적으로 활동하였다.

에서 숨죽이고 울거나 기뻐서 어쩔 줄을 모르기도 하였고, 흥분으로 밤을 지새우기도 했다고 한다.[530]

그러나 근로조건을 개선하고 노조를 조직하는 과정에서 노동자들은 냉혹한 현실과 맞닥뜨려야 했다. 노조결성을 방해하는 회사의 공작으로 경찰에 연행되고 정보부에 끌려가 끔찍한 고문을 당했으며, 치안국에 끌려가 며칠씩 협박을 받기도 했다. 경찰은 산업선교를 매우 견제하여 급기야는 실무자 최영희의 몽타주를 그려 노동자들에게 보여주며 최영희는 간첩이고 산업선교회는 공산당기관이라고 허위선전을 하였다. 정부가 산업선교를 견제하기 위한 방법으로 노동자들의 반공의식을 사용한 것이다. 그러나 산업선교회는 스스로가 환경이 열악한 노동자들에게 침투하기 쉬운 공산주의를 막기 위해 산업선교를 해야한다고 생각하고 있

---

[530] 최영희, 「여성근로자의 권익투쟁기」, 1974. 12. 20.

는 곳이었다.531) 그런 산업선교를 치기 위한 당국의 마지막 방편이 '산업선교의 용공화'였던 것이다. 어처구니없는 일이었지만 이후 결국 최종적으로 산업선교에 타격을 입히는 무기가 이것이었으니, 한국사회가 공산주의에 얼마나 심한 알레르기를 가지고 있는지 다시금 확인할 수 있게 해주는 대목이다.

결국 최영희가 가장 신임하던 한순임 조차도 중앙정보부에 끌려가 산업선교를 용공으로 모는 논리에 설득당하고는 정말 산업선교가 공산당 조직이고 실무자들은 간첩이 아닌지 의심하였던 것 같다. 정보부에서 풀려나온 직후에 그는 산업선교 대신 친구를 찾아가 "아무래도 최영희가 간첩인 것 같다. 나는 은인을 배반하느냐 조국을 배반하느냐 기로에 서서 너무 괴롭다"고 하였다 한다. 어린 나이의 순진한 여성노동자들에게 산업선교의 갑작스런 의식화교육이 신선하면서도 얼마나 자극적이고 혼란스러웠을지, 또한 그로 인해 갑자기 변해버린 감당하기 힘든 상황들이 얼마나 버거웠을지 헤아릴 수 있는 대목이다. 그의 오해는 신진자동차 초대노조위원장을 지낸 카프링 회원 김창수에 의해 풀렸다고 한다. 한순임은 다시 최영희로부터 노조조직 방법론에 대한 구체적인 교육을 받고 1974년 4월 4일 기어이 노조조직에 성공하고 지부장이 되었다.532)

그러나 그후 인천산선은 정보부와 경찰의 요주의 대상이 되었다. 총무인 조화순은 감옥에 3개월 간 수감되었고, 여성노동자 훈련을 담당했던 최영희도 8개월간이나 피신해 있느라 활동을 할 수 없었다.533) 지도자들

---

531) 「산업선교를 위한 교회의 관심」, 1969. 10. 24 ; 영등포산업선교연합회, 「1970년 1-6월 활동보고서」등 참조.
532) 최영희 성공회대 인터뷰 자료, 2002. 그러나 한순임의 오해가 이때 완전히 해소된 것 같지는 않다. 그는 지부장이 된 후 또다시 산업선교와 갈등관계가 되면서 동일방직 여성노동자들을 상대로 산업선교를 용공으로 매도하는 교육에 동원된다(제4장 3절 참조).
533) 기독교도시산업선교회, 「감리교 도시산업선교의 발전과 방향」 ; 「여성근로자의 권익투쟁기」, 1974. 12. 20 ; 「1974-1975년 활동 보고서」.

의 공백기 동안 동일방직 외에 연륜이 짧았던 인천산선 내 26개 소그룹
은 모두 흩어져 하나도 남아있지 않았다.[534] 그럼에도 조화순은 출감 후
에 "우리의 선교활동은 이 세상의 아무 것도 막지 못할 것입니다. 핍박과
위협도, 돈이나 권력도, 칼과 죽음도 막을 수는 없습니다"라며 각오를 다
졌다.[535]

그러나 힘에 부쳤던 것일까, 인천산선은 이 사건 이후 신앙에 대한 비
중을 대폭 강화하여 모든 활동에 신앙을 우선순위로 놓기 시작하였
다.[536] 이제 산선이 아닌 인천지역의 '일꾼교회'와 부평지역의 '광야교회'
가 노동자 활동의 중심이 되었다. 조화순의 이러한 변화는 같은 시기 영
산의 조지송이 소그룹운동을 펼치면서 한 번도 기도나 예배, 찬송을 해
본 적이 없다는 것과 묘한 대조를 이루고 있다. 조화순에게 종교적 신념
은 유신체제 하 노동운동에 대한 정부의 정책적 억제와 기업가들의 노골
적인 탄압이 고조되는 속에서 더 극렬한 투쟁을 전개할 수 있는 정신적
인 힘이 되어 주었음이 분명하다. 그러나 종국에는 산업선교의 노동운동
이 종교의 울타리에 갇혀 있었고, 종교 의존적이었다는 비판을 받는 요
인이 되었다.

1975년도에 들어 상황은 더욱 악화되었다. 동남아의 정세변화에 따른
위기의식으로 반공법은 날로 기승을 부리고, 언론에 대한 탄압, 긴급조
치 7·9호 선포, 인혁당 사건 관련자에 대한 사형집행 등으로 대중운동은
침체기에 접어들었다. 4월 29일, 대통령은 「시국에 관한 특별담화문」에
서 월남 적화와 관련하여 북한도발의 가능성을 강조하며 국민을 위협하
였다.

외국자본에 의존하고 있는 우리나라의 경제상황 또한 극심한 불황을

---

534) 최영희 성공회대 인터뷰 자료, 2002.
535) 조화순, 「1974년도 활동을 돌아보며」.
536) 기독교도시산업선교회, 「1975년도 사업계획서」 ; 「1975년도 상반기 활동보고서」.

맞았다. 경영윤리는 냉각되었으며, 어떻게 해서든 경제를 일으키고자 하는 정부의 보호조치 아래 노동자들에 대한 기업인들의 만용과 횡포는 심화되고, 산업선교에 대한 박해는 도를 더해갔다.

부평수출공단에서는 노동자들이 산업선교회에서 주최하는 근로자 체육대회에 참석했다는 이유로 기관에 연행되어 구타를 당하는 사건이 발생했다. 어느 노조분회장은 자기 조합원이 산업선교에 나가는 것을 방치했다고 연행되어 갖은 모욕을 당하였다. 상황이 이렇다보니 어렵게 조직된 노조는 회사와 권력기관의 야합, 분회장과 부분회장의 변절, 노동자 해고, 연행과 구타 등으로 모진 고난의 시간을 보내고 있었다. 계속적인 기관의 압력과 기묘한 차단으로 뭉쳤던 조직의 힘이 분쇄되고 만 곳도 상당수 있었다.[537] 이에 산업선교회에선 노동자들이 주눅 들지 않고 싸울 수 있도록 다각도로 사건과 문제를 분석하여 적극적으로 교육하고 지원하였다. 그리고 그 결과 노동자들의 사상과 이념이 더 철저해지고 조직력은 더 강해진 곳도 많았다. 삼송산업의 유완식은 자신의 희생으로 노조결성에 성공하고는 회사의 징계를 받고 경찰서에 구속되었지만 뜻을 굽히지 않았다.[538] 삼원섬유의 분회장 유해우도 1974년 9월 민주노조를 조직하고 노동자의 권익을 옹호했다는 이유로 지부에서 징계를 당하고 회사에서는 해고되었는데, 이에 불복했다 하여 32일 동안 구속·수감되었다.[539] 힘든 고난의 시간들을 함께 한 이들은 직장 '동료'에서 '동지'가 되었다.

그러나 반공이 전 국가적으로 범접 못할 화두가 되어가면서 노동운동은 이전보다 더 큰 위협과 제지를 받게 되었다.[540] 인천산선의 활동은 점

537) 기독교도시산업선교회, 「1975년도 상반기 활동보고서」.
538) 『1970년대 노동현장과 증언』, 1984, 311~315쪽.
539) 유동우, 『어느 돌멩이의 외침』, 청년사, 1984.
540) 유흥식, 「1975년도 상반기 노사문제 중심의 활동보고」.

차 음성화된 비공식적인 교육이 대부분을 차지하게 되었다. 공식적인 소모임은 16개였으며, 남성회원 교육은 1회 35명에 불과했다. 외관상으로 인천산선의 활동상은 매우 미약해졌다. 대신 1975년 상반기에는 핵심멤버들이 눈에 보이지 않는 분산된 조직을 갖고 극비리에 총 10개 회사를 대상으로 72회에 걸쳐 2,163명에게 노동법과 노동운동에 대한 교육을 실시하였다.[541]

노동자들은 정치 · 사회적 위협과 노동현장의 심각성을 동시에 느끼면서 음성화가 주는 비밀스러운 유대의식으로 단결력을 더 강화하였다. 산업선교 실무자들은 숨어서 비밀리에 개별적인 접촉과 소그룹 조직을 통해 활동하는 방식에 대해 이렇게 말하였다.

> … 왜 숨어가면서 하느냐고 반문할지 모른다. 우리는 권력이나 금력이 무서워서가 아니라 우리와 만나고 프로그램에 참여한 노동자 · 서민들에게 돌아가는 피해를 적게 하기 위해 그런 방법을 쓸 수밖에 없다. 최소의 희생을 내면서 최대의 목적을 이루기 위한 전략이다.[542]

그럼에도 불구하고 노동운동과 산업선교 활동에 심한 거부감을 가지고 있는 기업과 정부, 한국노총으로 인해 노동자들의 희생은 끊이지 않았다. 그럴 때마다 실무자들은 "차라리 우리가 감옥에 가는 것이 낫지 힘없고 돈 없는 노동자들에게 피해가 갈 때 우리는 큰 문제에 부닥치고, 그들의 생활문제에까지도 책임감을 갖게 된다"며 힘들어하였다. 그러나 감옥에 갇혀서도 낙심하지 않는 노동자들의 모습을 보면서 이제는 그들과 혼연일체가 되어 산업사회 속에서 생사고락을 함께 할 수밖에 없음을 느끼게 되었다며 다시 용기를 내곤 하였다.[543]

---

541) 유흥식, 「노사문제분과위원회 활동보고서 1973-1975」 ; 「감리교 도시산업선교의 과제와 방향」, 1975. 2. 5.
542) 유흥식, 「1975년도 상반기 노사문제 중심의 활동보고」.

이 당시 인천산선의 공식적인 직장여성부 활동은 동일방직 소그룹이 유일하였다. 1972년 처음으로 탄생된 동일방직의 여성지부장과 여성집행부는 그동안 안정되고 탄탄한 조직 활동을 펴 74년에도 또다시 무난하게 여성지부장을 선출하고 산업선교회원 다수가 대의원에 당선되는 쾌거를 이루었다. 인천산선 직장여성부는 이 외에도 음성적으로 부평공장 2개 회사와 주안공장 1개 회사의 여성노동자 3명과 개인적으로 만나 교육하고, 리더로서의 자질을 키울 수 있게 훈련하였다. 또한 산업선교를 통해 훈련을 받은 노동자들을 방문하여 개인적인 문제를 상담하기도 하고, 개인면담을 통해 다른 회사에서 근무하는 친구를 소개받아 영역을 확대하였다.[544]

한편, 산업선교 실무자들과 노동자들, 그리고 민주화운동을 하던 목사들과 평신도의 시련이 계속되고 구속되는 사례도 발생하자 국내외에서는 종교의 선교자유 침해와 인권문제를 우려하는 목소리가 높아지기 시작했다. 대외적으로 산업선교도 자신들의 사업성격을 보다 확실히 공표하는 다양한 노력을 하였다. 인천산선에서는 1975년 3월 17번째 노동절을 맞이하여 선언문을 발표하였다. 선언서는 구속·투옥된 노동운동가와 여성노동자들의 열악한 실상을 언급하면서, 산업선교는 민주노동을 위한 자율화 투쟁을 적극 지지할 것이라는 점을 분명히 하였다.[545] 한국산업선교회 전국협의회도 3월 19일에 한국교회와 기업주, 그리고 정부에게 보내는 성명서를 발표하였다. 한국교회를 향해서는 급격한 산업화 과정에서 고통당하는 저소득 근로대중에게 관심을 갖고 이들을 위한 사업, 즉 산업선교에 적극 참여해 달라고 호소하였다. 기업주에게는 경기호황에 자신을 희생하며 기업발전에 이바지한 노동자를 이제는 불황을 핑계

---

543) 인천기독교도시산업선교회, 「감리교 도시산업선교의 발전과 현황」.
544) 기독교도시산업선교회, 「1975년도 상반기 활동보고」.
545) 기독교도시산업선교회, 「1975년도 상반기 활동보고」.

로 혹사하고 또는 해고하고 있다며 질책하였다. 그리고 정부에 대해서는 근로자의 자유권과 노동조합의 자율권을 보장함으로써 노사 간에 정당한 합의가 이루어지게 하며, 노동청은 근로자들의 피해를 외면치 말아달라는 부탁을 하였다.[546]

3월 22일에는 영산이 「도시산업선교 정책」을 내놓은데 이어, 31일에는 예장 도시산업선교 중앙위원회에서도 이를 지지하는 「도시산업선교의 기본자세에 대하여」라는 선언문을 발표하였다.[547] 산업선교의 이러한 대외적 발언은 앞으로 전혀 순탄치 않을 길을 무소의 뿔처럼 혼자서 씩씩하게 가겠다는 선언이자 스스로에게 하는 다짐이기도 하였다.

저항을 표출하는 것은 늘 조심스러운 법이다. 그렇다면 이처럼 어려운 상황에서도 산업선교가 이렇게 꿋꿋하게 자신의 길을 갈 수 있었던 힘은 어디서 나왔을까. 조지송은 그 이유를 "WCC를 비롯한 국제적 연결망 및 지원 덕분"이라고 하였다.[548] 국내에서는 교단의 지지도 받지 못하고 정부로부터도 압력을 받고 있지만, 자신들의 활동이 세계교회의 흐름과 맥을 같이 하는 선진적인 것이며, 신학적으로도 정당한 것이라는 자부심이 있었기에 가능했다는 것이다. 곧 산업선교가 세계교회로부터 지지받는 사업이라는 사실이 자신감을 갖게 해주고, 자신들의 방법이 "옳은 길"이라는 믿음이 있었기 때문이라는 것이었다. 이는 영산의 경우 1978년 이후 국내지원이 완전히 끊어져도 활동이 위축되지 않고 오히려 외국교회들과 더욱 활발한 교류를 하여 회관 건립금을 지원받은 사실로도 확인할 수 있다. 1980년대 초반 총회가 산업선교를 파괴하고자 했을 때 제일 먼저 외국지원을 받지 못하도록 한 것도 이런 연유에서 비롯된 것이었다. 강인철은 개신교 보수파가 다수를 이루는 속에서 이처럼 진보적 소수파

---

546) 한국산업선교회 전국협의회, 「성명서」, 1975. 3. 19.
547) 대한예수교장로회, 「제60회 총회보고」.
548) 조지송 인터뷰, 2007. 11. 23~24.

가 뿌리를 내리고 생존을 유지할 수 있었던 이유인 외국교회의 지원을 "재정적 종속"으로 표현하였다. 산업선교는 태생부터 미국의존적이기도 하였지만, 결국 한국 개신교는 진보든 보수든 재정적·정신적으로 서구의 영향을 벗어나기 어려운 형편이었음을 알 수 있다.[549]

유신 후기에는 산업선교와 연대한 노동운동에 대한 탄압이 더욱 교묘해지고 심해지면서 기존 조직을 유지하는 것도 어려워졌다. 따라서 이 시기를 정점으로 산업선교는 활동에 많은 제약을 받으며 더 이상 신규노조를 결성하지 못하였다.

■2. 영등포산업선교회와 근로조건 개선 투쟁

유신 선포 이후 한국 사회는 자고 깨면 발생하는 전대미문의 다양한 사건들과 연일 계속되는 학생시위로 숨 쉴 틈 없었다. 4월 중순 크메르 루주군의 프놈펜 함락을 시작으로 베트남과 라오스로 이어지는 인도차이나 공산화는 박정희 정권에게 호재로 작용하였다.

1975년 5월 13일, 박정희는 공산화 위험에 따른 국가안보를 표면에 내세우면서 유신체제에 대한 일체의 반대를 엄금하는 '국가안전과 공공질서의 수호를 위한 대통령 긴급조치 9호'를 선포하였다. 이 조치는 긴급조치 중 형량이 약함에도 불구하고 가장 악명 높은 것이었다. 헌법 개정에 대한 청원 자체를 금하여 유신헌법을 신성불가침의 영역에 올려놓는 동시에, 헌법이 규정하고 있는 기본권들을 사실상 박탈하여 헌법 위에 존재하는 법으로 군림하려는 것이었기 때문이다.[550] 이처럼 대외적인 정세

---

549) 강인철, 「박정희 정권과 개신교 교회」, 『종교문화연구』 제9호, 한신인문학연구소, 2007, 96~101 참조.
550) 서중석, 『한국현대사 60년』, 역사와 비평사, 2007, 138쪽 참조.

가 변화함으로써 유신 후기의 상황은 전기와는 다른 양태로 전개되었다. 체제에 대한 비판은 봉쇄되었고, 저항은 잠들었다.

　한편 한국의 경제상황은 수출공업화로 1961년 87달러에 불과했던 1인당 GNP가 1979년에는 1,597달러로 증가하여 보릿고개로 상징되는 절대적 빈곤에서 벗어나기 시작했다.[551] 또한 노동자들의 실질임금증가율은 1970년대 초반까지는 11.2%였지만 후반으로 갈수록 8.7% 정도로 그 폭이 크게 감소되어 숫자상으로는 많이 상승하였다.[552] 그러나 소득분배 불균형은 1960년대에 비해 오히려 심화되고 있었고,[553] 실질임금의 상승에도 한국 노동계급의 임금수준은 여전히 낮아 월최저생계비에도 미치지 못하고 있었다.[554] 생산직 노동자들의 임금은 더욱 낮은데다 성별에 따른 임금격차 또한 매우 컸다. 1970년대 여성노동자의 임금수준은 남성노동자의 42~46%선에 머물러 있었다.[555] 노동시간 또한 70년대 초반 단축되다가 후반에는 다시 증가하였는데, 특히 섬유·전자 등 노동집약적 산업 부문의 노동시간은 그 평균치를 훨씬 넘어서고 있었다.[556]

---

[551] 절대빈곤의 규모는 1965년 40.9%에서 70년 23.4%, 그리고 76년에는 14.6%로 크게 줄어들었다(서상록, 「빈곤인구의 추이와 속성분포」, 『한국개발연구』 1권 2호, 1979, 20쪽 〈표〉 절대빈곤인구의 추계(1965~1980) 참조 ; 김호기, 「1970년대 후반기의 사회구조와 사회정책의 변화: 노동정책과 복지정책을 중심으로」, 『1970년대 후반기의 정치사회변동』, 백산서당, 1999, 168쪽에서 재인용).

[552] 앞의 책, 171쪽.

[553] 다음 표를 살펴보면 상위 20%가 소득에서 차지하는 소득규모는 1965년 42%였던 것이 1976년에는 45%로 증가한 반면, 하위 40%의 소득규모는 65년 19%에서 76년 16%로 하락했다.

**전가구 계층별 소득분포와 소득집중치(1965~1982)

소득분포(년)	1965	1970	1976	1982
십분위비율(%)	19.34/41.81	19.63/41.62	16.85/45.34	18.80/42.99
지니계수	0.3439	0.3322	0.3908	0.3574

　　출처: 주학중, 「1982년 계층별 소득분배의 추계와 변동요인」, 『한국개발연구』 6권 1호, 1984, 8쪽(앞의 책, 170쪽에서 재인용).

[554] 앞의 책, 173쪽 〈표 11〉 제조업 부문 노동계급의 임금과 생계비(1969~1980) 참조.

[555] 노동조합사전간행위원회, 『노동조합사전 5 ; 노동자의 상태와 제요구』, 형성사, 1985, 1182쪽.

이 상황에서 산업선교의 활동은 예전과는 또 다르게, 보다 현실적이고 보다 치열하게 진행되었다. 이제 한국사회에서 근로자의 생존을 위한 활동은 용공으로, 자유에 대한 외침은 방종으로 인식되었다. 종교계의 사회활동에 대한 거부반응도 더욱 심해지고 있었다. 영등포산업선교회 1977년 활동보고서 첫 머리에는 "이 보고서를 타인에게 주지 마십시오"라는 문구가 적혀 있다. 또한 1976년을 회고하는 글에는 "원수마귀가 굶주린 사자처럼 우리를 삼키려 하였고, 온갖 고난의 가시밭길이었지만 굴하지 않고 멈춤이 없이…"라고 하여 그 어려움을 토로하고 있다. 인천산선의 최영희와 마찬가지로 영등포산선의 새로운 실무자 명노선도 이 당시 소그룹활동에 관한 모든 내용을 안전을 위해 기록하지 못하고 머릿속에 저장해서 기억해야만 했다고 하여 당시 상황이 얼마나 어려웠는지를 알 수 있게 해준다.[557]

이처럼 산업선교에 대한 감시와 탄압이 도를 넘었지만 산업선교는 그 걸음을 늦출 수 없었다. 오히려 유신체제가 정책적으로 노동운동을 억압하는 강도에 비례하여 노동운동은 점점 더 그에 관계되는 실정법들에 구애받지 않고 노동자들의 단결된 힘으로 억압에 맞서려는 경향을 띠었다.

1974년 실무자들의 구속으로 큰 타격을 받았던 영산은 이제 그 충격에서 벗어나 다시금 전열을 가다듬었다. 1975년 2월 15일 인명진이 출옥하고, 4월 28일에는 명노선 전도사가 새로 부임하였다. 그리고 선교회관에

---

556) **주당 노동시간 국제비교(1965~1980)

	한국	대만	싱가포르	일본	미국
1965	57.0			44.3	41.2
1970	52.3		48.7	43.3	39.8
1975	50.5		48.4	38.8	39.5
1980	53.1	50.9	48.6	41.2	39.7

출처: ILO, *Yearbook of Labour Statistics* (Geneva, 1984), pp.540~544(김호기, 1999, 174쪽에서 재인용).

557) 명노선, 「잊을 수 없는 산업선교회의 일들」, 『영등포산업선교회 40년사』, 1998, 465~469쪽.

서 본격적인 소그룹활동을 하기 위해 21평짜리 당산동 시범아파트를 미국 장로교회와 영락교회의 후원으로 구입하여 이사하였다.[558]

소그룹은 여전히 정부의 눈을 피해 여성노동자를 의식화시키기에 가장 적합한 방법이었다. 이 시기에는 산업선교회는 물론 산업선교와 JOC의 영향을 조금이라도 받은 노동조합들은 거의 모두 소그룹을 운영하고 있었다. 콘트롤데이타와 YH, 청계천 피복노조 등도 노동조합 내 자체적인 소그룹을 운영하고 있었으며, 원풍모방은 이름이 알려진 것 만해도 72개의 소그룹이 파악되고 있다.[559] 따라서 이 시기는 명실상부하게 노동운동에 있어 여성중심 소그룹활동의 전성기였다. 소그룹활동은 이전의 남성 평신도와 노조간부 훈련과는 다르고, 교육의 방법과 목표 또한 뚜렷이 차별화되었다. "서울의 찬가"를 부르며 서울에 대한 동경을 부풀리면서 어린 나이에 집을 떠난 저학력의 여성노동자들, 형편없이 낮은 임금과 노동착취, 남성노동자와 간부들의 언어적·신체적 폭력에 시달려야 했던 여성노동자들을 위로하고 의식화시키기에 아주 적절한 방법이었던 것이다. 소그룹에선 노동자들의 취향과 수준에 맞게 취미활동부터 봉사활동·의식화 교육·노동조합 조직과 회의 진행방법 훈련 등 다양한 활동이 가능했으며, 내용에 따라 적합한 강사를 선정하여 노동자들의 만족도도 매우 높았다.[560]

영산은 이 시기 산업사회가 당면과제로 삼아야 할 문제들로 기업의 공정한 이윤분배, 산업사회의 법질서 확립, 근로자들의 저임금 철폐, 노동조합운동의 정상화 등 4가지를 꼽았다. 그리고 이들 문제의 해결을 가능성이 없는 경영주들에게 기대하느니 차라리 강력한 노조를 통해 해결하

---

558) 영등포도시산업선교위원회, 「1976년도 영등포도시산업선교 활동보고서」, 1977. 1. 10.

559) 조지송 인터뷰, 2007. 4. 27. 원풍모방 해고노동자 복직투쟁위원회 엮음, 『민주노조 10년: 원풍모방 노동조합 활동과 투쟁』, 풀빛, 1988, 162~163쪽 참조.

560) 이옥순, 「원풍모방과 산업선교」, 『영등포산업선교회 40년사』, 영등포산업선교회, 1998, 479쪽.

는 것이 현실적이라고 판단하였다. 그러기 위해서는 부정과 타협할 줄 모르며 희생적이고 용기 있는 노동조합 지도자가 대량 출현하여, 공익을 자기 생명보다 더 소중하게 여기는 풍토가 조성되는 것이 우선이었다.[561] 따라서 소그룹을 통한 노동자 교육과 훈련은 이러한 방향으로 전개되었다.

영산의 이같은 지향점은 인천산선이 이미 실시했던 소그룹 의식화활동의 목적과 동일한 것이었지만, 방법상으로는 조금 다르게 전개되었다. 인천산선의 경우가 "리더중심형"이었다면 영산은 "생활밀착형"이라 부를 만한 것이었다. 이러한 차이는 다음과 같은 몇 가지 이유에서 비롯되었다.

우선 인천산선의 경우는 앞에서 살펴보았듯이 오글의 영향으로 일찌감치 노동사회의 문제와 노동조합운동에 눈을 떠 보다 조직적이고 계획적으로 노동조합 조직에 활동의 중점을 두었고, 유신 이후에는 상황에 따라 의식화 단계로 빨리 진입하였다. 실무자의 성향에도 차이가 있었는데, 한 예로 인천산선은 실무자들에게 끊임없이 사회과학적 방법론으로 재무장할 수 있는 교육기회를 제공하였고, 개신교 선교단체임에도 불구하고 필요에 따라서는 최영희처럼 교인이 아니더라도 실무자로 채용하였다. 따라서 이미 문제의식을 갖고 활동을 시작한 최영희의 경우와, 노동자들의 친구가 되어주겠다는 생각만 가지고 헌신적인 활동을 시작해 노동자들과 더불어 의식화 단계를 밟아간 명노선의 경우는 다를 수밖에 없었다. 또한 인천산선은 총무 조화순이 여성이어서 최영희와 좀 더 밀착된 관계를 가지고 소통할 수 있었던 반면, 영산은 남성실무자들이 여성전도사에게 요구하는 역할의 한계가 분명 존재했을 것이라 생각된다.

산업선교 운영방법에서도 영산은 모든 실무자가 소그룹운동에 참여하여 활동하였고, 인천산선의 경우는 실무자들이 각자 분야별로 자신의 영역을 따로 담당하고 있었다.[562] 이러한 방법은 전문성을 가질 수 있다는

561) 영등포산업선교회, 「1975년도 활동보고서」.
562) 조화순은 동일방직, 최영희는 부평지역, 유흥식은 남성노동자 위주의 노사담

1976년 영등포도시산업선교회
관을 배경으로 함께 한 실무자
들과 여성노동자들. 왼쪽 첫 번
째가 조지송 목사, 두 번째가
라벤더 선교사, 오른쪽 제일 끝이
인명진 목사.

장점이 있으나 담당실무자 유고시에는 그 활동 자체가 힘을 잃게 되는
문제점도 가지고 있다. 이처럼 소그룹 조직의 방법과 훈련과정에 있어서
두 단체 간에 차이가 있긴 하였지만 각기 장단점을 가지고 있었으며, 이
들이 궁극적으로 추구하는 방향은 일치하였다.

영산의 실무자들은 여성노동자들과 소그룹을 시작할 때 모든 것을 처
음부터 하나하나 다시 시작하는 마음으로, 노동자들에게 무엇을 가르치
기 전에 우선 그들과 함께 먹고, 같이 살고, 같이 소리치고, 웃고, 화내면
서, 즉 그들과 생활을 함께 하면서 노동자들이 자기정체성을 깨우치게
하는 데 온 힘을 다 기울였다고 한다.[563] 명노선은 하루 18시간, 회관을

_____

당이었다.
563) 조지송, 「영등포산업선교 이야기」, 『나의 삶 나의 이야기Ⅱ』, 도서출판 연이,
287쪽.

찾아오는 300여 명의 노동자들에게 쾌적한 환경, 편하게 쉴 수 있는 곳으로 만들어주려 마루 닦고, 걸레질하고, 연탄불 갈고, 그들과 함께 뜨개질, 요리 등을 하였다.[564]

명노선은 이 시기 영산 소그룹활동의 성격을 특징짓는데 중요한 역할을 한 존재였다. 원풍모방 장석숙은 명노선이 없었더라면 그렇게 많은 여성노동자들이 영산에서 그렇게 많은 시간을 편안하고 따듯한 여건에서 보내지 못했을 것이라고 하였다. 당시 산업선교 회원이었던 노동자들은 한결같이 "실무자들이 형제처럼 친절하고 노동자들을 지극히 섬겼으며, 노동자 입장에서 산업선교 회관이 내 집처럼 느껴질 정도였다"고 증언하고 있다.[565] 그 결과 노동자들은 산업선교 실무자들에 대한 강한 신뢰를 갖게 되었고 노동자들 간에는 목숨과도 같은 동료애를 형성할 수 있는 아주 중요한 기회가 되었다. 이때 조성된 유대감과 일체감은 후에 노동투쟁에 들어갔을 때 노동자들이 자신의 권익만이 아니라 '공동체(우

---

564) 「산업선교 40년 역사와 증언: 명노선 인터뷰」, 영등포산업선교회 비디오 자료, 1998.

565) 「산업선교 40년 역사와 증언: 콘트롤데이타 한명희 인터뷰」, 영등포산업선교회 비디오 자료, 1998 ; (권진관, 「1970년대의 산업선교 활동과 특징」, 『1960-70년대 노동자의 작업장 문화와 정체성』, 한울아카데미, 2006, 209쪽). 남영나이론에 다니던 박점순도 "그 작은 공간에 인간의 숨결이 살아 숨 쉬고 있는 곳, 자유가 있는 곳, 사랑이 있는 그런 아름다운 곳… 처음에는 조심스러웠지만 곧 내 집 마냥 거리낌 없이 드나들며 마음만 먹으면 무엇이든 배울 수 있고 같이 나눌 수 있는 곳, 서로의 처지가 같아서 마음 편한 곳"이었다고 하였다 (「산업선교 40년 역사와 증언: 남영나이론 박점순 인터뷰」, 영등포산업선교회 비디오 자료, 1998). 송효순도 "그동안 소외되어 천대만 받던 우리들… 노동자도 인간적으로 이렇게 대우받을 수 있구나. 늦은 시간에 도착해도 우리를 위한 밥을 따로 차려놓고 기다리다 반갑게 맞아주면 집 잃고 객지에서 부모 찾아 헤매다 엄마 만난 듯 울음이 터져 나오고, 회관에서 자는 날이면 실무자들이 우리를 위해 새벽밥을 지어주고… 여기가 바로 천국인 듯…"한 곳이었다고 말하고 있다(송효순, 『서울 가는 길』, 형성사, 1982, 166쪽). 조지송과 인명진 역시 "노동자를 서운하게 해서는 안 된다. 철저히 준비하고 철저히 섬겨야 한다. 그들이 어디서 그런 대우를 받을 수 있겠는가. 하늘이 무너져도 노동자들과의 약속은 철저히 지켜야한다"고 강조하였다 한다.

리)'를 위해 싸울 수 있는 이유와 든든한 힘이 되어주었다.

처음에는 취미활동에만 관심이 있던 노동자들도 3~6개월이 지나면서 점차 산업선교의 활동목적과 자신들의 처지를 확연하게 인식하는 단계로 접어들었다. 실무자들은 대화를 통해 여성노동자들이 '공장에 다니는 가난하고 초라한, 부끄러운 여공'이 아니라 '사회의 중요한 밑거름이 되는 존재'이며, 부조리를 고칠 수 있는 힘도 가지고 있다는 것을 깨달을 수 있게 해주었다. 돈 벌어서 남동생 공부시키는 것이 유일한 목적이던 여성노동자들은 산업선교의 교육을 통해 "우리 사회의 목표가 무엇이냐", "어디로 가야 하느냐", "이상사회가 무엇이냐" 등에 대해 함께 고민하게 되었고, 새로운 인식의 지평을 열게 되었다. 원풍모방의 노동자 이옥순은 이러한 교육내용에 대해 "우리의 소모임은 그 시대에 어느 대학생도 부럽지 않을 정도로 풍부한 내용으로 진행되었다"고 하였다.[566] 그래서인지 인명진은 노동자들에게 자신을 대학생이나 중산층으로 착각하지 말라고 강조하였는데, 정체성을 분명히 해야 노동자들 자신의 입장에서 몸부림이 나올 수 있을 것이라 생각했기 때문이었다. 콘트롤데이타의 한명희도 노동자인 것을 숨기고 다니다가 산업선교를 만난 뒤 공순이 콤플렉스에서 벗어나 주위의 시선에 개의치 않고 자신을 당당하게 "공순이"라고 하게 되었다고 한다.[567]

노동자들이 기존의 일상에서 벗어나 의식화되는 것도 쉬운 일은 아니지만, 여기서 더 나아가 노동운동이라는 행동으로 표현되기 위해서는 그들을 습관화된 행위패턴으로부터 벗어날 수 있게 하는 새로운 가치관의 형성이 우선되어야 했다. 소그룹활동은 이를 위한 적극적이고 의도적인 준비과정이었다. 실무자들은 노동자들이 그룹모임을 통해 민주의식과

566) 이옥순, 「원풍모방과 산업선교」, 『영등포산업선교회 40년사』, 1998, 479쪽.
567) 성공회대학교사회문화연구소, 『1970년대 산업화 초기 한국노동사연구: 노동운동사를 중심으로』, 2002, 227쪽.

사회의식을 배우고, 사회정의가 무엇인지를 토의하며, 정의를 위해 싸울 용기를 기르고, 악에 대해 분노하는 마음을 갖도록 훈련시켰다.[568] 먹고 사는 데 급급하여 일주일에 한번은 쉬어야 한다는 것은 꿈도 꾸지 못하며 살고 있던 노동자들에게 이 과정은 가난하고 무식한 공순이로서의 자괴감에서 벗어나 자신도 경영주들과 다름없는 한 인간임을 인정하고, 그것을 통해 삶의 의미를 찾아가는 각성의 시간이기도 하였다.[569]

21평 좁은 영산회관에서는 아침 8시부터 밤 10시까지 매일 소그룹활동이 지속되었다. 하루에 보통 15~16개의 모임이 있었는데, 가장 많을 때는 28개의 모임을 갖기도 하였다. 3명의 실무자들은 전원이 그룹지도에 참가해 각자 맡은 과제를 진행하였다. 이렇게 하여 1975년 초반에 한두 개에 불과하던 소그룹은 일 년이 채 못 되어 80여 개로 늘어났고,[570] 이듬해에는 100여 개가 되었으며,[571] 1977~78년에는 30여 개 회사에 150여 개로 확장되었다.[572]

영산은 소그룹활동 외에도 1976년 한 해에만 45,000여 명 노동자들의 방문을 받았으며, 25건의 노동자 권익문제를 취급하였다.[573] 이 시기는 정부가 산업선교 활동을 규제하기 위해 정부기관과 경찰, 기업들을 상대

---

[568] 영등포도시산업선교위원회, 「1976년도 영등포도시산업선교 활동보고서」. 영산은 또 서울치대생들의 도움으로 무료구강진료활동과 새문안교회와 충현교회 대학생들의 도움으로 한문을 가르치는 야학을 시작하였다. 노동자들은 90% 정도가 구강질병을 가지고 있었다고 한다. 한문교육은 근로자들이 정치·경제·사회·문화 각 분야 현실을 알고, 발언하고, 참가할 수 있도록 하기 위해 신문을 읽을 수 있을 정도의 수준이 되게끔 하는 것이 목표였다. 또한 대학생들 지도로 노래모임을 진행했는데, 사회의식을 강조하는 노래가 주를 이루었다고 한다(영등포산업선교회, 「1975년도 활동보고서」 ; 「1976년도 활동보고서」).

[569] 석정남, 『공장의 불빛』, 일월서각, 1984, 72쪽 참조 ; 성공회대 이옥순 인터뷰, 2002.

[570] 영등포산업선교회, 「1975년도 활동보고서」.

[571] 영등포산업선교회, 「1976년도 활동보고서」.

[572] 『영등포산업선교회 40년사』, 153쪽.

[573] 영등포산업선교회, 「1976년도 활동보고서」.

로 산업선교 용공화 작업을 본격적으로 전개하기 시작하던 시점이었다. 그런 상황 속에서 산업선교회에 가지 말라는 공장 간부들의 위협적인 압력에도 불구하고 이렇게 많은 노동자들이 숨어서 찾아왔던 이유는 단 한 가지, 산업선교만이 유일하게 그들을 반겨 맞아주고 그들 편에 서 있었기 때문이었다. 이에 대해 조지송은 이렇게 말하였다.

> … 정부기관에서는 노사문제가 발생했을 때마다 "우리가 있는데 왜 교회기관에서 노사문제에 관하여 시끄럽게 하느냐"고 나무란다. 그렇다. 교회기관에서 노사문제에 깊이 관여하는 것은 확실히 어디가 잘못되어서 생기는 일이라고 할 수 있다. 왜 노동자들이 자기들의 문제를 노동조합에 가지고 가지 않는가? 왜 노동자들이 자기들의 문제를 정부기관인 노동청이나 근로감독관에게 가지고 가지 않는가? 이 문제는 정부기관이나 노동조합이 대답해야 좋을 것이다.[574]

소그룹활동을 통해 자신들이 처한 문제가 무엇인지 깨닫는 단계를 넘어서면서 노동자들은 보다 분명한 목표를 정하고 행동에 옮기기를 원하였다. 노동자들은 산업선교 실무자들과 조심스럽게 자신들이 처한 상황에서 문제의 원인과 해결방안을 고민하고, 예상되는 문제점, 그리고 그것들을 극복할 수 있는 방법에 대해 토의하였다. 그렇게 준비해서 때가 되었다고 판단되면 그 회사에 속해 있는 전체 그룹들이 한데 모여 행동에 대한 최종결정을 내렸다.[575]

실무자들은 경험적으로 보통 한 회사에 산업선교 회원이 전 직원의 10분의 1쯤 되면 행동에 옮길 준비가 된 것으로 보았다. 그리고 구체적인 행동에 들어가 투쟁을 시작하려 할 때는 ①해당회사 그룹을 제외한 다른

---

574) 영등포산업선교연합회, 「1972년도 사업보고서」.
575) 영등포산업선교회 40년사 기획 자료: 남영나이론 박점순 인터뷰, 1998.

회사 소속 그룹이 100개가 넘는가(지원세력 확보 여부), ②정치·사회적 여건은 어떠한가, ③노동자들의 투쟁을 지원할 청년, 학생, 교회 등의 형편은 어떠한가 등을 면밀히 검토하였다. 충분한 지원세력이 확보되어있지 않거나, 정치적 정세가 불리하거나, 밖의 지원세력인 학생들이 방학이거나, 교회가 다른 문제로 정신이 없다거나 할 때는 싸움을 연기할 정도로 치밀한 계획을 세웠다.[576]

노동자들의 각오는 대단했다. 그들은 실무자들의 가르침을 작은 의심도 없이 받아들였고, 그 말대로 살려고 애썼다. 때로는 평생을 노동운동에 바치겠다는 각오도 다지고, 노동운동을 위해 결혼을 하지 않고 평생 독신으로 살 것을 맹세하기도 하였다. 남영나이론의 박점순은 노조정상화투쟁을 위해 온갖 어려움을 겪으면서도 "그때는 해야 한다는 의식 하나만으로 힘든 줄 모르고 신들린 것처럼 뛰었다. 유신체제에서의 파업은 감옥행이었다. 모두 무서워서 숨죽이고 살던 그 시절, 우리는 감옥 갈 준비를 해가지고 다녔다"고 한다.[577] 대일화학의 송효순도 "투쟁준비를 위한 수련회에 가서 목사님의 축도를 받고 엉엉 통곡하며 더 열심히 하겠다고 전의를 다졌고, 여기서 물러나면 다른 사람들도 우리처럼 당한단다. 그러니까 우리가 희생이 되어야한다"며 탄압을 견뎌냈다고 자서전에 썼다.[578]

노동자들이 투쟁을 준비함에 있어 매월 모이는 그룹 대표자들의 파이오니아모임은 큰 역할을 하였다. 이 모임에서는 각 그룹의 강화방안, 경험교환, 지도력 개발, 투쟁에 대한 공동대응까지 다양한 내용이 거론되었다. 대표적인 예가 원풍모방노조의 해태제과 투쟁 지원이다. 일찌감치 소그룹활동을 통해 민주노조를 조직하고 탄탄하게 지켜온 원풍모방 노

---

576) 『영등포산업선교회 40년사』, 141~142쪽.

577) 박점순, 「어제나 오늘이나」, 『영등포산업선교회 40년사』, 1998, 475쪽.

578) 송효순, 『서울 가는 길』, 형성사, 1982, 198쪽. 박점순은 "당시 우리 모두는 얼마간 흥분된 상태였다"고 하였다(남영나이론 박점순 인터뷰, 영등포산업선교회 40년사 준비 자료, 1998).

소그룹활동을 하는 영등
포산업선교 인명진 목사
와 여성노동자들

동자들은 해태제과가 투쟁을 계획할 시점부터 함께 경험을 나누고, 문제
점을 예측하여 미리 준비하는 일에 동참하였다.[579] 이들은 아무리 작은
일이라도 함께 이야기하며 방법을 찾아나갔는데, 이것이 바로 그 많은
노동자들이 한 목소리를 내고 하나의 움직임을 만들어나갈 수 있었던 동
력이었다.[580] "8시간노동제운동은 임금이 적어질 것을 염려하는 노동자
들, 특히 남자노동자들의 호응을 받지 못할 것이다. 따라서 회사는 이들
을 내세워 폭력을 사용하며 반대할 것이다", "부모님이나 소개자를 통한
탄압이 있을 것이다" 등도 머리를 맞댄 끝에 나온 예측이었다. 이 예상들
은 적중하였고, 미리 준비한 덕분에 슬기롭게 넘길 수 있었다.[581]

　이렇게 그룹 대표자들의 모임을 통해서 노동자들은 다른 지역의 노동

579) 원풍모방은 한국모방이 부도가 나자 노동조합에서 수습대책위를 구성하여 노
　　사공동경영제를 시도하다 1975년 원풍산업이 인수하면서 회사 명칭이 바뀌었
　　다. 1972년부터 모범적인 민주노조를 운영하여 산업선교와 동반으로 방림방
　　적, 남영나이론, 해태, 롯데 등의 노동운동을 준비단계부터 돕고 홍보하는 역
　　할을 하였다(원풍모방 해고노동자 복직투쟁위원회 엮음, 『민주노조 10년: 원풍
　　모방 노동조합 활동과 투쟁』, 풀빛, 1988 참조).
580) 박수정, 「박순희, 항상 떨리는 마음으로 한 길 걸어온 선한 싸움꾼」, 『숨겨진
　　한국여성의 역사』, 2004, 155쪽.
581) 순점순, 『8시간 노동을 위하여』, 풀빛, 1984, 122~153쪽 참조.

운동 상황에 대해서도 알게 되고, 필요에 따라서는 함께 연대하기도 하였다. 또한 자기 일에 대한 재검토도 하고, 확신을 얻어 협동의식을 개발하였으며, 다양한 사례를 검토하며 리더십도 양성하였다. 때로는 노동자들이 기업주로부터 당하는 억울한 일에 대해서 공동으로 지원하는 방안 등을 토의하고 결정해서 행동으로 옮기기도 하였다. 부당하게 해고당하고 생활이 어려운 동료를 위해 십시일반해서 돕기, 노동자들을 탄압하는 사장에게 1인 1통씩 전화를 걸고 편지를 써서 호소하기 등도 모두 여기서 결정한 사항들이었다.[582]

영산은 이 시기에 1976년 남영나이론 임금인상요구 파업,[583] 1977년 인선사 노조투쟁과 방림방적 체불노임받기 투쟁, 1978년 대일화학 노조정상화투쟁, 진로주조 근로자들의 임금인상 투쟁, 대동전자 근로조건개선 투쟁, 대한방직 연장근로수당 받기 투쟁 등 굵직한 노사분규만도 20여 건이나 주도하며 활발한 활동을 벌였다.[584] 그러나 기업인들의 대응도 워낙 완강하여 모든 투쟁이 노동자들의 승리로 끝나지는 않았다. 실무자들과 노동자들은 매번 투쟁이 끝나고 나면 그 사건을 평가하고 실패요인을 분석하여 다음 투쟁에 활용하였다. 조지송은 노동자의 문제는 노동자 자신만이 해결할 수 있다던 JOC 지도자의 말이 맞았다며 여성노동자들의 숨겨진 역량에 감탄하였다.[585]

소그룹활동을 통한 교육은 곧 노동운동의 생명이었다. 향학열에 불타올라 노동조합의 힘과 산업민주주의에 대해, 그리고 노동법에 대해 배운 노동자들은 궁극적으로 민주노조를 열망하였다. 어용화 된 기성노조를

---

582) 『영등포산업선교회 40년사』, 1998, 144·172~173쪽. 이 결과 해태 사장은 집 전화를 아예 쓸 수 없게 되었고, 온 회사 전화선이 밖에서 걸려오는 전화 때문에 업무가 마비되었다고 한다.
583) 『도시산업선교와 노동자 인권현장』, 1977. 5. 31.
584) 한국기독교회협의회 한국교회산업선교 25주년 기념대회, 『1970년대 노동현장과 증언』, 1984, 246쪽.
585) 『영등포산업선교회 40년사』, 1998, 123쪽.

민주노조로 만드는 것은 결코 쉬운 일이 아니었다. 이에 산업선교는 회의진행을 해본 적이 없는 노동자들을 위해 회의 진행법에 대한 공부도 하고 논리적 발언 훈련도 하였으며, 예행연습도 하는 등 만반의 준비를 하였다. 남영나이론과 대일화학, 롯데와 해태제과 노동자들의 투쟁은 그렇게 비롯된 것이었다.[586]

그러나 어용노조를 민주노조로 바꾸는 것에 성공한 곳은 일찌감치 1970년대 초반에 이 과정을 거친 한국모방이 유일하였다. 회사의 탄압과 경찰과 노동청 동원, 한국노총의 반(反)산업선교 정책, 끈질긴 대의원에 대한 회유가 민주노조 결성을 적극 막았기 때문이다. 특히 1970년대 초반까지는 산업선교 활동에 큰 적대감이 없던 한국노총은 유신 이후 체제 안주를 더 강화하면서 자기 조직 보호를 위해 산업선교의 침투를 적극 저지하였다. 이에 따라 의식화된 노동자들을 중심으로 민주노조를 활성화해 노동조건을 개선해나가려던 산업선교의 전략은 성공이 요원해졌고, 새로운 노조를 조직하는 일도 용이하지 않았다.

이에 영산은 투쟁의 내용을 바꾸기로 하였다. 근로조건이 열악하고 문제가 많은 몇몇 회사들을 선정해 그룹을 조직·확장하여 근로조건 개선에 중점을 두기로 한 것이다. 1977년의 '방림방적 체불노임요구 투쟁'과 1979년 '해태제과 8시간노동 투쟁'의 경우가 그 대표적 예이다. 물론 당시에 체불노임을 주지 않은 회사가 방림만이 아니고, 또 장시간 노동을 시키는 회사가 해태만은 아니었다. 그러나 영산이 이들을 고른 것은 산업선교 활동이나 투쟁을 벌이기에 여건이 가장 적합하며, 관련 업종에도 영향을 줄 수 있는 대표성을 가진 기업이기 때문이었다.

그중에 방림방적은 영등포지역 최대의 회사이면서 최악의 노동조건을 가진 곳이었다. 6,000명 노동자 중 90%가 여성이었고, 휴가는 물론 일요

---

586) 『1970년대 노동현장과 증언』, 1984, 515~560쪽 참조.

표 4-2. 1970년대 임금체불 발생 상황

년월일	사업장수	노동자수	체불임금액(천원)
1972. 11. 22	82	20,079	367,012
1973. 12. 26	79	14,600	360,000
1974. 9. 18	60	-	230,000
1974. 11	48	-	80,000
1975. 12. 18	42	5,162	200,500
1976. 11. 20	96	12,800	581,000
1977. 12. 26	169	20,890	1,116,850
1978. 11. 27	42	5,600	420,000
1979. 5	296	84,678	13,603,934
1979. 9. 24	183	38,560	6,238,000
1979. 10. 19	763	219,050	34,943,600

출처: 『1970년대 노동현장과 증언』, 440쪽.

일도 없이 작업하였다. 게다가 새마을운동의 명분으로 하루 1~2시간씩 무임 강제노동을 하였고, 폭행과 온갖 비인간적인 모욕이 비일비재하였다. 또 노동 강도가 워낙 높아서 식사나 용변시간도 제대로 가질 수 없는 데다, 많은 노동자들이 밤샘 노동을 하느라 '타이밍'(각성제의 일종) 과다복용으로 중독증세를 일으키면서도 저임금에 시달리고 있었다. 노조도 있었으나 노동자들과는 무관한 상태였다.[587] 산업선교는 1975년 말 방림에서 첫 그룹 조직에 성공하였는데, 워낙 열악한 근로조건으로 인해 1년 만에 소그룹이 40~50개로 늘어날 정도로 노동자들의 호응이 적극적이었고 의식화 속도도 빨랐다.

드디어 1977년 2월, 방림 노동자들은 250여 명의 연서명으로 노동청장과 방림방적 사장에게 14개항의 요구조건이 적힌 진정서를 발송하였다.[588] 그러나 회사와 노조가 진정서에 날인한 노동자들을 탄압하고 처

---

587) 「방림방적 근로자들의 호소를 들어 주십시오」, 1977. 6. 3 ; 『1970년대 노동현장과 증언』, 1984, 552~558쪽.

열악한 노동조건
으로 많은 문제를
가지고 있던 방림
방적 공장 외부
전경

벌하자 산업선교회가 나서서 회사에 공문을 발송하여 노동자들의 요구
를 수락하도록 촉구하였다. 회사 측의 약속을 받은 영산은 이에 만족하
지 않고, 그동안 노동자들이 새마을운동이라는 명목으로 무임노동한 것
에 대한 잔업수당까지 받아내기로 하였다. 워낙 액수가 커 무리이긴 했
지만 영산은 이를 통해 노동자들에게는 일을 더 하면 임금을 꼭 받아야
한다는 것을 알게 해주는 교육적 효과를, 기업주들에게는 강제잔업은 없
으며, 일을 시키면 임금을 꼭 줘야 한다는 사실을 알리겠다는 목적을 가
지고 있었다.[589]

　회사와 산업선교회의 팽팽한 대결이 장기화되자 산업선교회 측은 이
문제를 사회에 폭로하여 여론을 환기하기로 하고 3차례 공개적인 기도회

588) 「(노동청장과 방림방적 사장에게 보내는) 진정서」, 1977. 2.
589) 방림방적이 노동자들에게 잔업을 시키고 주지 않은 임금을 계산해보니 15억 7
　　천 5백만 원이나 되었다 한다(영등포도시산업선교위원회, 「방림방적 체불임금
　　문제 노사분규 개략」, 1977. 9. 12 ; 『영등포산업선교회 40년사』, 1998, 166쪽).
　　임금체불은 당시에 저임금과 함께 일반화되어 있는 현상이었다. 특히 1970년
　　대 후반으로 갈수록 증가하였는데, 이는 전반적인 경제위기 속에서 중소기업
　　은 물론 대기업들도 상당수 도산한 데 기인하였다고 한다. 1979년 1월~5월간
　　에 발생한 노사분규 중 임금체불문제는 82.45%를 차지하고 있었다(『1970년대
　　노동현장과 증언』, 1984).

방림방적 체불임금 대책위원회의 협의회 모습

를 열었다. 또한 영산 소속의 모든 소그룹이 동원되어 다른 회사의 노동
자들까지도 합세해 방림방적 체불임금받기 서명운동을 전개하였다.[590]
이 일이 대외적으로 알려지자 인권·민주화운동에 참여했던 신·구교 성
직자와 문인, 일부 정치인, 교회청년학생단체 등 각계 저명인사 106명이
'방림방적 체불임금 대책위원회'를 조직하고 고문에 윤보선·함석헌을,
위원장에 윤보선의 부인 공덕귀를 선임하고 성명서를 발표하는 등 방림
노동자들의 투쟁을 지원하였다. 이들은 방림방적이 재일교포 기업이라
는 점에 착안해서 일본 기독교여성단체에 방림상품 불매운동 전개를 요
청하기도 하였다.[591]

　지금까지의 노동투쟁과는 다르게 외부지원이 개입하자 회사는 산업선
교 회원들에게 탄압과 회유, 힘든 자리로 부서이동, 가정에 찾아가 협박,

---

590) 『영등포산업선교회 40년사』, 1998, 167~169쪽.
591) 『1970년대 노동현장과 증언』, 1984, 552~558쪽 참조.

해고 등 온갖 방법을 동원해 압박을 가했다. 이를 견디다 못한 노동자들은 의욕상실과 조직역량 부족으로 하나 둘 떨어져 나갔다. 그러자 정작 당사자인 노동자들의 투쟁은 지지부진해졌고, 오히려 지원세력의 활동이 더 강력한 현상이 나타났다. 그 상황에서도 산업선교회는 끝까지 정부·노총·회사 측과 막후에서 비공식 접촉을 벌여, 미지불된 잔업수당으로 노동자들을 위한 학교와 병원을 설립하고 나머지는 보너스 형태로 지급하는 것으로 상황을 타결하였다.[592]

이 사건은 영산이 처음부터 계획을 가지고 시작한 것이며, 투쟁과정에서 ①문제를 사회여론화하고, ②외국과의 연대 시도, ③대책위원회 결성 등 민주화세력과의 연대, ④타 회사 노동자들과의 연대투쟁 등이 처음으로 이루어졌다는 점에서 지금까지의 노동운동과는 차별성을 가지고 있었다.

그러나 한편으로는 많은 문제점도 노출되었다. 하나는, 정부가 산업선교가 지금까지와는 다르게 외부세력과 연대하는 것에 대해 위협을 느끼기 시작했다는 것이다. 박정희 정권은 날로 강력해지는 반정부 민주화세력에 불만이 팽배한 노동자들이 가세하게 되면 걷잡을 수 없는 사태로 발전할 수 있다고 판단하였다. 이후 실제로 반정부 세력과 학생·노동자·시민들의 연대는 더욱 강화되어 결국은 유신체제를 무너뜨리고 1980년대에는 군사정권을 종식시키는 역할까지 하였으니 그들의 판단은 적중한 셈이었다. 그러나 그로 인해 산업선교는 엄청난 탄압을 받아야 했다. 다른 하나는, 투쟁 과정에서 주체가 되어야 하는 노동자들은 정작 조직력과 투쟁력이 부족해 와해되어버리고 산업선교회가 투쟁을 주도했다는 것이다. 이 사건 이후로 방림에는 산업선교 조직이 발을 붙일 수 없게 되어 더 이상 노동자를 위한 아무런 투쟁이나 노력이 지속될 수 없게 되

---

592) 『영등포산업선교회 40년사』, 1998, 166~169쪽 참조.

었다.

이 사건은 노동운동 전개 방법과 산업선교의 활동 방식에 대해 몇 가지 고민을 하게 한다. 먼저, 노동자들은 아직 준비가 되어 있지 않은데 산업선교회가 노동자들을 매개로 하여 자신들의 목적을 달성하려 과도한 욕심을 부린 것이 아닌가 하는 것이다. 그리고, 목적은 달성하였지만 회원들과 활동영역을 잃었는데 이를 성공으로 볼 수 있겠느냐는 것도 돌아볼 점이다.

이러한 문제점은 1979년 해태제과 8시간노동 투쟁의 경우에서도 확연하게 나타나고 있다. 이 사건 역시 영산이 6년 동안 준비하고 추진한 일로, 정말 큰 성과를 얻어낸 소그룹 의식화프로그램의 대표적 결실이며, 한국노동운동사에 빛나는 한 페이지를 장식한 것으로 영산 스스로 평가하고 있다. 8시간노동투쟁은 역사가 오래된 것으로, 1959년 1월 대한노총 버스종업원들의 투쟁으로부터 시작하여 같은 해 2월 섬유연맹 쟁의, 1960년 경성방직 여성노동자 시위 등으로 꾸준히 이어져 내려왔다. 또 1970년 11월 전태일사건 이후에는 이승택 노동청장이 전태일의 어머니 이소선에게 약속한 8개항의 요구조건 중 하나이기도 했다.593) 그러나 계

---

593) "내 죽음을 헛되이 하지 말라"는 유언을 남기고 간 전태일 열사의 뜻을 새겨 어머니 이소선은 "내 아들의 뜻이 이루어질 때까지 장례를 치르지 않겠다"며 아들의 시신 인수를 거부하고 다음과 같은 8개항의 요구조건을 내세웠다. ① 주일휴가(유급휴일)제 실시, ②법으로 임금인상(월급공), ③8시간 노동제 실시(초과근로수당제), ④정규 임금인상, ⑤정기적인 건강진단 실시, ⑥여성 생리 휴가, ⑦이중 다락방 철폐, ⑧노조결성 지원.
이에 대해 당국에서는 8시간 노동제와 노조결성 지원의 요구조건을 빼고 나머지는 다 들어주겠다고 했지만 어머니는 요지부동이었다. "나중에 나 혼자라도 내 아들 시체를 토막 내서 치마에 싸서 묻는 한이 있더라도 요구조건이 관철되지 않은 상태에서는 절대 장례를 치를 수 없다"며 완강하게 투쟁을 계속했고, 마침내 11월16일 이승택 노동청장이 전태일 열사 빈소에서 8개항의 요구조건을 무조건 수락할 것을 공약했고, 11월 18일 장례식을 치르게 되었다. 그리고 약속 이행을 요구하는 이소선 어머니와 최종인 노조결성 준비위원장을 비롯한 평화시장 노동자들이 중앙청과 국회의사당 앞에서 항의시위를 한 후 11월 27일 가입 조합원 560명을 대표하는 56명의 대의원으로 '전국 연합노동조

표 4-3. 유신체제 후반기 영등포산업선교회가 지원한 주요노동쟁의

일시	회사명	내용
1976	대일화학	노조 정상화 투쟁
1976. 2	한흥물산	노조 재건 투쟁
1976. 2	해태제과	특근 거부 투쟁
1976. 3	남영나이론	노조 개편 및 임금인상
1977. 2	방림방적	근로조건 개선 투쟁 및 체불임금 요구 투쟁
1978. 1	대한방직	연장근로수당 받기 투쟁 및 복직투쟁
1979. 7	해태제과	8시간 노동투쟁

출처: 『1970년대 노동현장과 증언』, 풀빛, 1984 ; 『영등포산업선교 40년사』, 영등포산
업선교회, 1998 참조.

속 지켜지지 않다가 마침내 해태제과 투쟁의 결실로 1980년 5월부터 모
든 식품노동자들이 8시간만 노동을 하도록 법으로 제정된 만큼 성공한
운동으로 볼 수도 있다. 하지만 이 경우도 자세히 들여다보면 역시 8개
월이라는 긴 투쟁기간을 거치는 동안 끝까지 남은 노동자는 15명뿐이었
고, 산업선교회가 사장과의 직접면담, 사회단체에 호소, 불매운동, 기도
회 등 적극적으로 나섬으로써 노동자 투쟁이라기보다는 마치 산업선교
의 투쟁으로 비쳐지고 있다.[594]

산업선교 실무자들이 이처럼 노동운동에 직접 개입하게 된 데는 물론
몇 가지 이유가 있었다. 우선 1970년대 후반에 들어 노사협의제가 확산
되면서 분규가 발생했을 경우 현실적으로 경험과 힘이 부족한 노동자들
은 경영주와의 협상에서 쉽게 패배하곤 하였다. 또한 어용노조가 오히려

합 청계피복지부'의 결성대회를 개최하였다.

[594] 해태제과는 나이 어린 여성노동자들이 도급제로 쉬는 날 없이 하루 18시간까지
"곱빼기 노동"을 하는 등 근로조건이 아주 열악하였다. 1976년부터 투쟁계획이
있었지만 1977년은 방림 싸움 때문에, 1978년은 인명진의 구속으로 별 진전이
없다가 1979년 4월 또다시 문제가 제기되어 구체적인 준비를 하고 7월부터 투
쟁을 전개하였다. 뜻하지 않았던 YH사건과 겹쳐 외부지원을 많이 받지 못해
힘들었지만, 정부에서 여론이 정부의 노동정책 실패로 쏠릴까봐 8시간 노동제를
받아들이는 쪽으로 방향을 진전시켜 목적을 달성시킬 수 있었다(『영등포산업
선교회 40년사』, 1998 참조).

회사 편을 들어 노동자들을 탄압하는데 적극 협조하는 경우가 흔하게 발생하였다. 이럴 경우 실무자들이 나서거나 외부세력과 연대하여 힘을 더하지 않으면 투쟁의 목적을 달성할 수가 없게 되기 때문이었다. 하지만 그 와중에서 노동자들은 오히려 소외되고, 자신들이 역량부족을 더 절실히 느껴 투쟁을 포기하든지 또는 자체적으로는 싸울 힘을 잃고 산업선교회나 외부세력에 의존하려는 성향이 강해져 자주적이지 못할 우려가 있었다. 이에 대해 인천산선의 최영희는 이렇게 말하였다.

> 인명진 목사와 내가 싸운 게 뭐였나 하면 목적지가 돌자갈 길 저 건너편에 있어서 그쪽으로 가야하는데 아이들이 자꾸 넘어진다고. 그러면 그 분은 들쳐 업고 가. 급하니까. 뛰어넘고 가는 거고, 나는 스스로 가게 해야 한다, 지금 힘들지만 손만 잡아주고, 깨지든 엎어지든 자꾸 해봐야한다 이랬거든.[595]

이는 실무자들의 개인적 성향이 1970년대 노동운동에 얼마나 큰 영향을 미쳤는지, 또 노동운동 양상이 어떻게 다르게 나타났는지를 잘 보여주는 단면이다.

그러나 한편으로는 다른 요인도 생각해볼 수 있다. 같은 여성노동자라 하더라도 공장에 따라 나이와 학력에 차이가 나는 경우가 많았기 때문이다. 동일방직이나 원풍모방, 콘트롤데이타의 경우는 비교적 조건도 좋고 임금도 높아 중고등학교 정도의 학력에 나이도 18~19세 이상의 노동자들의 비율이 높았던 반면, YH나 해태, 롯데, 방림방적 등은 나이 어리고 학력도 낮은 노동자들이 대부분이었다. 따라서 교육과 훈련을 받아들이는 과정에서도 차이가 나고, 투쟁을 전개하는 방법도 다를 수밖에 없었으리라 생각된다.

---

[595] 최영희 성공회대 인터뷰, 2002.

1978년 방림방적사건이 종결된 후 영산은 인명진 목사가 구속되고 산업선교회가 크게 탄압을 받는 등 힘든 시기를 거쳤다. 또한 산업선교를 말살하려는 정부와 이에 호응하는 교회세력에 맞서 힘겨운 싸움을 해나가야 했다.

■3. 인천기독교도시산업선교회의 동일방직 투쟁과 방향전환

1) 동일방직 여성노동자들의 민주노조수호투쟁

그 무엇보다도 이 시기 인천산선에서 가장 큰 비중을 차지했던 일은 1976년 나체시위로 시작되어 1978년 인분투척사건, 이후 해고노동자 복직투쟁으로 이어진 동일방직 노동자들의 민주노조수호투쟁이었다.

1966년 조화순이 동일방직에서 6개월 간 노동경험을 하면서부터 본격적인 산업선교 활동이 시작된 동일방직은 그 오랜 역사만큼이나 실무자와 노동자, 노동자 서로 간에 신뢰와 유대가 강한 곳이었다. 또한 동일방직 여성노조원들은 1972년 민주적 절차에 따라 한국 산업사회 역사상 첫 여성지부장과 여성집행부를 선출하고 민주노조로 개편했다는 것에 대한 자부심이 무척 강하였다. 어용노조를 비판하는 것에만 익숙해있던 노동자들은 종종 조합의 주체인 집행부를 장악하고도 그것을 운영하는 문제에 있어 미숙함을 드러냈는데, 산업선교는 이러한 문제들도 노동자들이 스스로 해결해 나갈 수 있도록 훈련하였다.[596] 그 덕분에 동일방직 노동자들은 수년에 걸친 투쟁과정에서 회사와 남자직원들, 그리고 경찰과 섬유노조의 극심한 탄압과 방해공작에도 하나가 되어 끝까지 버틸 수 있었다.

---

[596] 한국여신학자협의회 여신학자연구반, 『고난의 현장에서 사랑의 불꽃으로: 조화순 목사의 삶과 신학』, 대한기독교서회, 1992, 241쪽 참조.

이들이 처음 여성중심의 노조집행부를 구성하였을 때에는 회사 측도 노조집행부에 적대감을 표시하지 않았다. 한편으로는 "너희들이 얼마를 버티겠느냐"는 조소 섞인 반응도 있었다. 여성노동자들의 역량을 과소평가했던 것이다. 그래서 회사 측은 노조의 건의사항을 웃음으로 받아넘기기도 하는 등 유화적 태도를 보였다. 그런데 생각 밖으로 여성지부장을 중심으로 하는 여성집행부는 세탁 후에 꼭 다림질을 해야 했던 면(綿) 작업복을 테트론으로 바꾸고, 생리휴가와 월차를 확보했으며, 식사시간을 조정하여 노동자들이 끼니를 거르지 않도록 하는 등 남성집행부 때보다 많은 성과를 거두어 여성이 대부분인 노동자들로부터 매우 긍정적인 평가를 받았다.[597]

문제는 주길자 지부장의 임기가 끝나고 1975년 산업선교 회원인 이영숙이 지부장에 선출되면서부터 시작되었다. 또다시 여성집행부가 노조를 장악할 가능성이 커지자 회사 측은 노동자들에게 회사를 위해 일할 대의원을 뽑으라고 회유하고, 말을 듣지 않는다고 탄압하였다. 권위의식에 사로잡혀 있던 남성 경영진들은 "(여성노동자들은) 거의 다 내 동생이나 딸 같은 애들인데 어떻게 그런 나이어린 공순이랑 나랑 마주앉아서 협상을 하고 회담을 하나? 올 데 갈 데 없는 것들 먹여 살리니까 감히 내게 대들어?"하고 분노하였다. 그래도 여의치 않자 남성조합원들을 이용해 여성노동자들에게 폭력을 행사하는 등 반조직행위도 마다하지 않았다.[598]

여성노동자들이 집행부를 장악한 회사에서는 어디서든 다 이 같은 현상이 나타났다. 상황이 이렇다보니 중점은 노사 간의 문제인데, 본질이

597) 동일방직 복직투쟁위원회 엮음, 『동일방직노동조합 운동사』, 돌베개, 1985, 32~35쪽 참조 ; 박수정, 「이총각, 노동자 거짓됨 없이 세상을 일구어 온 사람」, 『숨겨진 한국여성의 역사』, 아름다운 사람들, 2004, 25~26쪽 ; 정영태, 「개발연대 노동자들의 공장생활과 대응방식: 인천지역 노동자들을 중심으로」, 『1960-70년대 노동자의 작업장 경험과 생활세계』, 한울아카데미, 2005, 271쪽.
598) 성공회대학교 사회문제연구소, 『1970년대 산업화 초기 한국노동사 연구: 노동운동사를 중심으로』, 노동부, 2002, 366쪽.

1976년 동일방직 노조 여성집행부의
대의원대회 소집공고문

오도되어 마치 남녀 조합원간의 노조주도권 쟁탈전처럼 보이는 경우가
많았다. 이처럼 민주노조수호투쟁을 마치 노조 내 조직분규인양 위장하
는 방법은 1970년대 동일방직을 시작으로 하여 서통, 남영나이론, 해태제
과, 태창메리야쓰 등에서 발생하였다.[599]

여성집행부에 대해 노골적으로 적대적인 동일방직 남성조합원들의 이
러한 태도에 대해 여성노동자들은 "1972년도까지 노조를 주도하며 조합
비를 마음대로 쓰던 시절을 잊을 수 없었고, 남자로서 여자에게 숙이고
들어갈 수 없다는 봉건적 심리도 적지 않게 작용하였다"고 분석하였
다.[600] 곧 어용노조의 근성과 뿌리 깊은 성차별이데올로기가 주범이었던

---

599) 원풍모방 해고노동자 복직투쟁위원회 엮음, 『민주노조 10년: 원풍모방 노동조
    합활동과 투쟁』, 풀빛, 1998, 327쪽 참조.
600) 동일방직 복직투쟁위원회 엮음, 『동일방직 노동조합 운동사』, 1985, 돌베개,

것이다. 물론 여성노동자들이 예전처럼 남자직원들에 대해 고분고분하지 않은 것은 사실이었다. 그러나 대부분 남성직원들이 권위와 책임이 있는 직책을 차지하고 있었기 때문에 남성직원들의 여성에 대한 적대감에 비해 여성노동자들은 남성조합원들에게 그리 배타적이지 않았고, 성분리주의적인 노동운동을 전개하지도 않았다.[601] 언뜻 남성노동자 대 여성노동자의 대립으로 보인 이 사건들의 실상은 남성조합원으로 대표되

46·102쪽. 당시 동일방직은 직원 1,500명 중 남자는 200명 남짓 되었다고 한다. 노조집행부를 장악한 여성노동자들은 이전과는 다르게 남성조합원들에게 공손하지 않았으며, 남성노동자들은 노조사무실도 드나들기 불편해했다고 한다(정영태, 「개발연대 노동자들의 공장생활과 대응방식: 인천지역 노동자들을 중심으로」, 『1960-70년대 노동자의 작업장 경험과 생활세계』, 한울아카데미, 2005, 283쪽). 또 남자들은 체면을 유지한다며 지부장을 지부장이라 부르지 않고 이름을 불러가며 쌍욕을 하고, 컵을 집어던지기도 했다고 한다. 여성지도부를 지지하던 몇 명의 남성들은 동료 남성노동자들에게 배척당했다(박수정, 「이총각, 노동자 거짓됨 없이 세상을 일구어 온 사람」, 『숨겨진 한국여성의 역사』, 아름다운 사람들, 2004, 28쪽).

[601] 이 점에 대해 많은 여성학자들은 1970년대 여성노동운동은 여성주의 시각의 부재로 여성특수과제를 다루지 못했다고 평가하였다(여성평우회, 「한국여성운동에 대한 재평가 2: 70년대 여성노동운동을 중심으로」, 『여성평우』 3호, 1985 ; 신인령, 「한국의 조직노동자와 여성」, 『한국여성과 일』, 이화여자대학교 출판부, 1985 ; 김지수, 「한국여성노동운동의 현황과 과제」, 『여성 2』, 창작사, 1988 ; 조순경, 「산업의 재편성과 여성노동운동: 한국과 대만의 비교연구」, 『아시아문화』 6호, 1990 ; 이숙진, 「노동자계급 여성의 여성해방의식 획득에 관한 연구」, 이화여자대학교 여성학과 석사학위논문, 1990 ; 정현백, 『여성노동과 노동자문화』, 한길사, 1991 ; 정미숙, 「70년대 여성노동운동의 활성화에 관한 경험세계적 연구: 섬유업을 중심으로」, 이화여자대학교 석사학위논문, 1993).
즉, 70년대 여성운동은 노동조건 일반 -임금, 근로조건, 노동조합의 어용성 등-에 대해서만 문제를 제기했을 뿐 여성노동자들이 여성으로서 갖는 문제-결혼, 퇴직, 임신, 출산 등 모성보호와 가사노동, 차별퇴직제 및 차별임금, 고용상의 성차별이나 성희롱 등-에 대해 거의 관심을 기울이지 않았다는 것이다. 하지만 당시엔 고학력 여성들도 여성의식이 없었으며, 노동자들이 모두 나이가 어렸고, 조화순은 미혼이었다는 사실을 감안하면 문제의식이 없었던 것이 극히 당연하다고 생각한다. 지금의 시각으로 보면 부족한 점이 있겠지만 조화순은 당시 누구보다도 앞선 여성의식을 가지고 있었으며, 이를 노동자들에게 강조하였던 것으로 알려져 있다(한국여신학자협의회 여신학자연구반 편, 「여성노동자의 친구 조'감동': 인재근 인터뷰」, 『고난의 현장에서 사랑의 불꽃으로: 조화순 목사의 삶과 신학』, 대한기독교서회, 1992, 251쪽).

는 부패세력과 여성노동자로 대표되는 신진세력 간의 대결이었던 것이다.[602]

1976년 7월 23일, 민주노조를 사수하려는 여성노동자들과 이를 저지하려는 남성직원들 간의 밀고 당기는 치열한 싸움이 지속되는 가운데 동일방직 경영진은 경찰을 동원하여 지부장 이영숙과 총무 이총각을 연행하도록 함으로써 남성조합원들이 비밀리에 대의원선거를 치를 수 있도록 도와주었다. 이에 800여 명의 노동자들은 "지부장과 총무를 석방하라", "회사는 자율적인 노조활동에 개입하지 말라"고 외치고 노총가를 부르며 전면파업에 들어갔다. 한여름에 계속된 농성과 파업으로 노동자들은 모두 지친 상태였지만, 투쟁의 부르짖음은 거세어만 갔다. 이틀 후, 완전무장을 한 전투경찰이 이들을 에워쌌다. 그 분위기가 얼마나 살벌했는지 산업선교 실무자들은 물론 어느 누구 하나 회사 근처에 얼씬도 할 수 없었다고 한다. 겁에 질린 여성노동자들은 마지막 수단으로 옷을 벗고 치열하게 저항하였다. '나체시위사건'으로 명명되어진 이 사건에 대해 당시 노조 조직부장이었던 김순분은 "오로지 상임집행부 간부들을 살리고 보자는 한 마음으로 500여 명의 여성들이 서로의 옷을 벗겨주었다"고 하였다.[603] 이 사건 이후 노동자들은 더욱 더 하나로 결집되었다. 오로지 수와 단결만이 조합을 살려낼 수 있는 가장 강력한 무기라는 것을 깨달은 것이다.

---

[602] 변명거리로는 너무 빈약한 내용이지만 당시 남성노동자들은 한 가정의 가장으로서 불만이 있어도 그냥 넘어가는 경우가 많았다고 한다. 실제로 1980년대 노동운동에 앞장섰던 전태일, 김진수, 유동우 등 남성노동자들은 모두 미혼이었다. 그러나 이원보의 말을 빌면 섬유사업장에서 여성노동자들의 투쟁을 지켜보며 막는 입장에 설 수밖에 없었던 남성노동자 중에는 여성노동자들에 대해 미안해하며 자조적인 얘기를 하는 사람들도 상당수 있었다고 한다(「좌담: 1970년대 노동운동사를 어떻게 볼 것인가」, 『1970년대 산업화 초기 한국노동사 연구 – 노동운동사를 중심으로』, 노동부, 2002, 365~366쪽 참조).

[603] 『동일방직 노동조합 운동사』, 1985, 57~60쪽.

시위사건 발생 직후 노동자들이 가장 먼저 찾아 간 곳은 산업선교회였다. 노동자들은 힘들 때일수록 유일하게 자신들을 편들어주고 지원해주는 산업선교회에 더욱 더 의지하였다. 1976년과 1977년 인천산선 내부문건을 살펴보면 이 시기 동일방직 소그룹이 얼마나 활발하게 자주 모였는지 알 수 있다.[604] 1978년 대의원 선거를 겨냥해 노조를 다시 장악할 전략을 세우고 있던 회사와 노총은 노동자들에 대한 산업선교의 영향력을 우선 제거하고자 하였다.

이때는 마침 정부가 산업선교를 파괴하기 위해 용공으로 몰며 이를 선전하는 문서를 다량으로 유포하던 시점이었다.[605] 회사와 본조는 『산업선교는 무엇을 노리나』라는 책자를 노동자들에게 배부하고, 최영희에게서 교육 받고 반도상사 지부장이 되었지만 갈등 끝에 산업선교를 탈퇴한 한순임을 강사로 초빙해 노동자들에게 반(反)산업선교 교육을 하였다. 한순임은 이 자리에서 "나도 옛날에 산업선교 회원이었는데, 산업선교는 공산주의자들이 하는 것이니 그 곳에 가면 안 된다"고 하였다한다.[606] 또

---

[604] 인천기독교도시산업선교회, 「기독교도시산업선교회 연혁 및 주요활동: 1961. 10-1982. 10. 19」 ; 「가일지 원본 1962-1982」.

[605] 제5장 제1절 참조.

[606] 한순임의 산업선교회 배신은 아직까지도 회자되고 있는 부분이다. 최영희에 의하면 한순임은 지부장 활동을 잘 하다가 어느새 영웅심리에 빠져 독단적으로 일을 처리해 대의원들에게 미움을 샀다고 한다. 대의원들은 한순임을 따돌리고 따로 모여 산업선교회의 황영환에게서 교육을 받아 대의원대회에서 장현자를 지부장으로 선출하였고, 이에 산업선교회가 자신을 내쳤다고 생각한 한순임은 섭섭한 마음에 잠시 산업선교회를 비방하는 활동을 했던 것으로 보인다(최영희 성공회대 인터뷰, 2002). 한순임은 이즈음 홍지영이 편집장으로 있는 산업선교 비방용 잡지 『현대사조』에 실린 자신의 글에서 노조를 설립하기 위한 투쟁을 하던 중에 정보부에 끌려가 산업선교회는 공산당 단체이고 실무자는 간첩이라는 설득을 당한 이후 계속 그 진의 여부에 대해 고민하고 있었다고 쓰고 있다. 지부장 활동을 하던 중에도 투쟁만을 요구하는 산업선교 실무자와 투쟁만이 능사가 아니라고 생각하는 자신의 방법상의 차이로 산업선교회와 갈등이 있었고, 그러면서 산업선교회를 멀리하자 조화순 등이 자신을 내쳤다고 하였다(한순임, 「새 생활을 누리면서」, 『현대사조』, 1978. 5, 32~38쪽). 한순임의 의식화 과정에 대해서는 제4장 1절 참조.

한 동일방직 노동자로 산업선교 회원이었다가 어용노조에 설득된 박복례 역시 「우리들의 지부가 이렇게 운영되어서야 되겠습니까」라는 유인물을 돌려 산업선교회가 국제공산주의자들의 지령으로 운영되는 단체라고 하면서, 산업선교에 좌우되는 지부운영을 우리들의 손으로 되찾자고 주장하였다. 그는 또 "(산업선교가) 억눌리고 가난한 우리들을 위해 권리의식에 눈을 뜨게 해 준 상태까지는 말할 나위 없이 좋았으나, 우리의 조직력을 이리저리 끌고 다니면서 무모하고 불순한 사고방식의 주입으로 노동자들을 현혹한다"고 비난하였다.[607] 박복례의 발언은 산업선교를 비난하기 위한 것이었으나, 산업선교가 노동자들에게 얼마나 영향력이 컸는지를 증명하는 것이기도 하다.

굳이 박복례의 지적이 아니더라도 이 당시 동일방직 노조가 산업선교에 의존적이었다는 것은 집행부 간부들도 자각하고 있었다. 이러한 자각은 산업선교 회원이었던 지부장 이영숙이 결혼으로 중도사임하고 JOC 회원이었던 총무 이총각이 지부장이 되자 곧 행동으로 이어졌다.[608]

---

[607] 동일방직복직투쟁위원회 엮음, 『동일방직 노동조합운동사』, 돌베개, 1985, 95~97쪽. 인천산선에서 노동운동을 배운 여성노동자 중에 박복례와 문명순 둘이 회사의 사주에 말려들어 회사 편을 들었다. 이총각은 이들이 간부자리에 야심이 있어 집행부를 배신하였다고 하였다. 박복례는 산업선교와 동료 여성노동자들을 배신한 댓가로 회사 측 집행부의 지부장이 되었다. 이들은 내부사정을 잘 아는 만큼 정보도 빼주고 약점을 이용하여 여성집행부를 공격하였다고 한다 (박수정, 「이총각, 노동자 거짓됨 없이 세상을 일구어 온 사람」, 『숨겨진 한국 여성의 역사』, 아름다운 사람들, 2004, 30쪽).

[608] 이총각은 중학교 중퇴로 1966년부터 동일방직에서 일하다가 1969년 인천산선에서 활동하던 JOC회원 정양숙을 만나 JOC회원이 되었다. 산업선교회에서 노동교육을 받았고, 조화순을 만나 "이렇게 좋은 분도 있구나" 했다고 한다. 최영희와는 여성으로서 노동자로서 어떻게 살아야 하는가를 함께 고민하고 토론하곤 하였다 한다(『고난의 현장에서 사랑의 불꽃으로: 조화순 목사의 삶과 신학』, 1992, 282~286쪽). 그러나 이총각은 독립적이고 자주적인 성격이 강해 조화순과 부딪히는 일이 많았다(같은 책, 109·286쪽). 이영숙 집행부에서 총무를 맡고 있던 그는 노동자들이 일치단결하여 민주노조를 지키겠다는 한 가지 일념으로 혹독한 탄압에도 굴하지 않고 싸우던 중에 지부장 이영숙이 임기 1년을 남겨놓고 결혼하기 위해 퇴사하자 조화순에게 "죽어도 같이 죽고 살

1977년 동일
방직 여성노동
자들이 중심이
된 수습대의원
대회의 모습

　이총각은 노조활동의 자주성을 내세우며 의도적으로 산업선교회와 불
필요한 관계는 맺으려 하지 않았다. 그는 산업선교가 노조활동에 도움이
된 것은 인정하나 부정적인 측면도 있었으며, 때로는 산업선교로 인해
전술적 패배를 감수해야 할 때도 있었다고 평가하였다.[609] 그래서 가능
한 한 산업선교의 영향력에서 벗어나려 애썼고, 산업선교에서 교육받은
내용을 곧이곧대로 받아들이지 않았다. 그러자 노동자들은 오히려 그 누
구도 예상하지 못했던 기상천외할 정도의 창의성과 투쟁성을 발휘하여

　　아도 같이 살아야 할 이때에 목사님이 그렇게 아끼고 사랑하던 영숙이가 우
　　릴 배신하고 떠났다. 어떻게 할 거냐"며 따졌다고 한다(같은 책, 286쪽). 고참
　　들이 결혼으로 사표를 내고 현장을 떠남으로써 경험 있고 책임 있는 조합원
　　들이 줄어드는 문제는 이 당시 노동운동에 큰 약점으로 작용하였던 것으로
　　보인다(『민주노조 10년: 원풍모방 노동조합활동과 투쟁』, 1988, 242쪽 참조).
609)　『동일방직 노동조합 운동사』, 1985, 33쪽. 조화순은 울기도 잘하고 흥분도 잘
　　하며 인간적으로 정이 많고 순수한 성품이라고 한다. 따라서 노동운동은 분석
　　적이고 이론적인 면이 있어야 하는데 너무 열정과 감정에 치우쳐 속단하는
　　경우도 있었으며, 본능에 가까운 직관력으로 밀고나가 이게 옳다고 생각되면
　　요지부동이었다고 한다(『고난의 현장에서 사랑의 불꽃으로: 조화순 목사의 삶
　　과 신학』, 1992, 294쪽). 아마도 이러한 점이 이총각을 비롯해 민주노조가 자
　　주적이기를 원하는 노동자들과의 갈등요인이었던 것으로 보인다.

싸웠다.[610] 이총각은 온갖 모욕을 다 당하고 갖은 매를 다 맞으며 발길로 채이고 경찰서를 내 집 드나들 듯이 하다 직장까지 잃게 되는데, "이 무식한 년, 아무것도 모르는 년이 조화순이 똘마니 노릇 한다"하는 얘기를 들을 때 가장 화가 났다고 하였다.[611]

조화순은 노동자들이 이렇게 할 수 있었던 것은 산업선교회가 자신들의 문제를 스스로 해결하도록 교육한 결과라고 하였다. 노동자들은 스스로 문제의식을 느끼고 의식이 성숙해질수록 배운 대로 행동하였으며, 행동을 통한 경험으로 더 빨리 성숙해진다는 것을 깨닫고 실천하려 애썼다고 한다. 투쟁 과정에서 성명서나 호소문을 산업선교에서 한 번도 써준 적 없이 노동자들이 자율적으로 하였는데, 나중에는 섭섭할 정도로 의논도 안하더라는 것이다.[612]

1978년 2월 21일 동일방직 노조 대의원선거일 새벽, 아무도 상상할 수 없었던 일이 벌어졌다. 회사 측 조합원들이 선거를 방해하기 위해 선거 준비를 하던 여성노동자들에게 '빨갱이'라며 인분을 투척한 것이다. 이 사건은 제일 먼저 산업선교회의 조화순에게 알려졌다. "목사님 큰일 났어요. 남자들이 우리에게 똥을 뿌리고… " 전화상으로 말을 잇지 못하고 통곡하는 소리를 들은 조화순은 급하게 사방으로 이 사실을 알리는 전화를 하고는 택시를 잡아타고 동일방직으로 향하였다. 이국선, 안광수, 김경락, 조승혁 등 산업선교 관계자들과 김찬국, 공덕귀, 이우정 등 재야민주인사들이 노동운동사상 절정에 이른 비극의 현장에 달려왔다.[613] 지부 사무실을 점거한 남자조합원들은 "외부세력 이총각 물러나라", "산업선교는 물러나라", "때려잡자 조화순 무찌르자 이총각" 등의 구호를 써 붙이

---

610) 『동일방직 노동조합 운동사』, 1985, 33쪽.
611) 『고난의 현장에서 사랑의 불꽃으로: 조화순 목사의 삶과 신학』, 1992, 286쪽.
612) 조화순 인터뷰, 2007. 5. 3.
613) 앞의 책, 113~114쪽.

1978년 2월 21일 동일방직 노조 대의원 선거일의 인분투척 현장 모습. 노조사무실 책상과 집기 위로 뿌려진 인분이 보인다.

고 본격적으로 산업선교와 여성집행부를 하나로 묶어 맹공격하였다.[614]

회사의 탄압과 본조간부들의 행위를 자신들의 힘만으로는 시정할 수 없다고 판단한 여성노동자들은 비로소 이것이 동일방직만의 문제가 아니라는 것, 즉 사회구조적이고 정치적인 문제라는 것을 깨달았다.[615] 그래서 인분투척사건의 진실과 노동현실을 사회에 고발하기 위해 노동절 기념행사장으로, 명동성당으로 뛰어다니며 물불을 가리지 않고 싸웠다.[616]

---

[614] 『동일방직 노동조합 운동사』, 1985, 107~108쪽.

[615] 『고난의 현장에서 사랑의 불꽃으로: 조화순 목사의 삶과 신학』, 1992, 264쪽.

[616] 동일방직 노동자에 의하면 인분투척 사건 발생 후 조화순 목사가 노동자들에게 이 사건을 더 많이 알려야 하니 적극적으로 밖으로 나가 투쟁하라고 하였다고 한다(정영태, 「개발연대 노동자들의 공장생활과 대응방식: 인천지역 노동자들을 중심으로」, 『1960-70년대 노동자의 작업장 경험과 생활세계』, 한울아카데미, 2005, 287쪽).

노동절 행사는 TV와 라디오로 생중계하기에 전국에 동일방직의 문제를 알릴 수 있는 좋은 기회였다. 1978년 3월 10일 장충체육관에서 열린 제33회 노동절기념 행사장에서 억울한 사정을 호소하기로 한 노동자 70여 명이 플래카드를 가지고 들어가 "동일방직문제 해결하라", "똥을 먹고 살 수 없다", "김영태(섬유노조 위원장) 물러가라" 등을 외쳤다. 그 자리에서 잡힌 30여 명은 서울중부경찰서를 거쳐 인천동부경찰서로 연행되어 구류 25~29일을 받았고, 나머지 40여 명은 명동성당으로 가서 김수환 추기경에게 "JOC와 산선이 빨갱이인지 아닌지 공식적으로 밝혀달라"고 요구하였다. 이들은 "JOC와 산선은 빨갱이가 아니다", "동일방직문제 해결하라"고 적힌 현수막을 걸고 농성에 들어갔다.[617] 그러나 언론기관들은 이 사건에 대해 침묵했다.

한편에서는 60여 명의 노동자들이 조화순과 함께 산업선교회 지하실에서 무기한 단식투쟁에 돌입하였다. 이제 동일방직 노동자들의 민주노조수호투쟁에는 "동일방직 문제 해결하라", "똥을 먹고 살 수 없다"는 구호 외에 "종교탄압 중지하라. 산업선교는 빨갱이가 아니다"라는 구호가 덧붙여졌다.[618] 단식투쟁 현장에는 윤보선 전 대통령 부부와 함석헌 등 민주인사 수백 명이 이들을 찾아와 격려하였다.[619]

당시 민주화투쟁을 전개하던 종교인, 지식인, 학생들은 동일방직 인분투척 사건이 민주노조 탄압의 상징적인 사건이라 파악하고 지지와 지원을 아끼지 않았다. 이 사건을 계기로 민주화세력이 공동으로 투쟁할 수 있는 장이 형성된 것이다. 각계각층으로부터 성명서와 조사보고서가 쏟아져 나왔고, 사건 해결을 위한 공동노력의 일환으로 종교계, 해직교수, 언론인, 문인 등 각계 인사들이 중심이 된 '동일방직사건 수습대책위원

---

617) 위의 책, 108~112쪽.
618) 『동일방직 노동조합 운동사』, 1985, 113쪽.
619) 『고난의 현장에서 사랑의 불꽃으로: 조화순 목사의 삶과 신학』, 1992, 123~125쪽.

동일방직 사태 해결을 위한 투쟁 중에 함께한 사람들

회'가 구성되었다.[620] 동일방직 인분투척사건은 공장 단위 투쟁의 한계
를 극복하고 연대투쟁으로 나아가는 징검다리 역할을 하여 노동운동사
에서 중요한 의미를 갖게 된 것이다.

정부는 처음엔 교회지도자들과의 협상에서 이 문제를 해결할 듯하다
가 곧 입장을 바꿔 회사의 손을 들어주었다.[621] 이 사건을 계기로 산업선
교와 민주노조를 함께 파괴하기로 작전을 바꾼 것이다. 이후 정부는 다
양한 방법으로 산업선교와 노동운동을 탄압하게 된다.

이에 회사는 노동자들에게 회사 명령에 절대 복종할 것과 앞으로 어떠
한 처벌도 감수하겠다는 각서에 서명하고 현장으로 복귀할 것을 요구하

---

620) 『동일방직 노동조합 운동사』, 1985, 112쪽.
621) 앞의 책, 118~121쪽 참조. 기업수준의 노사관계에도 정부가 이처럼 직접 개입
하는 것은 국가주도의 산업화가 추진되던 이 시기의 시대적 특징이었다.

동일방직사건 수습대책위원회의 집회 현장

였다.[622] 이는 민주노조운동을 완전히 포기하라는 것이었다. 산업선교회관에 머물던 노동자들은 이 문제를 놓고 토론을 거듭하였는데, 노동자가 현장을 버리고 어떻게 싸울 수 있느냐며 일단 참고 회사로 들어가야 한다는 의견과 굴욕적인 각서를 쓰고 들어갈 수는 없다는 의견이 대립하였다. 그러나 소박하고 단순한 마음으로 민주노조를 지켜야 한다는 각오와 분노에 차있던 노동자들은 회사의 요구에 응하지 않고 있다가 결국 126명 모두가 1978년 4월 1일자로 해고당했다.[623]

각서에 대한 의견이 분분한 동안 동일방직의 정명자, 방림방적의 김정자, 남영나이론의 김현숙, 진해자, 삼원섬유의 김복자, 그리고 원풍모방의

---

622) 앞의 책, 119쪽.
623) 앞의 책, 119~121쪽 ;『고난의 현장에서 사랑의 불꽃으로: 조화순 목사의 삶과 신학』, 1992, 257쪽.

장남수 등이 구속되었다. 1978년 3월 26일 새벽 여의동 광장에서 거행된 부활절예배 단상에 올라 50만 인파 앞에서 30초간 "동일방직 문제 해결하라", "산업선교는 빨갱이가 아니다"고 외쳤다. 그러나 이들의 단발마는 곧바로 예배방해와 집시법 위반에 의한 구속으로 이어졌을 뿐이다.[624]

섬유노조 위원장 김영태는 곧바로 동일방직 해고자 126명의 명단에 부서, 주민등록번호, 본적까지 기재한 이른바 '블랙리스트'를 만들어 전국 노조와 사업장에 배포하여 이들의 재취업을 전면 봉쇄하였다.[625] 오갈 데가 없어진 노동자들은 대부분 인천산선의 노동자교회인 광야교회에서 숙식을 해결하면서 복직투쟁에 들어갔다. 굶어죽으나 맞아죽으나 죽기는 마찬가지라는 각오로 작업현장에 가 농성을 벌이다 구속되기도 하였으며,[626] '임시 전국섬유노동조합 동일방직지부'를 만들어 유인물을 작성하여 배포하고, 침묵하는 언론을 대신하여 전국을 다니며 억울한 사정을 알리려 애썼다. 이들의 복직투쟁은 마지막 재판이 끝나는 1983년까지 지속되었다.[627]

2) 산업안전교육 활동으로의 전환

1976년도 인천산선은 동일방직사건에 대한 지원 외에도 근로자들의 권익옹호를 위한 활동을 지속하였다. 무단해고 5개 공장, 체불임금 3개 공장, 직업병 2개 공장, 퇴직금 문제 4개 공장 등의 문제가 산업선교의 도움으로 해결되었다.[628] 그러나 1975년 전반기를 정점으로 노동자교육

---

624) 정명자, 「나는 왜 예배를 방해하였는가」, 『동일방직 노동조합 운동사』, 돌베개, 1985, 122~124쪽.

625) 『동일방직 노동조합 운동사』, 1985, 125~129쪽.

626) 앞의 책, 148~156쪽 ; 정영태, 「개발연대 노동자들의 공장생활과 대응방식: 인천지역 노동자들을 중심으로」, 『1960-70년대 노동자의 작업장 경험과 생활세계』, 한울아카데미, 2005, 273쪽.

627) 『동일방직 노동조합 운동사』, 1985, 156~218쪽 참조 ; 『고난의 현장에서 사랑의 불꽃으로: 조화순 목사의 삶과 신학』, 1992, 253~254쪽.

활동은 현저히 저하되고 있었다.

인천산선은 1976년 2월부터 새로운 활동지역으로 주안공업단지를 선정하여 지역조사를 하고 노동자들을 만나 접촉을 시도하였다. 그러나 1974년 부평공단사건 이후 워낙 감시와 탄압이 심해 공식적인 활동은 불가능했고, 음성적이고 비공식적인 활동을 전개하는 데에도 많은 어려움이 따랐다. 아무리 조심스럽게 활동을 해도 산업선교가 개입된 것이 알려지게 되면 교육에 참석했던 노동자들은 무조건 해고당했고, 힘들고 어렵게 성사된 조직이 깨져버리곤 했던 것이다. 실제로 주안공단에 있는 세일산업주식회사, 부평에 있는 서광산업주식회사와 동흥물산에서 모두 18명의 노동자들이 산업선교와 접촉했다는 이유로 "공산당과 놀아난다", "간첩 같은 년"이란 소리를 듣고 강제사표를 쓰고 해고당하였다.[629]

이런 사건이 반복되자 산업선교 노동자교육에 참여하려는 노동자들이 현저히 줄어들었다. 1977년 9월 10일부터 11월 12일까지 매주 토요일에 실시되던 지도자 훈련에도 11개 공장에서 25명만이 겨우 참석하였다. 어떤 때는 맨투맨 작전을 사용하기도 하고, 비밀리에 노동자 가정에서 소그룹활동을 지속하였지만 노동조합 조직은 현실적으로 거의 불가능하게 되었다.[630]

그나마 이 시기에 인천산선이 관의 눈치를 보지 않고 가장 활발하게 진행할 수 있었던 분야는 조승혁이 1971년에 발의해 시작된 산업안전활동이었다.[631] 당시 노동자들은 안전에 대한 인식이 미비했고 시설도 열악해 줄곧 산업재해에 시달리고 있었는데, 〈표 4-4〉를 보면 알 수 있듯이 1970년대 재해자와 사망자의 수는 해가 갈수록 증가추세에 있었다.

628) 기독교도시산업선교회, 「1976년도 활동보고서」.
629) 조화순, 「회칠한 무덤을 벗기라」, 1977. 12. 11.
630) 기독교도시산업선교회, 「1977년도 보고서」.
631) 기독교도시산업선교회, 「1976년도 활동보고서」.

표 4-4. 1970년대 산업재해 상황

년도 구분(명)	1972	1973	1974	1975	1976	1977	1978
재해자수	46,603	59,367	70,142	81,641	97,716	118,011	139,242
사망자수	658	840	845	1,006	887	1,174	1,397

출처: 한국기독교교회협의회 한국기독교산업선교 25주년기념대회, 『1970년대 노동현
장과 증언』, 풀빛, 1984, 442쪽.

표 4-5. 산업재해 발생 원인

	1976		1977		1978
	명	%	명	%	%
근로자의 불안정한 자세	66,325	67.9	81,043	69,0	68.8
시설하자, 설비비	11,061	11.3	7,647	6.5	11.4
감독불충분	8,380	8.6	10,045	8.5	11.8
기타	11,666	11.9	18,704	15.8	7.8
예방불능(천재)	284	0.3	212	0.2	0.2

출처: 노동청, 『노동통계연감』, 1979. 『1970년대 노동현장과 증언』, 443쪽.

산업재해 발생의 원인으로는 노동자의 담당업무 미숙, 무자격 위험업
무 강행, 안전작업방법에 대한 무지 등이 68.8%로 가장 많고, 자본가의
무성의와 안전시설 불충분으로 인한 것이 11.4%, 감독 불충분이 11.8%,
기타 원인이 7.8%로 나타났다. 이러한 사실은 대부분의 산업재해가 예방
가능하다는 것을 보여주는 것이었다. 인천산선은 바로 이 점에 착안하여
산업안전교육과 홍보 프로그램을 만들어 활용하였다.

정부나 기업은 물론 당사자인 노동자들조차도 관심을 기울이지 않을
때부터 독자적으로 산업안전 활동을 해온 인천산선은 이 분야에서 단연
선구적이고 독보적인 위치를 차지하고 있었다. 1973년부터는 노사문제를
담당해오던 실무자 유흥식이 '경기도 안전관리자협의회'를 발족시켜 독
립된 활동을 했는데, 70년대 후반에는 정부의 탄압을 받지 않고 시행할
수 있는 거의 유일한 산업선교 활동으로 재조명을 받게 되었다. 게다가

그 필요성은 날로 높아져 가고 있어서 1976년에는 인천 및 타 지역을 포함한 공장 60여 개를 중심으로 120여 회에 걸쳐 36,602명을 대상으로 안전교육을 하였다.[632] 1977년에 와서는 전국에 걸쳐 100여 개의 공장에 회원이 생겨 산업안전교육 활동이 인천산선에서 가장 큰 활동으로 자리잡게 되었다.[633]

그러나 이 활동도 70년대 말부터는 산업선교를 견제하는 정부의 탄압이 너무 심해 활동이 크게 위축되었다. 인천산선은 1978년경부터 아예 노동자문제를 떠나 지역주민들의 어린 아이들을 돌보는 유치원 사업으로 눈을 돌렸다.[634]

■4. 산업선교의 투쟁위주 운동방식에 대한 논란

많은 사람들은 1970년대 노동자투쟁에서 여성노동자들이 끝까지 포기하거나 타협하지 않고 치열하게 투쟁했다는 사실을 높이 평가한다. 그렇다면 그렇게 할 수 있었던 요인은 무엇이었을까? 그 대답은 다음과 같은 노동자의 고백에서 찾을 수 있다.

> 1) 외부(산업선교 지도자들과 지식인들)의 역할이 절대적이었어요. 우리 투쟁은 자발적이거나 우리 자신에 의해서 만들어진 것은 아니었다고 봐요. 그들의 도움이 없었다면 찌든 노동자들이 자의적으로 노동운동에 뛰어들지는 않았을 거에요. 우리가 그렇게 할 수 있었던 것은 그들이 우리에게 깊은 인간적 관심을 보여주고 우리를 격려했

---

[632] 기독교도시산업선교회, 「1976년도 활동보고서」.
[633] 가독교도시산업선교회 총무 조화순과 유흥식이 작성한 '경기도 안전관리자협의회' 문건, 1977. 7 ; 기독교도시산업선교회, 「1977년도 보고서」.
[634] 기독교도시산업선교회, 「1978년도 활동보고서」.

기 때문이에요. 그들은 우리에게 계기를 마련해 주었어요.[635]

2) 사회에서 아무도 우리에게 인간적 대접을 해주지 않을 때 그들은 진정한 애정을 가지고 우리들을 존귀한 인간으로 대우해 주었어요. 그것은 우리에게 엄청난 것을 의미했어요. 우리를 진정으로 걱정하고, 애정을 가지고 우리를 돕는 사람들에 대해서 깊은 신뢰와 감사하는 마음을 갖게 되었고, 우리는 그분의 말대로 따르면 다 될 것 같은 느낌을 가졌습니다.[636]

1)은 동일방직 노동자 석정남의 말이고, 2)는 삼원섬유 노동자 김지선의 말이다. 이들은 한결같이 자신들의 노동운동이 실무자들의 영향이었다고 한다. 당시의 여성노동자들은 대부분 가난한 집안에서 딸이라는 것 때문에 존중받지 못하였고, 공장에서는 무식하고 나이 어린 여성노동자라 해서 무시당했고, 사회에서는 아무도 돌아보지 않던 존재였다. 이들에게 인간의 존귀함을 알려주고 불의에 대항해 힘을 모아 저항할 수 있다는 것을 가르쳐준 것은 분명 중요하고 귀한 일이 아닐 수 없다. 그뿐아니라 조화순이나 인명진을 비롯한 산업선교 실무자들은 항상 노동자들에게 정의가 승리한다는 확고한 믿음을 가지고 계속 싸울 것을 강조하였고, 많은 노동자들이 의심 없이 그들의 의견을 존중하고 따랐다.

그러나 해고로 직장을 잃는다는 것은 노동자들에게는 생존의 문제이다. 민주노조를 지키는 것이 아무리 중요한 일이라 해도, 대의를 위해 자신을 희생한다는 것이 결코 쉽게 결정할 수 있는 일은 아니었다. 현실적으로 해고노동자들은 동생들의 학비와 부모님 약값은 고사하고라도 당장 자신들의 생활비도 없어서 쩔쩔매야 했다. 그럼에도 조화순은 노동자들에게 "너희는 단순한 노동자가 아니다. 운동가다"라고 하며 계속 투쟁

635) 석정남 인터뷰, 2000. 3. 29. 구해근, 2002, 145~146쪽에서 재인용.
636) 김지선 인터뷰, 2000. 6. 구해근, 2002, 146쪽에서 재인용.

할 것을 요구하였다. 이 과정에서 노동자들은 산업선교 실무자들을 자신들이 닮아야 할 이상형으로 보기도 했지만 다른 한편으로는 자신들을 이해하지 못하는, 자신들과는 다른 계층의 사람이라고 점차 생각하게 되었다.

이총각을 비롯한 노동자들은 "목사님은 그래도 목사라는 것 때문에 대우받는다. 우리만큼 매 맞느냐? 안 맞는다. 우리는 해고됐지만 목사님은 감옥에 간 것 때문에 영광의 별이 되고 목사직을 계속하지 않느냐?"고 비판하였다.[637] 안순애의 말에서도 해고된 여성노동자들의 절박함과 자신들과 한편이라고 생각했던 조화순과의 사이에서 느껴지는 어쩔 수 없는 괴리감이 잘 드러난다.

> 내가 목사님하고 왜 싸웠냐하면 … (해고되어 산선에서 지내는데) 목사님이 헌신적으로 도와주시지만 애들은 굶고 지낸 날들이 더 많아요. … 그런데 목사님은 "너희들은 돈을 벌기 위해서 어떤 일을 선택해서는 안 돼. 너희들은 활동가이기 때문에 현장에 가서 노동조합을 해야 돼"였어요. 그런데 우리는 생존 자체가 절박했거든요. … 목사님은 노동이 신성하다고 하셨지만 노동했냐 … 우리가 라면도 없이 두 달 석 달 살고 옥상에서 울고불고 해도 목사님은 부평에 교회도 있었지, 아파트도 있었지, 목사님이 차비가 없어 어디 못가요? 어디 가면 훌륭한 분으로 대접받고 그렇지만 우리는 아니거든.[638]

결국 노동자들은 해고된 후 자신들과 산선 목사들과의 괴리를 실감하였고, 비로소 온전한 노동자로서의 정체성을 획득할 수 있었다. 동일방

---

637) 한국여신학자협의회 여신학자연구반, 『고난의 현장에서 사랑의 불꽃으로: 조화순 목사의 삶과 신학』, 대한기독교서회, 1992, 286쪽.
638) 강남식, 「여성사 연구방법론의 쟁점과 방향」, 『1960-70년대 노동자의 생활세계와 정체성』, 한울아카데미, 2005, 264쪽에서 재인용.

직사건을 기념하는 1주년 행사에서 발표된 선언문에 이러한 인식이 잘 드러나 있는데, 해고노동자들은 "우리는 이제 노예처럼 따라하는 바보가 아니라 자기주장과 고통을 말할 수 있는 인간이라는 점을 알려 주어야한다"고 선언한 것이다.[639] 이는 노동자를 함부로 대하는 기업주를 향한 선언이기도 했지만, 노동문제가 발생하면 산업선교 실무자들은 물론 외부의 지식인, 종교인들까지 몰려와서 운동을 자기들의 입장으로 끌고 간 것에 대한 비판이기도 하였다. 노동자들의 목적은 자신들이 받는 비인간적인 대우를 노조를 통해 개선하는 것이었는데, 이들은 노동자의 투쟁을 정치적으로 이용하려 했다는 것이다. 또한 산업선교 실무자들이 노동자들이 회유에 넘어갈 것을 우려해 조건을 내걸고 그것이 이루어지지 않으면 무조건 투쟁하라고 선동한 것도 결국 노동자들의 현실적인 처지를 무시한 관념적인 처사로 노동자들을 피해자로 만들었다는 것이었다.

아무리 정의를 위한 일이고 산업선교 실무자들에게 대한 신뢰가 있었다 해도 나이 어린 순진한 여성노동자들이 갑작스레 자신들의 가치관을 뒤흔드는 교육을 받고 생전 처음 투쟁에 나설 때의 심정은 어떠했을까. 원풍모방의 박순희는 "노동운동 맨 처음 할 때 안정제 먹고 했잖아. 팥알만 한 거 두 알"이라고 하였다. 그는 지금도 심장이 좋지 않아 흥분하면 혀 밑에 넣을 알약을 가지고 다닌다고 한다.[640] 그런가 하면 격렬한 투쟁과 폭행 등의 후유증으로 아직까지도 정신과 치료를 받거나 병원 신세를 지고 있는 사람들도 다수 있다. 또한 '빨갱이'라는 누명과 블랙리스트, 형사들의 괴롭힘으로 인해 가족에게도 홀대를 받고, 결혼했다가 이혼당한 경우도 여럿 있다고 한다.[641]

---

639) 동일방직복직투쟁위원회 엮음, 「노동자를 배신한 어용노조 각성하라」, 『동일방직노동조합운동사』, 돌베개, 1985, 214쪽.
640) 박수정, 「박순희, 항상 떨리는 마음으로 한 길 걸어온 선한 싸움꾼」, 『숨겨진 한국여성의 역사』, 아름다운 사람들, 179쪽.
641) MBC, 「이제는 말할 수 있다: 마녀사냥, 도시산업선교회」, 2001. 8. 3 참조.

초창기부터 산업선교 활동을 해온 한 노동자는 심지어 "산업선교회 목사들은 자신들의 사업을 한 것이지 노동자들을 위한 일을 한 것이 아니었다"는 말까지 하였다.[642] 노동자들의 고충처리와 노사관계 처리는 전혀 다른 차원의 이야기라는 것이다. 따라서 노사관계가 발생하게 되면 실무기법에서 목사들은 곧 한계를 드러냈는데, 그 한계를 인정하지 않고 구체적인 대안도 주지 못하면서 강한 어조로 노동자들을 몰아가기만 해 노동자들의 반발도 많았다고 한다. 그는 또 반도상사의 한순임이 산업선교를 떠날 수밖에 없었던 이유에 대해서도 이렇게 말하였다.

> 산업선교회가 지금까지 노동자들이 알고 있던 것과 다른 가치관과 사실을 가르쳐 주며 의식화한 것만으로도 혼란스럽고 그 충격이 엄청난데, 형사가 하루 종일 따라다니고 회사와 정보부원은 회유를 하고 하는 상황에서 (노동자들이) 감당할 수 없는 부담(감히 올려다보지도 못했던 회사를 상대로 하는 무조건적인 투쟁)까지 계속 요구하고 잘잘못을 추궁하게 되면 더 이상 버틸 수 없게 되는 것이 당연하지 않겠나.[643]

이것이 산업선교가 철저히 노동자 편에 서지 못했거나 설 수 없었던 한계였다. 위장 취업해 노동경험도 하고 노동자 입장이 되려고 노력했던 조화순 목사는 결국 "아무리 애써도 나는 결코 그냥 한 노동자로 취급받지 않는다는 것을 깨달았다"고 고백할 수밖에 없었다. 또 "…노동자보다 내가 더 나은 사람이라고 생각하고, 그들에게 가르치고 지시하려고만 했고, 제대로 하는지 못하는지 판단만 하려고 했었다는 사실을 깨달았다"고 참회하였다.[644] 그 역시 조지 오웰처럼 이론상으로는 그들과 함께 죽을 각오가 되어 있었지만, 기꺼해야 자신의 계급적 편견을 어느 정도 없

---

642) 황영환 인터뷰, 2007. 11. 15.
643) 황영환 인터뷰, 2008. 11. 17. 각주 722 참조. 황영환 인터뷰, 2008. 11.
644) 『고난의 현장에서 사랑의 불꽃으로: 조화순 목사의 삶과 신학』, 1992, 355쪽.

앨 수 있었을 뿐이었던 것이다. 그래서인가, 조화순은 이때가 가장 무섭고 외로웠다고 하였다.

영산의 경우도 마찬가지였다. 동일방직 민주노조가 와해됨으로써 10년 넘게 공들여 터를 닦았던 인천산선의 근거가 한순간에 파괴된 것처럼, 남영나이론도 방림방적도 해태제과도 모두 투쟁의 성과는 얻었지만 노동자들은 해고되거나 퇴사하였고, 더 이상 이들 공장에서는 산업선교도 민주노조도 발붙일 수 없게 되었다. 현장을 떠난 노동운동이란 있을 수 없다. 따라서 이율배반적으로 노동자들의 의식화로 인한 투쟁의 발생은 곧 산업선교의 기반이 무너져가는 과정이기도 하였다.

산업선교 노동운동의 전략적 실패라고도 할 수 있는 이러한 문제는 1980년대 초반 영산의 마지막 보루였던 원풍모방 노조사건 처리과정에서 여과 없이 드러났다. 실무자들이 본질적으로 노동자들과 입장이 다를 수밖에 없다는 사실이 이 사건을 통해서도 명확하게 밝혀진 것이다. 산업선교 실무자들과 노동자들의 좁힐 수 없는 차이는 결국 건널 수 없는 강이 되어 이들을 결별하게 하였다. 그리고 이들의 결별은 1970년대 노동운동단체로서의 산업선교가 쇠퇴하게 된 결정적 내적요인이 되었고, 산업선교에 무한신뢰를 가지고 있던 원풍 노동자들에게는 큰 상처로 남게 되었다.

그렇다면 원풍노조와 영등포산업선교 사이에는 대체 어떤 일이 있었던 것일까?

원풍노조와 영산은 10여 년 간에 걸쳐 굳이 주체를 구별할 필요가 없을 만큼 깊은 신뢰로 긴밀한 관계를 유지하고 있었다. 운동 목표에 있어서도 원풍노조와 영산은 동일한 인식을 가지고 있었다. 따라서 1970년대 후반 원풍노조 조합원은 탄탄한 조직력으로 영산을 주도하는 세력이 되었다. 그러나 1982년 원풍 민주노조가 파괴되는 과정에서 원풍노조와 영산 사이에는 적지 않은 갈등이 발생되기 시작했다.[645]

원풍노조에 대한 탄압은 1979년 국제그룹이 회사를 인수하면서 시작되었지만, 정부와 회사가 연대하여 본격적인 공격을 한 것은 전두환의 신군부가 정권을 잡고 노동계를 압박하면서부터였다. 1980년 12월 8일, 미리 정보를 입수한 인명진이 알려준 대로 노조 상근자 3명이 계엄사령부 합동수사요원들에게 연행되었다.[646] 합동수사본부 대공과장은 조사 과정에서 "원풍노조는 극성맞아서 종기가 난 부분을 수술해야 한다"고 하였다한다. 이들은 노총 노동기본권 확보 궐기대회 참석여부와 5·18광주사태에 노조가 모금하여 지원한 내용, 산업선교 가입여부와 교육내용을 캐묻고는[647] "너희들은 산업선교 물이 들어있다"고 하였다.[648] 노동자들이 수사를 받는 동안 인명진은 상황이 어떻게 돌아가고 있는지를 원풍노조에 전화로 알려주었다. 연행된 노동자들은 12월 26일 인명진의 신병

---

645) 원풍모방 해고노동자 복직투쟁위원회 엮음, 『민주노조 10년: 원풍모방 노동조합활동과 투쟁』, 풀빛, 1988, 339~340쪽 참조 ; 박수정, 「박순희, 항상 떨리는 마음으로 한 길 걸어온 선한 싸움꾼」, 『숨겨진 한국여성의 역사』, 아름다운 사람들, 2004, 158~159쪽.

646) 자세한 것은 알 수 없지만 이 당시 산업선교 실무자들과 신군부 사이에는 뭔가 연결통로가 있었던 것으로 보여진다. 인명진은 1980년 12월 6일 "계엄사에서 원풍노조간부들을 연행하여 조사할 것인데, 연행 이유는 그동안 노동부가 제 역할을 하지 못했기 때문에 노동부를 치기 위한 조사이니만큼 조사에 순순히 응하여 호소하는 방향으로 조사에 임하는 것이 좋겠다"고 함으로써 탄압이 임박했음을 알려주었다 한다(『민주노조 10년: 원풍모방 노동조합활동과 투쟁』, 1988, 229쪽).

647) 광주 출신 조합원들로부터 5·18광주의 사정을 전해들은 원풍 노동조합은 상집회의를 소집하여 광주사태 희생자를 위해 모금운동을 벌였다. 1,700여 조합원 대부분의 적극적인 참여로 모금을 시작한지 이틀 만에 470여 만 원이 모였다. 이 돈은 박순희 지부장이 천주교 광주교구장 윤공희 대주교에게 6월 초에 직접 전달하였다(앞의 책, 225쪽 참조).

648) 『민주노조 10년: 원풍모방 노동조합활동과 투쟁』, 1988, 235쪽. 수사관들이 원풍노조를 문제단체로 보는 이유는 산업선교 관련 외에 두 가지가 더 있었는데, 첫째는 일사분란하게 움직이는 조직력이고, 둘째는 완벽할 만큼 빈틈없는 재정력과 관리였다. 수사관들은 완벽한 상태에서 조직적으로 행동할 수 있도록 많은 기금을 갖고 있는 것에 문제가 있을 것이라고 판단하였기 때문에 몇 차례에 걸쳐 조합의 재정 감사를 실시했으나 허점을 발견하지 못하였다.

인수 절차를 받고 석방되지만 문제가 해결된 것은 아니었다.[649]

회사는 이튿날에 직장 정화조치를 한다며 노조간부 19명을 해고조치하고, 1981년 1월 27일부터 일주일간 조합원 전원을 대상으로 반공교육과 새마을교육을 실시하였다.[650] 또한 원풍모방 노조를 없애고 부산 타이어노조와 합병하여 "원풍산업 노동조합"으로 통합할 것을 강요하였다. 이모두가 민주노조를 파괴하기 위한 회사의 전략적 조치였다. 그러나 통합문제가 10개월이 지나도 합의를 보지 못하자 회사 측은 회사의 적자운영이 노조 때문이라고 하며 조합원들을 부당해고 했다. 이에 불복한 원풍노조 노동자들은 1982년 신정연휴 직후부터 농성에 들어갔다.[651]

3월 27일, 노동부 관악지방사무소 근로감독과장 김용권은 조합장 정선순에게 노동조합 운영에 도시산업선교회 출입금지조항을 명시하도록 요구하고, 4월 2일 대의원대회를 소집하여 결의문을 채택하라고 강요하였다. 노동부와 회사가 제시한 결의문의 1항은 "도시산업선교회 등 외부세력과 일체의 접촉을 단절하고 오로지 기업 내의 노사협조 증진을 위해 일치단결 한다"는 것이었다.[652] 노조가 이들의 요구에 응하지 않자 회사는 조합장과 간부들에게 무차별 폭행을 수차례 자행하였다. 조합원들은 그럴수록 민주노조를 지키기 위해 소모임활동을 더욱 강화하였다.

회사가 5월 3일 제출한 노동쟁의발생 신고가 5개월이 지나도록 해결을 보지 못하고 있는 사이, 1982년 3월에는 부산 미문화원 방화사건이, 7월에는 콘트롤데이타사건이 발생하였다. 사회적 여론은 노동자들에게 불리하게 돌아갔고, 상황은 더욱 악화되었다.

추석휴무 직전인 9월 27일 새벽 6시, 폭력배와 남자조합원 200여 명이

---

649) 앞의 책, 229 · 233~234쪽 참조.
650) 앞의 책, 243쪽.
651) 앞의 책, 245~252쪽 참조.
652) 『민주노조 10년: 원풍모방 노동조합활동과 투쟁』, 1988, 253~254쪽.

노조사무실을 습격하여 조합장 정선순과 노조사무원 김인숙을 감금하고 "도산 앞잡이와는 교섭할 수 없다"며 폭력을 휘둘렀다.[653] 분노한 조합원 600여 명은 추석휴무도 포기하고 단식투쟁에 들어갔다. 회사는 "일부 도산세력에 의하여 노동조합이 정상화되지 않고 있기에 남자들이 노조 정상화를 위해 발 벗고 나섰으니 협조 부탁한다"는 내용의 유인물을 배포하였다.[654] 또 고성능 스피커를 통해 "이젠 더 이상 도산의 앞잡이에 속지 맙시다"는 방송을 계속하였다. 다음날, 100여 명의 남자 사원들이 운동장에 모여 도산추방 궐기대회를 벌였다.[655] 회사 정문과 식당 앞에는 "파렴치한 도산세력 생존권을 위협 한다", "도산은 물러가라 우리는 살아야한다"고 쓴 플래카드를 부착하였다.[656]

연일 '원풍모방 노동조합문제를 위한 대책위원회(위원장 이우정)'를 중심으로 한 교계인사들이 회사를 방문했으나 회사는 사내문제라며 노동자들을 만나지 못하게 하였다.[657] 쓰러져서 병원에 실려 갔던 조합원들도 해결책을 찾다가 1972년 원풍모방의 전신인 한국모방 퇴직금받기 투쟁에 도움을 준 JOC의 도요한 신부를 만났다. 그러나 어쩐 일인지 그는 "왜 성당엘 왔어요. 노동문제가 성당에 오면 해결되나요. 동일방직이나 콘트롤데이타 노동자들이 성당에서 농성했지만 아무런 효과가 없었잖아요. 그러니 빨리 돌아가요"하고 냉랭한 반응을 보일 뿐이었다.[658] 인명진

---

653) 1982년 9월 23일, 안전기획부요원 이관성이 인명진에게 "원풍모방이 원만한 노사관계로 회복되기에는 시기가 너무 늦었다"고 함으로써 원풍노조를 파괴하려는 정부의 입장을 암시하였다 한다(앞의 책, 278·280~283쪽 참조).

654) 『민주노조 10년: 원풍모방 노동조합활동과 투쟁』, 1988, 285쪽.

655) 앞의 책, 291쪽.

656) 앞의 책, 295쪽.

657) 앞의 책, 295·297쪽. 조지송은 이때 그동안 원풍모방 문제를 상의하기 위해 종종 만나던 청와대 사정담당 비서실 손진곤 판사에게 전화했으나 회의 중이라는 말만 계속할 뿐 끝내 통화를 할 수 없었다. 조지송은 이로써 이 사건이 청와대와 사전 연락해 진행되고 있음을 짐작했다고 한다(앞의 책, 284쪽).

658) 앞의 책, 299~300쪽.

1982년 10월 1일 마지막 투쟁을 하던 원풍모방 여성노동자들을 폭력으로 해체시키는 모습

도 9·27사태가 발생하자 "영산회관에는 얼씬도 하지 말고 전화도 하지 말라"고 하였다 한다.[659] 노동운동을 지원하던 종교단체들에게 뭔가 변화가 생기기 시작한 징후였다.

추석명절인 10월 1일 새벽 5시, 닷새를 굶고 탈진한 몸으로 마지막까지 남아 있던 여성노동자 50여 명은 회사 정문 밖에 포진해 있던 수백 명의 폭력배들이 휘두르는 폭력에 저항할 틈도 없이 무너지고 말았다.[660] 이것이 10년을 공들여 온 원풍 민주노조의 마지막이었다.

1982년 10월 7일 오후 6시, 영산회관에서는 '원풍모방 노동조합 문제를

---

[659] 앞의 책, 310쪽. 영등포산업선교회는 제5장에 잘 나타나있듯이 이 당시 정부 뿐 아니라 교단 내 총회로부터 공격을 받으면서 많이 지친 상태였다. 가톨릭의 경우는 아마도 1984년 교황이 직접 내한하는 선교 200주년을 위해 다양한 행사를 준비하느라 총력을 쏟을 때라 정부와 갈등상황이 전개되는 것을 원하지 않아 조심했을 가능성이 있다.

[660] 『민주노조 10년: 원풍모방 노동조합활동과 투쟁』, 1988, 310쪽. 원풍노조의 자체 분석에 의하면 9·27사태가 전개되는 동안 조합원 중 방관자들은 여성노동자는 전체의 5% 미만인데 반하여 남자는 약 75%나 되었다고 한다. 여성노동자들의 활동이 얼마나 대단했는지 알 수 있다(같은 책, 322쪽).

위한 대책위원회' 주최로 기도회가 개최되었다. 영등포와 대림동 일대는 아침부터 수많은 전투경찰이 삼엄하게 배치되어 영산회관의 출입을 봉쇄했고, 경찰들은 산선회관 앞 버스정류장까지 폐쇄했다.[661] 남부경찰서장 윤주선은 노동자들에게 "빨갱이 물 들은 년은 빨갱이처럼 다루어야 한다", "회사에 출근하지 않으려면 사표 쓰고 술집에나 가라"는 등의 폭언을 서슴지 않았다.[662] 회사는 10월 17일 중역들에게 "회사는 살려야 한다. 그러나 도산세력의 뿌리는 뽑아야 한다. 지금까지 각서를 쓰지 않은 사람들은 모두 해고시키고 사람을 빨리 뽑아서 공장을 돌리라"고 지시하였다.[663]

그 후 사태는 더욱 험악해졌다. 12월 10일 인명진이 갈 곳이 없어 산선회관에서 기숙하며 복직운동을 하던 노동자들에게 산선을 떠나달라고 요청한 것이다. 전국에 블랙리스트가 배포되어 오갈 곳도 없고 거점을 마련할 수도 없던 노동자들에게는 무척 섭섭하고 가혹한 말이었다.[664] 그러나 이때까지도 산선을 믿었던 노동자들은 아마 영산에도 힘든 일이 있나보다고만 생각하였다.

그동안 영산과 원풍모방 노조 간에 발생했던 미묘한 갈등은 1983년 2월 5일 원풍모방사건으로 실형을 선고받고 구속되었던 노조간부들이 같은 해 8월 12일 형집행정지로 모두 석방된 이후 표면화되기 시작하였다. 이들의 석방을 계기로 해고된 노조원 90여 명은 9월 4일 영산회관 지하방에서 다시 총회를 갖고 법외 노동조합운동을 하기로 결정하였다. 그런데 이 과정에서 뜻밖에도 인명진은 노조간부들에게 노조를 교인 수준에서 개별화하고, 정부기관에서 알선하는 취업에 간부들이 먼저 응하라고

---

661) 앞의 책, 310~313쪽 참조.
662) 『민주노조 10년: 원풍모방 노동조합활동과 투쟁』, 1988, 319~327쪽 참조.
663) 앞의 책, 319쪽.
664) 『민주노조 10년: 원풍모방 노동조합활동과 투쟁』, 1988, 330~331쪽 참조.

요구하였다. 이는 그동안 영산이 취해온 노동운동에 대한 입장이나 끝까지 투쟁하여 기어코 목적을 달성하고자 하는 인명진의 개인적 성향으로 보아 도저히 납득할 수 없는 발언이었다. 노조간부들은 이러한 인명진의 태도가 아마도 교단 내부 속사정 때문일 것이라 짐작만 할 뿐 정확한 판단을 할 수 없었다 한다.[665]

그러던 중 9월 18일 일요일 오후 2시경, 영산 예배실에서 노동교회 전교인 100여 명이 모여 예장총회에서 산업선교를 산업전도로 정관개정하려는 움직임에 대한 대책회의를 하였다. 이때 인명진이 9·27 1주년 준비 모임을 하다 늦게 들어온 원풍노조간부들에게 "여기는 원풍노조사무실이 아니니 당장 나가라"고 고함을 치고는, "산선 실무자를 그만 두겠다"며 집으로 가버리는 사태가 발생하였다.[666] 상식을 벗어난 인명진의 이러한 신경질적 반응은 그가 교단 안팎의 문제로 얼마나 지쳐있고 예민해져 있었는지를 잘 보여주는 것으로, 산업선교의 한계가 드러난 것이었다.[667]

문제는 이것만이 아니었다. 9월 30일, 노조간부 20여 명과 산선 실무자들이 연석회의를 가진 자리에서 산업선교와 노동자 사이의 입장 차이를 분명하게 확인할 수 있었다. 인명진은 "원풍노조가 산선회관에 세를 들어 사는 것이 아닌 만큼 산선 프로그램에 따라야 하고, 한 건물 내에 두 개의 조직이 존재한다는 것은 용납할 수 없다"고 하였다. 인명진은 후에 "원풍노조 지도자들이 산업선교가 대신하여 대리전을 치러주기를 바라는 것으로 이해하여 그들에 대한 실망이 커서 그랬다"고 변명하였지만,

---

665) 앞의 책, 340쪽 참조.
666) 『민주노조 10년: 원풍모방 노동조합활동과 투쟁』, 1988, 340~341쪽.
667) 더구나 이 당시는 영산 소그룹운동의 대모라고도 할 수 있는 명노선이 총회의 산선 탄압정책에 따라 1983년 1월 산업선교를 떠났고, 조지송도 건강이 좋지 않을 때라 인명진의 부담이 더 컸을 것으로 보인다. 당시 산업선교가 처한 상황에 대해서는 제5장 참조.

납득될 만한 것이 아니었다. 영산과 원풍노조는 이미 상부상조하고 상호
보완하는 관계였지 의존하는 관계는 아니었기 때문이다.[668] 그동안 노동
자들을 앞에서 이끌었던 실무자들의 이러한 태도는 노동자들을 당황하
게 하였다.

그러나 원풍노조 간부들은 원망이나 분노 대신 결별을 요구할 수밖에
없는 산업선교의 입장을 끝까지 이해하려고 애썼다. 그들은 영산이 이렇
게 할 수밖에 없는 가장 큰 이유가 예장총회의 압력에 의한 실무자 교체
때문인 것으로 보았다. 명노선과 조지송이 나간 자리에 새로 들어온 젊
은 실무자인 신철영과 송진섭이 "원풍노조는 스스로 일어설 때가 되었다
고 생각한다. 산선 실무자들로서는 원풍조합원을 지도할 능력이 부족하
다고 느낀다"고 말하였기 때문이다.[669] 노동운동에 대한 경험이 없는 실
무자들이라 거대하고 경험이 풍부한 원풍조직을 더 이상 지도할 능력이
없다고 판단함에 따라 산선 내에서 원풍을 내보내기로 방침을 정했고,
인명진은 단지 그 역할을 담당한 것이리라 생각한 것이다. 이는 원풍노
조 간부들의 산선과 인명진에 대한 신뢰가 얼마나 큰지를 알 수 있게 해
주는 대목이다.

원풍노조 간부들은 이제 더 이상은 산선 내에서 활동할 수 없다는 데
합의하고 10월 4일자로 10여년 이상 노동운동의 발전을 위해 깊은 유대
관계를 맺어왔던 영산과의 조직적 동맹관계를 청산하기로 하였다. 그러
나 아무리 결별할 수밖에 없는 필연성을 지니고 있다고 해도 상호발전방
향을 진지하게 모색할 기회마저 마련하지 못하고 급작스럽게 쫓기듯 처

---

[668] 권진관, 「1970년대 산업선교지도자들의 입장과 활동의 특징들에 대한 연구」,
『1960-70년대 노동자의 생활세계와 정체성』, 한울아카데미, 2005, 206~207쪽.
[669] 앞의 책, 341쪽. 신철영은 1971년부터 산업선교와 관계를 맺고 있었고, 1978년
부터 실무자로 일하면서 어려움을 같이 겪었으므로 산업선교의 성격과 생리
를 잘 파악하고 있었지만, 송진섭은 1983년부터 산업선교에서 일하기 시작하
였다(『영등포산업선교회 40년사』, 1998, 494~498쪽 참조).

리한 것은 아직도 원풍노조와 산선 모두에게 아쉬움으로 남아있다.[670]

산업선교 실무자 중 가장 산업사회의 생리를 잘 파악하고 있었다고 하는 조승혁은 노동자의 권익투쟁은 그 조직을 통해서 하는 것이 최선의 방법이라고 하였다. 그 조직 자체를 부정하고 노동자들을 밖으로 끌어내는 것은 이미 싸움에서 진 것이라는 것이다. 그는 또 이겼다 하더라도 노동자들이 그 조직에서 살아갈 수가 없어 자진사퇴를 하는 경우 역시 실패한 것으로 보았다. 중요한 것은 노동자들이 그 조직 안에서 힘을 갖게 하는 것이며, 그 조직을 걸머쥐고 싸울 수 있도록 해야 한다는 것이다.[671]

그렇다면, 정치·사회적 상황에 따라 어쩔 수 없이 선택한 방법이었다고는 하지만, 노동조건을 개선하고 민주노조를 설립하며 해고노동자를 복직시키고자 했던 전략적 행동이 오히려 노동자들을 피해자로 만들고, 활동의 근거지를 잃는 결과를 초래한 산선의 노동운동은 어떤 평가를 받아야 할까. 결과로부터 보면 영산도 인천산선도 모두 노동자들 편에서 몸 바쳐 일하느라고 애썼지만 성공하지 못했다고 할 수 있다. 그러나 산업선교 실무자들은 이에 대해 각기 다른 평가를 하고 있었다. 조화순은 노동자들의 창의적이고 끈질겼던 투쟁에 대해 자부심을 가지고 있었고,[672] 인명진은 "싸우다 보면 아군도 죽을 수 있는 일이다. 더 큰 것들을 성취했기 때문에 산업선교의 노동투쟁은 성공이었다"고 하였다.[673] 조지송만이 "목적을 달성한 것은 성공이었지만 노동자들의 개인적인 면을 고려하지 못한 것은 분명 실패였다. 따라서 당시 산업선교의 노동운동은 50%의 성공과 50%의 실패였다"고 하였다.[674]

---

[670] 『민주노조 10년: 원풍모방 노동조합활동과 투쟁』, 1988, 341쪽 참조.

[671] 조승혁, 「민중적 사회발전에 관한 한국교회의 반성」, 『기독교사상』, 1985. 8, 114쪽.

[672] 조화순 인터뷰, 2007. 5. 3.

[673] 인명진 인터뷰, 2007. 10. 17.

[674] 조지송 인터뷰, 2007. 11. 23~24.

산업선교 활동은 1970년대 한국노동운동에 절대적인 영향을 주었다. 그러나 교회 조직과 목사라는 신분의 한계로 인하여 냉혹한 현실문제에 잘 대응하지 못했고, 상황 변화에 따른 노동운동의 비전과 대안을 제시하지 못함으로써 무력해질 수밖에 없었다.

1970년대 민주노조운동은 이처럼 원풍모방 노동조합이 파괴되면서, 그리고 궁극적으로는 산업선교가 교단 내 자체탄압에 무너지면서 막을 내렸다. 원풍모방 노조의 투쟁 소식을 들은 조지송 목사는 이렇게 외쳤다고 한다. "원풍(怨風)아 불어라! 원풍(元豊)의 한을 원풍(怨風)의 바람으로 날려버릴 때까지 우리들의 행진을 중단해서는 안 됩니다. 원한의 바람을 태풍처럼 일으켜야 합니다. 그래야지요. 아니꼽고 더럽고 치사하고 비겁하고 흉악스러운 것들일랑 원풍(怨風)으로 송두리째 몽땅 그루터기도 남지 못하도록 날려 보내야 합니다. 그리하여 새 터, 깨끗한 터, 거룩한 터에 새 집을 짓고 좋은 일, 옳은 일을 마음 놓고 하며 살도록 해야 합니다."[675]

그의 원(願)처럼 많은 아쉬움과 안타까움을 남긴 원풍과 산업선교의 결별은 오히려 노동자들이 자기의 주체성과 정체성을 가지고 자신의 목소리를 내며 고유의 행동전략을 고수하게 되는 계기가 되어주었다. 원풍노조는 가지고 있던 기금 7천만 원으로 활동 근거지로 삼을 사무실을 사서 나갔고, 노보(勞報)를 만들었다. 영등포구 신길동 삼호연립 101호에 마련된 사무실은 1984년 3월 노동운동의 주체성, 통일성, 연대성을 기치로 8백만 노동자의 대변자를 자처하는 '한국노동복지협의회'를 만드는 기틀이 되었다.[676]

---

675) 들사람, 「87년 노동자대투쟁의 씨를 뿌린 아름다운 연대 한국노동자복지협의회」 참조.
676) 박수정, 「박순희, 항상 떨리는 마음으로 한 길 걸어온 선한 싸움꾼」, 『숨겨진 한국여성의 역사』, 아름다운 사람들, 2003, 169쪽.

■소 결

1970년대 경제개발 5개년계획이 한창 진행 중인 상황에서 박정희 정권은 시종일관 노동억압적인 정책을 시행하였다. 박정희가 추진한 세계시장 지향의 수출공업화정책에서는 낮은 임금과 장시간 노동이 국제경쟁력의 중요한 요소였기 때문이었다. 박정희 정권의 노동통제정책은 법적·제도적 탄압과 반공이데올로기를 이용한 탄압을 적절히 섞는 것이었다.

일반 개신교와는 달리 정권에 아부하지도 않음은 물론, 노동자 편에서 기업을 설득하고 노동자의 이익을 위해 일하는 산업선교는 박정희 정권에게 불편한 존재로 인식되기 시작하였다. 유신체제의 견제가 시작되자 영등포산업선교는 여성노동자들을 중심으로 하는 소그룹활동으로 방향을 전환하여 노동문제에 대해 교육하고 훈련하는 등 노동자로서의 의식을 갖고 권리를 찾게 하는 활동을 하였다. 그 첫 번째가 장로 기업인이 운영하는 대한모방에서 강제예배 반대운동을 한 것이었다. 목사가 장로가 운영하는 공장에서 여성노동자들을 동원하여 예배반대운동을 한 것은 대단한 모험이었는데, 이 일로 기독실업인들 사이에서는 반산업선교 인식이 확산되기 시작하였다.

인천산선에서는 동일방직 여성노동자들의 소모임이 활성화되어 노조에서 여성지부장과 여성집행부가 계속 이어나갔고, 한편으로는 노조설립이 제한된 부평의 수출공단으로 활동영역을 넓혀 저임금 장시간 노동, 열악한 환경에서 시달리고 있는 노동자들의 소그룹활동을 음성적으로 전개하였다. 교회가 60여 개나 밀집해 있었지만 노동문제에 관심 있는 곳은 한 곳도 없는 부평공단에서 산업선교는 노동자들이 문제를 의식하고 스스로 권리 회복을 위해 생산현장의 부조리에 저항할 수 있게 교육하고 훈련하였다. 그 덕분에 노조 금지구역 안에서 19개의 민주노조를 조직하는 쾌거를 일으켰다. 그러나 이 과정에서 노동자들은 회사와 경찰로부터 방해공작, 폭행, 연행, 구금 등을 당했다. 또 경찰과 안기부는 연행한 노동자들에게 산선실무자는 간첩이고 산선은 공산당 단체라며 설득하고 실무자들은 수배·구속하는 등 산선을 탄압하였다.

70년대 후반기에는 인도차이나사태로 반공체제를 더욱 강화한 유신정권이 긴급조치 9호를 선포하여 산업선교 활동에는 더 많은 제약이 가해졌다. 그러나 이 상황에서도 산업선교는 더 적극적으로 소그룹활동을 전개하였다. 이시기는 여성노동자 소그룹활동의 전성기라고도 할 정도로 소그룹이 활성화된 시기였다. 영산의 경우 70년대 후반기에는 30여 개 회사에 150여 개의 소그룹이 활동하였다고 한다. 영산에서는 실무자들이 여성노동자들과 취미활동도 하고 노동법과 노동자 권리, 의식에 관한 대화도 하면서 여성노동자들을 끈끈한 연대의 노동운동가로 키워나갔다. 어리고 순진한 저학력의 여성노동자들은 회사와 남성노동자들에게 시달리고 폭력을 당해도 아무런 대항을 하지 못하다가 산선을 만나면서 이에 대한 부당성에 항의하고, 더 나아가 어용노조를 민주노조로 바꾸기 위한 투쟁까지 서슴지 않았다.

가장 먼저 노동자와 노동조합 문제를 인식하고 적극적으로 활동하던 인천산선은 이즈음에는 산선활동을 하던 노동자들이 대부분 해고당하고 탄압이 워낙 심해 활동이 많이 저하되었다. 공식적으로 이들이 할 수 있는 것은 산업재해로 많은 노동자들이 피해를 보는 것에 착안해 산업안전활동 뿐이었다. 그러나 이 당시 인천산선에서 가장 비중이 컸던 것은 동일방직사건이었다. 회사와 정부가 합심해 여성지부장과 여성집행부를 몰아내기 위해 온갖 폭력을 휘둘러 1976년에는 나체시위사건, 78년에는 인분투척사건까지 발생하였다. 그러나 이 와중에서도 여성노동자들은 산업선교를 중심으로 뭉쳐 민주노조수호투쟁을 전개하였다. 이 소식이 외부로 전해지면서 재야인사들이 이들을 정신적으로 지원하였고, 이후 재야세력과 노동권이 연대하게 되는 계기가 되었다. 한 외국인 선교사는 박정희 정권이 이들을 미리 막지 못한 것은 중대한 실수였다고 할 정도로, 산선의 노동운동은 유신체제에 큰 걸림돌로 작용하였다.

그러나 나이 어리고 순진한 노동자들이 갑작스레 의식화되고 투쟁하게 되는 과정에서 적지 않은 문제가 발생하였다. 경찰과 안기부의 설득을 당한 노동자들은 자신이 공산당의 꾐에 빠진 것은 아닌지 심각하게 고민했으며, 과격한 투쟁과정에서 극도의 두려움과 긴장으로 정신적인 문제를 겪기도 했고, 해고된 후에는 노동운동과 생업 사이에서 갈등하였다.

제 5 장
독재권력과
개신교 보수세력의
반(反)산업선교 활동

제5장 독재권력과 개신교 보수세력의 반(反)산업선교 활동

▪1. 유신 말기 박정희 정권의 산업선교 파괴활동

1) 개신교 보수세력의 산업선교 용공화 작업

베트남전이 종결을 향해 급박하게 치닫던 1975년 4월 21일, 개신교의 진보적 인사로 알려진 새문안교회 강신명 목사가 서울 코리아나호텔에서 기자회견을 갖고 시국선언문을 발표하였다.[677] 이를 신호탄으로 개신교의 각종 단체들이 앞 다투어 반공궐기대회를 열고 선언문을 낭독했다. 한결같이 최근 인도차이나사태와 김일성의 중국(중공) 방문 등을 거론하며 긴박한 국내외 정세에 맞서 온 국민이 승공투쟁 대열에 참가할 것을 촉구하는 것이었다. 그리고 공산주의의 침략에 대비해 교회는 견해차를 초월해 힘을 합쳐야 한다고 소리를 높였다.[678]

기독실업인회가 지원하는 한국기독교지도자협의회도 "인류 공통의 적인 공산주의의 침략에 대항해야 하는 큰 과제를 앞에 놓고 교리문제나 이해관계, 사소한 견해 차이를 초월하여 하나가 될 것"을 다짐하는 「반공

---

677) 『한국일보』, 1975. 4. 22 ; 『경향신문』, 1975. 4. 21 ; 『동아일보』, 1975. 4. 21.
678) 『동아일보』, 1975. 4. 28 ; 『조선일보』, 1975. 4. 29.

과 국가안보에 관한 성명서」를 발표하였다.[679] 반공 앞에 분열 없다는 한국 개신교의 속성을 재확인하는 자리였다.

이후 개신교 16개 교단은 또다시 한경직을 위원장으로 하는 '나라 위한 기독교연합기도회 준비위원회'를 구성하고, 6월 22일 여의도 5·16광장에서 '나라 위한 기독교연합기도회'를 개최하였다. 개신교의 모든 교파를 총망라해 100만 신도들이 모였다는 기도회에서 위원장 한경직은 "6·25 동란 25주년을 맞는 오늘 북한괴뢰 김일성 집단은 새로운 남침야욕을 불태우고 있다"며 "만약 공산화로 나라를 잃게 되면 우리의 신앙·자유·재산 등 모든 것을 잃게 되므로 결의에 찬 자세로 조국을 지키기 위해 협심단결해야한다"고 역설하였다.[680]

반공을 매개로 한 개신교의 연합은 여러 곳에서 이루어졌다. 7월 17~19일 명동예술극장에서 열린 제3차 세계기독교반공연합대회는 한경직의 축도와 국회의장 정일권의 축사로 시작되었다. 정일권은 공산치하에서의 교회의 말살과 교인들의 비극적인 학살을 강조하며, 기독교인은 승공전선에 앞장서자는 요지의 축사를 했다. 이에 따라 대회 참가자들은 공산당이 전 세계 자유인민의 원수임을 엄숙히 선언하였다. 이 대회는 김준곤의 측근으로 대통령조찬기도회의 주요 실무진이자 국회내무위원회 위원장 윤인식이 위원장으로 있는 세계기독교호교반공연합회 한국연맹에서 개최한 것이었다.[681] 이외에도 〈표 5-1〉을 보면 이 시기에 얼마나

---

679) 『기독실업인회 30년사』(1983, 99쪽)에는 NCC 가맹 6개 교단 중에는 구세군대한본영과 기독교대한감리회, 대한성공회, 기독교대한복음교회만이 이 성명서에 참여한 것으로 되어 있다. 그러나 『한국일보』(1975. 4. 29), 『경향신문』(1975. 4. 28), 『동아일보』(1975. 4. 28)의 보도에는 나머지 NCC 소속교단인 예장통합과 기독교장로회도 참여한 것으로 나타나고 있다(강인철, 2007, 267쪽 참조).

680) 『경향신문』, 1975. 6. 23 ; 『동아일보』, 1975. 6. 23 ; 『서울신문』, 1975. 6. 23 ; 『조선일보』, 1975. 6. 24.

681) 『동아일보』, 1975. 7. 18 ; 『경향신문』, 1975. 7. 18 ; 『서울신문』, 1975. 7. 18 ; 『한국일보』, 1975. 7. 19.

표 5-1. 1975년 인도차이나사태를 전후한 개신교의 주요 반공행사

월	행사내용
4월	- 강신명 목사 기자회견 및 시국선언문 발표(4.21) - 대한구국선교단 비상시국선언문 발표(4.22) - 기독교범교단지도자협의회 시국선언문 발표(4.28)
5월	- 반공구국기독학생운동(가칭) 호소문 발표(5.2) - 반공구국학생대회 · 대학생선교회 시국선언문 발표(5.6) - 대한구국선교단 초교파구국기도회 개최(5.13) - 대한구국선교단 소속 목사 102명 군사훈련 위해 입소(5.23~25)
6월	- 16개 교단 합동 나라위한 기독교연합예배(6.5) - 통일교 매머드 구국세계대회(6.8) - 통일교 나라 위한 기도회 공개 심포지움(6.17) - 대한구국선교단 구국십자군 창군(6.22) - 18개 교단 연합 나라를 위한 기독교연합기도회(6.24) - 한국기독교구국기도연맹 주최 전국 6 · 25 스물다섯돌 멸공다짐 기념식 · 통일기원 예배(6.25) - 순복음교회 안보부흥전도대회(6.28)
7월	- 세계기독교호교반공연합회 한국연맹 주최 제3차 세계기독교 반공연합대회(7.17~19) - 대한구국선교단 구국십자군 수련대회(7.15) - 구국십자군 화랑정신 수련(7.19) - 김준곤 목사 기자회견 "종교-공산주의 공존 못해"(7.23) - 한국기독교지도자협의회 세계교회에 보내는 한국교회 선언문 발표 (7.27)

출처: 『동아일보』; 『경향신문』; 『서울신문』; 『한국일보』; 『조선일보』 참조.

빈번하게 개신교에 의한 반공대회가 발생했는지 알 수 있다.

또 하나, 이 시기에 빼놓을 수 없는 반공단체로는 1975년 4월경에 설립되어 대통령의 딸 박근혜를 명예총재로 추대한 '대한구국선교단'이 있다. 대한구국선교단은 그 특징으로 보아 보수복음주의자들이 만든 것임은 분명한데, 그 총재인 최태민과 결성 경위에 대해서는 아직도 모호한 부분이 많은 단체이다. 어쨌든 이들은 "공산주의 위협으로부터 나라와 민족, 자유세계를 지켜달라"는 박근혜의 주문대로 소속목사들에게 군사훈련을 시

컸다. 5월 31일에 제작된 대한뉴스 1033호는 기독교 각 종파 목사 100여 명이 서부전선 ○○부대에서 사흘 동안 군사훈련을 받았는데, 이를 박근혜가 찾아가 치사했다고 전함으로써 국민들에게 이들을 홍보하였다. 이들은 더 나아가 '구국십자군'을 창군하였다. 6월 21일 배재고등학교 교정에서 개최된 구국십자군 창군식에서는 "인지사태를 계기로 더욱 절실해진 국방력 강화를 위해 생명을 바칠 각오"를 다지고, "민족이 단결해서 공산주의를 물리칠 수 있는 힘을 달라"고 기도하였다. 이들의 구호는 '총화단결'과 '멸공구국'이었다.[682] 이 소식 역시 6월 28일 제작된 대한뉴스 1037호에서 상세하게 보도하였다. 그 덕분에 이 단체는 그리 길지 않은 기간 동안 개신교 핵심인사들에까지 세력을 확대하고 전국적으로 다양한 활동을 펼침으로써 뜨거운 사회적 주목을 받았다. 그러나 돌연 활동이 끊기며 더 이상 모습을 나타내지 않았는데, 대한구국선교단의 요란한 등장과 급작스러운 해체는 반공에 대한 개신교와 유신정권의 병적 집착정도를 나타내주는 한 단면이라고 할 수 있다.[683]

한편, 1976년 3·1절을 기해 명동성당에서는 인도차이나사태를 빌미로 반공을 내세워 국민을 억압하는 정책에 문제의식을 느낀 신·구교 지도자들이 합동기도회를 열었다. 이 자리에서는 한국이 당면한 정치·경제·사회의 제문제에 대해 현 정권에 책임을 묻는 「민주구국선언서」가 낭독되었다. 서울지검은 세간에 '명동사건'으로 알려진 이 사건을 일부 재야인사들의 '정부전복선동사건'으로 규정하고 관련자 20명을 긴급조치 9호 위반혐의로 입건하였다.[684]

---

682) 『서울신문』, 1975. 5. 22 ; 『경향신문』, 1975. 5. 22.

683) 이 단체는 1977년 12월에 해체된 것으로 보인다. 박근혜를 등에 업은 총재 최태민의 활동반경이 구국십자군 외에도 구국성도대회, 구국봉사단, 구국여성봉사단, 새마음갖기운동 등을 조직하는 등 계속 넓어지자 1977년부터 당시 중앙정보부장이던 김재규와 청와대 비서진이 그를 견제하게 되었다고 한다(강인철, 2007, 255~261쪽 참조).

그러자 조선일보는 3월 14일 사설에서 월남 패망의 요인이 종교인들의 현실참여에 있다고 주장하면서, "한국은 결코 월남 꼴이 되어서는 안 된다 … 적어도 앞으로 상당기간 종교는 정치에 직접적으로 개입해서는 안 된다"고 주장하였다. 정부 정책에 대한 동조는 정치 개입으로 보지 않으면서 반대와 비판은 문제 삼는 언어 도단이었다.

이러한 여론에 힘입어 박정희 정권은 본격적으로 산업선교 활동과 민주화·인권운동을 모두 공산주의의 세계적화전략에 놀아나는 용공활동이라고 규정하고, 탄압할 명분을 얻게 되었다. 그러나 아무리 공산화의 위험이 대국민 위협의 가장 효과적인 처방이라 할지라도, 한국사회에서 반공에 관한한 교두보를 확보하고 있는 개신교 소속 단체와 관계자들을 용공으로 공격하는 것이 그리 용이한 일은 아니었다. 또한 WCC와 미국 NCC와의 관계, 그리고 미국의 인권외교 등 몇 가지 어려움 때문에 정부가 직접 나서기에는 무리가 있었다.

따라서 이를 위해서는 보다 특별한 전략이 요구되었다. 이이제이(以夷制夷), 즉 정부는 표면에 나서지 않으면서 개신교로 하여금 개신교의 진보적 활동을 공산주의와 연계시켜 비난토록 하는 것이었다. 이는 1950년대 말 개신교단의 분열 이후 줄기차게 WCC와 미국NCC 관련 에큐메니칼 운동을 친공라고 몰아붙이던 보수교단의 해묵은 논리를 그대로 차용한 것으로 그리 새로울 것도 없는 내용이었다. 그러나 한 가지 예전과 다른 점은, 그동안 기독신보와 같은 보수교단의 교계지만을 통해 유통되던 어처구니없는 내용들이 이제는 정부의 비호로 보다 정교하게 전략적으로 다듬어져 교계의 울타리를 넘어 한국사회 전체로 확산되게 되었다는 것이다.

체제나 정권을 비판하는 내용은 유언비어의 유포라며 긴급조치 위반

---

684) 『조선일보』, 1976. 3. 14 ; 한국기독교교회협의회 인권위원회, 『1970년대 민주화운동 Ⅲ』, 1987, 684~845쪽 참조.

으로 입건하는 정부가 산업선교 활동을 방해하고 억압하기 위해 보수개신교를 통해 퍼뜨린 유언비어는 "산업선교 활동은 공산주의의 방식과 같다. 고로 산업선교는 빨갱이다"라는 것이었다. 당시 노동운동을 하는 기독교단체는 개신교의 산업선교회 외에 가톨릭의 JOC도 있었지만, 정부는 우선순위를 산업선교회를 치는 데 두고, 이 당시에 발생한 노동운동은 모두 산업선교 활동으로 몰아붙였다.[685]

이러한 전략이 가능케 된 요인으로는 다음의 몇 가지를 생각해볼 수 있다. 첫째로는 수년간 대통령조찬기도회와 기독실업인회 등을 통해 박정희 정권과 개신교 보수세력, 그리고 기업주들 간에 종과 횡으로 다져진 연대를 들 수 있을 것이다. 수출드라이브 정책에 자꾸 걸림돌이 되는 노동투쟁과 노동자들을 선도해 이를 주도하는 산업선교는 박정희 정권에게도 기업주들에게도 제거하고 싶은 존재였으며, 개신교 보수세력에게는 눈엣가시였기 때문이다. 둘째, 반공이라면 무조건적으로 또 결사적으로 정부정책에 동조하는 개신교 보수세력들의 든든한 뒷받침도 한몫했다고 할 수 있다. 이들은 자신들의 세를 넓히기 위한 기회로 박정희 정권을 이용하는 만큼 지금의 밀월을 깰 어떠한 이유도 없었다. 셋째로는 이미 한통속이 되어버려 꿀 먹은 벙어리가 된, 산업선교가 소속된 교단 지도자들의 암묵적 동조도 빠뜨릴 수 없을 것이다. 이들은 어쩌면 이 당시 산업선교가 자신들의 교단 소속이라는 것도 부정하고 싶었는지 모르겠다.

이러한 전략은 정부와 기업주 입장에서는 자신들은 앞에 나서지 않으면서 노동자와 산업선교를 관리할 수 있고, 보수 개신교 입장에서는 유신정권의 막강한 세력을 등에 업고 자신들의 입지를 탄탄하게 구축할 수 있는 절호의 기회였다. 누이 좋고 매부 좋은 이러한 전략에 따라 정부는

685) 조지송 인터뷰, 2007. 11. 23~24.

개신교 보수세력이 산업선교를 공격할 수 있게끔 적극적으로 지원해 주었다.

산업선교의 용공 매도에 가장 효과적으로 사용된 방법은 문서와 서적의 유포였다. 정부는 산업선교와 개신교의 반체제 인권운동이 '개신교의 탈을 쓴 공산주의 세력에 의한 것'이라는 인식을 노동자와 사회에 각인시켜 이들을 공장과 한국사회에서 영원히 분리·제거하고자 하였다. 이러한 목적에 부합하는 역할을 앞장서서 가장 잘 수행한 주요인물로는 한국종교문제연구회 회장이라는 홍지영과 서울시경국장 김재국 장로, 외국인선교사 라보도, 그리고 박병훈 목사 등이 있다.

이 중 가장 활발한 활동을 벌였던 인물은 홍지영이었다. 그는 홍지영 외에도 여러 개의 필명을 더 가지고 있어 아직도 정체가 불분명한 존재인데,[686] 인명진에 따르면 'KCIA 직원' 즉 정보부원이라고 한다.[687] 그는 자신의 책 『정치신학의 논거와 형태』에서 스스로를 "14세 때 성경통신 신·구약을 다 떼고 철학과 사회과학을 공부하였으며, 1940년대 초반 일본군대의 정보원 양성학교인 나가노학교에서 특수교육을 받으면서 공산주의의 이론을 알게 되었고, 일제가 중국대륙의 침략을 원활히 하기 위해 침략전략을 전공으로 가르치던 상해 동문대학에서 수학했다", "목사의 장남이며 목사를 장인으로 모셨고, 신학박사인 처남도 있다"고 소개하

---

[686] 그는 1981년 4월 13일에 열린 속칭 '무림사건(1980년 12월 11일 서울대 유인물 살포사건)' 3차 공판에 '내외정책연구소 연구위원'으로 검찰 측의 증인으로 출두한 적이 있다. 그에 대한 변호인 신문에서 밝혀진 바로는, '한국종교문제연구회 회장으로서는 홍지영'이라는 이름을, '내외정책연구소 연구위원으로서는 홍성문'이라는 이름을, 『현대사조』 주간으로서는 홍성철'이라는 이름을 쓰는 등, 자신의 신분을 노출시키지 않기 위해 5가지의 이름을 사용하고 있었다고 한다(한국기독교교회협의회 인권위원회, 『1970년대 민주화운동 II』, 1987, 882쪽). 1978년 4월 8일자 『기독신보』에서는 홍지영을 "전 건국대학교 교수, 이화여자대학교·단국대학 강사"로 쓰고 있고, 같은 해 8월 자료에는 "국방대 교수"로 표기되어 있다. 인명진은 홍지영을 전 KCIA 직원으로 알고 있다고 하였다.

[687] 인명진 인터뷰, 2007. 10. 12.

여,[688] 자신이 개신교와 밀접한 관계에 있으며 기독교 교리와 공산주의 이론에 해박하다는 것을 강조하였다. 또한 반공을 위해서라면 자신은 어느 성격의 정부에서도 백번 어용노릇을 하겠으며, 파시즘이나 군국주의도 좋다고 하였다.[689] 홍지영은 동일방직 노동자들의 투쟁이 세상을 떠들썩하게 한 1976년부터 산업선교가 쇠퇴하는 시점인 1982년 사이에 집중적으로 WCC와 NCC를 공격하고, 산업선교와 에큐메니칼운동을 용공으로 모는 책들과 수십 편의 글을 발표하였다. 이 문제에 관한 한 박정희 정권의 가장 충실한 사냥개 노릇을 한 것이다. 기실 그의 기독교적 지식이나 공산주의 이론은 전문성도 없으며 수십 년 전 일제시대의 것에 머물고 있어 너무 많은 오류를 가지고 있었다. 그러나 그의 주장들은 여과없이 『현대사조』와 『자유공론』을 통해 발표되거나 기독교사조사와 금란출판사에서 단행본으로 출판되었으며,[690] 수십 회에 걸쳐 『기독신보』에 연재되었다.

특히 『현대사조』는 몇 가지 정황상 바로 이러한 목적을 수행하기 위해 정부와 개신교 보수세력, 그리고 기독실업인들에 의해 계획적으로 만들

---

688) 홍지영, 『정치신학의 논리와 행태』, 금란출판사, 1977, 4~5쪽 ; 『1970년대 민주화운동 Ⅱ』, 1987, 882쪽 참조. 상해 동문대학이란 아마 '동아동문서원대학(東亞同文書院大學)'을 가리키는 것으로 추정된다.

689) 송진섭, 「기독청년의 적색형태 비판'을 읽고」, 『기독교사상』, 1979. 6, 103쪽.

690) 『현대사조』를 출판한 기독교사조사는 주소지가 서울특별시 중구 남산동 2가 22번지 명지빌딩 901호로 되어 있다. 한국신용평가정보에서 2009년 2월 25일 작성한 기업분석보고서 '(학)명지학원(대표자: 송자)에 대한 국문 요약신용분석보고서(CR1)'에 의하면 이 건물의 상호명은 (학)명지학원이며, 소유주 또한 (학)명지학원으로 되어 있어, 이 건물이 명지학원 이사장이자 통일부장관을 지낸 유상근 장로의 소유였음을 확인할 수 있었다. 『자유공론』은 1966년 4월 1일 한국반공연맹의 기관지로 창간되었다. 창간사에서 그 목적을 "공산주의 이론과 실체의 허구성을 비판하여 자유민주주의 체제의 우월성을 확립하고, 국민의 정신무장 함양과 안보태세 확립에 기여함"이라고 밝히고 있다(『자유공론』, 창간호, 1966. 4). 1975년 김경래(한국기독교100주년기념사업회 사무국 사무총장)와 공저로 유신을 찬양하는 『총화와 유신』(금란출판사)를 출간한 이후 발간된 홍지영의 단행본은 모두 기독교사조사와 금란출판사에서 출간되었다.

어진 잡지임이 분명했다.[691] 우선, 창간호 표지 첫머리에 "공산주의와 대결하는 신앙인의 교양지"라고 쓰여 있는 대로 기사의 대부분이 이 시기 정부의 주요관심사인 공산주의와 개신교의 에큐메니칼운동을 비판하는 내용이라는 점, 둘째로 발행인 겸 편집인이 다름 아닌 국토통일원 장관을 지낸 개신교 장로 유상근이며, 주간이 홍성철로 홍지영의 또 다른 이름이라는 점, 그리고 셋째는 발행기간이 산업선교가 가장 공격을 많이 받았던 1977년 말부터 1982년까지이며,[692] 매호마다 홍지영

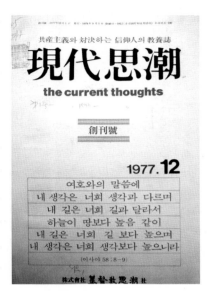

현대사조 창간호 표지

의 글이 논문 또는 특집 형식으로 빠지지 않고 연재되었으며, 역시 홍지영의 글로 보이는 '편집부' 기사들도 매호마다 2~3개씩 실려 있다는 점에서 그러하다. 또한 국내외 보수교단 지도자들은 물론 예장통합의 한경직, 강신명, 감리교의 홍현설, 구세군 부령 등 다양한 교단지도자들의 글도 심심치 않게 볼 수 있어 개신교가 추구하던 방향성을 그대로 보여주고 있다. 『현대사조』에는 또한 한경직 목사 설교전집 전 12권의 광고도 3~4회에 걸쳐 크게 실렸다.

---

691) 조지송은 『현대사조』를 출간하는 기독교사조사가 정보부가 만든 회사라고 하였다(조지송 인터뷰, 2007. 11. 23~24).

692) 『현대사조』는 1977년 12월에 1호가 출간되었고, 1982년 4월에 49호로 정간되었다. 발행 겸 편집인은 창간호부터 1980년 6월호까지는 유상근인데, 1980년 7·8월호부터는 홍지영으로 바뀌었다가 마지막 호인 1982년 4월호에는 '김성혜'로 되어 있었다. 김성혜는 여의도순복음교회 조용기 목사의 부인이자 2002년부터 현재까지 순복음신학대학의 후신인 한세대 총장 김성혜와 동일인일 가능성이 농후하다.

또한 기독실업인회와의 연계도 이 잡지에서 주목해야 할 부분이다. 제
1대 한국기독실업인회 회장 김인득을 비롯하여 2대 회장인 한국판유리
의 최태섭, 태창메리야쓰의 최창근, 서울기독실업인회 회장이자 한국기
독실업인회 부회장을 지낸 한국합금철의 서정한 등 주요 멤버들이 모두
기독교사조사의 이사였다.[693] 이들 역시 소속교단을 불문하고 자신들의
재력으로『현대사조』를 적극 후원하였으며, 산업선교 비방 기사가 가득
한 이 잡지를 대량 구입하여 전국 방방곡곡의 교회와 산업체에 뿌리는
역할을 하였다.[694] 당연하게 이들은 모두 산업선교에 대해 매우 적대적
이었고, 1980년대 초반에는 영등포산업선교회의 파괴에 가장 직접적이고
도 큰 영향을 미치게 된다.

산업선교에 대한 문서를 통한 첫 공격은 1976년 초에 비롯되었는데,
국토통일원 산하 통일연수원의 훈련행사에서 배포된 '기독교인을 가장한
공산주의를 경계하자'는 부제를 가진『한국기독교와 공산주의』라는 소
책자가 그 시작이었다. 이 책의 발행처는 '한국종교문제연구회'라는 곳이
었고, 홍지영을 포함한 10명의 '기독교적 동지'가 함께 집필했다고 한
다.[695] 이 책자는 서론에서 "국내 기독교운동 인사들이 공산주의 세력의
통일전선 전략전술에 넘어가고 있음을 안타까이 여겨 순수하고 자발적

---

[693] 최태섭은 기독교장로회에서, 최창근·서장한은 모두 예장통합에서 영향력이
큰 장로들이다. 특히 기독공보 사장이자 영락교회 장로인 최창근은 '한경직의
오른팔'로 알려져 있다.『현대사조』창간기념 자축회는 1978년 12월 22일 무역
회관 12층에서 교계 인사와 교계 실업인 60명이 참석했는데, 사진에는 김장환
목사와 예장합동의 대형교회인 충현교회 김창인 목사, 엄요섭 롯데물산 사장,
김재국 장로 등이 보인다(『현대사조』, 1978. 1).『현대사조』창간호에서는 또
제1차 세계기독실업인대회 기사를 사진과 회원명단까지 동원하여 특집으로
다루어 이들이 밀접한 관련이 있다는 것을 알 수 있다.
[694]『현대사조』는 기독실업인의 후원으로 '농어촌교회에 현대사조 보내기 운동'을
정책적으로 추진하였다.
[695] 4·6판 44쪽의 이 소책자는 저자도 없고 발행자도 유령단체이며, 문공부에 등
록도 되어 있지 않았다고 한다(특별기획 문제발굴정담시리즈 ⑥「사회구원은
반기독교적인가?」,『기독교사상』, 1976. 11 참조).

인 신앙양심에서 이 글을 쓰게 되었다"고 전제하고 있다. 이어 『현대교회
국제기록 7권』의 자료를 인용하여 일본기독교의 상당부분이 조총련과
긴밀한 접촉을 가지고 한국에 대한 음모공작을 벌이고 있으며,[696] WCC
가 민중해방과 사회구조 전환 등을 강조하면서 기독교로 가장하여 공산
주의의 계급사상과 폭력사상을 고취시키고 있다고 주장하였다. 또한 아
무런 근거도 없는 이 같은 주장을 〈그림 5-1〉에서처럼 섬세하게 도표까

그림 5-1. 북괴 대남종교침투 추정도

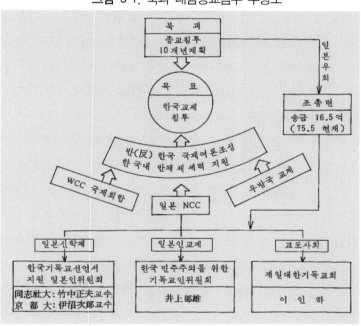

출처: 한국종교문제연구회, 『한국기독교와 공산주의』, 1976(한국기독교교회협의회 인
　　권위원회, 『1970년대 민주화운동 Ⅱ』, 1987, 867쪽에서 재인용)

---

[696] 1974년 8월 조총련계라고 하는 문세광에 의한 대통령저격사건 이후, 정부는
　　1975년 11월 서울대 등 재학생 16명을 '재일교포 간첩단사건'으로 기소하여 일
　　본과 공산주의를 함께 엮으려 애썼다. 또 한편으로는 조총련계 재일교포들을
　　추석성묘단으로 초청하여 회유하고, 그 모습을 대국민 홍보하는 이중정책을
　　폈다.

지 그려가며 아주 그럴듯하게 전개함으로써 이 글의 논리적 설득력을 강화시켜 나갔다. 그리고는 "WCC 계통의 선교자금으로 운영하는 도시산업선교 사업이나 수도권특수선교 같은 것은 그 이념과 현실 면에서 기독교 정신과 방법이라고는 이해할 수 없는 계급투쟁의식을 선동 고취하려는 것이 엿보인다"라고 덧붙였다. 산업선교가 마치 조총련이나 국제공산주의와 밀접한 관계를 가지며 실질적으로 북한의 영향력 하에 있는 것처럼 보이게 하려는 의도적인 것이었다.[697]

이 책자는 사실에 대한 왜곡과 억지논리의 전개 외에도 명쾌하게 밝혀지지 않은 몇 가지 의문점으로 그 출처와 목적에 대해 의구심을 가지게 한다. 첫째는 한국종교문제연구회라는 곳이 정체불명의 단체라는 것, 둘째는 공동집필자인 '기독교적 동지 10명'이 어떤 인물들인지에 대한 것, 셋째는 이들이 본문에서 인용하고 있는『현대교회국제기록 7권』이 어떤 책인지에 대한 의문이다.

이 문제들에 대한 해답을 찾기 위해 구체적인 증거를 추적해보기로 하자.

우선 NCC는 자체조사에 의해『현대교회국제기록 7권』이라는 책은 그 발행소 자체가 존재하지 않으며, 아마도 한국중앙정보부가 에큐메니칼 운동을 공산주의로 매도하기 위한 목적을 가지고 1975년 초에 번역했다는 문서일 것이라고 추정하였다. 그리고 그 문서는 로마에 본부를 두고 가톨릭과 개신교 등 각국의 기독교 활동에 관한 정보를 수집하고 정리·발표하는 독립기관인 'IDOC(국제정보센터)'에서 나온 시리즈를 지칭하는 것이리라고 추측하였다. 이 시리즈의 7권에 1973년 빌리 그래함 전도대회와 박형규 목사 체포사건(1973년 남산부활절연합예배사건) 등 한국 문제가 취급되어 있기 때문이다. 하지만 이 자료집에는『한국기독교와 공산주의』에서 인용하거나 주장하고 있는 내용의 글들은 전혀 들어있지 않

---

697) 한국종교문제연구회,『한국기독교와 공산주의』, 1976. 한국기독교교회협의회 인권위원회,『1970년대 민주화운동 Ⅱ』, 1987, 861~868쪽 재인용 참조

다고 한다.[698]

또한 『한국기독교와 공산주의』의 논리는 개신교 근본주의자들이 줄기차게 주장하고 있는 WCC 용공론과 에큐메니칼운동에 대한 비판을 그대로 답습하는 것이다. 그러므로 이 책자가 정말 '기독교적 동지 10명'의 공저라면, 이들은 분명 보수복음주의신학을 열렬하게 추종하는 자들일 것이며, '한국종교문제연구회'란 바로 이들이 중심이 된 조직일 것이라는 것에 의심의 여지가 없다. 따라서 이는 결국 보이지 않는 손, 그러나 너무나 잘 보이는 목적으로 인해 유신정권과 개신교 보수세력이 '함께' 동일한 목적을 가지고 날조한 내용의 책자라는 추측을 가능케 하고 있다. 게다가 당시 국토통일원 장관 유상근 장로가 같은 해 10월 20일 국회 예산결산위원회에서 자기가 보기에는 이 책자가 퍽 유익한 것이라고 판단되어 배포했다고 함으로써 문제의 진원지가 어디인지를 스스로 밝혀준 셈이 되었다.[699]

필자와 출판기관은 모호하지만 사건의 출처와 의도는 너무나 분명한 이 책자에 대해 일본을 비롯한 외국에서도 많은 논의가 있었다고 한다. 일본NCC는 이 책자의 내용에 대해 "'일본을 기지로 한 국제공작'이란 난에서 주장하는 '사회주의를 위한 크리스찬위원회', '한국 민주주의를 위한 기독인회'라는 것은 일본에 존재하지 않으며, 북괴의 앞잡이가 되어 활동한다는 일본 기독교단체 인사들의 이름 가운데 대부분은 10년, 20년 전에 은퇴했거나 사망한 사람들"이라고 반박함으로써 내용의 허구성을 증명했다.[700]

그러나 한국교회는 이 문제에 대해 별반 큰 저항을 보이지 않았다.

---

698) 한국기독교교회협의회 인권위원회, 『1970년대 민주화운동 Ⅱ』, 1987, 859~869쪽 참조.

699) 한국기독교교회협의회 교회와 사회위원회, 「『한국기독교와 공산주의』 관련 담화문」, 1976. 10. 29.

700) 강원용, 「에큐메니칼운동과 한국교회」, 『기독교사상』, 1976. 11, 37~39쪽 참조.

NCC만이 『한국기독교와 공산주의』가 전국에 배포되고 있다는 사실을 뒤늦게 알고 6월 26일 문화공보부장관에게 "당국이 이 같은 중상모략적인 책자를 배포하여 한국 기독교계의 분열을 획책하면 앞으로 정부와 교회 사이에 여러 가지 문제를 야기시킬 가능성을 내포하고 있다"는 온화한 내용의 공한을 보냈을 뿐이다.[701]

그러나 개신교 내에서 이 문제가 계속 회자되자 『기독교사상』은 11월 호에 「한국기독교와 공산주의」라는 주제로 좌담회를 열고 그 내용을 특집기사로 실었다. 좌담회 참석자는 감리교신학대학장 홍현설과 NCC총무 김관석, 기독교사상 편집고문 한완상이었다. 이들은 NCC가 용공적이라는 비난은 보수교단들로부터 20년 동안 줄기차게 받아온 것인데 근래에 와서 활자화까지 하게 된 것이라며, "WCC나 NCC나 산업선교는 불온한 사상을 전파하고 폭력을 휘두르는 공산주의를 원천적으로 막는 하나의 정신적인 보루이다. 이 분명한 사실을 이런 기회에 정부가 인식해 주었으면 좋겠다"는 선에서 입장을 정리하는데 그쳤다.[702]

같은 호에 실린 「에큐메니칼운동과 한국교회」라는 글에서 강원용은 일본기독교협의회의 반론을 인용하여 "반공사상이 강한 우리나라에서 반공을 위한 글을 펴내면서 정정당당하게 필자와 출판한 기관을 밝히지 않았다는 것 자체가 허구에 찬 악선전의 괴문서"라고 이 책자를 비난하였다. 그리고는 "이런 무책임한 글을 써서 퍼뜨림으로 오히려 우리의 반공적 입장을 웃음거리로 만들었다"고 하여 한국 개신교의 반공성을 강조하였다.[703] 한국신학대학 교수 장일조 역시 「한국기독교와 공산주의」에서 "한반도의 북쪽에서 공산주의를 실현하려 할 때 주도세력도 못되었던

---

[701] 한국기독교교회협의회 선교자유대책위원회, 「『한국기독교와 공산주의』 관련 성명서」, 1976. 6. 26.
[702] 「특별기획 문제발굴정담시리즈 ⑥ 사회구원은 반기독교적인가?」, 『기독교사상』, 1976. 11.
[703] 강원용, 「에큐메니칼운동과 한국교회」, 『기독교사상』, 1976. 11.

기독교를 반동으로 낙인찍고 말살해야 했던 것은 그만큼 기독교가 반공
적이었기 때문"이라고 주장하였다.[704] 개신교 진보인사들의 이러한 반응
은 사건의 본질과는 상관없이 마치 개신교 내에서 두 파가 반공주의로
경쟁을 하는 듯한 인상을 주고 있다.

　이듬해인 1977년 1월, 앞의 책과 같은 논리로 일관하는『정치신학의 논
리와 행태』라는 책이 또 홍지영에 의해서 출간되었다. 이 책은 유신 출
범 이후 제일 먼저 반체제운동을 시작한 박형규 목사를 노골적으로 비난
하기 위한 것이었다. 내용은 박형규가 쓴 글을 비판하며 시종일관 애매
한 논리로 그의 용공성을 거짓증명하고, 에큐메니칼운동 전체를 공산주
의 활동으로 몰고 있다.[705] 홍지영은 이러한 글을 쓴 이유를 자신이 공산
주의 문제 전문가라고 자처하면서 쓴 책의 서문에서 아주 잘 보여주고
있다.

　　공산주의의 우회전략에 말려든 이들 (에큐메니칼) 신학에 대하여 정
　　부가 조치를 취할 경우 종교탄압, 인권유린 등의 국제여론에 휘말림으
　　로써 정부가 곤욕을 치르게 될 것이므로, 그를 막기 위해서는 교계 스

---

704) 장일조,「한국기독교와 공산주의」,『기독교사상』, 1976. 11.
705)『정치신학의 논리와 행태』는 총 456쪽의 절반 이상이 박형규 목사가 쓴『기독교
　　사상』1958년 5월호의「에큐메니칼 운동과 사회정의」, 1968년 11월호의「맑시스
　　트와 크리스찬 대화의 문제점」, 1971년 9월호에 실린「한반도의 미래와 교회의
　　선교자세」등의 글을 문제시하여 이 글들이 왜 용공적인지 분석하고 있다.
　　박형규 목사는 당시 수도권특수지역선교위원회 선교자금사건과 도시빈민선교
　　관계자 장기구금사건으로 구속되어 있었다. 도시빈민선교 관계자 장기구금사
　　건은 1975년 수도권선교자금사건에 이어 1976년 5월 말부터 7월 초에 걸쳐 십
　　수 명에 다하는 도시빈민선교 관계자들과 그 사업에 관계되어 있는 지역주민
　　들이 장기 구금된 상태에서 조사를 받거나 수시로 연행되어 심문당하고 가택
　　수색을 당한 사건이다. 이 사건에서 박정희 정권은 박형규를 비롯한 관계자들
　　을 대공과에서 취급하고 공산주의자로 몰아세움으로써 반유신활동을 근절시키
　　려는 의도를 강하게 드러냈다. 이 사건을 수사한 수사관들은 모두『한국기독교
　　와 공산주의』를 수사교본인양 소지하고 있었다 한다(『1970년대 민주화운동 Ⅲ』,
　　1987, 933~948쪽 참조). 도시빈민선교는 수도권특수지역선교의 다른 이름이다.

스로 이 신학을 주장하는 신학자, 목사, 신부, 평신도 지식인의 손과 입을 막고 묶어야 한다.[706]

결국 정부를 위해 개신교가 대신 나서서 이들을 공격하고 있다는 사실을 명확하게 드러내고 있다. 이 글은 또 1977년 4월 23일부터 같은 해 8월 27일까지 기독신보에 「기독교에 침투하는 공산주의 전략전술 비판: 용공논리, 그 하나의 실증」이란 부제로 20회에 걸쳐 연재됨으로써 일반 개신교 신자들에게 에큐메니칼운동에 대한 부정적인 인식을 확산시키는 역할을 하였다.

기독신보는 이외에도 시노트 신부 등 한국의 인권문제에 관심 있는 주한 미국선교사들과 프레이저 의원, 카터 미국대통령의 인권문제에 대한 비난 등을 주요기사로 지속적으로 다루었다. 미국계 인사들에 대한 이러한 비난은 WCC나 미국NCC와 연관되어 미국을 비롯한 자유진영 모든 나라가 용공 또는 친공산주의가 되어가고 있다고 우려하는가 하면,[707] 보수적인 기독교신앙을 저버린 미국에 대한 서운한 감정이 더 나아가 "미국이 자유한국을 전복하려 한다"는 괴이한 논리로 전개되기도 하였다.[708]

홍지영의 산업선교에 대한 본격적인 공격은, 1977년 10월 15일 역시 기독신보에 「산업선교란 무엇인가?: 노조운동의 사상적 기초」라는 글을 1978년 3월까지 18회에 걸쳐 연재하면서 가속화 되었다. 산업선교를 공격하는 글이 이처럼 교계 신문에서 제일 먼저 취급된 것은 우선적으로 개신교인들에게 산업선교에 대한 부정적인 인식을 심어 교회 내에서 산업선교를 고립시키기 위한 의도였다고 보여진다.

---

706) 이 책의 내용과 주장은 앞선 『한국기독교와 공산주의』와 대동소이하나 분량은 456쪽에 이른다.
707) 『기독신보』, 1978. 4. 8.
708) 『기독신보』, 1978. 4. 28.

「산업선교란 무엇인가」첫머리에서 홍지영은 산업선교 활동은 계급주의 의식화 공작이며, 혁명의 주력군으로서의 노동자계급의 계급투쟁을 선동하는 것이라고 억지논리를 전개하였다.[709] 덧붙여 "우리나라는 국제 공산주의세력의 세계화의 당면대상으로 북한 공산집단의 무력남침 또는 간첩침략의 위험을 받고 있고, 이들에 의한 사회혼란, 경제파괴의 책동은 노동문제, 노조운동, 노조활동으로 시작된다"고 하여 산업선교와 노동운동, 그리고 공산주의 활동을 동일시하였다.[710]

이후 그는 『산업선교는 무엇을 노리나』, 『이것이 산업선교다』, 『산업선교는 왜 문제시 되는가』 등 산업선교를 용공이라고 공격하는 대동소이한 내용의 책자를 연속적으로 펴냈다.[711] 이즈음에 산업선교에 대한 일련의 책자들이 연속 간행된 이유를 찾는 것은 그리 어렵지 않다. 산업선교와 영향을 받은 동일방직과 남영나이론, 방림방적 등에서 연이어 노동자들의 투쟁이 발생했고, 의식화된 이들의 투쟁방식이 날로 더 조직적이며 계획적이 되어가고 있었기 때문이다.

---

709) 홍지영, 「산업선교란 무엇인가?」②, 『기독신보』, 1977. 10. 22.
710) 홍지영, 「산업선교란 무엇인가?」③, 『기독신보』, 1977. 11. 15.
711) 『노조운동의 사상적 기초』(1977. 9)·『산업선교는 무엇을 노리나』(1977년 11월)는 금란출판사에서, 『이것이 산업선교다』(1978년 3월)와 『산업선교는 왜 문제시 되는가』(1978년 8월)는 기독교사조사에서 출간되었다. 이외에도 『현대사조』를 통해 산업선교 직접관련 글만도 「특집: 산업선교에 대한 재조명」·「적화전략화된 산업선교」·「산업선교 옹호논리와 행태 비판」(1978. 5)·「산업선교에 새로운 인식」·「동일방직사건의 전모」(1978. 7)·「산업선교신학선언을 박함」(1979. 1)·「산업전도의 길목에서」(1979. 2)·「내가 만난 산업선교자」(1979. 5)·「도시산업선교, 현장의 소리를 듣는다」(1979. 9)·「특집: 도시산업선교에 대한 오해, 그 용공불순성 시비의 문제를 중심으로」(1979. 3)·「산업선교에 대한 정해, 허위와 논증으로 불순을 얼버무리려는 제경향을 경계함」(1979. 11)·「YH사건과 산업선교회」(1980. 1) 등이 있으며, 출처미상의 「산업선교는 적그리스도운동, 산업전도의 적극화로 막아야」(1978)·「적색여성운동을 찬양하다니 이럴 수도 있는가, 기독교사상지의 용공의식화 책동을 경계함」(1978)·「산업선교는 무엇을 노리나, 신앙활동과 노사협조와 우리의 국가관을 중심으로 한 종교비판」(1979)·『공산주의 서방교회 침투와 한국교회 내의 활동상』(1979) 등 다수가 있다.

『산업선교는 무엇을 노리나』는 노동현장에서 산업선교를 괴리시키려는 정부의 입장을 보다 적극적으로 대변한 것이었다.[712] 홍지영은 이 책에서 산업선교를 "양의 가죽을 덮어쓴 이리떼", "새로운 공산주의"라고 하면서, "멸공투쟁에 정신을 쏟아야 할 때에 산업선교는 계급을 나누고 민주화를 주장하여, 수출증대를 이룩해야 하는데 생산력을 마비시키고 노사 간의 대립을 조장시키므로 산업전사들이 꾀임수에 넘어가지 않도록 하기 위하여" 쓴 글이라고 목적을 밝혔다. 덧붙여 "북한의 무력남침 위협 아래 있는 우리나라 현실에서 노동3권을 제한·유보하는 것은 당연하며 선진국의 근로자가 8시간 노동을 한다면 우리는 10시간, 12시간, 그들이 일주일에 이틀을 쉰다면 우리는 하루도 쉬지 않아야 한다"고도 하였다.[713] 멸공투쟁과 수출증대는 1970년대 박정희 정권이 노동운동과 인권운동을 탄압할 때마다 내세웠던 명분으로 정부 입장을 대변하는 것이었으며, 노동자들의 현실은 무시한 채 노동시간에 대해 운운한 것은 기업의 입장을 대변하는 것이었다.

노동현장에 가장 많이 알려진 책은 『이것이 산업선교다』였는데, 어용노조가 일괄 구입해 배포하였기 때문이다. 1978년 4월 2일 금속노조본부가 각 지부에 띄운 다음의 공문에서는 "(『이것이 산업선교다』를)회사에서 일괄 구입, 전 조합원이 읽게 하라. 이 말을 듣지 않으면 본 조합에 즉각 보고해서 정책적으로 문제를 삼게 하겠다"고 하여 그 사실이 잘 드러나 있다.[714] 저학력 노동자들을 위해 쉬운 말로 풀어 썼다는 이 책의 소제목들을 살펴보면 그 내용을 어렵지 않게 짐작할 수 있다.

---

712) 『현대사조』에 실린 『산업선교는 무엇을 노리나』의 광고 문구는 "기독교의 사랑을 태업·파업의 선동으로 삼는 자들이 있다. 이들의 계급투쟁 의식화 공작의 실태를 알기 쉽게 파헤친 근로자 필독의 서"이다.
713) 홍지영, 『산업선교는 무엇을 노리나』, 금란출판사, 1977. 11. 『1970년대 민주화운동 Ⅲ』, 1987, 1219~1220쪽에서 재인용.
714) 『1970년대 민주화운동 Ⅱ』, 1987, 883쪽 ; 순점순, 『8시간 노동을 위하여』, 풀빛, 1984, 169~174쪽 참조.

■일터를 싸움터로 만드는 직업 ■무슨 돈으로 먹고 사는가 물어보라 ■산업전도 속에 슬그머니 딴 것을 ■외국 사람들이 하는 일이면 무엇이나 ■'신학'이라는 이름만 갖다 붙이면 ■공산주의를 잘 모르는 반공국가 국민 ■공산주의의 세계적화 수법을 알아야 ■공산주의를 받아들이게 된 기독교 ■'하나님은 없다'는 기독교도 있다 ■서로 사랑하지 말고 서로 싸우라 ■가난한 사람들을 위한다는데 ■거짓말쟁이의 말을 믿어도 좋을까 ■한 번의 거짓말은 용서받을 수 있지만 ■'목사'라고 다 목사일 수는 없는 것 ■홍지영이 한 줄 알면서 정부당국이 했다고 ■어떠한 정부도 반대하는 사람들 ■정말 '평등'하게 될 수 있는가 ■산업선교는 공산당인가 ■공산당이 아니라는 증명 ■생쥐 한 마리 잡으려다 장독 깰 수는 없는 것 ■정말로 근로자들을 위하는가 ■사회변혁의 꿈 ■전도보다는 정치투쟁 ■한국 물건 안사주기 운동 ■물건 값이 싼 것은 착취 때문인가 ■노동조합은 근로자의 기생충인가 ■우리들은 누구와 싸워야 하나

제목들만 보더라도 산업선교를 기독교 빙자 공산주의 단체로 몰아가고 있음을 알 수 있다. 여기서도 역시 「홍지영이 한 줄 알면서 정부당국이 했다고」에서는 당국을 비호하려는 노력이 가상하고, 「물건 값이 싼 것은 착취 때문인가」에서는 기업을 대변하는 모양새가 여실하며, 「노동조합은 근로자의 기생충인가」에서는 어용노조를 적극 옹호하고 있다.

홍지영의 억지논리는 『산업선교 왜 문제시 되는가: 한국교계의 참된 이해를 위하여』에서도 계속되었다. 그는 이 책을 "산업선교의 실태를 있는 그대로 밝히고 진실을 교계에 알리므로 한국교회 최대의 관심사인 산업사회 복음화사업의 일익을 담당하기 위한 역작"이라고 자찬하였다. 또, "경제적 평등의 구현이라는 것과 … 노동자, 농어민, 도시빈민의 인간적 삶의 회복 … 이 두 개의 내용은 본질상 공산주의 교조를 바탕으로 삼은 하나의 행동목표임이 분명하며, 따라서 둘이 아니라 하나"라고 하면서

(산업선교는) 이른바 신마르크스주의의 처지에서 공산주의 교조를 현대적 감각에 알맞게 표현한 것이라고 주장하였다.715) 이 같은 논리 역시 유신 후기에 정부가 흔히 사용하던 수법으로, 개신교 보수주의자와 박정희 정권이 얼마나 밀착되어 있는지를 알 수 있게 해주는 대목이다.

이 책자들은 각 기업체와 노동자, 한국노총, 경찰기관 등에 광범위하게 다량으로 살포되어 산업선교 공격의 기본교재로 사용되었다. 산업계에서 이 영향은 일파만파로 퍼져나갔다. 전국의 기업주들은 앞 다투어 홍지영을 초청하여 자신의 사업체에서 강의하게 하거나, 몇몇 지역에서는 회관을 빌려 노동자들을 동원해 강의를 듣게 하였다. 그의 강의를 듣고 책을 본 기업주들과 노동자들은 그의 현학적인 수사와 논리에 설득되었다.716) 기업주들은 이를 열악한 노동조건에 항의하는 노동자들을 탄압하는데 십분 활용하였다. 부당노동행위의 시정을 요구하거나 민주노조를 결성하는 일은 산업선교, 즉 공산당이 시켜서 하는 일로 둔갑되었다.

해태제과는 8시간노동투쟁이 한창이던 1979년 8월 28일, 홍지영을 불러 반공강연을 개최하고 『이것이 산업선교다』를 노동자들에게 나누어주었다. 이후 회사에서는 산업선교 회원들에게 "홍지영 책도 못 보았느냐. 정신 차려라 이년아", "공산주의보다 지독한 년들"이라며 탄압하였다고 한다.717) 미국자본 유치 회사인 콘트롤데이타사에서도 투쟁이 진행 중이던 1982년 4월 19일, 회사에서 홍지영을 불러 3시간 동안 "도산에서는 찬송가도 뒤집어 부르고 기도도 거꾸로 한다"는 등 산업선교 비방교육을 하였다.718)

---

715) 홍지영, 『산업선교 왜 문제시 되는가』, 기독교사조사, 1978. 8.
716) 도시산업선교연합회, 「성명서」, 1977. 7. 이러한 강의는 대부분 공장새마을운동의 일환으로 시행되었다. 공장새마을운동은 1976년부터 상공부 고시로 본격화 되었는데, 대통령이 직접 수차례 공장새마을운동의 추진을 당부하였다(대한뉴스 제1149호 참조). 노동운동이 가열되는 시점에서 시작된 공장새마을운동은 노동운동을 약화시키고 노동자를 회유하기 위한 기능으로 활용되었다.
717) 순점순, 『8시간 노동을 위하여』, 풀빛, 1984, 169~174쪽 참조.

경찰교육과 한국노총이 주관하는 새마을교육, 노동문제 세미나, 조직활동대 요원교육 등에도 홍지영이 특별강사로 초빙되었다. 1978년 2월에 열린 전국의 노동문제 담당 형사들을 상대로 기독교운동에 대한 교육을 실시하는 자리에서 그는 산업선교는 빨갱이 조직이니 전국의 산업선교 회원을 색출, 조사해야 한다고 역설하였다.

특히 어용의 길을 걷고 있던 한국노총은 홍지영의 절대적 추종자 노릇을 자처함으로써 산업선교를 견제하였다. 같은 달 28일 전국화학노조 조직활동대 요원교육에서 위원장 정동호는 홍지영을 소개하며 "우리는 앞으로 종교와 싸워야 한다"고 결의를 다졌다.[719] 섬유본조 위원장 김영태 역시 3월 6일 열린 중앙위원회에서 "WCC는 세계적인 빨갱이 조직이다", "조화순이와 관련 있는 자, 가톨릭(JOC)과 관련 있는 자 등 종교와 손잡고 있는 연놈들은 그냥두지 않는다. 뿌리째 뽑는다, 박살을 내겠다. 조직활동대를 왜 만들었는지 아느냐, 그런데 쓰기 위해 만든 거다"는 폭언을 서슴지 않았다.[720]

홍지영으로부터 '산업선교 용공론'의 세례를 받은 어용노총과 기업, 경찰은 이처럼 삼위일체가 되어 산업선교와 관련된 노동자들과 노동운동을 모두 공산주의와 연계시킴으로써 이들의 모든 활동을 필사적으로 탄압하였는데, 급기야 1978년 2월 21일 동일방직의 여성노동자들에게 인분을 투척하는 사태로까지 발전하였다.

긴급조치 하에서 이런 책자와 강연회가 당국의 묵인 또는 비호 없이 공공연히 행해질 수 없다는 것은 당연한 이치였다. 1977년 6월 27일 국회대정부질의에서는 신민당 소속 국회의원 최형우가 "근로자 권익 보호에 앞장

---

718) 「영등포산업선교회와 나」, 『영등포산업선교회 40년사』, 502쪽.
719) 이때는 홍지영이 아닌 '종교문제연구소 소장 홍성철 박사'로 소개되었다(기독교교회협의회 인권위원회, 『1970년대 민주화운동 Ⅲ』, 1987, 1228쪽).
720) 앞의 책, 1228쪽 참조.

서 온 도시산업선교회와 노동청년회를 불법단체로 규제토록 지시한 노동
청장 이하 관계 직원들을 직무유기죄로 모두 파면조치 하라"고 발언함으로
써 노동청장이 산선과 JOC를 불법단체로 규제하게 한 사실이 드러났다.[721]
또 1978년 3월에는 당시 경상남도 도지사 조병규가 관하 각 기업체에 안내
문과 책을 보내면서 "별책『산업선교는 무엇을 노리나』는 최초의 출판으로
서 숙독하여 본즉 들은바 보다 훨씬 좋은 책입니다. … 산업선교의 정체를
확실히 파악하여 산업선교라는 괴물이 여러분과 근로자들의 틈새를 스며
드는 기회를 주지 말아야겠으며…"라고 하여 유상근에 이어 산업선교 탄압
에 관이 직접 개입되었다는 것을 명확히 증명해 주었다.[722]

이에 전국의 산업선교회는 1977년 7월 공동으로 노동청장의 산업선교
비난발언에 대해 성명서를 냈다.[723] 한국교회사회선교협의회와 한국천
주교주교단도 1978년 1월과 4월 각각 성명서를 발표하여 "(홍지영의 책자
는) 산업선교에 대한 근로자, 교회 및 선량한 국민들의 인식을 교란·현
혹시키고 있으며",[724] "노동계의 불신과 분열, 더 나아가 종교계에 대한
사회의 불신을 조장할 것"이라고 우려하였다.[725] 또 "이 같은 책자와 강
연회가 당국의 묵인 혹은 비호 아래 공공연하게 발생·자행되고 있다는
인상을 지울 수가 없다"고 항의하였다.[726]

그러나 그들의 이 같은 항의는 더 이상의 파장을 불러일으키지 못하였
다. 반공궐기대회에서는 그토록 결사적으로 앞장섰던 교계 지도자들 중
누구 하나도 이 문제에 대해서는 입을 열지 않았기 때문이었다. 그들은

---

721) 『동아일보』, 1977. 6. 27 ; 『조선일보』, 1977. 6. 28 ; 『한국일보』, 1977. 6. 28.
722) 『1970년대 민주화운동 Ⅲ』, 1987, 1220~1221쪽 참조.
723) 한국도시산업선교연합회, 「성명서」, 1977. 7.
724) 한국교회사회선교협의회, 「우리의 입장」, 1978. 1. 22.
725) 한국천주교주교단, 「성명서」, 1978. 4. 8.
726) 한국교회사회선교협의회, 「우리의 입장」, 1978. 1. 22 ; 한국천주교주교단, 「성
명서」, 1978. 4. 8.

오히려 반공을 명분으로 보수세력과의 연대를 지속하고 유신권력의 비호 아래 민족복음주의를 자신들의 지상목표로 설정함으로써 산업선교를 자체교단 내에서도 고립시키는데 기여하였다.727)

산업선교가 이처럼 보수교단에 의한 용공시비에 휘말려 속수무책으로 일방적 공격을 당하고 있는 중에도 개신교 지도자들의 교단과 교파를 초월한 박정희 정권의 대변인 노릇은 계속되었다. 1977년 3월 3일, 주한미군 철수를 둘러싸고 한·미간에 긴장이 고조되는 시기에 한경직 등 교단의 원로 중진목사 31명은 NCC회원 6개 교단을 포함한 19개 교단의 지도자들이 참여한 '한국기독교시국대책위원회'를 결성하였다.728) 이들은 종로 YMCA회관에서 열린 결성식에서 "한국에는 인권이 유린되고 종교의 자유가 없다는 일부 해외의 왜곡선전을 시정하는 한편, 한국의 실정을 올바르게 이해시키기 위해 발족되었다"고 그 의도를 밝혔다.

시국대책위원회는 1977년 3월 27일 여의도 광장에서 '나라를 위한 특별기도회'를 개최하였고,729) 같은 해 5월 26일에는 '주한미군철수반대 궐기대회'를 열고 가두시위를 벌였다. 대표회장인 강신명 목사는 "6·25 동란 때 우리를 적극 도와준 미국은 지금 우리의 현실을 이해하고 미군철수를 재고하라"는 내용의 설교를 했으며, 성결교 총무 이봉성 목사는 "미 지상군의 철수는 북한 괴뢰집단에게 침략의 기회를 주는 것이며, 한반도의 항구적인 평화와 세계평화를 이룩하기 위해 미 지상군은 한국을 절대 떠

---

727) 그러나 강인철은 이에 대해 「민주화 과정과 종교: 1980년대 이후의 한국 종교와 정치」(『종교연구』 제27집, 한국종교학회, 2002 여름호)에서 "1970년대에 신학적 진보성이 (1980년대 보다) 비교적 자유롭게 저항적 사회운동과 결합할 수 있었던 것은 다수세력인 신학적 보수파의 상대적 침묵 내지 암묵적 동조가 없이는 불가능했다"고 보고 있다. 이 논리는 1970년대 말과 1980년대 초반 보수세력이 더 강경해지면서 궁극적으로 산업선교가 약화 혹은 쇠퇴되는 현상을 보면 일면 타당하다고 여겨진다. 그러나 70년대 중후반부터 시작된 보수파의 산업선교 공격은 매우 조직적이고 영향력이 큰 것이었다.

728) 『서울신문』, 1977. 3. 3.

729) 『경향신문』, 1977. 3. 28 ; 『서울신문』, 1977. 3. 3 ; 『한국일보』, 1977. 3. 29.

나서는 안 된다"고 강조했다. 또 영락교회의 당회장인 박조준 목사는 미 대사관저 앞에 가서 영문성명서를 낭독하기도 하였다. 시위에 나선 신자들은 "철군 = 통일지연 = 교회위협", "미국은 한국에서의 자유와 평화를 포기하지 말라"고 쓴 플래카드를 들고 행진했으며, 감정이 고조되어 손가락을 깨물어 혈서를 쓰는 사람도 있었다.[730] 1977년 8월 15일부터 18일까지는 또 '77 복음화 대성회'가 여의도 광장에서 열렸다.[731] 집회의 주제는 "주한 미 지상군의 철수로 위기에 처한 이 땅에 … 하나님의 은혜로 승공이념을 투철히 하고 국민총화를 이룩하자"는 것이었다.[732]

홍지영 외에 문서로서 산업선교에 큰 타격을 준 인물은 1976년 4월 『한국 기독교의 이해』라는 68쪽 분량의 소책자를 발행한 김재국이었다. 당시 서울시경 제2부국장으로 경목활동에 열성이던 김재국은 홍지영의 저서가 물의를 일으킬 무렵 이 책자를 발행하였다. 이 저작물 역시 산업선교를 비롯한 에큐메니칼운동을 용공으로 왜곡·비방하는 내용이 가득한 것으로, 치안당국 내에 광범위하게 유포되어 산업선교 활동과 노동운동을 진압하는 경찰들의 교과서 노릇을 하였다.[733] "종교의 사회참여 고조로 반체제운동을 일으키는 문제 등 치안과 직결되는 양태들이 근래 교회를 통하여 빈번하게 일어나고 있어 옥석을 구분하여 절대다수의 선량한 기독교인들을 보호하기 위해 썼다"는 이 책은 종교의 사회참여 행동을 '다중범죄 유도행위'로 표현하며 범법행위로 간주하고 있다. 또 「치안문제로 본 교회문제」라는 항목에서는 "가난하고 억눌린 사람들을 대상으로 하여 현재의 정치적·경제적·사회적 구조악으로부터 해방시켜야한

---

730) 『동아일보』, 1977. 5. 26 ; 『경향신문』, 1977. 5. 26 ; 『서울신문』, 1977. 5. 26 ; 『한국일보』, 1977. 5. 27.
731) 『동아일보』, 1977. 8. 11.
732) 『동아일보』, 1977. 8. 16 ; 『한국일보』, 1977. 8. 16 ; 『서울신문』, 1977. 8. 16 ; 『경향신문』, 1977. 8. 16.
733) 한국기독학생회총연맹 안재웅 총무에게 보내는 「김재국 시경 제2부국장의 답신」, 1976. 8. 3.

다는 것은 곧 피압박계급 해방을 뜻하는 공산혁명과 흡사하다"고 하였다. 이를 추진하는 단체로는 공장근로자를 대상으로 하는 산업선교회, 도시빈민을 대상으로 하는 수도권특수지역선교회, 학생사회를 대상으로 하는 한국기독학생회총연맹(KSCF)을 거론하였다.[734]

김재국은 조지송과 같은 예장통합 영등포노회 소속 영도교회 장로였다. 따라서 그의 이러한 주장이 교회 안팎으로 더 설득력이 있었을 것은 자명한 사실이었다. 이 책은 수사관들에게도 영향을 미쳐 관련사건 수사의 방향과 범위 등을 결정하는데 중요한 역할을 하였다. 이에 영산은 "정부 고위층에 있는 교회의 장로라고 하는 사람이 이름까지 밝혀서 그런 책자를 만들어 냈다. 하나님과 역사가 이들을 심판할 것이라고 확신 한다"며 분노하였다.[735] KSCF와 한국도시산업선교연합회도 같은 해 7월과 8월에 각기 김재국에게 보내는 항의 및 질의서와 「서울시경 제2부국장 김재국 장로에게 드리는 공개장」을 보내 공개적이고 공식적인 해명, 그리고 공개적인 토론을 요구했다. 또 KSCF는 이것이 행정당국의 정책적 배려에 의한 조치라는 의혹을 저버릴 수 없다며 국무총리에게 보내는 공문도 발송하였다.[736]

이들 외에도 '한국기독교반공연합회'라는 단체에서는 예장합동 소속 외국인 선교사 라보도를 내세워 1976년 11월 29일부터 12월 3일까지 부산, 서울, 대구, 인천 등을 돌며 에큐메니칼운동에 대한 비방과 중상모략으로 가득한 반공강연회를 개최하였다.[737] 그의 강연 내용은 박정희에 대한 극진한 찬사와 유신체제에 대한 절대적인 충성, 그리고 WCC에 대

---

734) 김재국, 『한국기독교의 이해』, 1976. 4·『1970년대 민주화운동 Ⅱ』, 1987, 869~ 871쪽 참조.
735) 영등포산업선교회, 「1976년을 보내면서」·「1976년 활동보고서」.
736) 「KSCF가 국무총리에게 보내는 공문」, 1976. 8. 7.
737) 라보도(Robert S. Rapp)는 미국의 대표적인 개신교근본주의자인 매킨타이어와 같은 보수주의자로 『현대사조』와 『기독신보』에 자주 기고하는 등 한국에서 활발하게 활동하였다.

한 비방으로 일관했다. 그는 홍지영이나 김재국 못지않게 원색적이고 감정적인 표현으로 WCC에 속한 사람들은 입으로는 기독교인이라 하지만 그들의 행위는 이미 기독교에서 멀리 떠나있다고 하였다. 그리고 세계적 화전략 차원에서 WCC를 통해 교회에 침투하는 공산주의자들을 색출 분쇄해야한다는 등의 강경발언을 하였다.[738] 홍지영의 한국종교문제연구회는 이 글을 즉각적으로 복사하여 배포하였다.[739]

1950년대 말 교회 분열 당시부터 WCC에 대해 부정적인 견해를 피력해 오던 박병훈 목사 역시 "무산대중에게는 복음을, 산업전사에게는 신앙으로 구원을 전한다면서 민중조직을 쉴 새 없이 다지고 있는 산업선교 프로그램을 전도활동이라고 말하지 말라"며 산업선교는 공산주의가 서방교회에 침투한 것이라고 하였다.[740]

그러나 이상한 것은 산업선교를 공산주의 활동으로 몰아붙이면서도 정부에서는 아직도 산업선교회가 존재하도록 놓아두고 있다는 사실이었다. 이에 조화순은 "왜 공산주의자를 보고 가만히 있나? 그러면 대한민국에서도 공산주의 단체와 그들의 활동을 보장한단 말인가?"하고 반문하였다.[741]

이렇듯 산업선교에 대한 집중포화가 계속되면서 이들 책자와 그 내용이 교회 내부에 많이 확산되자, 산업선교 실무자들을 개인적으로 잘 알고 지내며 그 활동에 신뢰를 보이던 사람들조차 점차 산업선교를 의심하기 시작했다. 어떤 이는 조지송에게 "조 목사도 속고 있는 것 아니냐"고 묻기도 하였고, 심지어는 "조 목사가 바로 공산주의 침투세력일지도 모

---

738) 「라보도 박사의 반공강연 요지」 ; 「박정희 대통령 각하에게 보내는 메시지」 ; 「결의문」, 『기독신보』, 1976. 12. 5.

739) 라보도, 「한국에 있어서의 공산주의」, 『현대사조』, 1979. 7. 『1970년대 민주화운동 Ⅱ』, 1987, 880쪽 참조.

740) 박병훈, 『공산주의 서방교회 침투와 한국교회 내의 활동상』, 1979, 47쪽.

741) 조화순, 「회칠한 무덤을 벗기라」, 1977. 12. 11.

른다"는 말까지도 돌았다고 한다.[742] 교회와 사회가 산업선교를 불신하
도록 유도하려 한 박정희 정권과 개신교 보수주의자들의 계획이 나름대
로 성공한 것이다. 이러한 의심을 피하기 위해 영산은 1978년부터 노동
교회를 만들어 예배를 보기 시작하였다. 산업선교 활동을 지속하기 위해
교회라는 우산을 쓴 것이었다.

이러한 사태를 더 이상 묵과할 수 없었던 신·구교 산업선교 실무자들
로 구성된 한국교회사회선교협의회는 1978년 1월 22일 '산업선교의 과제
와 전망'이라는 심포지움을 개최하고, 「우리의 입장」을 발표하였다. 「우
리의 입장」은 국민과 산업선교 사이를 이간시키는 홍지영의 책자 배포를
중지할 것을 요구하고, 무엇이든 눈에 거슬리면 용공시하는 관료적 풍토
와 정부의 간계를 폭로하였다.[743]

이처럼 1970년대 중반부터는 노동운동에 대한 탄압에도 반공주의와
종교적 열정이 뒤섞이고, 그럼으로써 반공주의가 종교화되는 양상이 더
욱 노골화되고 극심해졌다. 산업선교와 노동운동에 대한 탄압이 극성을
부렸던 1978년에는 치안요원들이 노동운동에 참여한 노동자들을 '빨갱이'
라고 부르는 것은 일상적인 일이 되어 있었다.

2) 정부의 공격과 산업선교의 방어

유신 후기에는 이처럼 정부와 기업주, 개신교 보수세력에 노총까지 가
세해 산업선교에 대한 흑색선전과 방해공작이 현란하게 펼쳐졌고, 긴급
조치 9호와 정부의 강제적인 노사협의제 장려로 조직노동운동은 더욱 무
기력해져 있었다.[744] 그럼에도 불구하고 산업선교와 관련된 노동운동만

---

742) 조지송 인터뷰, 2007. 11. 23~24.
743) 한국교회사회선교협의회, 「(『산업선교는 무엇을 노리나』 배포에 관한) 우리의
    입장」, 1978. 1. 22.
744) 한국기독교교회협의회 한국교회산업선교 25주년기념대회, 『1970년대 노동현장

은 의식화된 노동자들과 그동안 축적된 경험들에 의해 보다 계획적이고 조직적인 투쟁으로 발전하였다.

인천의 동일방직 노동자들은 민주노조를 지키기 위해 1976년에 이어 1978년에도 계속 사투를 벌였으며, 영등포에서는 소그룹활동을 통해 의식화된 남영나이론과 방림방적 노동자들이 노조를 개편하고 자신들의 권리를 찾기 위한 투쟁을 전개해 나갔다. 특히 방림방적과 동일방직의 경우는 투쟁이 격화되면서 민주화세력과의 연대가 이루어져 정부가 노동운동에 더욱 더 촉각을 곤두세우는 계기가 되었다. 따라서 산업선교와 정부·노총·기업은 사건 현장마다 첨예하게 대립할 수밖에 없었는데, 그 중 가장 극에 달했던 것은 인천에서 1978년 2월에 발생한 동일방직 인분투척사건이었다. 유례 없이 야만적인 이 사건의 배후가 노총과 기업, 그리고 교회선교를 공산당 활동으로 모함한 홍지영들과 박정희 정권이라는 것은 관계자들이라면 누구나 짐작할 수 있는 사실이었다.[745]

이에 산업선교 관계자들과 NCC 사회선교협의회 실무자들이 대대적으로 동일방직 문제와 정부의 산업선교 탄압정책을 규탄하고, 이를 해결하기 위해 사회선교협의회의 실무자 13명이 3월 15일부터 NCC 총무실에서 무기한 금식기도를 하며 교회의 적극적 대책을 촉구했다. 이들은 금식기도회에 들어가면서 「우리의 결의」를 발표하였다. 내용은 동일방직 노조에 대한 폭력적 파괴활동을 규탄하면서, NCC와 그 소속교단에게 홍지영의 책자들을 출판 배포하여 산업선교와 노동자를 이간시키고 국민을 혼란시키는 정부와 기업인에 대해 강경한 대책을 수립하라고 촉구하는 것이었다.[746]

NCC총무 김관석은 이튿날 즉각 소속 6개 교단장과 총무를 불러 긴급

과 증언』, 1984, 436~451쪽 참조.
[745] 동일방직사건에 대해서는 제4장 3절 참조.
[746] 한국기독교교회협의회 인권위원회, 『1970년대 민주화운동 Ⅲ』, 1987, 1230~1231쪽.

산업선교 관계자들과 NCC
사회선교협의회　실무자들
의 산업선교 수호투쟁

회의를 소집하였다. 한국 개신교의 대표기관인 NCC가 처음으로 산업선
교 문제에 관심을 표명한 것이다. 그는 산업선교에 대한 교회의 확신을
재천명하는 성명서를 발표하게 하고, 동시에 '산업선교대책위원회'를 조
직함으로써 그들을 지원하였다.[747] 인천산선이 소속되어 있는 기독교대
한감리회 중부연회도 비상대책협의회를 구성하고, 산업선교의 탄압은
기독교 탄압인 동시에 선교자유의 탄압이라고 규정하였다.[748] 이들이 동
일방직사건과 산업선교 문제를 하나로 보았던 것은, 동일방직 노조 파괴

747) 『1970년대 민주화운동 Ⅲ』, 1987, 1231쪽.
748) 해방 후 제 29회 감리교 중부연회 회원 일동, 「(도시산업선교 탄압에 대한) 결
　　의문」, 1978. 3. 16.

를 위한 인분사건이 곧 민주노조를 지원해 온 산업선교를 겨냥한 것이라는 사실을 잘 알고 있었기 때문이었다.

이 외에도 예장청년회전국연합회, 한국기독교청년협의회 등이 이 사건을 규탄하는 성명을 발표하였고,[749] 신·구교 성직자를 비롯해 노동계·해직교수·민주청년·해직언론인·문인·여성단체·법조계 등 각계 인사가 광범위하게 참여한 '동일방직사건 긴급대책위원회'가 구성되었다. 특히 각 교단의 여신도연합회와 교회여성연합회는 청와대에 진정서를 내고 해고 근로자들을 위해 모금운동을 벌이는 등 활발하고 적극적인 활동을 하였다.[750]

NCC는 또 1개월여에 걸쳐 산업선교에 대한 용공매도와 동일방직 인분사건의 진상을 조사한 결과를 가지고 5월 12일 산업사회선교대책협의회를 개최하였다. 조사보고서 발표에 이어 참석자들은 ①산업선교를 공산당 집단으로 왜곡선전하는 일과 이에 당국이 개입하는 일, ②위의 사실에 영향을 미친 홍지영의 저서와 강연회에 대한 대책문제, ③동일방직사건에 대한 교회의 입장 등을 협의하였다. 산업사회에 대한 교회의 선교대책 확립에도 첫째, 기업윤리의 확보, 둘째, 정부의 노동정책의 확립, 셋째, 산업사회에 대한 교회의 인식재고 등이 요구된다고 분석하였다.[751] 그리고 더하여 이 자리에서 내무부장관과 한국노총위원장에게 "노동조합과 도시산업선교가 서로 충돌할 이유가 없고 … 일시적인 오해나 감정을 넘어서 항구적인 관계개선을 위하여 기독교를 적대시하는 일을 지양해달라"며, 홍지영 책자의 배포와 강연을 금지해줄 것을 당부하는 공문을 띄웠다.[752]

749) 예수교장로회 청년회 전국연합회, 「성명서」, 1978. 3. 18. ; 한국기독청년협의회, 「성명서」, 1978. 3. 25.
750) 『1970년대 민주화운동 Ⅲ』, 1987, 1263~1264쪽.
751) 앞의 책, 1196쪽.
752) 한국기독교교회협의회, 「김치열 내무부장관 귀하」 ; 「한국노동조합 총연맹 정

이러한 일련의 사건들을 지켜보면서 박정희 정권은 더 이상 산업선교를 이대로 방치해서는 안 되겠다는 확고한 의지를 가지게 되었던 것으로 보인다. 노동자들이 산업선교를 통해 사회 각계의 민주화운동세력과 연대하여 반정부운동으로 나아갈 경우 상당한 위협세력으로 성장할 수도 있다는 위기의식에 따른 것이었다. 정부 입장에서는 이 대세의 흐름을 끊어야겠다는 조급증이 생길 수밖에 없었다. 그동안 양질의 저렴하고 풍부한 노동력을 바탕으로 세계시장 지향의 수출공업화를 유지해온 정부에게는 어떠한 탄압에도 활동을 멈추지 않고 노동자들을 지원하여 투쟁을 지속하게 하는 산업선교가 정말 골칫거리였을 것이다. 이후부터 정부는 산업선교에 대해 지금까지 개신교 보수세력을 통해 진행해왔던 이데올로기를 이용한 간접공격에서 한발 더 나아가 직접적이고 노골적인 탄압을 가하기 시작했다.

동일방직 민주노조를 와해시킴으로써 인천산선 문제는 일단락 지었다고 생각한 정부는, 이번에는 영등포산업선교회를 겨냥하였다. 박정희 정권은 우선 1978년 5월 1일 영산의 총무 인명진을 긴급조치 9호 위반으로 구속하였다. 1978년 4월 17일 청주산업선교회가 주최한 '억울한 농민을 위한 기도회'에서 행해진 인명진의 설교와 이때 인용한 성경구절이 빌미가 된 것이다. 공소장에서 성경구절을 문제 삼았다 하여 '성경재판'으로도 불린 이 사건에서 문제가 된 성경구절은 다음과 같다.

> 망할 것들은 권력이나 쥐었다고 자리에 들면 못된 일만 하였다가 아침이 밝기가 무섭게 해치우고 나는 이 악당들아…(미가서 2장 1절)

> 관리들은 값나가는 것이 아니면 받지도 않으며 재판관은 뇌물을 주어야 재판을 하고 집권자들은 멋대로 옥살이 근거를 내리는구나(미가서 7장 3절)

동호 위원장 귀하」, 1978. 5. 13.

이 사건은 마침 동일방직사건에 대한 문책으로 인천산선 이사들을 전부 중앙정보부에 데려다 압력을 넣어 산업선교회를 해체하라고 했다는 소문이 돌던 시점에 발생하였다.753) 이에 구속될 것을 예감한 인명진은 출두하기 전 다음과 같이 자신의 심경에 관한 녹음을 남겨두었다.

> … 내가 그동안 여러 군데 다니면서 이보다 더 지독한 이야기를 했
> 는데도 그냥 놔두다가 갑자기 지금 이것을 문제 삼는 것은 우리가 짐
> 작하는 대로 산업선교를 금년 안에 뿌리 뽑겠다고 하는 생각을 이 사
> 람들이 가졌기 때문이다. … 이것은 나 하나의 구속이 아니라 산업선
> 교회에 대한 도전이다. 그것도 막바지, 막판의 도전이다.754)

인명진의 예견대로 정부의 공격은 더욱 극심해졌다. 탄압은 영등포산업선교회의 모든 활동에 미쳤다. 검찰은 인명진의 구속과 함께 5월 1일 영산의 서류 및 장부 일체를 압수하였다. 20여 일 간의 조사 끝에 검찰은 실무자들이 갑근세 신고를 하지 않았다 하여 영등포산업선교위원회 위원장 이정학 목사를 기소하고 135만 원의 벌금을 부과하였다.755) 또한 조지송의 700만 원짜리 아파트에는 1600만 원의 세금을 부과하였으며, 조지송은 불구속 입건하였다. 그동안 모범적인 운영으로 회원 수가 늘면서 자산도 기하급수적으로 늘기 시작한 신용협동조합의 인가도 취소되었다.756) 6월 17일에는 1976년부터 영산을 돕던 호주인 선교사 라벤더카 정치활동을 했다는 이유로 오글과 시노트에 이어 추방당했다.757)

---

753) 인명진 인터뷰, 2007. 10. 17 ; 『1970년대 민주화운동 Ⅲ』, 1987, 1198쪽.
754) 『1970년대 민주화운동 Ⅲ』, 1987, 1196~1199쪽 참조 ; 예수교장로회 산업선교수
　　호위원회, 「성경을 세상법정이 심판할 수 없다」, 1978. 5.
755) 영등포산업선교회, 「성직자에 대한 세금(갑근세)문제가 드디어 재판을 받게 되
　　었습니다」, 1979. 2. 1.
756) 『영등포산업선교회 40년사』, 1998, 169쪽.
757) 라벤더는 호주 장로교에서 파송한 선교사로 1976년 6월 7일 한국에 도착한 이

지방에서 활동 중인 산업선교회도 예외는 아니었다. 1977년 2월부터 활동을 시작한 구미산업선교회 실무자 고애신 전도사는 산업선교에 대한 왜곡과 비방에다 여성이라는 이유로 이루 다 말할 수 없는 수모를 겪어야 했다.758)

경찰은 구미산업선교회의 활동이 활발해질 기미가 보이자 구미산선과, 실무자 고애신이 나가고 있던 구미 영락교회에 대한 사찰을 강화하였다. 이 교회에 다니며 산업선교회에 나오던 노동자 53명은 자신들이 일하고 있던 회사에서 사표쓰기를 강요당했다. 산업선교로 인해 교회가 타격받을 것을 염려한 담임목사는 1978년 5월 2일 교인들에게 "우리 교회는 정통 보수적 교회로 산업선교회와 아무런 관계가 없고, 고애신이 이따금씩 출석하는 것 때문에 오해의 원인이 되었으므로 고애신의 본교회 출석을 금지조치 했다"는 해명서를 발송하였다.759) 또 고애신을 구미공단의 산업선교 실무자로 파견한 예장통합 경서노회장에게 공문을 보내 "회사가 노동자들에게 구미 영락교회는 산업선교 본부요, 산업선교는 공산당 사상이 농후한 불온단체라고 말하면서, 이 교회에 나가는 교인들은 중앙정보부에 이름이 올라가 있어 요시찰자가 되고, 이 교회에 나가는 근로자는 즉시 해고를 시킨다고 하니 노회 측이 지역교회에 피해가 없도록 대책을 세워

래로 영산에 적을 두고 노동자들의 권익 보호를 위해 일했다. 방림사건과 관련해서는 일본에 방림 상품 불매운동을 전개하기 위한 일을 도왔다(조지송 인터뷰, 2007. 4. 17). 라벤더는 추방당한 후 일본에서 한국의 인권운동을 위해 계속 노력하였다.

758) 구미공단이 본격적으로 가동되면서 인구 100,000명에 공단가동 기업체 150여 개, 노동자는 약 50,000명이 되면서 영등포산업선교회에서 실무자 훈련을 받은 여전도사 고애신이 산업선교를 시작하였다(고애신, 「구미도시산업선교개척을 위한 사업비 청원에 관한 건」, 1976. 12. 2 참조 ;『1970년대 민주화운동 Ⅲ』, 1987, 1208쪽).

759) 대한예수교장로회 구미영락교회 목사 오명근, 「야외예배 실시 및 산업선교 관계 오도에 대한 해명」, 1978. 5. 2. 한국기독교교회협의회 한국교회산업선교 25주년기념대회,『1970년대 노동현장과 증언』, 도서출판 풀빛, 1984, 459쪽에서 재인용.

달라"고 요청하였다.[760] 교회의 이러한 비협력적 태도는 산업선교 활동에 아주 큰 걸림돌로 작용하였다.

구미공단의 기업체인 중화실업과 윤성방직, 상신직물, 천일사, 금성사 등 7개 회사는 종업원들을 시켜 입에 담기 어려운 용어들을 사용한 협박편지를 실무자에게 보내며 집중포화를 퍼부어댔다.[761] 이 지역 교회와 기업주들은 박정희 대통령의 고향에서 산업선교가 자리 잡으면 안 된다는 의지가 아주 확고하였다고 한다.[762] 구미산업선교회는 결국 YH사건 이후 보수교단은 물론 같은 교단의 교회와 기업주들의 극심한 비난과 기관원들의 감시에 시달리다 활동을 접었다.[763]

산업선교 관련 단체들은 이전과는 다른 위기감으로 정부의 이러한 공격에 대해 보다 적극적으로 대응할 필요성을 느끼게 되었다. 동일방직사건 수습으로 숨 돌릴 틈도 없이 바쁜 와중에서 NCC는 인명진의 구속 직후인 5월 12일과 16일 도시농촌선교협의회와 교회와사회위원회를 통해 대책을 협의하고 법무부장관에게 공한을 보냈다.[764] 또 도시산업선교위원회와 교회사회선교협의회에서도 5월 19일과 25일 잇달아 성명서를 발

---

760) 구미영락교회, 「(구미도시산업선교회로 인한) 피해현황」, 1978. 5. 7 ; 「(대한예수교장로회 경서노회장에게 보내는) 공문」, 1978. 5. 10.

761) 협박편지의 내용은 대략 이와 같다. "쓰레기 같은 애신이, 암여우가 교활한 사냥을 하듯 선량한 근로 청소녀를 감언이설로 설득 유혹하는 너의 악랄한 행위에 대하여 우리는 다 같이 분노를 참을 길 없다"(중화실업 종업원 일동, 1978. 7. 6). "고애신! 당신은 어떤 여성이기에 우리를 유혹해가면서 그 더러운 일을 하고 있습니까?" "우리의 안식처인 공단에 당신은 휘발유를 끼얹고 성냥불을 그어댄 악질적이고 비국가적인 행동을 한 매국노입니다"(윤성방적주식회사 종업원 일동, 1978. 7. 11). 이러한 편지들이 온지 얼마 되지 않아 편지를 쓴 근로자 몇 명이 산업선교회를 찾아와 지난번 편지는 회사간부에 의해 강제적으로 쓴 글이라며 사과하였다고 한다(「구미도시산업선교회 탄압실태 보고서 1977. 2-1979. 8」).

762) 고애신 인터뷰, 2008. 1. 21.

763) 고애신, 「구미산업선교는 이렇게 탄압받고 있다」, 1978. 12 ; 「(구미도시산업선교회 탄압에 대한) 성명서」, 1979. 10.

764) 『1970년대 민주화운동 Ⅲ』, 1987, 1197쪽.

표하고,[765] 6월 13일에는 교회사회선교협의회 주최로 '인명진 목사를 위한 기도회'를 개최하였다.[766]

이러한 정부의 탄압이 자신들을 말살시키려는 것임을 직감한 영산은 소속교단인 예장통합에 도움을 요청하였다. 그러나 이미 산업선교를 문제시하고 못마땅하게 생각하는 기업인 장로들이 포진해 있는 노회와 총회의 동의를 끌어내는 일은 그리 용이하지 않았다. 이에 대한 논의가 한창 진행되고 있던 7월 20일, 예장산업선교수호위원회 위원장 차관영 목사가 보수적인 장로들이 주축이 되어 발간하고 있는 『장로회보』에 기고한 다음의 글은 노회와 총회의 동의를 얻는 일이 얼마나 어려웠는지를 보여준다.

> 요사이 우리 장로교회가 20년 쯤 거꾸로 곤두박질하는 것 같은 느낌을 갖곤 한다. 보수정통신학자들에 의해 WCC와 NCC노선을 용공이라고 몰아붙이고 내리조지던 일이 엊그제 같은데 또 이 망령이 되살아나서 WCC·NCC 그리고 산업선교까지 용공주의 시비를 일으켜 다시 교회분열을 책동하고 있으니 한심한 노릇이다 … 보수주의 가면을 쓴 악마들은 산업선교를 용공주의에서 일보 전진하여 아예 공산당으로 규정하고, 이 세력이 교회 안에서 뿐 아니라 교회 밖에서도 오도되는데 심각한 문제가 있는 것이다. 더욱 한심한 문제는 당시 용공주의자로 규탄을 받던 그분들이 보수주의 망령의 놀음에 춤을 추고 있다는 현실인 것이다. 나는 10여 년 동안 산업선교 목사들을 지켜봤지만, 그들만큼 애국적이며 반공적이며 승공적인 선교를 하는 목사들도 없다고 생각한다. 가장 강력한 반공보루를 무너뜨리려는 그 사람들이야말로 공산당이 아닐까?[767]

---

765) 앞의 책, 1198쪽.
766) 앞의 책, 1199쪽.
767) 차관영, 「63회 총회를 바라보면서」, 『장로회보』, 1978. 7. 20.

이 글은 교단 내에서 산업선교를 놓고 얼마나 많은 의견들이 반공 또는 용공의 이름으로 분분하였는지를 보여주고 있다. 또한 1950년대 분열 당시에 해소되지 못했던 문제들이 여전히 존재하고 있을 뿐 아니라 그동안 진보교단, 또는 상대적으로 진보적으로 여겨지던 교계지도자들도 보수세력의 논리를 따로 있음을 알 수 있게 해준다.

이에 영등포산업선교회는 인명진을 수사하는 검찰이 본질적인 문제가 아닌 성경구절을 문제시 한다는 점에 착안해 "(인간의) 법정에서 (감히) 성서를 심판할 수는 없다"는 내용으로 보수적인 장로와 목사들의 동의를 끌어내기로 하였다.[768] 종교의 신성성을 담보로 "종교 자유 침해"와 "성역 침해"를 사건의 본질보다 우선시한 것이다. 개신교 보수세력의 특성상 외부로부터 주어지는 이러한 공격은 대내적 통합을 유도하는 데 효과적이라는 것을 알고 있었기 때문이다. 다행히 이 전략은 유효해서 7월 8일에 150여 명의 예장 목사들이 '예장산업선교수호위원회'를 결성하였다. 이 위원회는 9월에 개최될 총회가 이 문제에 적극 대처하도록 노회의 여론을 환기시켰으며, 사건의 진상을 알리는 문서활동과 세미나, 기도회 등도 개최하였다.[769] 또한 보수적인 장로들과 목회자들의 지지와 동의를 이끌어내는데 성공하여, 동년 9월에 열린 예수교장로회 제63회 총회가 「시국에 대한 교단성명(인명진 목사 구속 관련)」을 발표하여 정부의 처사에 불만을 토로하였다.[770]

정부 역시 설교내용을 재판하기 위해 소망교회 장로인 이진우 검사를 내세워 수사하게 하는 등 만반의 준비를 하였지만, 한국 개신교에 큰 영

---

768) 영등포산업선교회가 노회와 총회에 보낸 「건의문」, 1978. 6. 14 ; 예수교장로회 산업선교 실무자들이 총회장에게 보낸 「건의서」, 1978. 6. 20.

769) 예장산업선교수호위원회, 「(정부의 산업선교 탄압에 대한) 성명서」, 1978. 9. 11 ; 「기독교탄압의 시대가 도래했다」, 1978. 9. 20 ; 『영등포산업선교회 40년사』, 1998, 198~202쪽.

770) 『영등포산업선교회 40년사』, 1998, 197~199쪽.

향력을 가지고 있는 예장통합이 이 같은 반응을 보이자 1978년 11월 1일 돌연 인명진 목사를 석방하였다.[771] 정부의 영등포산업선교회 말살정책이 실패로 돌아간 것이다.

그러나 총회의 성명서 발표 직후, 1964년부터 영산을 지원해 오던 영락교회가 1978년 12월을 끝으로 지원을 중단하겠다고 통보하였다.[772] 예장통합 내에서 가장 영향력이 큰 영락교회의 이러한 결정은, 총회가 갑론을박 끝에 어쩌다 산업선교를 지지하는 모양새가 되긴 했지만 실은 그들의 활동이나 노동운동에는 동의하지 않는다는, 더 나아가 거부반응을 가진 세력이 그만큼 많다는 표현이었다.[773] 따라서 이후 산업선교와 총회와의 관계가 그리 원활하지 못하리라는 것은 이미 예고된 것이었다.

고립된 산업선교는 막강한 권력과 조직력으로 자신들을 용공으로 매도하고 급기야는 말살하려 하는 유신체제에 대항하여 당국자 면담, 성명, 기도회, 단식농성, 협의회 등 할 수 있는 온갖 방법을 동원하여 외로운 싸움을 벌여나갔다. 그동안 아무도 관심 갖지 않는 산업사회의 한켠에서 노동자들과만 교류하던 산업선교가 이제는 독재정권에 맞서 자신의 정체성을 재확립하고, 활동의 당위성을 스스로 설명해야 할 필요성을 절감하게 된 것이다.

그에 대한 첫 작업으로, 1978년 7월 15일 한국기독교산업문제연구원이 목회자들을 상대로 산업선교를 어떻게 이해해야 하는지, 교회가 왜 도시산업선교에 참여해야 하는지를 알리기 위해『도시산업화시대에서의 목회 자료집』을 간행하였다.[774] NCC도 1978년 8월 1일,『산업선교를 왜 문

---

771) 앞의 책, 199쪽 ; 인명진 인터뷰, 2007. 10. 17.

772)『영등포산업선교회 40년사』, 1998, 183쪽. 이후 영등포산업선교회는 독일과 호주를 비롯한 외국의 프로젝트에 재정을 의지하게 되었다(김규복, 「산업선교 40년의 평가와 과제」,『IMF 구제금융시대의 도시산업선교』총회전도부 도시산업선교 40주년 기념예배 및 정책협의회 자료집, 대한예수교장로회 총회전도부 산업선교위원회, 1998. 6.25~26, 48쪽).

773) 이 사안은 405 ; 305로 통과되었다고 한다(인명진 인터뷰, 2007. 10. 17).

제시 하는가』라는 소책자를 발간하여 전국 교회에 배포하였다. 이 책자
는 1) 도시산업선교란 무엇인가 2) 산업선교는 왜 하여야 하는가 3) 산업
사회의 특성과 문제점 4) 노동문제와 산업선교 5) 세계공동체 속의 산업
선교 6) 한국교회 선교의 새로운 방향 등 산업선교의 본질과 당위성 및
문제를 사례를 곁들여 설득력 있게 서술하였다.775)

산업선교에 대한 신학적 근거의 발굴과 재확인 작업도 같이 진행되었
다. 1978년 9월 5일부터 7일까지 열린 NCC주최 '산업선교신학정립협의회'
에서는 교계대표, 신학자, 산업선교 실무자 및 각 관련 기관의 대표들이
모여 한국의 노동상황을 배경으로 산업선교의 신학적 근거와 도시산업
화 과정에서 교회선교의 현황에 대한 전문적 강연을 들었다. 그리고 선
교현장에 관한 패널토의를 거쳐 「도시산업선교신학 선언」을 채택하였
다. 이 선언은 교회가 왜 산업사회 문제에 관여해야 하나를 신학적 측면
에서 분석하고, 전도에서 선교로 개념이 변해야만 했던 이유와 자신들의
기본입장을 밝힌 것이었다. 이들은 산업선교 활동의 의미를 '인간회복 선
언'으로 정의하였다. 그리고 이것이 바로 1950년대 말 밀려오는 근대화·
산업화의 격랑 속에서 산업선교를 시작하여 온갖 비방과 박해를 헤치고
키워 온 산업전도의 역사요 결정체라고 결론지었다.776)

NCC는 이어 외국의 산업선교 신학자 및 실무자 11명을 초청하여 10월
24일부터 이틀간 서울에서 '국제 산업선교 정책협의회'를 개최하였다. 한
국의 산업선교는 국내의 연합사업도 중요하나 세계교회와의 연대 또한
절실하다는 취지에서였다. '국제경제질서 속의 산업선교신학과 전략'이
라는 주제로 열린 이 협의회에서는 국제경제질서 속 한국의 노동문제와

---

774) 「특집: 이것이 산업선교의 실상이다」, 『기독교사상』, 1979. 11, 100~116쪽.
775) 『1970년대 민주화운동 Ⅲ』, 1987, 1238쪽.
776) 조승혁, 『도시산업선교의 인식』, 민중사, 1981, 242~287쪽 ; 대한예수교장로회
    총회전도부 산업선교위원회 편, 『교회와 도시산업선교』, 1981, 183~200쪽.

한국 도시산업선교의 역사와 현황 및 활동보고가 있었다. 이어 한국 도시산업선교신학 등을 바탕으로 도시산업선교의 이념과 전략, 국제적 연대와 협력방안 등을 협의했다.[777] 이처럼 WCC와 미국NCC를 비롯한 외국교회 지도자들의 지지는 후에 외국교회에 대한 종속이라는 비난을 받게 되었지만, 당시로서는 국내에서 고립된 산업선교의 유일한 의지처였고, 한국교회와 정부에게는 큰 압력이 되었다. 아무리 탄압을 해도 산업선교활동과 노동운동은 지속되고, 여기에 외국의 지원까지 가세하니 한국교회에게도 정부에게도 산업선교는 점점 더 다루기 힘든 골치 아픈 존재가 되어버렸다.

3) YH사건을 계기로 한 제도언론의 산업선교 공격

지금까지 살펴보았듯이 유신 후기에 들어와 박정희 정권이 산업선교를 파괴하기 위해 벌인 노력들은 점차 도를 더해가며 다양한 방법으로 전개되었다. 그로 인해 노동자들과 산업선교회는 많은 피해를 입었지만, 정부 입장에서는 아직도 그리 만족할 만한 효과는 얻지 못하고 있었다.

동일방직 민주노조는 파괴되었지만 해고노동자들은 승복하지 않고 '동일방직복직투쟁위원회'를 조직하여 회사 밖에서 재야세력의 민주화운동과 연대하며 상상을 초월한 투쟁을 벌여나갔다. 한국 노동운동사에서 이처럼 끈질긴 복직운동은 처음이었다. 정부와 어용노조 본부, 회사 측은 동일방직 노동자들의 모든 투쟁의 배후에는 인천산선, 바로 조화순이 있다고 믿었다. 수차례의 연금과 연행조사로도 이렇다 할 명분을 찾지 못했던 박정희 정권은 마침내 1978년 11월 15일, 부산에서 열린 신·구교 연합기도회에서 동일방직사태에 대해 발언했다는 이유로 조화순을 구속하고 징역 5년을 선고했다.[778]

---

777) 『1970년대 민주화운동 Ⅲ』, 1987, 1238쪽.
778) 『1970년대 민주화운동 Ⅳ』, 1987, 1200~1208쪽.

1978년 내내 정부와 교단의 공격으로부터 시달려온 영산도 잠시 활동이 주춤하긴 했지만 여전히 여성노동자들과 소그룹을 통해 또 다른 투쟁을 준비하고 있었다. 도무지 지칠 줄 모르는 산업선교는 이제 박정희 정권에게 있어 모든 수단을 동원해서라도 한국사회에서 제거해야만 하는 존재가 되었다.

1979년 8월 9일, 갑작스런 회사의 폐업공고에 반대하는 YH무역 여성노동자 200여 명이 당시 야당인 신민당사에 들어가 농성하는 일이 발생하였다.[779] YH무역은 1975년 JOC로부터 노동조합에 대해 배우고 섬유노조의 도움을 받아 노동조합을 결성한 곳이다.[780] 산업선교와는 교류가 없었지만 소그룹이 활성화되어 있었고, 노조간부들은 크리스찬아카데미 노조간부교육을 통해 회의진행법을 배우고, 크리스찬아카데미 간사 신인령과 일요일마다 경제사를 공부하며 의식을 키워나갔다.[781]

그러던 중 1979년 3월 30일, YH무역 사장 장용호의 무리한 사업 확장, 경영부실과 경영진의 외화도피, 부정행위, 가발산업의 사양화 등에 따른 갑작스런 폐업공고로 노동자들이 폐업 철회를 요구하며 투쟁에 들어간 것이다.[782] 8월 7일 회사가 결국 폐업을 단행하자 노조 상임집행부에서는 한국교회사회선교협의회와 영등포산업선교회, 인권단체 등에 지원을 요청하게 되었다. 이것이 YH노조가 처음이자 마지막으로 산업선교와 관

---

779) 박수정, 「최순영, 물살을 거슬러 오르는 한 마리 연어처럼」, 『숨겨진 여성의 역사』, 아름다운 사람들, 2004, 88쪽.

780) 박수정, 「이철순, 깊고 넓게 흐르는 여자」, 위의 책, 아름다운 사람들, 2004, 206쪽 ; 박수정, 「최순영, 물살을 거슬러 오르는 한 마리 연어처럼」, 『숨겨진 여성의 역사』, 아름다운 사람들, 2004 참조.

781) 당시 신인령과 함께 공부한 여성노동자들은 YH 노조위원장 최순영, 반도상사 지부장 장현자, 콘트롤데이타 지부장 이영순, 원풍모방 부지부장 박순희, JOC 인천교구 노동사목 이경심 등이다. 이들은 모두 크리스찬아카데미사건 당시 수사를 받았다(박수정, 앞의 글, 104쪽).

782) 박수정, 앞의 글, 105쪽 ; 전 YH노동조합·한국노동자 복지협의회 엮음, 『YH 노동조합사』, 형성사, 1984 ; 청조모음, 『정치태풍: YH사건』, 1979.

계를 맺게 된 과정이었다.783) 이 사건을 정치투쟁으로 비약시켜야 사회
여론을 집중시킬 수 있다고 판단한 YH노조와 후원자들은 농성지역을 신
민당사로 정했고, 예상대로 이 문제는 정치적 이슈가 되었다.784) 그때까
지 노동문제에 대해서는 한마디의 보도도 하지 않던 언론들이 이 사건을
크게 보도한 것이다.785) 이제 YH문제는 온 국민의 관심사가 되었다. 박
정희 정권은 이 사태를 심각하게 받아들여 8월 11일 새벽 무장경찰 1,000
여 명을 신민당사에 투입하는 강경책을 썼다. 강제진압 과정에서 김영삼
신민당 총재, 국회의원, 기자들과 노동자들이 무차별 구타를 당했으며,
노동자 김경숙이 사망하는 대형사건이 발생하였다.786)

이때까지만 해도 산업선교는 거론되지 않았다. 그러나 사건발생 6시간
후인 11일 오전 9시, 이순구 서울시경국장은 "불법농성 해산을 위해 여성
근로자 179명과 경찰관을 폭행한 신민당원 26명을 연행·조사 중이며, 크
리스찬아카데미와 도시산업선교회에서 특수교육을 받은 YH노조지부장
최순영 등 주동자와 당사 농성 배후자를 강력히 의법조치하겠다"고 발표
하여 공개적으로 산업선교를 YH사건과 연결지었다.787)

8월 14일, MBC가 발 빠르게 제작한 '보도특집 - YH사건'에는 산업선교
에 적대적인 섬유노조위원장 김영태가 나와 "이들은 투쟁이란 말도 잘

---

783) 『YH노동조합사』, 형성사, 1984.

784) 앞의 책, 188~204쪽.

785) 『동아일보』, 1979. 8. 10 ; 『조선일보』, 1979. 8. 11. YH사건 이후 블랙리스트
때문에 더 이상 취업할 수 없었던 직원들도 2012년 7월, 33년 만에 국가배상
을 판결받았다. 또한 2008년 진실·화해를위한과거사정리위원회의 재조사를
통해 당시 김경숙이 투신자살했다는 경찰의 발표와 달리 경찰에게 맞아 추락
사했다는 사실도 밝혀졌다.

786) 『동아일보』, 1989. 8. 11·13 ; 『중앙일보』, 1979. 8. 11 ; 『조선일보』, 1979. 8.
12 ; 『한국일보』, 1979. 8. 12 ; 『매일신문』, 1979. 8. 13 ; 신민당, 「말기적 발
악: 신민당사 피습사건과 YH사건의 진상」, 1979. 8. 20 ; 『YH노동조합사』, 형
성사, 1984, 204쪽.

787) 『동아일보』, 1979. 8. 11 ; 『중앙일보』, 1979. 8. 11 ; 『조선일보』, 1979. 8. 12.

쓰며 기업주와 평화적으로 교섭해서 5~10가지를 얻어내는 것보다 투쟁으로써 한 가지를 얻는 것이 성공이라고 말하고 있는데 이는 해방 직후 남로당의 앞잡이 전평이 잘 썼던 수법이다"고 하여 노동자들을 용공으로 매도하였다. 또 "도산은 연약한 근로자와 유독 노동조합 조직이 있는 기업에만 들어가 갖은 선동을 하며…"라고 하여 산업선교가 배후인 것처럼 발언하고, 매스컴에서 전국민을 대상으로 산업선교에 대한 부정적인 인식을 확산시켰다. 동일방직 노동자로 산업선교 회원이었다가 기업주 편으로 돌아선 노조지부장 박복례도 "(산업선교회의) 교육내용은 가난하고 약한 근로자는 억눌려 있으니 투쟁하여 이를 시정하고 힘을 모아야 한다는 것과, 정부의 노동행정 시책에 대한 신랄한 비판이 주를 이루고 있다"고 하여 그의 주장을 두둔하였다.[788]

이에 산업선교는 YH사건과 자신들은 아무런 관련이 없으며, 오히려 YH 근로자들의 아픔에 같이 참여하지 못한 것이 부끄럽다는 반박성명을 냈다.[789] 그러나 정부는 이미 YH사건을 산업선교 파괴의 좋은 기회라고 생각하고, 산업선교를 희생양으로 만들 계획을 세웠던 것으로 보인다. 처음에는 구체적인 명칭 거론 없이 "일부 불순세력 운운"하던 공화당과 유정회도 8월 15일 갑자기 도시산업선교회가 노사분규의 배후세력이며, YH사건의 본질적 원인이라고 못 박은 것이다.[790] 뒤이어 다음날에는 대통령이 직접 "근래 일부 종교를 빙자한 불순단체와 세력이 산업체와 노동조합에 침투하여 노사분규를 선동하고 사회불안을 조성하고 있는 데 대해 그 실태를 철저히 조사·파악하여 보고하라"고 김치열 법무부장관에게 지시했다. 같은 날 공화당 의장서리 박준규도 동아일보와의 대담에서 YH사건의 본질적 원인은 도산이라고 하였고,[791] 공화·유정 의원들

788) 『1970년대 민주화운동 Ⅳ』, 1987, 1595쪽.
789) 영등포산업선교회 40년사 기획위원회, 『영등포산업선교회 40년사』, 1995, 200쪽.
790) 『동아일보』, 1989. 8. 15 ; 『중앙일보』, 1979. 8. 15 ; 『조선일보』, 1979. 8. 16.

산업선교를 YH사건의 배후로 내세운 기사(『경향신문』 1971년 8월 17일자).

이 합동으로 총회에 제출한 보고서도 "도산은 외세의 지원 하에 1단계로 유신체제 전복, 2단계로 자본주의 체제를 부정하고, 사회주의 건설을 시

791) 『동아일보』, 1989. 8. 16.

도하고 있으므로 종교단체의 노동 문제 개입을 정책적으로 저지해야 한다"고 건의했다.[792]

이에 따라 서울시경은 8월 17일 YH사건 수사결과를 발표하는 자리에서 YH노조 간부들을 주동자로 구속함과 동시에 배후조종자로 인명진, 교회사회선교협의회 부회장 문동환, 동 총무 서경석, 전 고려대 교수 이문영, 시인 고은 등을 구속했다고 밝혔다. 또 "YH노조 간부들은 무산계급이 지배하는 사회체제를 건설하는 것이 기독교 사명이라 표방, 도시산업선교회 목사의 조종을 받아 사회혼란 조성, 국가사회

YH사건 관련 대통령의 지시사항을 실은 기사(『조선일보』 1979년 8월 17일자)

의 변혁을 획책했다"고 함으로써 산업선교의 개입을 기정사실화 하였다.[793]

YH사건은 유신정권의 경제정책 및 노동정책의 실패가 백일하에 드러난 것이었건만, 박정희 정권을 이를 산업선교에 뒤집어씌워 이 땅에서 제거하는 절호의 기회로 이용하고자 하였다. 이제 이 사건은 더 이상 YH 사건이 아닌 '산업선교 사건'이 되어버렸다. 오랜 세월 박정희 정권 치하에서 순치과정을 거치며 노동자들의 투쟁엔 무심했던 언론은 연일 정부의 의도대로 산업선교와 노동운동에 대해 편파적이고 부정적인 기사들

---

[792] 『동아일보』, 1989. 8. 16 ; 『중앙일보』, 1979. 8. 16 ; 『조선일보』, 1979. 8. 17 ; 『한국일보』, 1979. 8. 17

[793] 『동아일보』, 1989. 8. 17 ; 『중앙일보』, 1979. 8. 17 ; 『조선일보』, 1979. 8. 18 ; 『한국일보』, 1979. 8. 18

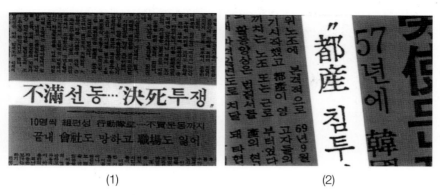

(1)   (2)

언론에 왜곡 보도된 산업선교 관련 기사들.

을 연재하고 특집으로 쏟아냈다.

산업선교를 문제시 하는 기사들은 〈표 5-2〉에서 볼 수 있듯이 정부가 산업선교를 YH사건의 배후세력으로 지목한 8월 15일부터 시작해서 대통령 특별명령으로 정부가 구성한 '산업체에 대한 외부세력 침투실태 특별조사반'의 조사가 시행되고 있던 8월 30일 사이에 집중되어 있었다. 몇몇을 빼고는 대부분의 필진이 '사회부', '문화부' 또는 무기명으로 되어있는 이 기사들은 아직 정확한 조사결과가 나오기 전이었지만 한결같이 "도시산업선교는 종교를 빙자하여 노동문제에 개입, 노동자들을 선동하여 폭력적 방법으로 사회주의체제를 건설하려는 불순세력이다", "산업선교는 자본주의체제를 부정하고 사회주의 체제의 건설을 목표로 하고 있다"는 내용이었다.

또한 같은 내용이라도 폭력사태·난동·장악·폭행·기물파괴·나체시위·인분투척·배후조종 등과 같이 과격하고 선정적인 용어들을 사용하였다. 도시산업선교, 혹은 산업선교라는 정식 명칭 대신에 '도산'이라고 썼는데, 이는 "도산이 들어가면 도산한다"는 말이 일반화되는데 영향을 미쳤다. 연속적으로 사진과 함께 1면을 장식하는 특집기사들과 사회

표 5-2. 1979년 YH사건 직후 언론에 나타난 산업선교 관련 문제기사들

날짜	신문	제목	필진
1979. 8. 16	동아일보	도시산업선교란 -생성현황	문화부
8. 17	서울신문	도시산업선교회-무엇을 어떻게 해왔나	편집부
	경향신문	20여 업체 분규선동	편집부
8. 18	경향신문	도시산업선교회란	-
8. 20	서울신문	사랑은 없고 증오만이	한양교회 장로 김용성
		현장의 소리를 듣는다: 도시산업선교회①	편집부
	경향신문	계급투쟁을 선동한다	홍지영
8. 21	서울신문	현장의 소리를 듣는다: 도시산업선교회②	편집부
8. 22	서울신문	현장의 소리를 듣는다: 도시산업선교회③	편집부
8. 23	조선일보	특집-도시산업선교	편집부
8. 24	서울신문	현장의 소리를 듣는다: 도시산업선교회④	편집부
	중앙일보	종교의 현실참여① 기독교사회주의와 해방신학	문화부
8. 25	중앙일보	종교의 현실참여② 쟁의의 현실과 이상	편집부
8. 26	중앙일보	종교의 현실참여③ 평화적 수단 혁명적 수단	사회부
8. 27	경향신문	특집-해방·혁명신학 등의 본질과 비판	공화당 이태섭
8. 28	경향신문	논단	편집부
	한국일보	도산과 노사실태	-
	조선일보	연재①-이래선 안될텐데	선우휘
8. 29	조선일보	연재②-이래선 안될텐데	선우휘
8. 30	조선일보	연재③-이래선 안될텐데	선우휘

출처: 『경향신문』; 『한국일보』; 『중앙일보』; 『서울신문』; 『조선일보』; 『동아일보』

면을 가득 채운 이러한 단어들은 그 내용의 사실유무와 상관없이, 또 조사결과와 상관없이 이미 독자들로 하여금 산업선교를 무서운 기관으로 인식하게 하는 역할을 하였다. 그러나 그 수많은 기사들 어디에도 산업선교회 측의 입장이나 노동자들의 열악한 상황, 그리고 투쟁의 원인 등에 대한 것은 한 줄도 언급되지 않았다.

공화당과 유정회가 조직한 '도시산업선교회 실태 조사반' 역시 『도시산

업선교회의 본질과 활동양상』이라는 보고서에서 "도산세력은 전국 약 90 개 업체에 침투했으며, 조직원은 핵심멤버가 800여 명, 동조세력이 4,500 여 명으로 추산된다. 이들은 근로기준법을 교육시켜 법정기준보다 부당한 대우를 받고 있다는 것을 인식시키고 기존노조를 어용노조라 불신케 하며 노동계의 문제를 해외에 폭로시켜 한국노동조합을 국제적으로 고립시키고 있다"고 하여 기업주들을 긴장시켰다.[794]

이처럼 정부와 언론이 공개적으로 산업선교를 용공으로 몰아가자 이를 보다 못한 소속 교단들이 성명서를 냈다. 예장은 8월 15일과 27일, 두 차례에 걸친 성명서에서 YH무역 사태의 배후조종자로 인명진을 지목하고 도시산업선교를 기독교를 가장한 불순세력인양 규정하는 것에 분노했으며, 이러한 사실이 공공언론을 통해 전사회적으로 회자되는 것에 대해 민감한 반응을 보였다.[795] 기독교감리회 역시 8월 28일 성명서를 내고 "산업선교는 근로자들을 결코 노동계급으로 보지 않고 노동계층으로 보며, 그들이 당하고 있는 억울한 대우와 고난을 문제 삼아 그들의 권익옹호에 헌신하고 사회정의를 실천하는 진정한 '반공선교'를 지원하고 있다"고 주장하였다.[796] 한국사회와 한국 개신교가 용공과 반공에 얼마나 민감한지 보여주는 대목이다.

교회사회선교협의회와 NCC 도시산업선교문제대책협의회에서는 각각 자료집과 보고서를 내놓았다. 교회사회선교협의회에서 작성한 자료집은 YH사건뿐만 아니라 근래 문제가 되고 있는 일련의 노동운동이 결코 산업선교의 활동에 기인된 것이 아니라 무리한 수출주도형 경제정책, 불합

---

794) 「특집: 이것이 산업선교의 실상이다. 산업선교에 관한 자료 모음」, 『기독교사상』, 1979. 11, 111쪽에서 재인용 참조.
795) 대한예수교장로회 총회, 「성명서」, 1979. 8. 15 ; 「성명서」, 1979. 8. 27.
796) 한국기독교교회협의회 도시산업선교문제대책위원회, 『도시산업선교문제조사보고서: 불순세력운운…의 문제를 중심으로』, 1979. 9 ; 「특집: 이것이 산업선교의 실상이다. 산업선교에 관한 자료 모음」, 『기독교사상』, 1979. 11.

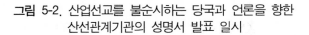

그림 5-2. 산업선교를 불순시하는 당국과 언론을 향한
산선관계기관의 성명서 발표 일시

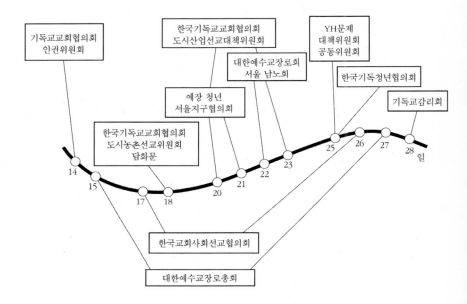

출처: 한국기독교교회협의회 도시산업선교문제대책위원회,『도시산업선교문제조사보
고서: 불순세력운운…의 문제를 중심으로』, 1979. 9 참조.

리한 사회구조 및 기업가의 비윤리성에 원인이 있다고 분석하였다. 따라
서 반드시 곪아터져야 하는 사건이므로 당국은 산업선교의 활동을 규제
하기 보다는 근본원인을 해결해야 한다고 주장하였다.[797]

　NCC 도시산업선교문제대책협의회에서도 자체적으로 조사위원회를 구
성하여 8월 23일부터 9월 10일까지 실제 조사를 하고『도시산업선교문제
조사보고서: 불순세력 운운…의 문제를 중심으로』를 펴냈다. 이 보고서
는 시경의 수사 발표와 정부·여당의 보고서, 그리고 신문지상을 가득

---

[797] 「특집: 이것이 산업선교의 실상이다. 산업선교에 관한 자료 모음」,『기독교사
　　상』, 1979. 11, 108쪽에서 재인용·참조.

메웠던 기사의 내용들이 얼마나 허구적인지, 또 그 진상은 어떤 것인지를 구체적인 자료를 제시하며 꼼꼼하게 반증하고 있다. 노동자들이 처한 현실과 투쟁의 원인이 무엇인지 그 실상을 밝힘으로써 산업선교 활동의 정당성을 알리고자 한 것이다.[798]

그러나 이러한 성명과 자료들은 일반 언론에 보도되지 않아 대국민 영향력은 크지 않았다. 대신 야당인 신민당이 이들의 대변인 역할을 하여 주었다. 신민당은 8월 21일 성명에서

> 산업선교는 전 세계적인 기독교운동이며, 가난한 자와 핍박받는 자를 돕는 종교의 근본정신에 입각한 선교활동이며, 노사분규에서 화해를 이룬 사례가 많은 아주 건전한 선교활동이다. 결코 일부 언론에서 주장하듯 계급투쟁을 유도하고 있지 않으니 정부·여당은 도시산업선교회를 불순세력으로 규정하고 규탄하는 모든 발언과 행위를 취소하라[799]

고 하며 정치권에서는 처음으로 산업선교회와 NCC 측의 논리를 공식적으로 옹호해 주었다.

그러자 다음날 김성진 문공부장관은 "지금 정부기관에서 공동으로 조사하고 있는 것은 신학적 입장이나 정당성 여부는 차치하고 우선 그 형태에 관한 실태를 파악하기 위한 것이며, 법 테두리 안에서 온당한 포교의 자유는 보장할 것"이라고 말하였다.[800] 그러나 '법 테두리 안'이라는 용어로 인해 교계에서는 이번 일을 계기로 정부가 산업선교 뿐 아니라 교회의 활동을 부분적으로 제한하는 법률을 만들 것이라는 소문과 우려

---

798) NCC 도시산업선교문제 대책협의회 『도시산업선교문제조사보고서: 불순세력운운…의 문제를 중심으로』, 1979. 9.
799) 『동아일보』, 1979. 8. 21 ; 8. 22 ;『조선일보』 1979. 8. 22 ; 8. 23.
800) 『동아일보』, 1979. 8. 22 ;『조선일보』, 1979. 8. 23.

가 팽배해졌다.[801] 따라서 이 말을 둘러싸고 논란이 일자 김성진은 24일 "정부는 선교활동을 규제하기 위해 새로운 입법조치를 하는 등 법제화할 생각은 없다"고 다시 공언하였다.[802]

이에 한국기독교지도자협의회는 이 말의 진위를 확인하기 위해 9월 4일 월례회에 김성진을 초대하여 강연을 요청하였는데, 이 자리에 교역자들이 400여 명이나 참석해 이 일에 대한 관심 정도를 알 수 있었다. 김성진은 시종 부드러운 어조로 "우리나라의 기독교가 사회 발전에 지대한 공헌을 해온 것에 진심으로 경의를 표한다"고 한 후, "일부 극소수의 목사들이 산업선교를 빙자해서 근로자들에게 현행 국내법규를 어기도록 선동하는 불법행동은 정확히 구분, 대처해 나가겠다. 하지만 정부는 대다수의 목사들이 헌신적이고도 순수한 선교활동을 하는 것을 알고 있으니 (교회의 활동을 부분적으로 제한하는 법률을 만들 것이라는) 걱정과 염려는 하지 마시라"고 하여 개신교 지도자들을 안심시켰다.[803] 김성진은 지금까지 당국의 정책과는 다르게 유난히 "일부 극소수"를 강조하였는데, 산업선교를 교회 내에서도 골칫거리로 생각하는 지극히 작은 존재 정도로 폄하하여 최소화시키고, 박정희 정권에 동조하는 대다수 개신교 보수세력은 여전히 아우르겠다는 전략에 대한 암시였다.

이러한 암시는 9월 14일 대통령 특별명령에 의한 '산업체에 대한 외부세력침투실태 특별조사반'의 조사결과에서 확실하게 드러났다. 조사반의 결과발표는 지금까지의 정부정책과는 분명 차이가 있는 것이었다. 조사반장 박준양 대검공안부장은 "산업선교가 용공단체라는 증거는 발견하지 못했으며, 용공단체도 아니다"라고 밝히고, "그러나 일부 교직자들과

---

801) 김성진, 「기독교와 사회문제」, 『현대사조』, 1979. 11, 141쪽.
802) 『동아일보』, 1979. 8. 23 ; 『조선일보』, 1979. 8. 24.
803) 김성진, 「기독교와 사회문제」, 『현대사조』, 1979. 11. 앰베서더호텔에서 열린 이 월례회에는 신현확 부총리도 참석하였다.

그들에게서 교육받은 일부 회원들의 선교방법과 활동이 법의 테두리를 벗어나 과격하고 탈법적인 것이 있어 그들의 행동에 대해서는 특별히 관심을 갖고 예의 주시하겠다"고 하였다.[804] 개신교의 투철한 반공성을 인정하여 자존심을 살려주고, '일부'와 '소수'라는 용어로 산업선교를 따로 분리하여 이제는 종교를 떠나 법으로 다스리겠다는 의미였다. 이 보고서에는 지금까지 산업선교 공격에서 빼놓을 수 없었던 '용공'이나 '불순세력'이라는 단어는 단 한 번도 등장하지 않았다. 그렇게 기세를 부리던 정부가 슬그머니 꼬리를 내린 것이다. 이제서야 산업선교는 수년간 시달리던 용공의 늪에서 벗어날 수 있게 되었다.

그렇다면 긴급조치 아래서 마음만 먹으면 없는 증거도 만들어 간첩으로 조작하는 유신정권이 줄곧 용공으로 몰아붙이던 산업선교에 대해 갑자기를 태도를 바꾼 이유는 무엇일까? 그 이유는 다음 몇 가지로 짐작해 볼 수 있다.

첫째, 정부는 그동안 이미 몇 차례의 충돌을 통해 외국 선교사들을 통한 산업선교와 WCC, 미국NCC와의 공고한 연계망을 확인하고 있었다. 따라서 정부가 공식적으로 산업선교를 용공이라고 단정하게 되면 종교 탄압이 되어 국제적으로 문제가 될 수도 있다고 판단했을 것이다. 둘째, 만약 산업선교를 용공이라고 한다면 개신교 목사인 산업선교 실무자와 관련자, 또 이들과 함께한 노동자들을 공산주의자 또는 간첩으로 몰아가야 하는데 이 역시 국제적인 인권문제로 거론될 것이며, 그렇게 되었을 경우 한국정부가 감당하기 어려운 큰 문제로 비화될 가능성이 있기 때문이다. 셋째, 기독실업인들과 장로나 목사들이 당장은 이해관계로 인해 산업선교를 문제시하지만, 만약 자신들이 속한 교단 선교단체가 공식적으로 용공으로 판정을 받게 되면 어떤 반응을 보일지 알 수 없기 때문이다.

---

804) 『경향신문』, 1979. 9. 14.

한국교회는 이미 수차례의 대형집회를 통해 "단결력"과 '반공의 보루'역할을 확실하게 증명하지 않았던가. 따라서 아직 유신체제의 종말을 예견하지는 못했겠지만 YH사건으로 유신체제가 신·구교와 신민당, 재야세력, 학생들로부터 걷잡을 수 없는 저항을 받고 있는 상황에서 일종의 분리지배 전략으로 개신교에게 일정한 양보 조치를 취한 것으로 보인다.

또한 조사반은 외부세력의 개입요인으로 "일부 악덕기업가의 기업윤리 부족과 노조가 적극적으로 근로자의 이익에 이바지하는 행동을 못하는 사례가 발견되었다"며 기업가의 부도덕과 노조의 본분 망각에 책임을 물었다.[805] 지금까지는 모두가 산업선교의 선동과 침투 때문으로만 이야기되던 노동자투쟁의 근본적 이유를 정부가 지적해 준 것이다.

그러자 그동안 정부의 노사관계 주도로 책임을 회피할 수 있었던 기업주들이 조사결과가 발표된 9월 14일 밤 전경련 회장 정주영의 주도로 종교계·학계·언론계 인사 40여 명을 초청한 간담회를 가졌다. 참석자들은 최근의 사태는 경영주들이 고식적인 노사관계를 유지하려했기 때문에 발생하게 된 것이며, 대부분의 경영인들이 돈을 버는 데만 치중해 사회적 책임을 망각하는 일이 많았다고 직언하였다. 또 노동3권을 상당한 수준까지 살려 각 산업별 노조보다 기업 내의 노조를 활성화해야 한다고 해결책도 제시하였다. 그동안 우리나라의 근로기준법은 서구사회에 걸맞은 것으로 우리 현실에는 적합하지 않다던 경제인들도 노사문제가 이렇게 심각하게 된 데 대해 깊이 반성한다고 하여 이전과는 사뭇 다른 태도를 보여주었다.[806] 이는 결국 그동안 자신들의 권리를 찾기 위해 거대한 세력과 맞서 싸워야했던 어리고 약한 노동자들과 산업선교의 작은 승리라고 할 수 있다.

---

805) 『경향신문』, 1979. 9. 14.
806) 「특집: 이것이 산업선교의 실상이다. 산업선교에 관한 자료 모음」, 『기독교사상』, 1979. 11.

정부와 교계가 YH사건을 계기로 산업선교를 놓고 공방전을 벌이는 동안 상황은 유신정권의 파국을 향해 치닫고 있었다. YH사건은 그 발생원인과 처리과정 자체가 박정희 정권 18년의 문제점을 한꺼번에 노정시킨 사건이었기 때문이다.

게다가 거의 같은 시기에 터진 가톨릭농민회의 오원춘사건 역시 정부와 가톨릭을 날카롭게 대치시켰다. 정부는 이 기회에 가톨릭의 민주화운동에 철퇴를 가하겠다는 의도로 정호경·함세웅 신부를 구속하고, 외국인 신부인 두봉 주교를 추방하겠다며 압력을 가하였다. 이에 김수환 추기경은 안동에서 열린 시국기도회에 참석하여 정부의 농민운동 탄압을 신랄하게 비판하고, 또 앞장서서 "유신철폐 독재타도"를 외치며 가두데모를 벌이는 상황에 이르게 되었다.[807]

신민당 당수 김영삼도 9월 10일 박정희 정권 타도를 선언하였고, 각종 기도회와 학생·시민 시위도 더욱 격렬해졌다. 10월에는 부산 학생시위에 시민들까지 합세하여 마산과 창원까지 번졌는데, 비상계엄에도 불구하고 전국은 격렬한 시위에 휩싸였다. 이같은 일촉즉발의 상황 속에서 10·26사태가 발생하였고, 산업선교의 용공성은 부정하되 헌법과 법의 테두리를 벗어나는 행동을 용납하지 않겠다고 하던 박정희는 더 이상 자신의 정책을 수행할 수 없게 되었다.

조지송은 1970년대 후반 정부의 폭력이 너무나 완강하여 그나마 교회 배경이 없었다면 버티지 못하였을 것이라고 하였다.[808] 유신정권 하에서

---

[807] 오원춘사건은 가톨릭 농민회 오원춘이 불량감자종자 피해보상운동을 하다가 8월 15일 정부에 의해 납치, 폭행, 감금당한 사건이다. YH사건과 오원춘사건을 계기로 8월 20일 명동성당에서 열린 정의·평화를 위한 기도회에는 신·구교, 학생, 재야 등 1만여 명이 운집하여 유신철폐와 독재타도 집회로 변했다. 이에 사태의 심각성을 인지한 정부는 유신정권을 비판한 전주교구장 김재덕 주교의 구속을 철회하며 한 발짝 물러설 수밖에 없었다. 산업선교에 이어 박정희 정권이 또다시 종교와의 대립에서 일시적 후퇴를 택한 것이다.

[808] 조지송 인터뷰, 2007. 11. 23~24

산업선교를 파괴하려 한 것도, 산업선교가 살아남을 수 있게 한 것도 모두 개신교였다는 사실은 아이러니가 아닐 수 없다.

■2. 전두환 정권의 산업선교 파괴활동

1979년 10월 26일 이후 한국사회는 박정희 없는 유신체제로 갈 것이냐 민주화로 갈 것이냐 두 갈래 길의 길목에 서 있었다. 12월 6일 통일주체 국민회의에서 대통령에 선출된 최규하는 다음날로 긴급조치 9호를 폐지하였다. 민주화운동의 선봉장이었던 문익환 목사, 함세웅 신부, 그리고 동일방직사건 관계자 전원 등 224명이 풀려났고, YH사건 관계자 1명도 보석으로 풀려났다.[809] 또 대통령 취임 이틀 후에는 긴급조치 관련자 561 명이 특별사면 되고 1,330명이 석방되었다.[810] 박정희 사망과 12 · 12사태를 거친 후의 불안정한 정치상황은 '안개정국'이라는 말이 유행할 정도로 앞날을 예측하기 어려운 시기였지만, 사회 곳곳은 희망에 차 있었다. 대학가에는 자율화 바람이 불고, 각종 서클 모임도 활발하게 이루어지며, 정당 내에서는 정풍바람이 일었다. 18년 만에 드디어 내 손으로 새로운 대통령을 뽑을 수 있다는 사실은 사람들을 들뜨게 했다. 1980년 2월, 관훈클럽에서는 '3김'으로 통칭되던 김종필, 김영삼, 김대중을 초청하여 토론회를 개최하였다.[811] 독재정권 하에서 민주화운동을 벌이던 김대중 · 김영삼과 유신 실세인 김종필, 대권주자로 꼽히는 이 세 사람이 등장하여 토론을 벌인다는 사실만으로도 뉴스는 각광을 받았다.

1980년 3월 22일자 조선일보의 한 기사는 "목소리에 관한 한 확실히 달

---

809) 『동아일보』, 1979. 12. 8.
810) 『동아일보』, 1979. 12. 23.
811) 『동아일보』, 1980. 2. 27 · 28 · 4. 25.

라졌다. 모든 국민들의 목소리가 한 옥타브씩은 높아졌다. 말 한마디 때문에 곤욕을 치러야했던 경험들은 이미 어제의 이야기고, 이제는 오히려 높은 목소리로 자신의 위치를 높이려 들고, 또 높게 봐주는 세상이 되었다"고 쓰고 있다. 한국사회에 드디어 봄이 온 것이다.

노동계도 예외는 아니었다. 노동자들은 마침내 수십 년간 정부와 기업으로부터 강요당한 착취에 대해 자유롭게 불만을 표시하기 시작했다. 노동쟁의 건수는 1979년에는 105건이었는데 1980년 초에는 407건으로 폭발적인 증가세를 보였다. 노동자 시위의 주된 목표는 회사가 통제하는 노조를 분쇄하고 자주노조를 결성하는 것으로, 1970년대 말에 시작된 민주노조운동의 자연스러운 연장이었다.[812] 2월에는 동일방직에서 억울하게 집단해고 된 노동자 6명이 자신들을 외부 불순세력의 조종을 받고 분노와 독침을 휴대하고 다니며 항상 문제를 일으키는 악질적인 인물이라고 표현했던 섬유노조위원장 김영태를 명예훼손 혐의로 고소하였다.[813] 4·5월에는 마산 수출자유지역에 노조가 처음으로 결성되었고,[814] 청계피복노조를 비롯한 여러 곳에서 노사분규가 발생하였다.[815] 노동자들은 물론 그 가족들까지 합세해 경찰과 대치하며 공권력이 마비되고 유혈사태가 벌어질 정도로 심각했던 4월 21일의 사북사태는 그동안 잔뜩 응어리진 탄광 노동자들의 불만이 화산처럼 폭발한 것이었다.[816]

이후 노사분규는 점차 과격한 양상을 띠어갔고 파업도 아주 일상적으로 일어났다.[817] 그래도 박정희 시절에 있었던 경찰의 폭력적인 진압은 없었다. 유신시대의 통제에서 풀려난 언론은 이 사태들을 낱낱이 보도했

---

812) 구해근, 2002, 154쪽.
813) 『조선일보』, 1980. 2. 15.
814) 『조선일보』, 1980. 4. 2.
815) 『동아일보』, 1980. 4. 9.
816) 『동아일보』, 1980. 4. 24·25 ; 『조선일보』, 1980. 4. 25·26.
817) 『조선일보』, 1980. 4. 27·5. 3·10 ; 『동아일보』, 1980. 5. 2.

다. '서울의 봄'을 '혼란'으로 유도함으로써 정권탈취의 명분으로 삼고자한 전두환을 중심으로 하는 신군부의 치밀한 준비작업, 곧 '함정'이었던 것이다.

아나나 다를까, 박정희 정권의 강한 공권력에 의지해 살고 있던 기업가, 종교인들, 또 4월혁명 이후의 자유로움과 다양한 가치들의 등장을 견딜 수 없어했던 이들은 이번에도 역시 치안의 공백상태에 두려움을 느꼈다. 그들은 박정희와 같은 정치체제와 권력이 지속되기를 갈망하였다. 심상치 않은 신군부의 움직임에 저항한 학생들이 1980년 5월 15일 서울역에서 수만 명이 모여 계엄철폐 등을 주장하며 시위를 벌였지만, 이미 이들의 시위를 혼란으로 인식한 시민들의 호응이 없어 이른바 '서울역회군'을 하였다. 신군부는 학생들의 경거망동을 문제 삼아 5·17쿠데타를 단행하였다.

1980년 4월 이후 전국적으로 확산된 학생들과 노동자들의 투쟁을 진압한다는 명분으로 계엄령이 전국으로 확대되고 또다시 민주세력에 대한 대대적인 탄압이 시작되었다. 계엄사령부는 모든 정치활동의 중지 및 옥내외 집회 시위의 금지, 언론·출판·보도 및 방송의 사전 검열, 각 대학의 휴교령, 직장이탈 및 태업·파업의 금지 등의 조치를 취했다.[818] 정치인의 손발을 묶고 학생과 기층민중의 투쟁에 쐐기를 박은 것이다. 이어 18일에는 김대중, 김종필 등 26명의 정치인이 학원·노사분규 선동과 권력형 부정축재 혐의로 연행되고 김영삼이 연금되는 등 정치적 탄압이 자행되었다.[819] 이러한 조치는 헌법에 규정된 국회 통보 절차도 거치지 않고 계엄군을 동원하여 국회를 무력으로 봉쇄한 채 취해진 것이었다.

비상계엄의 확대에 따라 전북 금마에 주둔하고 있던 7공수부대가 17일 저녁 10시경 광주에 투입되었고, 전남대, 조선대, 교육대 등에 진주하였

---

818) 『동아일보』, 1980. 5. 17 ; 『조선일보』, 1980. 5. 18.
819) 『동아일보』, 1980. 5. 18 ; 『조선일보』, 1980. 5. 19.

다.[820] 이후 5월 27일까지 계속된, 필설로 다 형언할 수 없는 5·18 광주 학살은 이렇게 시작되었다. '화려한 휴가'라는 작전명으로 계획적으로 행해진 계엄군의 무력진압으로 수많은 시민들이 목숨을 잃었고 살아남은 자들은 폭도로 몰려 감옥에 갇혔다. '서울의 봄'은 이렇게 끝이 났다.

해방 이후 항상 권력의 편에 서서 기꺼이 그 하수인 노릇을 해오던 개신교는 이번에도 여지없이 과오를 되풀이했다. 8월 6일 서울 롯데호텔 에머랄드룸에서 '국가와 민족의 장래를 위한 조찬기도회'라는 이름이 붙은 기도회가 열렸다. 광주학살로 정권을 접수한 국가보위비상대책위원회(이하 국보위) 상임위원장 전두환이 대장으로 진급한 다음 날이었다. 참석자는 신군부 실세들과,[821] 한경직과 조향록을 비롯한 개별교단의 총회장급 목사 23명, 그리고 기업인 장로들이었다. 이 자리에서 한경직은 '하나님이 구하시는 것'이라는 제목으로 설교를 하여 전두환의 집권을 인정하고 협조했다. 기독교장로회 총회장을 지낸 한국신학대학장 조향록은 '나라를 위한 기도'를, 기독교대한성결교회 총회장 정진경은 '국보위 상임위원장을 위한 기도'를, 그리고 기독실업인 회장 김인득은 '국군장병을 위해' 각각 기도하였다. 70분간 진행된 이 행사는 KBS와 MBC를 통해 수차례 방영되었고, 몇몇 일간지의 머리기사로도 실렸으며, '대한뉴스'로도 만들어져 극장에서도 상영되었다.[822] 이 기도회는 전두환의 장도를 축복하는 자리였고, 그의 정권찬탈에 정당성을 부여하는 자리였다. 한경직은 전두환이 대통령으로 취임한 직후 열린 축하 조찬기도회에서도 축도를 맡았으며,[823] 6월항쟁이 일어나기 직전인 87년 5월에 마련된 국가

---

820) 최정운, 『오월의 사회과학』, 풀빛, 1999, 125~126쪽.
821) 『조선일보』, 1980. 8. 7.
822) 「전두환국보위상임위원장 조찬기도회서 인사말 / 국운개척사명 기필코 완수, 지금은 사심 없이 나라기틀 바로 잡을 때」, 『조선일보』, 1980. 8. 7 ; 대한뉴스 1294호 1980. 8. 13 제작.
823) 『기독신보』, 1980. 9. 6.

조찬기도회에도 참여해 설교하였다. 한국 개신교의 거물 지도자답게 중요한 행사마다 빠지지 않고 역할을 했던 것이다. 그뿐 아니라 조향록은 전두환 정권의 국보위 입법위원으로, 정진경은 종교부 담당자로 참여하였다.[824]

아무리 한국교회와 그 지도자들이 권력 앞에서 취약하다 해도, 자국민을 대규모로 학살하고 정권을 탈취한 정권과의 이러한 조우는 비난을 면치 못할 것이었다. 하지만 "반공과 전도"라는 신념 앞에서 그러한 비난은 그들에게 전혀 문제되지 않았다. 정당성 없는 정권에 대한 이러한 지지 활동으로 인해 이후 보수적인 한국 개신교회의 사회적 공신력은 점차 약화되었다. 이러한 현상은 1970년대 들어 큰 성장세를 보이던 개신교가 1980년대 이후 성장의 기세가 많이 꺾인 것으로 드러나고 있다.[825]

한편 신군부는 산업노동자의 대량증가 추세에 맞춰 민주노동운동이 더욱 거세질 것을 예상하고 이에 대한 대비책을 강구하기 시작하였다. 이 시기에는 노동계 전체가 감시와 탄압의 대상이 되었다. 우선 계엄령 하에서 신군부는 모든 노동조합 간부와 노동운동 지도자들을 '정화조치'란 이름으로 공장으로부터 해고하였다. 그러자 새로 결성된 독립노조들은 차례로 분쇄되었고, 노동운동가들은 노조지도부에서 축출되었다. 노동조합의 수는 1980년 5월 6,011개에서 그 해 말 2,618개로 대폭 줄고 조합원의 수도 112만 명에서 95만 명으로 줄어들었다. 노동자들은 다시 침묵과 복종을 강요당했다.[826]

당연히 산업선교에 대한 탄압도 1970년대보다 훨씬 더 강도가 높아져

산업선교 역사상 가장 불행했던 시대로 기억되고 있다. 신군부는 집권 초기부터 산업선교 파괴에 대한 구체적인 계획을 세우고 있었다. 그들의 탄압 방법은 유신정권보다 훨씬 더 직접적이고 체계적이었다. 합동수사본부가 직접 산업선교회관에 나와 조사하고 70여 명의 핵심인물들을 일망타진하여 보안사로 송치하였다. 또 산업선교 관련 노동자(소그룹 회원)들의 블랙리스트를 작성하여 타 회사에도 취업할 수 없게 하는 등, 소위 '도산세력'을 노동현장으로부터 완전히 축출하는 작업을 차근차근 진행하였다. 이 블랙리스트는 정부는 물론 기업, 노동부, 국가정보기관이 힘을 합해 작성한 것으로, 125개 사업장의 해고자, 복직자, 재취업자 57명에 대한 신상명세를 한눈에 파악할 수 있게 조사, 정리한 것이었다.[827]

블랙리스트는 노동자들에게 치명적인 것이었다. 해태제과에서는 신입사원이 들어오면 1979년에 8시간 노동투쟁을 했던 사람들 근처에는 얼씬도 하지 못하게 철저히 교육시켰다. 산업선교활동을 하던 노조지도자와 노동자 7명은 정보부에 불려가 담당수사관 1대 1로 2주일간 심문을 받았다. 해태 노동자였던 순점순에 의하면 정보부에 연행되어 가 보니 반도·서통·롯데·원풍·대일화학 등의 직원도 있었다고 한다. 정보부에서는 노동자들에게 동일방직 노동투쟁 장면 슬라이드도 보여주고, 어느 목사를 데려와 "산업선교가 소속되어 있는 WCC 상부조직은 소련이다. 그래서 산업선교가 차츰 과격하게 변해가고 있다"는 등의 순화교육을 시켰다고 한다. 심문이 끝난 후에는 부천 노동연수원에 가서 일주일 간 새마을교육도 받게 하였다. 심문이나 새마을교육은 의외로 강압적이지 않은 분위기에서 회유하는 방식으로 행해졌는데, 이 과정에서 해고시킬 노동자와 블랙리스트에 올릴 노동자들을 추려낸 듯하다.[828]

---

827) 강수돌, 「1980년대 한국의 경제성장과 노사관계」, 이해영 편, 『1980년대 혁명의 시대』, 새로운 세상, 1999, 128쪽.
828) 순점순, 『8시간 노동을 위하여』, 풀빛, 230~246쪽.

그런 와중에 회사는 분위기를 틈타서 마음에 들지 않던 노동자들을 내쫓은 경우도 있고, 정보기관에서 해고할 사람들을 결정해 통보한 경우도 많았다. 그래서인지 롯데에서는 노동자들이 집단해고를 당하였고, 대일화학에서는 일부러 힘든 일만 시켜도 사표를 안 쓰자 결국은 해고를 시켰다고 한다. 언젠가는 반드시 노동운동을 벌일 잠재적 요원으로 파악하고 선재탄압한 것이었다.

조화순과 인명진 등 산업선교 실무자들도 1980년 5월 18일에 별다른 이유 없이 연행되었다. 공장 내 산업선교 거점을 완전히 제거해버리겠다는 의도였던 것이다.[829] 이제 인천산선은 많이 무력해졌고, 영산의 입지도 그만큼 좁아졌다.

국보위는 또 1980년 7월 30일부터 사회정화를 위해 불량배를 소탕하여 순화교육을 시킨다는 명목으로 시민들을 무차별 연행하기 시작했다. 1981년 1월까지 소탕작전이 진행되는 동안 총 6만 755명을 연행하고, 이중 4만여 명을 군대에 보내 삼청교육을 받게 하였다.[830] 1980년대 대표적 인권참해사례로 손꼽히는 이 작전에는 노동운동가들도 다수 포함되어 있었다. 1970년대 말 노동투쟁을 이끌었던 원풍모방, 반도상사, 대한전선, 콘트롤데이타, 청계피복 등의 노조지도자들을 포함한 191명이 강제정화를 당했는데, 이들 중 70여 명은 계엄사 합동수사본부에 끌려가 고문수사를 당했으며, 19명은 삼청교육대에 끌려가 순화교육이라는 명목 하에 모진 고초를 겪었다.[831]

---

829) 인명진, "Rethinking the work of Industrial Mission in PCK in the right of Minjung Theology", Safrancisco Theological Seminary, 1986 ; 신철영, 「영등포산업선교의 10년」, 『영등포산업선교회 40년사』, 1998, 205~206쪽 ; 영등포선교회 40년사 준비를 위한 명노선 인터뷰, 1998.

830) 「사상최대 불량배 소탕작전 10명의 검거보다 1명의 선량시민 보호 구호 아래 단속도 조심조심」, 『조선일보』, 1980. 8. 7.

831) 신광영, 「생산의 정치와 노동조합운동」, 『계급과 노동운동의 사회학』, 나남, 1994, 202쪽 ; 강수돌, 「1980년대 한국의 경제성장과 노사관계」, 이해영 편, 『

1980년 12월 31일, 산업계의 불순요소들에 대한 청소작업이 어느 정도 끝났다고 판단한 국보위는 산업별·지역별 연대를 차단하기 위해 기업별 노동조합만을 인정하며, 노동조합 설립요건을 강화하고, 쟁의행위를 제한하는 것을 주요골자로 하는 근로기준법·노동조합법·노동쟁의조정법·노동위원회법 개정안과 노사협의회법을 제정하였다.[832] 그리고 이에 덧붙여 노동조합과 노동쟁의에 다른 세력의 개입을 금지한 '제3자 개입금지 조항'을 신설하였다. '제3자 개입금지법'은 YH사건 직후인 1979년 8월 15일 공화당과 유정회가 "고도산업사회를 추구하는 정부의 노력이 이러한 외부세력에 의해 영향 받지 않아야 한다"며 노동관계법안을 마련하기로 한 것과 같은 맥락으로,[833] 노동운동에 가장 영향력이 있던 산업선교나 JOC 같은 외부세력이 더 이상 노동문제에 개입하지 못하도록 하는 법적 장치였다. 1970년도 후반부터는 학생들의 노동현장 투신도 점차 늘어났는데, 1980년대에 위장취업해 노동운동을 하던 학생들도 이 법으로 인해 많은 제약과 고통을 받게 되었다.

이처럼 신군부는 산업선교회에 대한 파괴공작을 면밀히 진행하던 중 1982년 4월, 또다시 산업선교에 대한 전면적인 탄압에 나설 기회를 포착하였다.

1982년 3월 18일, 부산에서 미국의 광주학살 지원책임을 묻고 위한 반미투쟁을 전개하는 '부산미문화원 방화사건'이 발생하였다. 전두환 정권은 사건의 주동자들을 가톨릭 신부가 은닉해주었다 하여 대대적인 가톨릭 공격에 들어갔다. 이에 4월 15일, JOC, 가톨릭농민회 등 신·구교 사회선교연합체인 한국교회사회선교협의회, 그리고 각 지역 산업선교회가

1980년대 혁명의 시대』, 새로운 세상, 1999, 127쪽 ; 강준만, 앞의 책, 243쪽.
832) 서중석, 『한국현대사 60년』, 역사비평사, 2007, 186~187쪽 ; 『영등포산업선교회 40년사』, 1998, 205~209쪽.
833) 한국기독교교회협의회 도시산업선교대책위원회, 『도시산업선교문제 조사보고서: 불순세력 운운…의 문제를 중심으로』, 1979. 9.

공동으로 「부산미문화원방화사건에 대한 우리의 견해」라는 성명을 발표
하였다. 조지송과 인명진, 조화순 등 산업선교회의 실무자들은 이 일로
다시 연행되어 조사를 받았다. 전두환 정권이 이 사건을 통해 산업선교
를 공격하는 논리는 "성명서의 내용이 명백히 반미적이며,[834] 반미는 곧
이북 공산주의자들을 이롭게 하고 국가 존립을 위협하는 것으로,[835] 바
로 용공적인 도산이 조종한 것"이라는 것이었다.[836] 이에 교회사회협의
회 총무 권호경은 4월 21일 「본 협의회의 성명은 '반미'가 아니다」라는 선
언을 통해 "성명은 4월 9일 실행위원회와 4월 15일 지도위원과 실행위원
연석회의의 협의를 거쳐 공식적인 결의로 채택된 것이며, 위컴과 워커의
소환을 요구한 것은 한 공무원의 개인적인 발언으로 한·미관계에 틈이
생기는 것을 원하지 않았기 때문에 개인적인 문책으로 한 것"이라고 해
명하였다.[837]

그러나 전두환 정권은 온 매스컴을 동원하여 '반미는 곧 용공'이라는
내용을 연일 대대적으로 보도하였고, 친미적 성향이 강한 개신교인들은
물론 일반국민들에게도 이 논리는 상당히 설득력 있게 작용하였다. 반공
연맹과 이북5도민회에서는 곧바로 안보를 우려하는 성명을 냈고,[838] 신
문에서는 각계 의견으로 "한·미관계에 틈이 생기면 누가 이익을 보겠느
냐"[839], "한·미수교가 더 공고히 다져져야 할 때인데 자승자박하는 꼴이
될까 봐 걱정된다"는 내용들을 보도하였다.[840]

---

834) 「위컴 주한 미 사령관·워커대사 본국으로 소환해야 / 미문화원 방화는 반미
　　감정의 표현」, 『동아일보』, 1982. 4. 18 ; 「성명서 전문: 부산미문화원방화사건
　　에 대한 우리의 견해」 ; 「교회사회선교협 '반미'성명」, 『조선일보』, 1982. 4. 20.
835) 「국가존립위협해선 안 된다」, 『조선일보』, 1982. 4. 21.
836) 「성명서 권호경 목사 등 3명이 작성」, 『동아일보』, 1982. 4. 22 ; 「도산서 일방
　　작성 배포」, 『조선일보』, 1982. 4. 21.
837) 「사회선교협은 반미가 목적이 아니다' 권 목사 양심선언」, 『동아일보』, 1982.
　　4. 22.
838) 『동아일보』, 1982. 4. 21.
839) 『조선일보』, 1982. 4. 21.

계속 확대될 것만 같던 이 사건은 광주사태에 대한 책임을 회피하고 싶은 전두환 정권에 의해 4월 23일 조기 종료되었다. 검찰이 사건조사 결과를 발표하고, 이들에게 경고성 발언을 한 뒤 소환했던 10명을 모두 귀가조치 한 것이다.[841]

그러나 산업선교에 대한 공격이 종료된 것은 아니었다. 사건이 종료된 다음 날인 4월 24일, 동아일보는 「종교인의 사회참여와 한계」라는 보도에서 "분규 뒤에는 '도산'이 있다는 사실을 재확인했다"고 하였다.[842] 같은 날 조선일보는 산업선교를 용공 불순분자에 덧붙여 반미단체에 해방신학 지지자이며, 남미 게릴라 운동과 연관이 있는 혁명단체로 보도하였다.[843] 유신 말기에 산업선교는 용공이 아니라는 정부의 조사결과가 있었지만, 또다시 언론에 의해 산업선교의 정체성이 거론되기 시작한 것이다.

부산미문화원 방화사건에 대한 성명으로 인해 다시 불거진 산업선교에 대한 공격과 탄압은 1982년 7월에 발생한 미국 자본의 다국적 기업인 콘트롤데이타사가 철수하는 과정에서 그 절정에 달하였다. 전두환 정권은 이 회사의 공장폐쇄가 마치 영산의 조종을 받는 노조의 과격한 투쟁 때문에 발생한 일인 양 "도산이 들어가면 도산한다"는 구호를 전면에 내세워 대대적인 산업선교 타도 캠페인을 벌였다.

콘트롤데이타사는 1967년 영등포에 설립되었다. 한국 여성노동자들의 기술과 성실, 저임금으로 그동안 막대한 이윤을 챙겼으나 1973년 12월 남자관리자들보다 임금인상이 조금밖에 되지 않은 데 격분한 여성노동자들이 1973년 12월 영산을 찾아가 상의한 노조가 후 결성되었다. 대부분의 노동자들이 당시로서는 드물게 고등학교 졸업의 고학력이었던 이들은

---

840) 「반미감정으로 번져서는 안 돼 / 교회사회선교협 성명 각계 반응」, 『동아일보』, 1982. 4. 20.
841) 『동아일보』, 1982. 4. 24.
842) 「종교인 '사회참여'와 한계」, 『동아일보』, 1982. 4. 24.
843) 「'성명'파문 검찰발표 계기로 본 정체 / 도산은 무엇인가」, 『조선일보』, 1982. 4. 24.

산업선교 소그룹모임에는 참석하지 않고 자체적으로 민주노조를 운영하고, JOC회원인 지부장 이영순과 개신교인인 부지부장 한명희만이 산업선교와 왕래하면서 관계를 맺고 있었다.[844] 따라서 콘트롤데이타사는 산업선교와 관련이 없다고는 할 수 없지만 정부가 주장하는 만큼 산업선교와 노동자들이 밀접한 관계를 유지하던 곳은 아니었다. 그러나 온 매스컴은 또다시 특집프로와 특별기획을 마련하여 산업선교를 공격하였다. 언론의 마녀사냥이 시작된 것이다.

1975년에는 가구당 TV보급률이 30.6%였는데, 80년에는 86.6%에 달하여 TV 프로그램의 영향력은 지금까지와는 비교 될 수 없을 정도로 강력한 것이 되었다. 또한 컬러TV 수상기가 1980년부터 판매되기 시작하여 1981~1982년 사이에는 200만 대 이상, 1982~83년에는 300만 대 이상 판매될 정도로 호황을 누리며 TV 보급률의 80% 정도를 장악하고 있었다.[845] 전두환 정권은 자신의 목적 달성을 위해 TV의 위력을 십분 활용하였다. 컬러TV는 시청자들에게 시각적·청각적 자극까지 더함으로써 지금까지보다 몇 배 더 큰 효과를 낼 수 있었다.

이미 MBC는 부산미문화원 방화사건 성명서 문제로 공방이 오고 갈 때 전두환 정권의 의도에 맞게 1982년 5월 3일 '해방신학을 벗긴다'라는 선정적인 제목의 특집프로를 방영하였다. TV화면 가득 의도적으로 빨간색을 덧입히고 남미와 북한의 군사훈련 장면을 동시에 내보냄으로써 산업선교가 용공과 해방신학, 사회전복 등과 관련 있다는 것을 암시하는 내용이었다. 7월 19일부터는 콘트롤데이타사건과 관련된 뉴스와 특별기획이 줄을 이었다. 7월 22일 KBS 특별기획 '도시산업선교', 28일 MBC의 '기업과 도산', 29일 KBS 특집 '콘트롤데이타사는 왜 망했나' 등이 그것이다. 한결같이

---

844) 명노선·인명진 인터뷰, 2007. 10. 17.

845) 서현진, 『끝없는 혁명: 한국전자산업 40년의 발자취』, 이비컴, 2001, 295쪽 ; 김호기, 「1970년대 후반기의 사회구조와 사회정책의 변화: 노동정책과 복지정책을 중심으로」, 『1870년대 후반기의 정치사회변동』, 백산서당, 1999, 166쪽.

1982년 3월 콘트롤데이타 노동자들이 사전의 전말을 알리기 위해 붙인 대자보

음산한 음향효과와 공포분위기를 연출하는 화면처리, 선정적인 용어를 사용하는 내레이션에 "자해 공갈 일삼고 사회전복이 목표", "보이지 않는 지하조직, 은밀하게 선동", "흉기 마구 휘두르는 폭력집단", "남미 해방신학 영향 극한투쟁. 폭력적 투쟁으로 노동자 천국실현 혁명논리", "무리한 임금인상, 태업, 파업 이어져… 문 닫은 기업 130여 개", "기업주들이 도산의 검은 마수에 시달림을 당하고 식은땀을 흘린…" 등의 내용이었다.

TV 매체 동원은 산업선교에게는 융단폭격이었다. 이 프로그램들은 산업선교는 물론 도시빈민선교나 JOC, 크리스찬아카데미, 또는 이들과 전혀 관계없는 노동투쟁, 나아가 민주화운동과 학생운동까지를 모두 '도산'의 범주에 포함시키고 있었다. 또한 시청자들로 하여금 도시산업선교회를 나이 어린 여성노동자들을 상대로 하는 무슨 사교집단이나 사회전복을 위해 극한투쟁을 일삼는 혁명세력으로 인식하게 하였다. 그뿐 아니라 노동자들의 의식화를 신비화하여 "도대체 무슨 비법을 가지고 있기에 그렇게 혹독하게 탄압을 하여도 지속이 되는 것일까? 혹시 무슨 마약이나 세뇌술 같은 비밀이 있는 것은 아닐까?"하는 의문을 가지게 하였다.[846] 이 방송을 본 각 사업체는 물론 각 교회의 남(男)선교회에는 사실을 확인해 달라는 요청이 쇄도했다고 한다.[847] 산업선교 실무자들까지 "보도되는 내용이 산업선교회의 실상이라면 우리가 먼저 산업선교를 반대하겠다"고 이구동성으로 말할 정도였다.[848]

사태가 사실과 달리 심각해지고 엉뚱한 방향으로 흘러가자 주한 미대사관에서 직접 나서 "콘트롤데이터사의 폐업은 산업선교 때문이 아니라, 이미 기술의 발달로 사양사업이 되었기 때문"이라고 밝혀주었다.[849] 또

846) 신철영, 「영등포산업선교의 10년」, 『영등포산업선교회 40년사』, 482쪽.
847) 구행모, 「도시산업선교회의 진상과 비판」, 『장로회보』, 1982. 10. 15.
848) 「도시산업선교에 대한 침해현황」, 1982. 9.
849) 「최근 콘트롤데이타사의 철수문제에 관한 우리의 입장」, 『기독교세계』, 1982. 9.

한 70년대부터 한국 인권문제와 노동자들의 상황에 많은 관심을 갖고 있던 외국 선교사들의 모임인 '월요모임'에서도 이 사실을 미국 등 외국으로 알려 미국NCC가 직접 대표단을 파견하게 하는 데 일조하였다.[850] 콘트롤데이타사 문제로 한국에 온 미국NCC 파견단은 "미국의 교회는 이 문제에 대해 깊은 우려를 나타내고 있다. 지난 26일 콘트롤데이타사 미국 본부 간부들이 우리들에게 한국지사의 철수는 기술 때문에 떠나는 것이지 그 외엔 아무런 이유도 없다고 분명히 하였다. 한국 언론이 도시산업선교회를 들먹이는 이유를 알 수 없다 … 한국에서 산업선교가 미움을 받는 것은 그들이 사회부정을 고발하기 때문"이라고 성명서를 발표하였다.[851] 이처럼 미국 본사와 대사관, 미국교회까지 나서서 진상규명을 하였지만, 전두환 정권의 태도는 전혀 달라지지 않았다. 당시 콘트롤데이타사 노조위원장 한명희는

> 정부와 노동부 관료, 회사는 (공장폐쇄의 원인을) 다 알고 있으면서 산업선교와 노동자 탄압을 위한 기재로 악용한 거지요. 어떻게 일개 공장의 상황이 시시각각 장관에게 메모로 전달될 수 있었겠어요. 회사 내에서 있었던 일이 그날 그날 9시 뉴스마다 방영되는데 같은 일을 어떻게 그렇게 다르게 보도하는지 너무 기가 막히더라구요. 노동자들이 찾아가서 노조가 폐업하게 만들었다는 누명만 벗겨달라고 사정했으나, 보도는 도시산업선교 때문이라고 나가구요. 노조간부가 구사대에 폭행당해 병원에 입원 중인 사실은 보도도 되지 않더군요[852]

라며 당시의 어처구니없던 상황에 대해 분노하였다.

상황이 이쯤 되자 무시무시한 도산의 유입을 우려한 각 공장에서는 연

850) 수 라이스, 「신념으로 실천하다」, 『시대를 지킨 양심』, 민주화운동 기념사업회, 2007.
851) 「미국NCC 성명서」, 『기독교세계』, 1982. 9.
852) MBC, 「이제는 말할 수 있다: 마녀사냥, 도시산업선교회」, 2001. 8. 3.

'도산은 물러가라' 플래카드를 붙인 공장

일 노동자를 동원, 산업선교 반대 궐기대회를 열었고, 신문들은 앞 다투어 이러한 사실을 지속적으로 보도하였다.[853] 도산에 대한 신문기사는 정부가 산업선교의 마지막 보루인 원풍모방 노조를 초토화시킬 때 또다시 위력을 발휘하였다. 1982년 10월 20일을 기해서 각 일간지들이 약속이라도 한 듯 일제히 원풍사건을 산업선교의 탓으로 돌리는 기사를 보도하기 시작한 것이다.[854]

---

[853] 「도산 물러가라 농성」, 『조선일보』, 1982. 7. 20 ; 「기업 망하면 근로자도 설 땅 없다」, 『동아일보』, 1982. 7. 22 ; 「도산→도산 사례발표회 / 수출산업공업단지」, 『동아일보』, 1982. 7. 27 ; 「도산침투 방지 궐기대회 / 한국금형주식회사」, 『동아일보』, 1982. 7. 28 ; 「콘트롤데이타 도산사례 발표 / 구로공단 성도섬유」, 『조선일보』, 1982. 7. 28 ; 「도산 규탄대회 4만 명 참가」, 『동아일보』, 1982. 7. 29 ; 「도산규탄대회 7천여 명 참가」, 『동아일보』, 1982. 7. 30.

[854] 『중앙일보』, 1982. 10. 20 ; 「도산위기 맞은 원풍모방」, 「타협 없는 강경 악순환」, 『한국일보』, 1982. 10. 20 ; 「원풍분규 22일째 / 가동률 20%에 그쳐」, 「일부 과격 노조근로자들 집단행동, 무단결근」, 『서울신문』, 1982. 10. 20.

산업선교회는 이제 한국사회에서 '해방신학을 바탕으로 사회전복을 꿈꾸는 좌익 용공세력'으로 낙인찍혔다. 전두환 정권은 실무자에 대해서는 신체적으로 손끝하나 건드리지 않고 매스컴만을 통해 한국사회와 교회로부터 산업선교회를 철저히 고립시키는데 성공하였다. 그 결과 영등포 산업선교회관 옆 아파트에 사는 초등학교 아이들까지 근처에 오는 것을 무서워하고, "그곳엔 공산당이 있는 곳"이라고 말하게까지 되었으니, 언론의 산업선교 매도가 얼마나 심했는지 알 수 있다.[855]

▌3. 산업선교의 쇠퇴

한국교회사회선교협의회의 반미성명사건이 교계를 뜨겁게 달구고 있던 1982년 4월 21일, 한경직 · 강신명 · 정진경 · 조용기 등 20개 교단 대표들과 장로 등 40여 명이 참석한 한국기독교지도자협의회 전체회의가 열렸다. 이들은 한국교회사회선교협의회(이하 사회선교협)의 입장에 반대하는 「한미우호 확인성명」을 발표하였다. 이 성명은 먼저 사회선교협의 견해는 전체 기독교의 의사가 아니라고 하여 이들을 폄하하고, "사회선교협은 한 · 미 양국의 유대와 국민화합을 이간하지 말라. 한국교회는 … 불순한 세력이 교회 안에 침투하지 않도록 경각심을 가지고 기도할 것을 다짐한다"고 하였다. 이는 한경직 등 교계의 지도자들이 스스로 자신이 속한 교단 소속의 산업선교와 사회선교협 소속 민주화 인권 노동운동단체를 불순세력으로 규정하고 배척한 것으로, 지금까지와는 또 다른 파장을 예고하는 것이었다.[856]

---

855) 『영등포산업선교회 40년사』, 1998, 207쪽.
856) 「기독교지도자협 '한미우호 확인성명'」, 『동아일보』, 1982. 4. 21 ; 「전체 기독교 의사와 무관」, 『조선일보』, 1982. 4. 22.

아니나 다를까, 1973년 대한모방사건 이후로 산업선교에 대한 부정적인 인식을 점점 더 키워온 예장의 목사와 장로들은 물론, 이번에는 예장총회까지 노골적으로 산업선교 퇴출 작업에 나섰다. 예장총회가 그동안 산업선교의 노동운동을 못마땅해 하면서도 묵인했던 이유 중 하나는 미국교회와 WCC와의 관계를 의식했기 때문이었다. 그러나 이제는 산업선교가 '반미적 활동'을 했기 때문에 이를 명분으로 산업선교를 공격하는 것이 정당화될 수 있었던 것이다. 예장총회는 예외적으로 총회장 명의로 "이번 KCAO(한국교회 사회선교협의회)의 성명서가 던진 사회적 충격과 파문에 대해서는 마음 아프게 생각하면서 … 우리 교단은 오랜 선교역사를 함께 계속해오는 동안 미국과의 우방관계를 변함없이 더욱 공고히 하면서 …"라고 하는 목회서신을 전국 교회에 발송했다. 이는 공식적으로 사회선교협의 성명서를 부정함으로써 한국교회의 친미관계를 재확인시키고,[857] 교단이 산업선교를 문제시 한다는 사실을 대내외적으로 공표하는 큰 사건이었다.

영산이 소속되어 있는 경기·서울남·동남 노회의 목사와 장로들도 실무자들을 불러 집중공격하였다. 특히 실업인 장로들은 산업선교 실무자들을 "방화·살인을 합리화하는 성직자군"이라고 매도하였다.[858] 이들은 교회와 정부가 긴장관계가 되면 정부의 핵심요인들이 교회에 나오지 않게 되고 전도의 길이 막힐 것을 우려하였다.[859]

산업선교에 대한 예장총회의 이러한 태도는 반미성명사건에 이어 발생한 7월의 콘트롤데이타사건에서도 마찬가지였다. 이 사건에 대해서는

---

857) 대한예수교장로회 총회장 안경운, 「목회서신」, 『기독공보』, 1982. 4. 26.
858) 「우리의 현주소는 어디인가? / 방화·살인을 합리화하는 성직자군은 도의적인 연대책임을 져야」, 『장로회보』, 1982. 4. 26.
859) 유치문, 「정부와 교회의 긴장관계에 대한 한 장로의 유감 / 도시산업선교에 대하여」, 『장로회보』, 1982. 6. 10 ; 유치문, 「성서복음주의 신학으로 본 도시산업선교의 실상」, 『장로회보』, 1982. 9. 3.

앞에서 살핀 것처럼 NCC뿐 아니라 미국교회에서까지 지대한 관심을 가지고 대처했지만, 총회는 이 문제에 대해 아무런 논평도 하지 않았다. 뿐만 아니라 영산이 콘트롤데이타사건에 대한 해명광고를 교단 기관지인『기독공보』에 의뢰하자 총회정책에 어긋난다는 이유로 거절하였다.[860] 그 후 총회 임원들은 상당한 세력을 규합하여 조직적으로 노회와 총회기구를 통해 산업선교를 강력하게 반대하고 나섰다.

교단의 최종 의결기구인 노회와 총회를 여론화시키는 작업은 주로 교회 내 실세인 기업인 장로들로 구성된 '장로회'가 운영하는『장로회보』가 담당하였다. 장로회보는 마치 정간된『현대사조』를 대신하기라도 하듯 그와 똑같은 내용과 어조로 열과 성을 다해 산업선교에 직격탄을 날렸다. 실제로 현대사조의 이사를 지낸 대기업 경영자들 대부분이 기독실업인회 회원이며 예장통합의 장로였으니, 이 둘의 논조가 같은 것이 당연하였다.

특히 퇴역장교 출신인 장로회보 부사장 유치문은 "같은 교단이므로 팔이 안으로 굽는다는 식의 인정적 요소가 조금이라도 가미되어서는 안 될 줄로 안다"고 하며 적극적으로 산업선교 비방기사를 써댔다.[861] 그는 콘트롤데이타사건에 대해서도

> (콘트롤데이타사건은) 의도적으로 미국 기업을 이 땅에서 몰아내고 궁극적으로는 반미감정을 유발시켜 양키고홈으로 까지 몰아가려는 불순한 동기에서 비롯된 것이며, 우리나라 경제정책에 중요한 부분인 외자유치를 방해하는 결과를 가져오고, 종교를 탄압하는 독재정권이라고 전 세계에 선전하려는 의도이다. (중략) 미국회사가 한국에 들어와

---

[860] 인명진 인터뷰, 2007. 10. 17. 당시 기독공보의 사장은 영락교회 장로이자 기독실업인인 최창근이었다.
[861] 유치문, 「성서복음주의 신학으로 본 도시산업선교의 실상」, 『장로회보』, 1982. 9. 3.

있으면 이를 지키기 위해서라도 미군철수를 하지 않을 것이다. 콘트롤 데이타 폐업은 한 작은 회사의 폐업으로 끝나는 것이 아니라 우리 국가·국민 전체의 일로 보아야 한다[862]

라고 주장하였다. 또 "도산은 선교가 아니고 노동운동으로 공산주의자들의 제2단계 투쟁전술과 상통한다"고도 하였다. 1982년 총회를 앞두고는 여론을 겨냥해 "자본주가 노동자의 원수라고 가르치는 자들은 북한의 김일성 독재집단 뿐이다", "(교회사회협의 반미성명에) 서명한 자 중에 도산의 주도역을 담당한 우리 교단의 목사들이 끼어있음은 결코 우연한 것이 아니다"라고 하여 산업선교를 공산집단으로 매도하였다. 그리고는 "영산을 이대로 더 이상 방임해서는 안 될 시점에 이르렀다고 본다. 즉각 폐쇄되어야 한다. 더 이상 사랑으로 대처할 수 없는 위험수위에 도달한 것으로 판단된다"고 하여 산업선교를 퇴출시키기 위한 여론몰이를 하였다.[863]

산업선교 폐쇄에 대한 이들의 대안은 "산업사회에도 전도는 해야 하므로 이름도 바꾸고 사람도 바꾸고 내용도 바꾸어야 한다. 복음주의신학 기초 위에 뿌리박은 온전한 목사님을 선택하여 근로자에게는 불만과 반목으로 증오심에 가득 찬 사나운 성품에서 온유하고 성실하며 근면한 인간상으로 거듭나도록 지도하자"는 것이었다. 이 같은 산업선교 불가 분위기와 총회기구를 통한 퇴출 움직임은 매스컴의 왜곡보도와 맞물려 산업선교회의 파괴를 목적으로 하는 정부의 탄압정책을 적극 뒷받침해 주었다. 이제 산업선교회는 교단 안의 외로운 섬이 되었다.

산업선교를 교단 내에서 축출하겠다는 구체적인 움직임은 1982년 9월

---

862) 유치문, 「성서복음주의 신학으로 본 도시산업선교의 실상」, 『장로회보』, 1982. 9. 3.

863) 유치문, 「복음주의 신학으로 본 도시산업선교의 실상」, 『장로회보』, 1982. 8. 7.

제67회 예장총회에서 가시화되었다. 산업선교 퇴출 의지가 아주 강한 장로와 목사들이 총회 내 산업선교 직속기구인 전도위원회와 산업선교위원회 위원으로 들어간 것이다. 이들은 영산을 폐쇄하고 자신들의 구미에 맞는 방식으로 바꾸기 위한 준비작업을 시작하였다.[864] 산업선교가 지금까지 외부로부터 받은 그 어떤 탄압이나 공격보다도 더 본질적인 어려움을 직면하게 된 것이다.

총회 전도위원회와 산업선교위원회를 인수한 반(反)산업선교 세력은 1983년 9월에 있을 총회를 목표로 차근차근 단계를 밟아나갔다. 1982년 11월 29일부터 12월 1일까지 정책협의회를 열어 효과적인 선교방안을 협의하고,[865] 1983년 2월 28일에는 논란이 되고 있는 산업선교의 방향을 잡기 위한 공청회를 열었다. 이 자리에서 서정한·유치문 등은 "산업선교는 영혼구원 대신 사회구원을 강조하는데, 이는 공산혁명을 이루려는 고차원적 책략이며 좌경화된 정치이념이다"라고 주장하였다. 심지어 "영산의 사랑방모임(소그룹활동)은 공산주의의 세포회의다"라고까지 매도하였다.[866] 4월 4일에는 「교회와 산업선교의 선교방향」을 주제로 학자·목회자·기업가 등 7명이 참석한 좌담회를 개최했는데, 최창근과 서정한은 산업선교가 처음 3~4년은 좋았는데 그 후 변질했다며, "한국에는 기독실업인이 전국에 있으니 우리 기독실업인들이 돈을 내서 우리 실정에 맞는 산업사회 선교를 해야 한다"고 하였다.[867] 산업선교를 재정적·정신적으로 지원하는 WCC나 미국교회, 국제노동인권단체 등의 영향권에서 벗어나 한국 기독실업인들의 자본으로 자신들의 입맛에 맞는 노동자 전도를 하자는 것이었다. 이들이 이렇게 한 이유가 있는데, 첫째는 산업선교 실

---

864) 「67회 총회(1982. 9. 23-28)를 보고 교단의 내일을 전망한다」, 『장로회보』, 1982. 10. 15 ; 구행모, 「도시산업선교회의 진상과 비판」, 『장로회보』, 1982. 10. 15.
865) 『장로회보』, 1982. 12. 5.
866) 『장로회보』, 1983. 3. 5.
867) 『기독공보』, 1983. 4. 4.

무자들이 외국의 지원을 믿고 교단이나 기업인의 압력에 쉽게 굴복하지 않기 때문이며, 둘째는 박정희 정권의 노동자 희생을 담보로 한 산업화 정책 덕에 교회와 기업 모두 재정 능력이 이전보다 크게 향상되었기 때문이었다.

이 계획은 장로 기업인들의 동의를 얻어 실행에 옮겨졌다. 5월 7일에는 총회 전도부 주최로 영남지역에서 산업선교 세미나를 열고 경영인들의 구체적인 지원과 참여문제를 협의하였다.[868] 16일에는 총회가 위임한 도시산업선교의 새로운 정책수립을 위한 '7인소위원회'가 구성되었고,[869] 6월 4일에는 산업선교 모금위원을 선정하여 노회별 조직 강화에 박차를 가하였다.[870]

그리고 1983년 9월, 드디어 총회 내 반산업선교 세력은 제68회 총회에 산업선교 문제에 관한 6개 항의 다음과 같은 건의안을 제출하였다. 그 내용은 예상했던 대로였다.

> 1) 도시산업선교회란 이름을 '산업전도회'로 바꾼다.
> 2) 일체의 외국교회 원조를 받지 않는다.
> 3) 실무자를 교체한다.
> 4) 현재의 산업선교위원회를 1983년 12월까지 해체한다.
> 5) 각 노회에 산업전도위원회를 구성한다.
> 6) 새로운 산업전도 정책을 연구한다.[871]

이에 영등포도시산업선교위원회는 반박성명을 내고

---

868) 『기독공보』, 1983. 5. 9.
869) 『기독공보』, 1983. 5. 21.
870) 『기독공보』, 1983. 6. 4.
871) 「산업선교지침 재검토 필요하다」, 『기독공보』, 1983. 9. 17.

산업선교를 산업전도로 변경하는 것은 세계교회와 한국교회 전체의
보편적 흐름에 역행하는 것이며, 유독 산업선교에 대해서만 외국교회
원조를 중단하는 것, 25년 동안 일해오던 위원회를 이유 없이 시한부
해체하라는 것, 총회 헌법 어디에서도 찾아볼 수 없는 변칙적인 산업
선교 실무자 인사문제 등은 상식적으로는 도저히 납득할 수 없는 내용
이다[872]

라며 분노하였다.

우리가 이미 제2장에서 살펴본 바와 같이, 기존의 '산업전도'가 '산업선
교'로 바뀌게 된 데에는 매우 중요한 의미와 역사성이 내재되어 있다. 그
러나 이들에게는 이러한 것은 전혀 중요한 사안이 아니었다. 또 왜 국내
에서는 그토록 문제시하는 산업선교를 외국에서는 지원을 하는지에 대
해서도 알바 아니었다. 이들이 원하는 것은 그저 단 한가지, 노동운동을
모르는 말 잘듣는 노동자들을 데리고 정부시책에 따라 회사를 운영하며
편하게 돈도 벌고 전도도 하겠다는 것이었다.

그동안 산업선교에 대해 반감을 가지고 있으면서도 애매한 태도로 일
관해오던 총회의 이러한 변화는 어느 정권에서나 권력에 추종하는 개신
교의 속성에 따른 것이었다. 박정희 정권보다 더 폭압적인 전두환 정권
이 등장하여 산업선교를 탄압하고 노동계를 정화하겠다고 하자, 이를 계
기로 그렇지 않아도 마음에 들지 않던 산업선교를 교계에서 퇴출함으로
써 새로운 정권과도 돈독한 관계를 유지하고 자신들의 세력도 확장하려
는 것이다.

영등포산업선교회는 이 기가 막힌 사실을 외국에 보내는 영자 소식지
에 기재하면서, "새문안교회 장로인 서정한과 영락교회 장로인 최창근은

---

872) 영등포도시산업선교위원회, 「총회 교사위 결의에 대한 우리의 견해」, 『기독공
　　보』, 1983. 9. 24.

정부의 사주를 받아 가공할만한 압력으로 산업선교를 파괴하는데 앞장 섰다"고 고발하였다.[873] 이러한 제안이 총회에 상정된다는 사실이 알려 지자 젊은 목사들, 신학생, 노동자, 총회 청년연합회, 각 교회 청년회 등 이 강력히 항의하였다. 이 덕분에 이 제안은 1년간 보류되었다. 그러나 이 싸움은 1년 내내 교단 내 보수세력과 에큐메니칼세력의 갈등과 대립 으로 치닫다가 결국 1984년 69회 총회에서 '산업선교'가 '산업전도'로 명 칭 변경되는 것으로 막을 내렸다. 보수세력이 산업선교를 현장에서 몰아 내고 20년 전 산업전도로 후퇴시킨 것이다.[874]

교단의 영향을 받지 않고 독자적인 활동을 전개하던 감리교 소속 인천 산선과 달리 영산은 그동안 교단과의 관계에 어려움을 겪으면서도 그를 배경으로 하여 유신체제 하에서 수차례 어려운 고비를 넘기며 활동하였 다. 그러나 한국 개신교 보수세력과 정권의 유착관계는 그 긴 역사만큼 이나 견고하고 완강하였다. 결국 산업선교는 이들의 울타리를 넘지 못하 고 주저앉고 말았다. 이는 기독교노동운동단체의 한계이며, 한편으로는 미국에 의한 한국 개신교 근대화프로젝트의 실패였다. 따라서 노동운동

---

[873] "A Chaplain role for the UIM?", Outside the Gate(YongDongPo Urban Industrial Mission), November 8, 1984.

[874] 산업전도회로 명맥을 이어가던 영등포산업선교회는 1987년 다시 도시산업선교 회로 개칭되었다(『영등포산업선교회 40년사』 참조). 강인철은 1970년대와 달리 1980년대 들어 보수적인 실업인 장로들이 이처럼 강경해질 수 있었던 이유를 앞 서 제시한 여러 가지 요인 외에 또 한 가지, 1984년에 행해질 한국 개신교 100주년 기념대회의 영향도 있다고 보았다. 한국교회는 개신교에 비교적 호의 적이었던 박정희와 달리 새로 등장한 신군부 전두환 정권과는 아직 친분이 쌓이지 않은 상태였다. 따라서 교계 전반에서는 한국 개신교의 가장 큰 행사 가 될 100주년 기념대회를 잘 치르기 위해 어떻게든 전두환 정권과 의를 상 하지 않기 위한 노력이 작용하였을 것이다. 이것이 산업선교 등을 교단 내에 서 축출하는 것으로 나타났고, 이 과정에서 보수세력의 목소리도 커졌고, 산 업선교 실무자들도 이에 잠정적 동의를 한 것으로도 볼 수 있다. 강인철은 이 러한 현상에 대해 "교회의 제도적 이익 앞에서 신학적 보수파와 진보파는 정 치적 동맹관계를 유지 한다"고 설명하였다(「민주화 과정과 종교: 1980년대 이 후의 한국 종교와 정치」, 『종교연구』 제27집, 한국종교학회 2002, 여름호).

은 이를 디딤돌로 하여 더 크게 발전할 수 있었지만, 한국 개신교는 세계 교회의 흐름에 편입되지 못하고 후퇴하게 되었다.

이렇듯 산업선교가 교회 내에서 고전을 면치 못하고 있는 동안 '산업 선교의 못자리'로 불리던 원풍모방 노조가 정부의 계획적인 공격에 의해 1982년 9월 27일 산산이 파괴되었다. 이미 정부와 교계를 상대로 한 싸움 에서 진력을 다해 더 이상 버틸 힘도 없고 노동자들을 새로운 방향으로 지원할 능력도 없던 산업선교는 원풍모방 노조와의 결별을 선언하며 20 여년에 걸친 활동에 종지부를 찍었다.[875]

전두환 정권에 의한 탄압으로 마지막 현장인 원풍모방 노조까지 깨지 고, 교단 내에서도 배척받아 완전히 황폐화되고 초토화된 상태에서 1970 년대를 노동자들과 함께 오롯이 생활하며 노동운동의 발판을 만들었던 실무자들은 몸과 마음이 모두 지친 상태로 쫓기듯 영등포산업선교회를 떠나야 했다.[876]

산업선교의 자존심이자 마지막 보루였던 원풍모방 노조와의 결별 과 정은 산업선교가 안팎의 탄압으로 풍전등화의 위기에 몰려있어 존립자 체가 어려운 시기여서 어쩔 수 없는 것이었다고 볼 수도 있으나, 어딘지 석연치 않은 부분이 있다. 그동안 교단과 싸워가며 노동자 편에 섰던 산 업선교가 지금까지와는 분명 다른 선택을 한 것이기 때문이다. 궁극적으 로는 실무자들이 개신교 목사로서 노동자보다는 교회를 택한 것으로 이 해할 수밖에 없다. 이는 산업선교가 노동자들의 신뢰를 잃게 되는 결정 적인 계기가 되었다. 결국 산업선교는 노동자들과의 결별과 교회 내부

---

[875] 원풍노조의 파괴와 영등포산업선교와의 결별에 대해서는 제4장 제4절 참조.

[876] 명노선이 제일 먼저 1983년 1월 9일 떠났고, 1984년 5월에는 인명진 목사가 영등포산업선교회를 정리하고 호주로 떠났으며, 건강이 좋지 않던 조지송 목 사는 1985년 봄 청주 옥화리의 '하나님의 집'으로 요양을 떠났다. 명노선은 그 렇게 고생을 하고도 당시 떠밀려 쫓겨나듯이 떠날 수밖에 없었던 상황이 너 무 힘들었다고 하였다(명노선 인터뷰, 2009. 2. 23).

반산업선교세력에 의한 산업전도로의 퇴행으로 인해 더 이상의 명맥을 이어갈 수 없게 되었다.

한편, 인천산선은 이미 1978년 말 조화순 목사가 구속되고 YH사건과 1980년 계엄 하의 정화조치를 겪으면서 대부분의 활동이 정지된 상태였음에도[877] 지역교회들로부터 산업선교로 인해 자신들이 목회활동이 지장을 받고 있다는 항의를 받았다.[878] 인천산선의 1981년과 1982년의 활동보고서는 노동운동과는 거리가 먼 민들레 어린이선교원과 신용협동조합, 그리고 일꾼교회로 채워져 있었다.[879] 조화순은 1983년 16년 간 몸과 마음을 바쳤던 산업선교 활동을 접고 달월교회 담임목사로 자리를 옮겼다.[880]

그토록 혹독했던 전두환 정권의 노동운동 탄압은 산업선교의 쇠퇴와 함께 1983년을 고비로 일단 주춤해졌다.

■4. 산업선교 노동운동의 유산(遺産)

산업선교를 산업사회에서 완전히 축출해 냄으로써 전두환 정권의 노동정책은 일견 성공한 듯 했다. 그러나 노동계에 대한 강력한 탄압은 수년간의 노조운영과 노동운동 경력을 갖고 있는 의식화된 노동자들을 현장에서 내쫓음으로써 오히려 노동운동가를 양산하는 결과를 낳았다. 블랙리스트에 의해 정식 취업기회를 박탈당한 노동자들이 전문적인 노동

---

[877] 기독교도시산업선교회, 「기독교도시산업선교회 연혁 및 주요활동 1961. 10~1982. 10. 19」.

[878] 인천지역 내 교역자일동, 「건의서」, 1983. 3. 16.

[879] 기독교도시산업선교회, 「1981년도 후반기 인천도시산업선교회의 평가모임」, 1981. 12 ; 기독교도시산업선교회, 「기독교도시산업선교회 프로젝트」, 1982. 4.

[880] 『고난의 현장에서 사랑의 불꽃으로: 조화순 목사의 삶과 신학』, 1992, 355쪽.

운동가가 되었기 때문이다.

1970년대에 산업선교의 소그룹활동 등을 통해 의식화된 노동자들은 80년대 초반 블랙리스트로 산업현장에서 쫓겨나고 고통당하면서도 그것을 끝이라고 생각하지 않았다. 그들은 "정부에서 블랙리스트를 만들어 우리를 탄압하지만 이걸 극복해내고 당당하게 현장에서 노동조합을 만들어내는 것이 우리들의 일"이라는 굉장히 역사적인 의무감을 갖고 활동을 계속하였다. 동일방직 노동자였던 정명자는 해고당한 후 좋지 않은 사업장에 들어가서 노동조합을 열심히 하는 것이 당시 민주화운동을 하는 지름길이라는 생각을 했으며, 여기에 신앙적인 부분까지 곁들여져 신념과 의무감을 갖고 활동하였다고 하였다. 그는 지금도 그때를 생각하면 가슴이 벅차오른다고 할 정도로 자신들의 활동에 대한 확신을 가지고 있었다.[881]

원풍모방 박순희와 그 동료들 역시 "제2, 제3, 제4의 원풍모방 민주노조를 만들어야 한다는 의무감을 갖고, 못자리가 모판에서 자라서 논으로 모내기 되듯 우리도 모내기를 해야 한다고 누누이 얘기하고 실천운동을 했다"고 한다. 이들은 이리, 대전 등으로 옮겨 다니며 "선배로서 내가 필요한 부분의 디딤돌 역할을 하려고 하였다"고 고백하였다.[882]

이들의 활동은 이처럼 작업장 외부에서 이루어졌기 때문에 개별기업의 경계를 넘어 노조활동가들을 서로 연결하고, 그들을 민주화운동세력과 또 학생운동가들과 긴밀하게 연계하는 지하 네트워크를 확대시킬 수 있었다. 이들의 역할로 민주노조운동가들은 산업현장 안팎에 모두 존재하게 되었고, 군사독재에 항거하는 세력과 연대함으로써 더 큰 힘을 키울 바탕을 마련하게 된 것이다.

881) 성공회대학교 사회문화연구소, 『1970년대 산업화 초기 한국노동사연구 - 노동운동사를 중심으로』, 노동부, 2002, 371쪽 참조.
882) 박수정, 「박순희, 항상 떨리는 마음으로 한 길 걸어온 선한 싸움꾼」, 『숨겨진 한국여성의 역사』, 아름다운 사람들, 2004, 171~172쪽 참조.

한편 신군부의 5·17쿠데타 이후 학생운동 출신들이 위장취업으로 대거 공장에 들어가는 붐이 일어났다. 1970년대 노동운동이 재야세력, 학생세력과의 연대를 도모함에 따라 노동문제에 관심을 갖게 된 학생운동가들이 노동투쟁을 반정부 민주화운동의 새로운 전략으로 인식하기 시작했던 것이다. 정치투쟁이 허용되지 않았던 전두환 정권 초기 3년 동안 학생운동은 주요 정치 전략으로 노동현장론을 채택했다. 1980년대 초반 침체되었던 노동운동은 이렇게 해서 산업선교의 빈자리를 메우기 시작한 학생출신 노동자들로 인해 다시 살아나기 시작하였다. 조지 오글은 1980년대 중반에는 3,000여 명, 혹은 그 이상의 대학생들이 공장으로 들어갔다고 추정했다.[883]

  학생들의 노동운동 전략은 대략 두 가지로 나뉘어졌다. 하나는 산업선교가 하던 것과 마찬가지로 소그룹활동을 통해 일반노동자들의 계급의식을 높이고, 노동투쟁을 이끌 핵심적인 선진 노동자를 양성하는 것이었다. 이들은 주로 산업선교가 20여 년간 정성들여 터를 닦아놓고 재야노동운동가들이 포진해 있던 경인지역에서 활동했는데, 산업선교의 '소모임 조직론'을 배워 7~12명의 노동자들과 정기적으로 만나서 노사문제를 토의하고, 노동의 역사와 노동법, 노동조합을 조직하고 운영하는 방법을 공부하였다. 이 시기에 경인지역에서만 약 2,000여 명의 노동자들이 이에 참여하여 의식화 교육을 받았다고 한다.[884] 다른 하나는 지역수준에서 노동자투쟁을 조정하고 지도할 수 있는 정치조직을 발전시켜 정책에 공개적으로 도전하는 것이었다. 이 방식을 택한 지역노동운동가들은 더욱 정치지향적이고 야심적이었다.[885]

---

883) Ogle, George. *South Korea: Discent within the Economic Miracle*, London: Zed Books, p.99.
884) 구해근, 2002, 161쪽.
885) 앞의 책, 162쪽 참조.

1984~1985년 유화국면 때는 대규모 투쟁들이 연이어 일어나고 제도권 밖에서 노동운동단체들이 결성되었는데, 학생들이 앞장서서 싸우기 시작하면서 노동자들의 의식도 급진적으로 변해갔다. 그 최고봉이 1985년 4월 16일에 발생한 부평 대우자동차의 10일간 파업과, 같은 해 6월 24일부터 1주일에 걸친 구로동맹파업이었다. 이들의 영향으로 1985년을 전후해 노동운동권의 분위기는 점차 혁명적으로 변해갔다.[886]

1980년대 후반으로 갈수록 노학연대에 의해 전개된 노동운동은 운동의 주체나 형태 면에서 산업선교의 노동운동과는 많은 차이를 보였다. 학생들은 더 이상 노동자들을 인도주의적 관심의 대상으로 보지 않았다. 그들은 산업노동자들을 가장 중요한 정치적 동맹세력으로, 또는 가장 강력한 잠재적 사회변혁세력으로 인식했다.[887] 1970년대 노동운동의 중심이었던 민주노조운동은 거의 중단되었고, 반민중·반민족·반민주 세력 타도라는 혁명적 기치를 내건 정치적 운동으로 진행되어갔다. 학생출신 지식인들은 자본가와 일대 전쟁을 선포하며 이념적 노동운동을 주도했다. 이들은 1970년대 노동운동이 조합주의·경제주의·경험주의였다고 비판하고, 인도주의를 지향하는 교회 지도자(산업선교 실무자)들의 방법이 너무 미약하고 수동적이었다며 산업선교가 주도했던 노동운동의 이념적 한계를 보완하고자 했다.[888]

그러나 그들의 방법은 또 다른 한계를 드러냈다. 이념적 노동운동은 실천과정에서 현장의 노동대중 속에 뿌리내리는 데 성공하지 못하였다.

---

886) 조희연, 「노동과 노동운동」, 『한국의 민주주의와 사회운동』, 당대, 1998, 268~269쪽.

887) 앞의 책, 160쪽.

888) 한국민주노동자연합, 『한국노동운동사』, 도서출판 동녘, 1994, 20쪽 참조. 이들은 노동운동뿐 아니라 70년대 청계노조의 활동도 무시하였다. 전순옥도 "이 시기(70년대)에 여성노동자들이 민주적인 노동조합을 건설하기 위해 치른 희생과 노력을 거의 완전히 무시하고 있다"고 분노하였다(전순옥, 『끝나지 않은 시다의 노래』, 한겨레신문사, 2004).

노동자들이 이들의 노동운동 방법에 대해 의문을 제기했기 때문이었다. 학생 출신 노동자들은 민주노조의 지도부를 구성하고 있는 노동자들보다 현장에 들어와서 활동한 기간이 짧았고, 따라서 현장 노동자들의 삶과 의식, 정서에 관한 지식도 부족할 수밖에 없었다.[889] 원풍모방 노조지부장이었던 방용석은 "학생들은 때때로 우리의 노조가 얼마나 귀한지, 그리고 노동자들이 이 노조들을 건설하기 위해 얼마나 많은 희생을 했는지를 이해하지 못했다"고 하였다.[890] 원풍모방의 박순희도

> (원풍사건으로 1년간 수감생활하고 나와 보니) 노동자들이 싹쓸이 당하면서 이중으로 짓밟히는 판이더만. 현장에서는 사장들한테 당하고, 한편으로는 학생출신 운동가들에게 당하고. 정말 죽고 싶은 심정이었어. 노동자들이 노동자의식 갖고 싸울 때 그들은 아무 의식도 없었다구. 알지도 못하면서 비난을 일삼은 것에 대해 난 지금도 용서가 안돼[891]

라며 학생들의 방법에 강한 불만을 토로하였다. 삼원섬유 노동자였던 김지선도 "직장과 노조는 우리의 삶의 토대다. 해고되었을 때 학생들은 공장을 떠날 수 있었지만 우리는 그럴 수 없었다"고 하며 학생과 노동자 사이의 좁힐 수 없는 괴리를 분명히 인식하고 있었다. 이는 그동안 산업선교의 교육과 현장의 노동운동을 경험하면서 노동자들이 노동문제와 노동자로서의 의식을 분명히 할 수 있었기에 가능한 것이었다.[892]

1987년 6월 민주항쟁 이후 노동계에는 세계 노동운동 역사상 유례를

---

[889] 최창우, 「구로동맹 파업의 발생 원인에 관한 정치학적 연구」, 고려대학교 대학원 석사학위논문, 1987.

[890] 구해근, 2002, 177쪽.

[891] 박수정, 「최순희, 항상 떨리는 마음으로 한 길 걸어온 선한 싸움꾼」, 『숨겨진 한국여성의 역사』, 아름다운 사람들, 2004, 170~171쪽 참조.

[892] 구해근, 2002, 177쪽.

찾아볼 수 없는 획기적인 노동자대투쟁이 폭발적으로 분출하였다.893)

1970년대 노동운동에 몸 바쳤던 노동자들은 이때 전국에서 일어나는 노동자 대투쟁을 보고 비로소 "아, 우리들 싸움이 헛되지 않았구나. 이렇게 이어지는구나. 그래, 바로 이거다"하는 자긍심을 가졌다고 한다.894) 회사와 공권력, 정권이 힘으로 다 꺼버렸다고 생각한 민주노조의 불씨가 꺼지지 않았다는 것이 증명되었기 때문이다. 이 투쟁은 한때 학생 출신 노동운동가들에 의해 주장되었던 '노동조합 무용론'이 얼마나 허구적인 구호였는가를 입증함으로써 학생주도의 이념적 노동운동의 한계와 오류에 대한 반성을 남겼다. 노동운동에서 노동조합이 광범위한 노동대중을 묶어세울 수 있는 중심조직이라는 사실을 다시 한 번 보여준 것이다.

결국 1970년대 노동조합의 필요성과 중요성을 일깨워준 노동운동의 성과를 계승하고 이념적 한계를 보완하는 진보적 노동운동의 정립이라는 과제는 1987년 노동자대투쟁을 거치면서 이후 한국의 노동조합운동은 두 갈래의 흐름으로 나뉘었다. 하나는 어용노동조합을 대체하는 민주노동운동이 중심이 되어 민주노총을 만들어야 한다는 재야(在野) 노동운동이고, 다른 하나는 한국노총 안의 어용세력을 축출하고 개혁세력이 중심이 되어 새로운 노동운동을 전개해야 한다는 한국노총 중심의 운동이었다.

---

893) 당시 노동자투쟁이 얼마나 폭발적이었는가는 투쟁기간과 규모를 보면 알 수 있다. 1987년 6월 29일부터 10월 31일까지 발생한 노동쟁의는 총 3,311건이었고, 그 가운데 97.7%인 3,235건은 쟁의행위를 수반하였으며 여기에 참가한 총 인원은 약 122만 5,830명에 이르렀다. 이런 노동쟁의 발생 상황은 1977년~1986년 사이에 일어난 쟁의건수 1,498건과 참가자수 25만 명에 비교하면 각기 2배, 5배를 훨씬 능가하는 규모다.
산업별·업종별로 거의 전 부문의 노동자가 투쟁에 참여하였으며 전국에 걸쳐 극히 짧은 시차를 두고 일어났는데, 동남지역의 거대 공업단지인 울산을 기점으로 마산·창원·부산·광주·대구·대전을 거쳐 경인지역으로 급속도로 확산되었다 (김용기·박승옥 엮음, 『한국노동운동 논쟁사 : 80년대를 중심으로』), 1989 참조.

894) 박수정, 「이총각, 노동자, 거짓됨 없이 세상을 일구어 온 사람」, 『숨겨진 한국 여성의 역사』, 아름다운 사람들, 2004, 49쪽.

노동조합의 중요성에 대한 재인식 외에도 산업선교 노동운동이 가지고 있던 몇 가지 특징은 이후 한국노동운동의 중요한 지표가 되었다. 우선 산업선교는 노동자들에게 노동운동이 필요한 본질적 이유와 그 방향성을 제시해 주었다는 점에서 큰 의의를 가지고 있다. 1970년대에 산업선교와 함께 노동운동을 했던 노동자들은 한결같이 산업선교의 교육과 훈련방법이 크리스찬아카데미나 서강대·고려대 노동연구소의 프로그램 등에 비해 체계적이지는 않았지만 정말 감동적이었다고 입을 모은다. 노동운동을 해야 하는 이유를 설명함에도 단순히 먹고 사는 것 이상의 가치를 심어주었다는 것이다. 인간에 대한 사랑과 양심, 정의감, 의협심 등을 고취시켰기 때문에 토론을 하면서 너나없이 그 자체에 감동되어 눈물을 흘리고, 서로 부둥켜안고 동지애와 형제애를 느끼기에 충분했다고 한다. 이렇게 맺어진 관계들은 너무나 견고하여 형사들이나 안기부 수사관들이 도대체 산선은 무슨 비밀스런 방법을 사용하기에 이런 힘이 나오는지 궁금하다고 했을 정도였다. 삼원섬유의 유해우는 "정말 감동받은 지도력은 결코 쉽게 변하지 않지요. 당시 우리가 받은 감동은 정말 세상을 바꾸기 위해 목숨까지도 흔쾌히 버릴 수 있을 정도의 그런 것이었어요"라고 하였다.[895]

또한 산업선교의 노동조합운동과 소그룹활동은 민주화를 배우는 교육의 장이었다.[896] 이 과정을 통해 노동자들은 민주노조란 몇몇 간부들이 일방적으로 무조건 끌고 가는 것이 아니라 조합원들이 능동적으로 참여하는 것이라고 배웠다. 회사의 경계를 받는 상황에서 노조원들의 지지를 받고 선출된 간부들은 요구조건을 얼마나 관철시켰느냐 보다도 조합원

895) 『1970년대 산업화 초기 한국노동사 연구 – 노동운동사를 중심으로』, 2002, 359~360쪽.
896) 권진관, 「집단적 배움의 과정으로서의 사회운동: 70년대 산업선교를 중심으로」, 이종구 외 지음, 『1960-70년대 한국 노동자의 계급문화와 정체성』, 한울아카데미, 2006, 81쪽.

을 의사결정 과정에 얼마만큼 참여시켰느냐를 더 중요하게 생각하였다. 노동조합의 주인은 간부가 아닌 조합원들이라는 사실을 확실히 했기 때문이었다. 그들은 민주노조를 만들고 그것을 지키는 것이 얼마나 어려운 일인지를 경험했다. 또 노동조합 활동을 통해 노동운동을 하기 전에 먼저 인간이 되어야 하며, 나보다 못한 사람, 사회에서 불평등하게 살아가는 사람이 없도록 하기 위한 것이 바로 운동을 하는 이유라는 것을 내면 깊숙이 인식하였다. 또한 실패해도 자신이 책임질 수 있어야 하며, 실패 자체도 큰 교훈이 된다는 것을 배우고 깨달았다. 때로 이들의 운동은 성공하지 못하였고, 1970년대 후반부터 대부분의 민주노조가 국가와 기업의 폭력적인 탄압에 의해 와해되었지만, 이러한 정신적 유산까지 앗아갈 수는 없었다.

게다가 이들은 당시 어느 누구보다도 윤리적이었고 도덕적이었다. 1970년대 노동운동의 중심에 섰던 여성노동자들은 회사의 어떠한 회유에도 넘어가거나 타협하지 않음으로써 강한 응집력과 도덕성을 갖고 있었다. 이들은 자신들이 남성들은 쉽게 넘어가는 유혹을 이겨냈다는 사실에 대해 자랑스러움과 자부심을 가지고 있었다.[897]

산업선교의 교육은 궁극적으로 노동자들에게 평등의식을 고취시켜주고, 계급을 떠나 차별을 없애야 한다는 인식을 강하게 각인시켜주었다. 그로 인해 어려움 속에서도 노동자들은 독자적인 정체성을 획득해나갈 수 있었고, 이것이 곧 한국 노동운동의 전통을 형성하게 하였다.

1980년대 노동운동은 바로 이처럼 1970년대 여성노동자들이 노동자 의

---

[897] 유동우는 당시 동일방직의 정의숙이라는 순진하기만 했던 섬처녀가 의식화되어 노동운동을 시작하자 회사에서 수표 석장(30만 원. 당시 몇 달 월급에 해당)을 자취방에 놓아주며 회유하였으나 그 사실을 동료들에게 폭로하며 "내 영혼까지 팔라고 한다"고 했던 사실을 들며, "그런 자세들이 주변 동료들에게 신망을 주었을 뿐 아니라 운동에 대한 도덕성을 갖게 해주었다"고 하였다(성공회대학교 사회문화연구소, 『1970년대 산업화 초기 한국노동사 연구 – 노동운동사를 중심으로』, 노동부. 2002, 366쪽).

식, 계급정체성, 연대의 네트워크를 촉진하는 데 엄청난 기여를 한 것을 바탕으로 급속하게 진전될 수 있었다. 오글은 "1980년대 중반, 남성노동 자들이 스스로 행동하기 시작했을 때, 그들은 10년 이상 정의를 위해서 투쟁해온 여성들의 어깨 위에 자신들이 서 있는 것을 발견했다"고 하였 다.[898]

산업선교의 노동운동은 노동현장 뿐만 아니라 그 활동에 참여했던 개 인들의 삶도 변화시켰다. 순진하고 순종적인 공순이에 불과했던 이들은 이제 비판적인 시민의식을 가지고 독립적이고 성숙한 자아를 지닌 주체 로 성장 발전하였다. 운동에서 받은 교훈들은 실제로 30여 년의 세월이 흐른 지금까지도 여전히 그들의 삶에 영향을 미치고 있었다. 비록 배운 것 없이 공장에서 정당하게 대우받지 못하고 일했던 그들이지만, 의식화 과정을 거치고 노동운동을 통해 거듭난 덕분에 '적당히' 사는 사람이 없 다고 한다. 또 대중의 힘에 대한 가능성을 확신하기에 자신의 처지에서 어떤 역할을 할 수 있을까를 생각하며 실행에 옮기는 삶을 사는데 주저 함이 없다고 하였다. 그들은 지금도 노동운동을 하는 사람들은 노동복지 협의회나 여성노동자회 등을 만들어 활동하고, 농민이 된 사람들은 농민 운동을 하며, 철거민이 된 사람들은 철거민 투쟁을 하고, 학부모로서는 학교 운영위원과 급식운동을 하는 등, 그 어디서든 자신들이 선 자리에 서 약자를 대변하며 사회변화를 위해 애쓰고 있다.[899]

우리사회 노동운동의 중요한 기준을 만들고, 또 사회의 소중한 일원으

---

898) Ogle, George. *South Korea : Discent Within The Economic Miracle*, London : Zed Books, 1990, p. 86. 구해근, 『한국노동계급의 형성』, 창작과 비평사, 2002, 152쪽에서 재인용.
899) 박수정, 『숨겨진 한국여성의 역사』, 아름다운 사람들, 2004 ; 권진관, 「집단적 배움의 과정으로서의 사회운동: 70년대 산업선교를 중심으로」, 이종구 외 지음, 『1960-70년대 한국 노동자의 계급문화와 정체성』, 한울아카데미, 2006 ; 성공회 대학교 사회문화연구소, 『1970년대 산업화 초기 한국노동운동사 연구 - 노동운 동사를 중심으로』, 노동부, 2002 참조.

로서 자신을 바쳐 곳곳에서 변화를 주도하는 풀뿌리운동의 중심이 되는 사람들을 배출한 것, 이것이 그 무엇과도 바꿀 수 없는 귀한 산업선교 노동운동의 유산이다.

■소 결

1970년대 중반, 인도차이나사태가 발생하자 개신교는 또다시 반공으로 하나가 되어 연일 갖가지 행사를 개최하며 유신과 긴급조치를 정당화하였다. 이에 반유신운동을 하는 개신교 진보인사들과 산업선교 등은 입지가 더 좁아졌다. 박정희 정권은 직접 나서지 않고 자신의 충직한 대변인인 대다수 개신교 보수세력들로 하여금 소수지만 강경한 산업선교와 개신교 진보인사들을 용공의 논리로 산업사회에서 처단하기로 하였다. 산업선교가 소속된 교단도 이에 대해 입을 다물었고, 기독실업인들은 물심양면으로 이들을 지원하였다.

정부의 이러한 시책에 가장 적극적으로 부합하는 활동을 한 인물은 그 정체를 알 수 없는 홍지영과 서울시경국장 김재국 장로, 외국인 선교사 라보도, 그리고 박병훈 목사 등이었다. 홍지영은 4~5개의 필명을 가지고 산업선교를 비방하는 글을 수없이 써서 책으로 발간하고, 교계 신문에 연재하였다. 그의 책들은 기업주들이 구입하여 노동자들에게 배포하였고, 홍지영을 초청해 산업선교가 빨갱이라는 강의를 듣게 하였다. 영등포산업선교회가 소속되어있는 예장 장로인 김재국도 산업선교가 용공이라는 책을 써서 경찰에 배포하였다. 이들이 이렇게 열과 성을 다해 산업선교와 반유신운동을 하는 개신교 인사들을 용공으로 매도한 이유는 "정부가 이들에게 조처를 취하면 국제여론에 의해 정부가 곤욕을 치르게 될 것이므로, 교계가 스스로 이들의 손과 입을 막고 묶어야 한다"는 논리에서 비롯된 것이었다.

박정희 정권은 1979년 YH사건을 기회로 다시 산업선교를 맹공격하였는데, 이번에는 주요일간지와 TV 등이 모두 합심하여 "도산이 들어가면 도산한다"고 산업선교를 비방하였다. 이 문제로 전 사회가 들썩이자 드디어 대통령 특별명령으로 "산업체에 대한 외부세력 침투실태 특별조사반"이 파견되었다. 결론은 "산업선교가 용공단체라는 증거는 발견하지 못했으며, 용공단체도 아니다"라고 났지만, 그 과정에서 산업선교는 이미 만신창이가 되어 있었다.

이처럼 산업선교와 노동자들이 '빨갱이'로 매도되고 핍박을 받으면서도 버틸 수 있었던 것은, 자신들이 하는 일이 바른 길이며 꼭 필요한 것이라는 믿음이 있었기 때문이었다. 그리고 그런 속에서도 이들을 지원한 NCC와 WCC, 그리고 인권단체들이 있었기 때문이었다.

10·26사태로 유신정권이 종료되었지만, 이번에는 전두환의 신군부가 광주사태를 일으키며 정권을 잡아 더 혹독하게 노동운동을 탄압하였다. 신군부는 더 교묘한 방법을 동원해 아예 산업계에서 노동운동의 뿌리를 뽑아버리고자 하였다.

노조활동가들을 모두 잡아 삼청교육대로 보내고, 노동운동을 하다 해고된 노동자들은 블랙리스트를 만들어 뿌려 이후 어느 공장에서도 일하지 못하게 조처하였다. 또 노동조합 설립요건을 강화하고 '제3자 개입금지 조항'을 만들어 외부세력이 일체 노동계에 접근할 수 없도록 하였다.

그러던 중 부산에서 미국의 광주학살 지원 책임을 묻는 미문화원 방화사건이 발생하고, 이에 산업선교가 속한 사회선교협의회가 성명을 발표하자, 이를 계기로 신군부는 산업선교를 더 강하게 압박하였고, 교회는 산업선교에 대해 완전히 등을 돌리고 말았다. 영등포산업선교회의 소속 교단인 예장총회는 기독실업인 장로들이 주축이 되어 산업선교 퇴출을 위한 작업을 진행했으며, 정부는 TV와 언론을 통해 산업선교에 대해 융

단폭격을 가했다. 이제 산업선교는 산업계와 사회, 교회에서도 기피단체가 되었고, '해방신학을 꿈꾸는 좌익 용공세력'으로 이미지가 굳어졌다.

결국 그동안의 공격에 지치고 총회의 압력에 견딜 수 없었던 실무자들은 원풍모방 노조의 붕괴를 끝으로 노동자 대신 교회를 선택함으로써 목사는 노동자가 아니고, 이들 간에는 건널 수 없는 강이 있다는 사실을 재확인하게 해주었다.

산업선교의 쇠퇴는 결국 한국 개신교 노동운동의 실패이며, 또 미국교회에 의한 한국 개신교 근대화 프로젝트의 실패라고 규정할 수 있을 것이다. 그러나 한국의 가장 엄혹한 시절에 개인적으로도 무척 어려운 상황에서 산업선교를 만나 산업선교와 함께 의식화되고 현장경험을 통해 성장한 노동자들은 여전히 자신이 있는 곳에서 우리 사회의 한구석을 밝히는 귀한 존재로 자리매김하고 있다.

제6장

산업선교와

70년대 노동운동

제6장 산업선교와 70년대 노동운동

한국의 1970년대는 유신과 긴급조치로 상징되는 시기이다. 정치와 사회, 교육 등 모든 것이 유신권력 앞에서 위축되고 비틀어졌다. 1960년대부터 급진전된 산업화로 인해 초래된 사회구조의 변동이 70년대에 들어서면서 판도라의 상자처럼 걷잡을 수 없는 문제들을 야기했는데, 그 중 가장 큰 부분을 차지했던 것이 경제제일주의로 피멍든 노동자의 문제와 도시빈민문제였다. 그러나 박정희 정권은 이 문제들을 해결할 수 있는 사회정책 프로그램을 거의 가지고 있지 못하였다. 박정희의 입장에서는 생산과 수출을 우선하기 위해선 노동환경이 아무리 열악하고 노동자들의 처지가 딱해도 좀 더 참아주는 수밖에 없었는데, 누적된 불만이 터져 나오면 법과 공권력으로 내리누르는 것이 유일한 방법이었다. 이러한 현상은 유신 후기로 갈수록 더 강화되었다.

이러한 상황에서 거의 유일하게 노동자 편에서, 그것도 가장 약자인 여성노동자 편에서 그들의 입장을 대변하고 노동운동을 전개한 주체가 개신교 단체인 산업선교회였다. 1970년대 산업선교와 노동운동은 이음동어, 혹은 일심동체로 인식되곤 하였다. 이들의 투쟁은 당연히 공권력의 탄압을 받았고, 그 지속성으로 인해 반체제운동으로 확대되었다. 산업선교는 유신체제라는 특수한 시대상황 속에서 이처럼 종교와 정치, 사회의 경계를 넘나들며 70년대 노동운동과 민주화운동에서 괄목할만한 업적을

남겼다. 산업선교의 이러한 활동은 당시 한국 개신교의 전반적인 행태와
는 아주 다른 것이었다. 일반적으로 1970년대는 한국교회의 폭풍성장기
로 자타가 공인하는 시기인데, 이는 유신정권과의 밀접한 유대관계 없이
는 불가능한 것이었기 때문이다.

　1970년대에는 유독 개신교의 기사가 신문지상을 가득 채우곤 했다. 여
의도광장에 수백만 인파가 모인 대규모 개신교 집회가 성행하였고, 인도
차이나사태 이후로는 반공궐기대회의 기수로 항상 개신교가 등장했다.
한국교회의 보수성과 반공의 보루로서의 입지는 이 시기에 보다 확실해
졌고, 교인과 교회도 기하급수적으로 늘어났다. 그런데 바로 같은 시기
에 한편에서는 '산업선교'라는 개신교 단체가 '용공'이라는 낙인까지 찍혀
가며 치열하게 정치권력에 저항하는 노동운동을 전개했다는 사실은 상
당히 흥미로운 것이다.

　본 연구는 산업선교란 대체 무엇인지, 개신교 단체가 어떻게 해서 노
동운동에 관여하게 되었으며 그 역할은 무엇이었는지, 산업선교의 사회
운동체적 활동내용과 성격은 당시 개신교 전반과 어떤 관계에 있었는지,
박정희 정권의 산업선교에 대한 인식은 어떠했는지, 정부의 강력한 탄압
속에서도 노동운동을 지속할 수 있었던 이유와 힘은 무엇이었는지, 그리
고 왜 여성노동자들 중심으로 노동운동을 전개했으며, 노동자들은 산업
선교를 어떻게 생각하고 기억하고 있는지, 그렇게 활발하던 활동이 80년
대에 가서는 왜 쇠퇴하게 되었는지를 추적하는 것으로 전개되었다.

　이에 따라 산업선교가 시작된 계기와 활동내용, 성격의 변화와 발전과
정, 70년대 노동운동의 특징에 대한 것을 세밀하게 살펴보았다. 더불어
거시적 관점에서 국가권력과 한국 개신교의 관계, 미국교회를 중심으로
한 세계교회(WCC)의 역할과 활동방향, 한국교회의 성격과 그것이 우리
사회에 미친 영향에 대해서도 중요하게 다루었다. 또한 이들이 산업선교
와 어떤 관련성을 갖고 이들의 관계가 산업선교와 한국의 노동운동에 어

떤 영향을 미쳤는지도 분석하였다.

이상에서 제기된 문제들을 분석한 결과 밝혀진 내용들은 다음과 같다.

첫째, 산업선교란 무엇이며 어떻게 시작되었는가?

산업선교는 '산업전도'라는 이름으로 1950년대 말 한국을 포함한 아시아에서 처음 시작된 선교사업이었다. 제2차 세계대전 이후 교회의 역할에 대한 반성과 일치운동으로 WCC가 결성되었는데, 이들은 교회가 더 이상 종교의 영역에만 머물러 있을 수 없다는 판단에서 '사회선교'를 중요시하게 된다. WCC의 주최국인 미국교회는 마침 식민지에서 벗어나 산업화가 시작단계인 아시아지역에서도 서구의 산업화과정에서 발생했던 문제들이 반복될 것이라 예측하고 산업전도를 지원함으로써 이 문제들을 미연에 방지하고자 하였다. 따라서 산업선교는 아시아지역 교회에 대한 2차대전 이후 미국의 영향력을 아시아지역에 뿌리내리기 위해 시행된 미국 교회의 근대화 프로젝트의 하나였다.

한국에서는 예수교장로회 통합 측이 처음으로 교단 차원에서 산업전도를 받아들였고, 대한감리회의 경우는 조지 오글 목사가 개인적 자각으로 인천에서 산업전도를 시작하였다. 미국교회는 재정적 지원은 물론 수년에 걸쳐 산업전도의 방법론과 진행상황을 직접 지도하였으며, 관계자들에 대한 교육과 해외연수 등을 주선하였다. 그러나 한국 개신교는 산업전도의 이념이나 목적과는 상관없이 이를 미국교회의 막대한 지원을 받을 수 있는, 또 늘어나는 공장으로 모여든 노동자들에게 전도할 수 있는 좋은 기회로만 생각하였다. 개신교 실업인들도 노동자들에게 전도도 하고 종교로 순화시켜 말 잘 듣고 열심히 일하게끔 하는 것이 사업을 하는 자신들의 사명이라 생각하고 이를 반겨 공장예배 형식으로 산업전도가 진행되었다.

둘째, 그처럼 보수적인 개신교의 선교단체가 어떻게 비판적인 사회운동을 창출해내는 세력이 되었나?

초창기 산업전도 실무자들은 모두 보수적인 신앙교육을 받고 기업인과 노동자 모두에게 전도하는 것을 목적으로 했던 목사 또는 전도사들이었다. 그러나 심층인터뷰와 글을 통해 이들이 노동현장에서 노동자들의 열악한 현실과 산업사회의 부조리를 접하면서 고뇌하고 갈등하는 모습을 발견할 수 있었다. 이 과정을 겪으면서 실무자들은 점차 약자인 노동자편에 서는 것이 자신들의 역할이며, 교회의 나아갈 길라고 깨닫게 되었고, 아시아 산업전도의 10년을 돌아보는 마닐라 회의에서 '산업선교'로 명칭을 변경하게 된다. 그러나 실무자들의 의식이 발전하지 못한 지방의 산업전도는 대부분 유야무야되었으며, 인천기독교도시산업선교회와 영등포도시산업선교회의 활약상만이 두드러지게 되었다.

노동자들의 권익을 위한 방법을 고민하던 실무자들은 '노동조합'이 그 문제를 해결해 줄 수 있는 답이라는 결론에 도달하였다. 그러나 진정으로 노동자의, 노동자에 의한, 노동자를 위한 '민주노조'를 만들려는 노력은 산업현장에서는 기업주와, 또 어용노조와 갈등을 일으켰으며, 정치권력의 탄압을 받았고, 교회 내에서도 배척받았다. 이러한 어려움 속에서도 해외연수 등을 통해 미국과 유럽의 사례를 접한 실무자들은 의식의 발전과 더불어 자신들이 하는 일이 산업사회와 노동자들에게 꼭 필요한 일이며 궁극적으로 교회가 나아가야 할 방향이라는 확신을 갖고 있었던 것으로 밝혀졌다.

사회적 약자 편에서 활동하는 것을 중점으로 하는 WCC의 활약은 1970년대에 들어 최고조에 달하였고, 한국의 산업선교와 인권운동을 적극 지원하였다. 실무자들의 신념과 외국교회의 정신적·물질적 지지는 이들이 한국교회로부터의 고립과 정치적 탄압을 이겨낼 수 있는 힘이 되어준 것으로 파악된다. 외국교회로부터의 지원은 한편으로는 재정적·정신적 종속으로 볼 수도 있는데, 이는 진보·보수를 막론하고 당시 한국 개신교가 처한 상황적 한계였다. 산업선교에 대한 한국교회의 무관심은 당시로서는 힘들었지만 오히려 이들이 자율적으로 활동할 수 있는 여지를 만들어준 측면도 있었다.

또한 노동운동을 탄압하는 정부정책과 이에 저항하면 용공으로 모는 유신체제의 불합리성은 이들이 활동전략을 바꿔가며 더욱 더 노동자의 의식화에 몰입하게 하는 결과를 가져왔다. 산업선교는 노동운동을 통해 산업화에 따른 사회적 불균등의 시정, 특히 노동자들의 생존권과 인권의 보장이라고 하는 사회적 과제를 해결하고자 하였다. 1970년대 민주노조 운동에 대해 정권과 자본이 가혹하게 탄압한 이유는 단순히 자신들의 정책에 반대했기 때문만이 아니라 이들의 투쟁이 궁극적으로 군사독재권력과 경제발전과정의 모순을 폭로하는 것이었기 때문이었다.

노동운동을 지지했던 신학자 라인홀드 니버(Reinhold Niebuhr)가 『도덕적 인간과 비도덕적 사회』에서 "개인적 양심이란 이름 하에 국가의 폭력성에 저항하는, 종교적 심성을 가진 평화주의자들은 계급의식으로 무장한 노동자계급과 마찬가지로 한 국가의 권력의지를 조절하지는 못할 것이다. 하지만, 이런 사람의 수가 많아지게 되면 정부의 정책에 영향을 줄 것이다"고 하였듯이 점진적이기는 하지만 궁극적으로는 산업선교의 이러한 노력들이 산업사회에 대한 정부의 정책에, 또 사회의 인식변화에 기여했음을 부정할 수 없을 것이다.

셋째, 1970년대 산업선교 관련 노동운동의 주체들은 왜 대부분이 여성 노동자였나?

처음부터 산업선교가 여성노동자들을 주목한 것은 아니었다. 남성 실무자가 대부분이었던 산업선교는 노동운동이나 노조 활동에서 전혀 여성노동자들을 고려하지 않았고, 의식화 교육과 훈련도 남성노동자 중심으로만 이루어졌다. 그러나 남성 중심 어용노조에 실망하고, 정부의 탄압으로 인해 더 이상 공식적인 활동이 어려워졌을 때, 또 긴급조치의 삼엄함으로 인해 남성노동자들이 더 이상 산업선교를 찾지 않게 되었을 때에야 비로소 여성노동자들이 관심의 대상이 된 것으로 밝혀졌다.

산업선교의 대표적 운동방법으로 알려진 소그룹활동은 정권의 눈을 피해 여성노동자들을 의식화 하고 훈련하기에 가장 적합한 방법이었다. 초기에는 산업선교 실무자들도 그 방법과 효과에 대해 큰 기대를 했던 것 같진 않다. 그러나 여성노동자들의 의식화 발전 속도와 단결력, 행동력은 이들의 예상을 뛰어넘었고, 남성노동자들보다 순수하고 열정적이며 희생적이었다. 이를 통해 인천 동일방직에서는 한국 최초의 여성노조 위원장과 여성집행부를 창출하였고, 공장이 밀집된 영등포에서도 해태제과의 8시간노동투쟁 등 괄목할만한 성과를 낼 수 있었다. 회사와 공권력의 폭력이 그토록 심하였다는 것은 여성노동자들의 저항이 얼마나 저력 있고 강했었는지를 보여주는 반증이다.

여성노동자들이 지속적이면서도 격렬한 투쟁을 할 수 있었던 동기는 당시 그들이 처한 노동환경이 매우 열악했다는 기본적인 요인 외에도 다음 몇 가지를 꼽을 수 있다.

1) 산업선교와 실무자들에 대한 신뢰가 바탕이 되었다. 여성노동자들은 소그룹활동을 통해 실무자들을 전적으로 신뢰하고 존중하였다. 따라서 노동운동에서도 이들이 이끄는 방향성에 큰 영향을 받았다. 조화순의 경우는 아직 '여성의식'이라는 용어가 지식인 여성들에게도 생소하던 시절, 여성으로서 자신의 경험을 바탕으로 여성노동자들에게 '노동자 의식'과 더불어 '여성의식'도 교육하였다.

2) 당시 산업선교 노동운동의 지향점은 노동자도 인간답게 살 수 있는 세상을 만드는 것이었다. 이는 '가난하고', '배운 것 없고', '나이

어린', '여성', '노동자'에게 가장 절실한 문제였다. 여성노동자들은 자신들만을 위한 투쟁을 하지 않았다. 그들은 자신의 희생을 마다하지 않았고, 해고당하고 감옥에 갈 것을 각오하고 세상을 바꾸기 위해 투쟁하였다.

1980년대 이후 노동운동을 중시하는 사람들은 이들의 투쟁에 정치적 요소가 없었다는 점을 비판한다. 그러나 1970년대 여성노동자들에 의한 노동운동은 1980년대 노동운동의 발판이 되었으며, 의식화 훈련과 운동에 대한 이 같은 지향점은 이후 이들의 삶을 바꾸어 놓았다.

3) 1970년대에는 대부분의 남성노동자들이 노동운동을 하지 않았다. 남성노동자들은 같은 노동자이면서도 여성노동자들과 자신들을 동일시하지 않았다. 대신 그들은 투쟁 당시 회사 편에 서서 여성노동자들에게 폭력을 휘두르는 주체노릇을 하였다. 유신과 긴급조치가 두려워 남성노동자들이 숨어있던 그 시기와 공간이 바로 여성노동자들의 활동을 가능하게 한 요인이었다.

4) 산업선교 실무자들은 투쟁이 장기화되거나 격화되면 대책위원회를 결성하거나 민주화세력과의 연대를 모색하는 등 외부세력의 지원을 유도하여 노동문제를 사회문제화 하였다. 이들의 관심과 지원은 사회로부터 고립되어 있다고 느끼던 여성노동자들에게 큰 힘이 되어주었다. 그러나 산업선교 실무자들의 투쟁일변도 전략은 때로 노동자들이 감당할 수 없을 정도로 가치관의 혼란과 과중한 부담을 초래하기도 하였다. 이는 노동자들의 의식이 성장하면서 실무자들과 갈등을 빚는 요인이 되었으며, 종국에는 산업선교 노동운동전략의 한계로 작용하였다.

넷째, 박정희정권과 한국 개신교의 관계는 어떠하였나?

해방 이후 지금까지 한국 개신교회의 정치적 성향은 보수적이며 정권 친화적인 것이었다. 이승만 정권과 개신교의 우호적 관계는 이미 잘 알려져 있으며, 5·16쿠데타 지지, 베트남전 적극지지 등으로 박정희 정권에 접근하였고, 대통령조찬기도회와 삼선개헌 지지 등으로 정권의 핵심에 선을 대었다. 또 세계에서 유일한 전군신자화운동을 성사시켜 지속적으로 국가-교회의 교류 및 유착을 매개하는 근거를 마련하였다.

1970년대에 들어서 한국 개신교는 대부분의 교단이 성향과 관계없이 보수복음주의 신앙으로 수차례 여의도 대형집회를 개최하였다. 이 집회들은 대규모 인원동원에 성공함으로써 개신교의 조직력과 수적 힘을 과시하는 한편, 독재와 인권문제 등으로 인해 국내외에서 어려움에 봉착한 유신정권을 반공의 이름으로 적극 옹호하고 지원하는 역할을 하였다. 대표적인 것이 개신교의 대형행사와 각종 반공궐기대회, 기독실업인회의 대미 민간외교활동 등이다. 대통령조찬기도회를 비롯한 이러한 개신교의 행사들은 대부분 기독실업인회의 재정적 지원에 힘입었다. 박정희 정권 역시 개신교에 대대적이고 다양한 특권을 부여함으로써 이에 보답하였는데, 이로써 정부-종교-기업의 특수연대가 구축되었다. 그 덕분에 이시기 한국의 개신교는 역사상 그 유례를 찾아볼 수 없을 정도로 폭발적인 성장세를 이어갔다.

다섯째, 개신교 정교유착세력은 산업선교에 대해 어떤 생각을 가지고 있었나?

앞서도 설명하였지만, 산업전도 초기에는 한국교회나 기업인들이 모두 이에 대해 긍정적이었고, 나름 적극적으로 돕기도 하였다. 그러나 공장목회에 불과하던 산업전도가 현장을 접한 실무자들의 의식변화로 '산업선교'로 명칭을 바꾸고 점차 노동자편에서 노동운동을 전개하자 무관심 또는 반감을 갖기 시작하였다. 산업선교에 대한 교회와 기업인의 반감이 노골화된 시점은 예상보다 빨랐는데, 1971년 영등포산업선교회의 조지송 목사가 대한모방과 동아염직 노동자들을 의식화시켜 회사의 강제예배에 반기를 든 사건부터였다.

라인홀드 니버의 말을 다시 빌리자면 "집단 간의 관계는 항상 윤리적이기보다 지극히 정치적이다. 즉 그 관계는 각 집단의 요구와 필요성을 비교, 검토하여 도덕적이고 합리적인 판단에 의해서 수립되는 것이 아니라 각 집단이 가진 힘의 비율에 따라 수립된다"고 하였는데, 이러한 주장은 이 당시 한국 개신교의 활동 내용과 상당부분 부합하고 있다.

박정희 정권은 인도차이나사태 이후 반공의 열기가 거세진 것을 이용해 산업선교를 용공으로 몰아가는 작업을 시도하였는데, 이를 적극 뒷받침하고 이론적 근거를 제시한 것이 다름 아닌 개신교였다. 문서와 책, 매스컴을 통한 이들의 공격내용은 산업선교회가 공산국가의 사주를 받는 WCC로부터 자금을 지원받는 용공단체라는 것이었으며, 산업선교와 연대한 노동자들의 투쟁방법이 공산주의 수법이라는 것이었다. 본 연구에서는 다양한 자료를 분석한 결과 기독실업인들과 산업선교 소속교단의 인사들까지도 이처럼 말도 안 되는 작전에 가세한 사실을 밝혀낼 수 있었다.

흥미로운 것은 산업선교가 이러한 공격에 시달릴 때 산업선교를 보호한 것 또한 이들을 못마땅하게 여기던 교단이라는 사실이었다. 개신교의 이러한 이중적 태도는 외부세력이 종교의 권위에 도전하거나 교단의 이익에 배치되는 상황이 발생하면 언제든 교단의 이익을 최우선으로 하는 '자기방어전략'에 따른 것이었다고 해석된다. 한국교회의 이러한 현상은 박정희 정권보다 더 폭압적인 전두환 정권이 등장하자 더 두드러지게 나타났다.

여섯째, 산업선교의 쇠퇴 원인은 무엇인가?

산업선교의 쇠퇴 원인으로는 외적인 요인과 내적인 요인으로 나누어 볼 수 있다. 물론 가장 직접적인 외적 요인으로는 유신정권과 전두환 신군부의 공격을 들 수 있다. 1970년대 내내 산업선교와 노동자들은 정부의 비합리적인 노동정책과 열악한 노동환경, 기초생활도 불가능한 저임금과 장시간 노동착취에 분노하고 저항하였다. 그리고 그때마다 정부와 기업, 개신교 보수세력이 산업선교와 노동자들을 '불순분자', '용공'이라며 공격하였다. 유신 말기에는 그 정도가 훨씬 심해졌는데, YH사건이 발생하자 어용화 되어있던 모든 언론이 의도적으로 산업선교를 '빨갱이'로 여론몰이하고, '블랙리스트'를 만들어 해고된 노동자들의 재취업을 차단시키는 극한 수단을 사용하였다. "도산이 들어가면 도산한다"는, 언론이 만든 이 말은 산업선교에 대한 부정적인 인식을 전국민에게 확대시키는 데 크게 기여하였다. 1980년대 초 신군부는 그 한계를 넘어섰고, 부산 미문화원사건에 대한 산업선교의 성명문 발표를 계기로 마지막 산업선교의 못자리인 원풍모방 노조를 초토화시킴으로써 산업사회에서 산업선교의 근거지를 말살하였다.

또한 한국교회 내의 반산업선교세력의 적극적인 산업선교 퇴출작전은 보다 직접적인 요소라 하겠다. '반공'과 '전도(교세확장)'만 보장된다면 어떠한 정권도 상관없다는 교계 지도자들은 5·18 광주사태 직후 조찬기도회를 열어 전두환의 장도를 축복하였다. 또 산업선교에 반감을 갖고 있던 기독실업인회 주요멤버인 기업인 장로들은 신군부가 노동계를 정화하겠다고 하자 총회를 점령하고 독재정권의 논리로 산업선교를 집중공격하였다. 그리고 급기야는 산업전도로의 명칭변경, 실무자 교체, 외국지원 중단 등을 관철시킴으로써 노동운동단체로서의 산업선교를 폐쇄하였다. 이들은 치밀하게 준비했으며, 같은 개신교, 같은 교단임에도 자신들의 이익에 배치될 때는 한 치의 양보도 없었다는 점에서 개신교 내부의 또 다른 면을 볼 수 있게 해준다.

그러나 이러한 외적 요인 외에 내적 한계도 존재하였다. 산업선교는 그 태생이 교회의 선교단체였고, 실무자들은 아무리 노동체험을 하고 노동자의 입장에 서려고 노력했어도 결국은 '목사, 즉 교인들의 영적 지도자'라는 한계를 넘지 못하였다. 노동자들을 접하면서 실무자들은 기존 교회의 보수적인 틀에서 벗어나 진보적인 의식을 갖게 되고, 노동운동을 하는 동안 스스로도 철저한 노동자가 되고 싶어 했지만, 그럼에도 불구하고 그들은 여전히 노동자가 아니었다.

처음에는 무조건적으로 산업선교와 실무자들을 따르던 노동자들도 어느 순간부터는 이 사실을 알고 주체적으로 활동하려고 애쓰기 시작했다. 정부의 탄압이 거세지고 실무자들이 구속·투옥되는 사례가 빈발하자 실무자들은 노동자교회를 만듦으로써 어려움을 타개하고자 하였고, 용공이라는 비난과 탄압을 피하기 위해서도 교회라는 우산을 사용하였다. 그리고 결국에는 교단의 정책에 승복하고, 마지막 투쟁을 감행하던 원풍모방 노조의 손을 스스로 놓아버림으로써 이십여 년에 걸친 개신교 노동운동과 결별하였다.

물론 이십여 년에 걸쳐 우리 사회에서 유일하게 노동자에게 관심을 갖고 그들을 위한 삶을 살았던 산업선교 실무자들에게만 산업선교 쇠퇴의 책임을 지울 수는 없다. 또 그렇다고 해서 그들의 노력과 고난의 의미가 퇴색되는 것은 결코 아니다. 하지만 개신교노동운동단체로서 산업선교의 쇠퇴는 분명 더 이상 후임 실무자를 양성하지도 못하였고, 개신교 목사라는 신분을 벗어날 수도 없었던 한국 개신교의 한계였다.

그러나 패배가 체험을 모두 의미 없는 것으로 만드는 것은 아니다. 이후 산업선교의 노동운동은 80년대 학생출신 노동운동가들에게 거친 비판을 받았지만, 궁극적으로는 노동운동의 참의미가 진정 노동자들을 위한 것이어야 한다는 방향성을 설정하는데 크게 기여하였다. 또한 당시

산업선교와 함께 성장한 노동자들은 많은 경우 노동운동과 사회운동의 주체로 발전하여 자신이 선 자리에서 약자들이 잘 살 수 있는 사회로 변화시키는 풀뿌리운동가로 활동하고 있다. 한결같이 1970년대에 노동조합과 산업선교 활동을 했던 것이 살아가는데 큰 힘이 된다고 한다. 또 어디서 어떻게 살더라도 불의를 못 견디며, 이 사회가 어떻게 가야 하는지 알고 행동할 줄 아는 것이 자신들의 힘이라고 입을 모은다. 이는 산업선교의 활동과 노동운동이 결코 산업선교의 쇠퇴로 끝난 것이 아님을 말해주는 것이기도 하다.

산업선교와 70년대 노동운동에 대한 이 연구는 다음과 같은 몇 가지 한계를 지니고 있다. 우선 인천의 기독교도시산업선교회와 영등포산업선교회 외에 다른 지역에서 활동하던 산업선교 활동들에 대해서는 다루지 못하였다는 점이다. 이 두 단체의 활동이 다른 지역에 비해 가장 활발하고 독보적이었던 이유도 있지만, 실제적으로는 다른 지역 활동에 대해서는 단편적인 자료 외에는 구하기 힘들었기 때문이다.

또한 개신교 전반과 산업선교회의 규모나 구체적인 활동영역, 실무자들에 관한 신빙성 있는 자료들을 구할 수 없어 보다 객관적인 수치나 통계자료를 제시할 수 없었던 점도 아쉬움으로 남는다. 기독실업인과 개신교 지도자들의 구체적인 자료 확보에 많은 어려움이 있었는데, 시대가 너무 근접하여 익명성을 보장할 수 없다는 점도 한계로 작용하였다.

아울러 방법론적 문제를 생각해 볼 수 있는데, 역사적 맥락을 짚기 위해 시대와 사건에 대한 분석과 연대기적 서술을 함께 하다 보니 기술 일변도로 흘러 상대적으로 체계적인 분석이 많이 미흡해졌다.

마지막으로 개신교 전반과 산업선교와의 관계를 중심으로 다루었기 때문에 동시대에 활동했던 가톨릭노동청년회(JOC)의 활동과 크리스찬아카데미 노동자 교육활동과의 연계, 청계피복노조에 대해서는 제대로 살펴보지 못하였다. 이는 향후 연구과제로 남겨두고자 한다.

1970년대 반체제운동의 한 축이었던 산업선교와 노동운동을 통해 한국 개신교의 정치·사회적 역할의 양면성을 고찰한 이 책이 한국 현대사를 다면적으로 분석할 수 있는 작업에 미력하나마 기여할 수 있기를 희망한다.

부 록

부록_1958년~1983년 산업선교 관련 한국 개신교 전반의 활동과 산업선교의 활동

한국 개신교의 활동상황	시기	산업선교 활동상황
• 미국교회, 전후 한국사회와 교회의 복구사업을 위해 막대한 물자와 현금 원조 지원. 한국 기독교방송 설립.	1954	• 해방 이후 월남한 개신교 기업인들이 노동자들에게 전도하기 위해 공장 예배를 보고 있었음.
• 4월, 예수교장로회 영락교회의 한 경직 목사, 대한예수교장로회 제40회 총회에서 총회장에 피선되고, 11월에는 경기노회의 노회장에 선임됨으로써 총회와 노회를 모두 아우르는 한국 장로교회 최고 지도자로 추대됨. 이로써 영락교회가 한국 개신교의 대표교회의 위치에 서게 됨. • 11월, 영락교회 10주년.	1955	• 미국장로교 선교사 어라복(Urquart), 한국 산업사회의 상황 알아보기 위해 입국.
• 미국 복음주의연맹선교회의 지원으로 공산권 선교를 목적으로 한 극동방송 설립.	1956	• 어라복, 한국예수교장로회 오철호 전도사에게 한국어 배우며 문경시멘트에서 산업전도 실험.
• 예수교장로회, 장로회신학교 부지 불하문제와 선교자금 횡령사건 등으로 제42회 총회에서 WCC를 지지하는 에큐메니칼운동 노선과 이를 용공이라고 비난하며 복음주의	1957	• 5월, 예장 산업전도위원회 초대위원장인 황금천과 어라복, 일본과 대만 시찰. • 산업전도 홍보 활동 시작. 전도지 · 포스터 · 쪽복음 등 각 교단과 교회

한국 개신교의 활동상황	시기	산업선교 활동상황
를 지지하는 노선이 대립하여 분열의 조짐을 보임. • 3월, 아시아산업전도운동을 위해 일본에 적을 둔 헨리 D. 존스 목사가 아시아 국가 순방 중 한국에 와 산업전도 권유하고 설득. • 한국예수교장로회, 존스의 권유로 총회 전도부 산하에 산업전도위원회 설치.		에 보급. • 11월, 가톨릭노동청년회(JOC) 결성.
• 11월, 예장 김준곤 목사, 미국 보수 복음주의 교회의 영향을 받아 '한국대학생선교회(CCC)' 설립.	1958	• 3월, 존스, 방한하여 1달 동안 진행 상황 점검. 국내 각처에서 산업전도연구회 개최하고 집중교육 실시. • 6월 2일~13일, 필리핀 마닐라에서 열린 제1회 아시아산업전도대회에 한국대표 4명 참석. • 구체적인 사업 시행을 위한 영등포지구 산업전도위원회 설립. 영락교회의 지원을 받아 공장목회를 위해 강경구 여전도사 파견. 강경구는 여성노동자들의 현실이 너무 열악하다고 보고함. • 대규모 공장이 있는 전국 주요도시에 목사와 기업인 장로들로 구성된 산업전도위원회 조직됨. • 전국 5개 도시의 11개 단과대학에서 특별히 선발된 대학생 14명이 여름방학 33일간 문경에서 제1회 기독학생노동문제연구회 개최. • 11월, 미국강철노조 간부이며 노동조합 조직부장인 존 램지 장로 방한하여 영등포·대전·인천·대구·부산·청주·광주·마산 등 주요 산업도시에서 한국의 노동조합을 주의 깊게 둘러보고, 산업전도연구회 인도하고 산업전도위원회 조직.
• 한국예수교장로회, 제44회 총회에서 통합과 합동으로 분열. 이후 통	1959	• 영등포지구에 대한 총회의 지원 끊김.

한국 개신교의 활동상황	시기	산업선교 활동상황
합 측은 에큐메니칼선언을 함으로써 '사회선교'를 주장하는 WCC와 미국NCC의 지원을 받는 산업전도를 계속하고, 합동 측은 WCC를 영구탈퇴하고 에큐메니칼운동을 절대반대하는 보수복음주의 교리를 선택함으로써 미국교회로부터 받던 모든 선교지원금이 끊김. 이들의 분열은 교회 내에서도 표면적 명분이나 신학적 견해차보다 교단 정치의 주도권 장악을 위한 정치적 의도가 더 컸다고 인정하고 있음. 이후 예장통합의 대표지도자는 한경직, 예장합동의 대표지도자는 김준곤으로 자리잡게 됨.		
• CCC, 서울 부산을 비롯한 전국 9개 도시에 지부 두고 학원복음화에 진력.	1960	• 외국의 산업전도 사례 시찰 위해 한국 대표 파견. • 산업전도 홍보 노래 제작·보급. 노동주일과 산업전도 주간 설정. 오철호가 기획한 대학생 '이동산업전도대(Industrial Caravan)', 전국 15개 지역 돌며 기독교인이 사장인 공장견학하고 노동자들 위해 음악회·무료진료 등 시행. • 4월, 에피아 카스트로 방한. 한국기독교연합회 청년국과 함께 현대사회와 기독교평신도운동 연구회 개최. • 5월, 액클(Ackle) 목사 방한, 산업전도 상황 둘러보고 산업전도연구회에서 특강. • 조지 오글(한국명 오명걸), 감리교 목사로 1955년 선교사로 한국에 왔다가 산업전도의 필요성을 예견하고 미국에 돌아가 맥코믹신학교 산업문제연구소에서 특별훈련 받고 다시 옴. 5월에는 예장의 산업전도 연구회에 참석하고, 8월에는 이동산업전도대에도 합류하여 사전준비함.

한국 개신교의 활동상황	시기	산업선교 활동상황
		• 인천에서 감리교 윤창덕·조용구 목사, 동일방직과 한국계공업주식회사에서 노동자들 전도를 위해 공장예배 보고 있었음.
• 5월 29일, 한국기독교교회협의회(KNCC), 5·16 군사쿠데타 공식적인 지지 선언. • 영락교회, 5·16 군사쿠데타 적극 지지. 한국 교계의 대표성을 지닌 영락교회의 군사정권 지지가 다른 교회에 미칠 영향을 충분히 계산한 장도영 육군첨모총장으로부터 감사의 편지 받음. • 6월 20일, 한경직 김활란 최두선, 쿠데타정권의 요청으로 미국의 지지를 구하기 위한 민간사절로 파견됨.	1961	• 기독교방송 통해 산업전도 홍보·계몽. • 오글, 인천에서 초가집 한 채 마련하고 공장전도에 관심 있는 사람들 중심으로 '인천산업전도위원회' 조직. 윤창덕 목사가 시무하던 내리교회 교인이 일하는 공장으로 수요일 점심시간마다 찾아가 노동자들과 다양한 주제로 토론. • 성공회 데일리(한국명 김요한) 주교, 강원도 황지 탄광 주임신부 하성근이 광산노동자 문제에 관심 갖고 산업전도 하도록 지원. • 예장 산업전도연구원 설치. 전국의 신학교 졸업생과 교직자 중에서 시험을 통해 산업전도 적격자 뽑음. • 일신방직의 서림교회, 대한모방·대한모직·동아염직의 영은교회 등 개신교 기업주들이 공장목회를 위해 교회 설립.
	1962	• 예장, 산업전도 시찰단 파견. • 5월, 예장 산업전도위원회 대표가 한국노총 도서관에 성경과 시계 증정. • 존스, 6월과 9월 2차례 내한. 알프레드 슈미트 박사도 6월에 내한하여 존스와 함께 제7회 산업전도연구회 전국대회에 참석하고 연구회 개최. • 인천산업전도 실무자로 지원한 조승혁 목사, 9월 4일부터 이듬해 1월까지 1년 4개월 간 오글의 제안대로 대성목재에 노동자로 취업. 노동자들의 현실에 충격 받음.

한국 개신교의 활동상황	시기	산업선교 활동상황
		• 11월, 조지 토드 박사 내한. 영등포 소재 영은교회에서 산업전도회 개최, 산업도시의 교회가 당면한 문제들과 일반신도들이 노동에 대하여 취해야 할 성서적인 의의 특강. • 11월 15일, 맥코믹신학교 산업문제연구소 초대소장이자 미국연합장로회 총회장 마샬 스칼 내한, 한국의 산업전도 현황 시찰하고 각 신학교와 대학교에서 산업전도사업의 시대적인 필요성에 대해 역설.
• KNCC, 박정희 최고회의 의장에게 민정이양 촉구하는 공개서한 보냄.	1963	• 3월, 한국 산업전도 상황 둘러보기 위해 칼데론 박사 내한. • 예장, 산업전도 시찰단 파견. • 어라복, 대구에서 경영자와 기업체 중역 중심으로 '기독교운영자회' 조직. • 첫 산업전도 목사 조지송 배출. 조지송은 산업전도연구회 · 노동문제연구회를 통해 훈련받았음. • 6월, 기독교장로회가 인천 대성목재공업주식회사 내에 산업전도실 설치하고 이국선 목사가 채용되는 형식으로 산업전도 시작. 9월에는 캐나다연합장로교의 지원으로 한국신학대학 내에 선교문제연구소 산업사회연구위원회 설치. 배창민(Beecham) 목사가 산업전도 전임선교사로 부임. • 11월, 존스 내한.
	1964	• 조지송, 영락교회 지원으로 2월부터 영등포에서 활동 시작. • 안양 · 대구 · 부산 등에도 전임실무자 임명됨. • 3월, 노동절기념대회에 예장 산업전도위원회가 모범조합원 16명 표창하고 성경책 증정.

한국 개신교의 활동상황	시기	산업선교 활동상황
		• 4월과 12월 존스 내한.
		• 인천 감리교산업전도회, 노동체험 마친 조승혁이 4월 5일부터 실무자로 활동 시작. 노동현실과 전도 사이에서 고민 끝에 '노동조합'을 만드는 것이 해결책이라고 결론내림. 노동문제에 대해 독학하며 JOC의 도움을 받아 '느헤미야 모임'과 '카프링클럽' 조직. '느헤미야'는 일반노동자들을 위한 월례모임. 7월 11일부터 시작된 '카프링'은 노동운동 지도자 양성을 위해 11명을 선발해 6개월간 주말마다 합숙하며 훈련. 노동관계법, 회의진행법, 지도력개발훈련, 노동자 의식화와 노동조합 조직 방법 등 강의. 이들은 이후 모두 현장 노조 간부와 활동가가 되었음.
		• 5월, 이권찬, 정하은, 조승혁, 오글, 김요한 등이 모여 처음으로 각 교단 산업전도 실무자 합동모임 개최.
		• 6월, 어라복 후임으로 함부만(Hoffman)이 예장의 산업전도 전임선교사로 부임.
		• 인천산업전도회, 각 사업장 단위의 노조위원장과 상임간부 중심 프로그램 실시. 노동조합은 노동자의 단결과 권익보호를 위한 유일한 곳이라는 사실 주지시킴.
		• 8월 24일~29일까지 장로회신학대학에서 제1회 산업전도 실무자 연구회 개최. 오글이 '인천의 산업전도를 중심으로'라는 제목으로 노동조합 지도자 교육성과에 대해 강의하고 한국노총 간부 박영기 초청하여 노동법에 대한 강의 들음.
• 2월 27일, 예장합동 지도자가 된 김준곤, 미국의 국가조찬기도회와	1965	• 3월, 영등포산업선교회, 제1회 평신도산업전도 교육에 '노동조합론' 등장.

한국 개신교의 활동상황	시기	산업선교 활동상황
국회조찬기도회를 주관하는 국제 기독교지도자협의회의 지원으로 한국에서 처음으로 '국회조찬기도회' 개최. • 2월, 베트남전에 군목 파견 시작. • 4월 17일, KNCC, '한일국교정상화에 대한 우리의 견해' 성명서 발표. • 7월 1일, 김재준 한경직 함석헌 강신명 강원용 등 개신교지도자 166명, 한일협정 비준 반대 성명서 발표. 이후 적극적으로 투쟁 전개.		• 대만 산업전도 시찰단 내한, 부산 등 4개 지구 순방. • 구세군 산업전도 시작. • 9월, 램지, 산업전도 특별강사로 방한. • 영등포산업전도회의 조지송, 공장목회에 회의 생기며 갈등 시작. 제1회 평신도 산업전도 교육에 '노동조합론' 등장. 영등포 평신도연합회 주최로 노조와 산업전도 실무자들이 모여 제1회 노조지도자 간담회 개최.
• 3월 8일, 김준곤과 CCC 주관으로 첫 '대통령조찬기도회' 개최. 미국을 비롯한 각국 외교사절, 삼부요인, 이효상 국회의장, 정일권 국무총리, 교단·교파 불문 개신교 지도자들과 신·구교 유명인사, 경제인연합회 부회장, 교육계 인사 등 각계 지도자들이 모두 모였으나 참석하기로 했던 박정희 대통령은 종교가 다른 비서실장 이후락의 방해로 불참했다고 함. 이 자리에서는 박정희를 '링컨과 같은 대통령', '모세와 같은 능력으로 민족을 이끄는 지도자' 같은 아부성 발언 속출. 개신교계 모든 언론이 격찬. • KNCC, 1966년부터 WCC와 미국교회가 반전·평화운동에 동참하자 이에 반대하고, 총무 길진경 목사는 우탄트 유엔사무총장의 발언을 '공산주의의 음흉한 간계를 모르는 망언'이라고 일축. • 8월 26일, KNCC, 베트남전 참전하는 백마부대 환송연합예배에서 김활란 유호준 등 파병군인들에게 '공산주의와 싸우는 정의의 십자군'이라며 축사.	1966	• 1월, 크리스챤아카데미에서 산업전도연구회 개최. 6월부터는 JOC도 참석, 명실공히 신·구교 산업전도 실무자 모임이 됨. 한국산업전도실무자협의회 설립. 성공회 데일리주교, 한국산업전도협의회 초대회장 역임. 이후 매달 정기모임 가짐. • 3월 13일~4월 4일까지 예장·감리교·기독교장로회·구세군·성공회 산업전도 실무자들이 아시아기독교교회협의회 초청으로 대만·일본 산업전도 시찰. 조지송은 이에 이어 3개월간 필리핀 노동교육원 연수 다녀옴. • 기독교장로회, 산업전도 전임실무자 인선하여 6개월 훈련 후 인천·안양·동서울 등에서 활동 시작. • 인천산업전도회, 인천 전 지역 노조지도자 훈련 실시. 회사와 노동자로부터 노사분규 해결위한 도움 요청 받음.

한국 개신교의 활동상황	시기	산업선교 활동상황
• 대통령조찬기도회는 열리지 않았으나 김준곤은 이를 지속시키기 위해 다양한 노력을 하였음. 지인 윤인식을 자신의 고향인 영광·함평에서 공화당 4선 국회의원이 되게 하여 국회 창구역할을 전담하게 하고, 자신의 오른팔인 윤남중을 미국에서 불러 대통령조찬기도회의 실무총무로 앉혔으며, 대통령조찬기도회의 재정을 담당하는 기독실업인 김인득 최태섭, 김일환 상공부장관, 방순원 대법원장 등과 준비모임 지속. • 한국기독실업인회 설립. 한국전쟁 중에 미국의 기독실업인회를 모방하여 부산에서 조직되었다가 전국조직으로 확대됨. 기독실업인회(CBMC)는 요강에 성경무오설을 믿는 보수적 신앙을 근간으로 한다고 명시하고 있음. • 5월 17일, 한경직 목사, 베트남에 가서 2주간 순회 전도집회 가짐. 한국교회는 박정희가 6대 대통령에 재선되고 동베를린간첩단사건 등의 발생을 이유로 베트남전 파병 앞장서서 지지. 파월부대에 성경 찬송가 및 전도지를 보내고, 교회도 설립하는 등 적극적인 활동 벌임.	1967	• 2월, 기독교장로회 산업전도 실무자 이국선, 동인천산업선교센터 건립. • 8월, 제2회 산업전도연구회 강원도 황지에서 개최. • 인천산업전도회, 지난 5년간의 활동에 대한 종합보고서 작성하고 각계 전문가에게 평가 요청. • 예장은 영등포를 제외한 지역에서는 산업전도에 대한 관심이 시들해짐.
• 5월 1일, 대통령조찬기도회에 박정희 대통령 참석 성사. 이후 매년 5월 1일에 성대하게 개최됨. 보수적인 신앙을 갖고 있는 모든 개신교단은 물론, WCC와 미국교회의 지원을 받고 있던 교단의 지도자들까지 적극적으로 이 기도회에 참여함으로써 김준곤은 한국에서 가장 세력있는 기독교 지도자로 인정받게 됨.	1968	• **산업전도를 산업선교로 개칭하기로 함.** 1월 24일~29일까지 태국 방콕에서 개최된 동아시아교회협의회(EACC) 도시산업선교연구협의회에서 각국 실무자들이 아시아 산업전도의 10년을 돌아보고 자신들의 경험을 나누다가 그동안 해왔던 교회중심의 '전도'에서 산업사회 위주의 '선교'가 되어야 하며, 노동자 중심 활동으로 변해야한다고 의견 일치를

한국 개신교의 활동상황	시기	산업선교 활동상황
		봄. 이에 따라 노동문제에 보다 관심을 갖고 노동조합 조직과 운영을 중심으로 사업을 전개하기로 결정함. 마침 미국 장로교에서도 '산업선교 선언문' 발표. 노동조합의 역할과 중요성 강조함.
		• 인천기독교도시산업선교회, 4월부터 6월까지 격주로 '노동문제세미나' 실시. 노동조합과 단체협약, 리더십 개발 등을 내용으로 하는 구체적인 노조지도자 훈련과정이었음.
		• 인천JOC와 연합활동 시작.
		• 동일방직에서 6개월간 노동훈련을 받은 조화순 목사 실무자로 합류.
		• 영등포산업선교회, 평신도산업선교 교육 내용을 대폭 수정하여 성서의 노동관 대신 노동조합과 노동운동에 대한 것으로 바꿈.
• 1월 27일, KNCC 총회에서 WCC의 기본방향인 '하나님의 선교' 도입. KNCC는 68년 김관석 목사가 기독교 기관들의 지지로 총무가 되면서 비로소 에큐메니칼운동을 제대로 시행할 수 있게 되었음. 교단들의 반발이 있었지만 김관석은 조용하면서도 탁월한 지도력으로 72년과 76년 총회에서도 재선임되었고, 70년대 한국교회가 그나마 민주화 인권운동에 기여할 수 있는 발판을 만들어 주었음. • 6월 5일, 기독교장로회 김재준 목사, 함석헌 박형규 등과 '삼선개헌 반대 범국민투쟁위원회' 만들고 삼선개헌 반대운동 적극적으로 전개. 8월 15일, '전국의 신앙동지 여러분'이라는 성명서를 통해 불의한 국가권력에 대한 기독교인의 결단과 참여 촉구했으나 큰 반향 없음.	1969	• 1월 7~10일, 제4회 도시산업선교연구회, '한국산업선교의 재평가와 새 방향 모색'이라는 주제로 교회와 산업선교 간의 관계모색 고민. • 예장 영등포산업선교회에 감리교 인천산업선교회의 김경락 목사가 합류, '영등포산업선교연합회'라는 이름으로 활동 시작. 3년간 독일 에버트재단 지원과 한국노총 협조로 의류피복업체 노동자에 역점을 두고 노동운동지도자 프로그램 실시. • 산업선교의 존재와 역할을 알게 된 노동자들이 찾아와 문제를 의뢰함에 따라 점차 노동현장의 문제해결에 개입하기 시작함. 또한 경제사정이 어려운 노동자들을 위해 신용협동조합운동 시작. • 조지송, 교회의 방법론에 회의를 가지고 있으나 교회의 이해 구하기 위해 제1차 경인지역 도시산업지구

한국 개신교의 활동상황	시기	산업선교 활동상황
<ul><li>예장합동 총회, 삼선개헌 지지성명 발표.</li><li>9월 4일, 김윤찬 박형룡 김준곤 김장환 조용기 등 목사 242명, 김재준의 정치활동은 정교분리에 어긋나는 것이며, 기독교인은 나라의 수반인 대통령을 위해 기도해야 한다고 주장하는 성명서 발표.</li><li>9월 5일, 대한기독교연합회도 "우리는 박 대통령의 용단을 환영한다"며 삼선개헌지지.</li><li>9월 8일, KNCC, "국론의 분열과 국력의 약화를 초래할 삼선개헌 발의에 대해 깊은 우려와 유감의 뜻을 표한다"는 소극적 개헌반대 성명 발표.</li><li>김준곤, 대통령에게 개신교의 황금어장이라고 하는 '전군신자화운동' 제기해 관철시킴. 또한 대통령에게 부탁해 정동 옛 러시아대사관 터를 불하받아 CCC 건물을 세웠다고 함. 김준곤의 역량이 가시화되자 이를 기회로 생각한 예장통합과 기독교감리회 등 그동안 표면적으로나마 에큐메니칼을 지향하던 교단과 교파들의 입장 모호해짐.</li><li>한국기독학생회와 대학YMCA가 통합하여 에큐메니칼 학생운동기구인 기독학생총연맹(KSCF) 설립.</li></ul>		<ul><li>목회자 연구회 개최. 또한 6월과 10월, 두 차례에 걸쳐 노동조합 간부와 경영자 측 대표들을 한자리에 모아 '기업발전과 노사협의'라는 주제로 노사문제세미나 개최.</li><li>인천기독교도시산업선교회, 실무자 8명, 사업장 20여 곳, 노동자 3만여 명과 함께 활동하는 단체로 성장. 69년을 2차적 단계로 설정하고 노사문제에 집중. 인천지역 10여 개 사업장의 노조지부장과 경영자가 한자리에 모이게 하는 노사협력프로그램 개설. 인천시청과 한국기계에서 감사패 받음. 그러나 노사문제 수행과정에서 노사분쟁의 근원적 원인이 경영자에게 있다는 것 깨닫고, 노조간부 뿐 아니라 평조합원의 의식이 매우 중요하다는 사실 인식하게 됨. 이에 6월부터 평조합원 의식교육 시작.</li><li>인천산선 조승혁, 인천중공업 노사분쟁에 중재자로 나섰다가 경기도 경찰국 정보과장에게 수사 받음.</li><li>인천JOC 남재민 신부, 각 공장 내 노동자들 모아 소그룹활동 시작.</li><li>10월, 노동현장의 문제점을 직시하고 노동자의 중요성을 알리기 위해 신·구교 합동 '사회발전과 노동문제 대강연회' 개최.</li></ul>
	1970	<ul><li>영등포산업선교연합회, 4월부터 노조지부 후원으로 조합원 훈련 시작.</li><li>영산, 제2차 경인지역 도시산업지구 목회자 연구회 개최.</li><li>7월 28~31일, 제7회 도시산업선교협의회 개최. 한국교회에 산업선교와 산업사회에 대한 관심 촉구.</li><li>인천도시산업선교회, 실무자 재훈</li></ul>

한국 개신교의 활동상황	시기	산업선교 활동상황
		련기간으로 삼고 실무자들이 국내 외 기관에서 전문적인 훈련을 받도 록 배려. 그로인해 조직활동 약화, 재정상태 취약해짐. 또한 경영주들의 문제를 지적하면 서 회사간부들과도 거리가 생겨 이 전처럼 협조적이지 않아 산선의 영 향력이 급격히 약화됨.

- 11월 25일, 연동교회에서 KSCF · 대 한가톨릭학생 서울대교구연합회 · 한국기독교도시산업선교실무자협 의회 · JOC 등 신 · 구교 4개 단체가 주최하는 평화시장 노동자 전태일 추도예배 거행.

- 인천산선, 11월 전태일 분신사건 직 후 인천지역 교회 · 사업체 · 노동자 상대로 '노동문제 대강연회' 개최했 으나 실패함. 위기감을 느낀 실무자들이 강력하 게 감리교 총회의 도움 요청했으나 냉담.

- 영산, 12월부터 편직업계의 문제의 뢰를 계기로 이들을 위한 노사문제 세미나를 열어 전국섬유노동조합 서울의류지부 결성. 12월 20일부터 1월 10일 사이에 5개 분회가 생기 고, 1년이 채 못 되어 조합원 2,350 명 가입. 이를 산별노조에 인계하 여 한국노총으로부터 좋은 반응 얻 음.

- 이 시기 경인지역에서 산업선교의 도움을 받아 노조를 조직한 업체는 100여 곳, 노동자 수는 4만 명이라 고 함.

- 인천기독교도시산업선교회, 영산의 도움으로 산우신용협동조합 시작.

- 조지송 · 조승혁 1년간 미국연수 떠 남.

한국 개신교의 활동상황	시기	산업선교 활동상황
• 김재준 함석헌 등 소수의 개신교 진보인사들, 지학순 이병린 천관우 등과 함께 박정희 정권 최초의 재야단체인 '민주수호협의회' 결성. 이후 유신체제에 대항하며 반독재 민주회복운동의 구심체 역할 함.	1971	• 3월, 편직업계 경영주의 노조설립 반대로 청부살해 당한 '김진수사건' 발생. 영등포산업선교연합회에서 편직업계 노조 설립운동에 열성적으로 임했던 김경락, 김진수 장례식에서 '교회에 보내는 메시지' 발표하여 기성교회의 비겁함과 안일함 개탄. 또한 이 과정에서 경영주와 노조간부들의 태도에 충격 받고 산업선교는 한국노총과 결별. • 4월, 미국 연수에서 돌아온 조지송, 김진수사건의 충격에서 벗어나면서 새로운 조직론과 방법론에 힘입어 방향 선회. 기존의 남성노동자들에게만 향해있던 관심을 여성노동자에게 돌리기 시작. • 4월, 인천산선의 조승혁이 미국에서 유명 민권운동단체인 알린스키 산업재단의 조직운동 훈련과 영향을 받고 귀국. 5월, '약한 것을 강하게'란 주제로 산업선교회원 교육. 오글과 함께 새로운 정책 실시. 6월부터 12월까지 실무자 대상으로 미국의 첨단 운동법 교육하고, 노동자를 의식화하여 그룹 리더 키우는 데 주력. 공동의식·단결의식 강조. • 특히 그동안 소외되었던 동일방직 여성노동자들이 이 빠른 속도로 의식화 되어 165명이 15개 그룹 조직. • 인천산선 조승혁, 노동자들이 안전에 대한 인식 미비와 시설의 열악함으로 산업재해에 시달리는 것을 막고자 산업안전교육 활동 시작. • 인천도시산업선교회, 기성교회의 관심과 지원 포기하고 '노동자교회' 설립.
• 5월, 한국기독교평신도회, 미 지상	1972	• 4월, 등포산업선교회, 한국모방에

한국 개신교의 활동상황	시기	산업선교 활동상황
군이 베트남전에서 철군하면서 한국군의 안위가 불안해지자 파월장병안전기원대회 개최하고 WCC의 반전운동 비난. • 5월 1일, 대통령조찬도회에 나오지 못한 박정희대통령 대신 육영수여사가 참석. 육영수는 이 자리에서 "나오진 못했지만 대통령도 이 시간에 청와대에서 여러분과 마음과 뜻을 함께 하고 있다. 민족과 나라와 대통령을 위해 전국 교회에서 늘 기도드리고 있는 것에 매우 감사하다"고 인사. • 10월 12일, 대한기독교연합회 유신 지지 성명 발표. • 11월 12일, 한경직 홍현설 등 40여명의 영향력 있는 교계 지도자들도 유신 지지.		서 퇴사한 여성노동자들이 퇴직금을 받지 못하고 도움 요청하자 JOC와 함께 퇴직금 받아주기 운동과 조합원 소그룹의식화운동 처음으로 시도. 의식화된 노동자들은 노조대의원대회에서 민주노조 출범에 성공. 이후 기업이 원풍모방에 넘어간 후에도 탄탄한 노조활동으로 '산업선교의 나바론'으로 불림. • 5월 10일, 인천산선에서 훈련받은 동일방직 여성노동자들, 노조 정기대의원대회에서 한국노동조합 역사상 처음으로 여성위원장과 여성집행부 탄생시킴. • 11월, 조지송은『활천』이란 잡지 통해 "앞으로 기업주보다는 노동자들의 구체적인 문제에 더 관심을 갖고 노동자들을 위한 활동을 할 것"이라고 선언.
• 한경직 목사 은퇴하고 원로목사로 추대됨. 그러나 그의 정신적인 영향력은 여전히 지대하였음. • 4월 22일, 기독교장로회 박형규 목사를 중심으로 한 수도권도시선교위원회 실무자들과 KSCF 학생들, 남산 야회음악당에서 열린 부활절 연합예배에서 유신체제에 도전하는 첫 신호탄인 민주회복과 언론자유 촉구하는 전단 살포. • 5월 1일 제6회 대통령조찬기도회, 유신 이후 거센 안팎의 비난여론을 잠재우기 위해 15개국 고위지도자 50여명 초대하여 영어와 한국어로 동시진행 되었으며, 저녁에는 국무총리가 외국인 참여자들을 위한 별도의 만찬행사 마련. • 5월, 대한모방 경영주 김성섭, 빌리 그래함 전도대회를 인도하러 온	1973	• 1월 29일, 영등포산업선교회, 대한모방·동아염직 여성노동자들에게 한국모방 퇴직금 받아주기 운동에서 처음 시행했던 소그룹운동을 도입, 20여 개 소그룹을 운영하며 노동자들을 의식화하여 '노동조건 개선과 강제예배 반대 투쟁' 일으킴. • 이후 개신교 기업주들 간에 반(反) 산업선교 정서 확대됨. • 7월 26일, 대한모방사건, 영등포산업선교의 끈질긴 투쟁으로 해고 노동자 복직시키되 1개월 후 자진사퇴토록 한다는 것에 합의함으로써 종결. • 10월, 영등포산업선교회, 교단 총무, 장로회신학대학장, 영락교회 전도부 간부 등 초청하여 '산업선교활동 평가회' 개최하고 산업선교의 정당성 설명했으나 반응은 부정적.

한국 개신교의 활동상황	시기	산업선교 활동상황
강사 중 한 사람 초청하여 공장예배를 본 후 전체 종업원 단합대회 열어 산업선교를 공격하는 '결의문' 채택. 또한 전국 장로교회에 "본 사건은 교단에서 사업비를 받아 운영하는 산업선교가 하라는 선교는 안하고 불법적으로 노동문제를 다룬 결과 발생한 일"이라는 유인물 보내고 교계 신문에 광고. • 5월 30일~6월 3일, 미국 개신교 보수세력의 대표격인 빌리 그래함 초청 전도대회 여의도광장에서 개최. 한경직 홍현설 등이 대회장으로 참여하여 분열되었던 19개 교파 100만 명이 넘는 교인들 참석. 박정희를 만난 빌리 그래함은 닉슨의 안부를 전했고, 박정희는 "공산주의 국가인 북한에는 종교가 없지만 우리나라에는 신앙의 자유가 보장되어 있다"고 함. 범정부 차원의 파격적인 지원이 이루어지고, 모든 매스컴이 동원되어 보도하는 가운데 매 행사 때마다 북한체제에 대한 성토와 자유대한에 대한 기도가 이루어짐. • 9월 26일, 제1차 한국기독실업인회 전국대회 성대하게 개최. 회장은 예장합동 교인이며 벽산그룹 창업주 김인득. 이 자리에서 김준곤과 한경직은 전군신자화에 이어 '전기업 복음화'를 주장하며 "지금 우리에겐 사상 최대의 복음화 기회가 주어졌다"고 함. 이후 한국기독실업인회는 '전국산업인복음화운동'과 '만(萬)교회운동' 벌임. • 11월 5일, 김대중납치사건 발생 이후 김재준 함석헌 장준하 등, '민주회복을 위한 시국선언문' 발표.		• 실무자 훈련 받은 인명진 목사, 영등포산업선교회에 합류. • 이후 기업들이 산업선교를 기피하면서 공장 내에서 활동할 수 없게 되자 취미활동만을 하던 기존의 신용협동조합 회원들을 중심으로 산업선교회관에서 소그룹활동 시작. 조지송은 기존교회에 대한 실망과 더불어 이 당시부터 노동자들의 외침이 곧 기도요 노동자들의 노래가 찬송가라고 생각하며 한 번도 교회 방식의 기도와 찬송을 하지 않았다고 함. • 인천기독교도시산업선교회, 3월에 조승혁이 크리스챤사회행동협의체로 이직하면서 조화순 중심 체제로 개편됨. • 이 당시 인천기독교도시산업선교회는 1971년 국보위법에 의한 노동자들의 단체교섭권과 단체행동권의 규제와 정부의 노동억제정책, 유신선포, 인천 내 기업들과의 갈등, 한국노총과의 결별, 조승혁의 부재 등으로 기존 남성노동자들의 활동 현격히 줄어들고, 주사업이던 노사분과위원회 활동 대폭 축소됨. 대신 직장여성부 소속 여성노동자들의 모임은 동일방직을 중심으로 활발하게 활동. 기존에 남성노동자들에게만 기회가 주어졌던 조합원 의식개발과 '여성운동사', '한국여성의 위치와 역할', '현대사회에서의 여성운동의 중요성' 등이 교육프로그램에 추가됨. • 활로가 막힌 인천산선 노사분과위, 인천지역을 벗어나 부평수출공단으로 영역 확대. 수출업체들이 몰려있던 부평공단은 수출기업체에 대한 다양한 정부의 혜택과 노동억

한국 개신교의 활동상황	시기	산업선교 활동상황
• WCC 선교학자들, 1973. 12. 28~1974. 1. 6까지 열린 방콕회의에서 "세상을 위한 교회의 자각으로 평화와 정의의 새 사회를 건설하기 위한 경제·사회·정치적인 해방운동과 혁명투쟁에 참여할 것을 선교적 사명으로 삼기로 결의함.		압정책으로 장시간 노동, 저임금 등 열악한 활동 속에서도 노조결성이 불가능한 곳이었음. 이에 실무자 유흥식과 카프링회원 황영환이 처음부터 '노동조합 조직'이라는 분명한 목적을 가지고 6월부터 6개월간 청년 노동자 12명 선정하여 음성적으로 소그룹 구성하고 노동법과 노동문제, 노동조합 등을 집중적으로 교육하고 훈련. 이 과정이 끝나자 노동자들은 자신이 일하는 공장 내의 다양한 부조리들에 대해 눈을 뜨고 항거할 수 있는 분명한 이유와 명분을 알게 되어 투쟁으로 연결됨.
		• 12월 12일, 삼원섬유를 시작으로 부평공단에서 인천산선으로부터 교육 받은 노동자들이 3곳의 노조결성에 성공. 그러나 이를 시작으로 노조 조직을 주도한 노동자들은 회사의 숱한 방해공작과 폭행에 시달려야 했으며, 경찰서, 노동부, 안기부, 보안사 등의 위협 속에서 엄청나게 시달림.
		• 12월 18일, 인천산선의 실무자 최영희, 다양한 노력 끝에 부평공단 여성노동자 8명 모아 3개월 예정으로 비밀리에 교육에 들어감. 최영희는 당시 상황이 매우 좋지 않아 문제가 될 만한 단서를 남기지 않기 위해 모든 것을 기억에만 의존해 일을 하였다고 함. 뛰어난 능력을 보인 반도상사 한순임은 탁월한 리더십으로 회사 내에서 영향력을 키워나갔으나, 노조결성을 방해하는 회사의 공작으로 경찰에 연행되고 정보부에 끌려가 끔찍한 고문을 당함. 의식화되긴 하였지만 반공논리에는 취약한 노동자들은 당연히 산업

한국 개신교의 활동상황	시기	산업선교 활동상황
		선교와 실무자를 의심하고 갈등하게 됨.
• 5월 1일 대통령조찬기도회에서 박정희대통령, "북한 공산당이 종교계에 침투하려고 획책하고 있다. 종교지도자들은 유의해주기 바란다"고 경고. • 6월 11일, 공화당 의장서리 이효상, 정부정책에 반대하는 종교인사들 비방하며 옳지 못한 태도라고 비난. • 8월 14일~18일, 김준곤과 CCC, 한국 개신교가 유신을 지지한다는 것을 널리 알리고 교계의 반체제인사들을 고립시키기 위한 방편으로 '엑스플로 74' 개최. 박정희의 전폭적인 지원으로 84개국 3,400명의 외국인 포함, 연인원 655만 명 참석. 행사 도중 육영수 저격 사망사건이 발생. • 11월 7~9일, 제2회 한국기독실업인회 전국대회 개최. 서울특별시장 환영 리셉션으로 시작하여 임방현 대통령 특별보좌관의 강의, 회장 김인득의 한국기독실업인의 역할에 대한 발언, 국무총리를 위한 조찬기도회가 이어짐. 주요인사 512명이 모인 국무총리를 위한 조찬기도회에서 김종필은 유신정권이 개신교에 얼마나 많은 특혜를 주고 있는가를 상기시키며, 에큐메니칼 측과 외국선교사들의 반정부행태 비난. • 11월, 외무장관 김동조, UN총회 참석차 미국에 가서 주한외국인 성직자들이 국내 정치문제에 관여하는 것은 입국목적 위반으로 추방령 내릴 수 있다고 발언. • 11월 18일, KNCC, '최근 정부요인	1974	• 산업선교 실무자 인명진과 김경락, 긴급조치 1호 위반으로 구속. • 1월, 한국모방 사장의 노조지부장 구타사건에 산업선교와 JOC가 활동하는 신·구교 노동문제공동협의회가 결의문 발표. 한국노총과 섬유노조에 책임을 묻는 이 성명에 대해 한국노총은 즉각 반박성명을 내고 "일부 종교인들이 직분을 망각한 노동조직 행위를 한다"며, "산업선교가 분별없는 책동을 계속하면 조직력을 총동원하여 분쇄하겠다"고 위협. • 4월 4일. 인천산선 최영희로부터 교육받은 반도상사 부평공장 한순임 등 여성노동자들, 노조결성하고 여성지부장과 집행부 선출에 성공. • 인천산선의 치열한 활동으로 부평공단 19개 공장 내에 노조 결성됨. • 인천산선의 활동이 알려지면서 총무 조화순 목사는 3개월간 감옥에 수감되었고, 최영희도 8개월 간 피신해 있느라 활동할 수 없게 되자 동일방직 외 연륜이 짧았던 소그룹은 하나도 남아있지 않게 됨. • 이후 인천산선은 정부의 눈을 피해 설립한 노동자교회인 인천의 일꾼교회와 부평의 광야교회를 중심으로 노동운동을 하게 됨. • 인천산선, 극비리에 10개 회사 대상으로 72회에 걸쳐 2,163명의 노동자들에게 노동법과 노동운동에 대한 교육 실시. 노동자들은 정치·사회적 위협과 노동현장의 심각성을 동시에 느끼면서 음성화가 주는 비밀스러운 유대의식으로 단결력 더 강화.

한국 개신교의 활동상황	시기	산업선교 활동상황
들의 기독교에 대한 발언에 관하여'란 성명서 발표하여 정부가 언론·집회·선교의 자유를 억압하고 있다고 반발. • 11월 27일, 개신교 보수세력, "정부는 순수한 신앙운동에 대해 협조할 뿐이며 탄압한 일은 없다"고 주장. 대한기독교연합회는 "외국인 선교사들이 반정부데모를 하는 일은 공산침략자들에 대한 이적행위"라고 함. • 11월 29일, 개신교 보수세력, '반공대강연회' 열고 유신의 정당성 옹호하며 KNCC 맹공격. • 11월, 미국 복음주의 개신교협회 총재 칼 매킨타이어 방한. 박정희 대통령 만나고 반공강연회 개최, "한국에는 종교의 자유가 있으며, 성직자들이 정부를 비방하는 것은 비성서적이고, WCC는 기존 교회를 와해시키고 있다"고 주장. • 11월, KNCC가 칼 매킨타이어가 정부의 비호 아래 한국정부를 옹호하며 다니는 것에 대해 비난하자 CCC는 자신들이야말로 400만 한국 개신교를 대변하고 있으며, 사회참여는 극히 일부분의 의견일 뿐 개신교 전체의 의견은 아니라며 공방전.		• 12월 14일, 오글 목사 추방당함.
• 1월, 기독실업인회장 김인득과 김장환 목사, 미국 내에서 유신과 인권문제로 반한여론이 고조되기 시작하자 정부 옹호 위해 자비로 첫 번째 미국 순방길에 오름. 이들이 방미할 때마다 정부는 적극적이고 세심한 배려와 로비활동에 필요한 모든 것을 제공. 이들은 미국 전역을 돌며 수차례 저명인사들을 초청하여 조찬모임	1975	• 2월 15일, 인명진 출옥. • 4월 28일, 영등포산업선교회에 명노선 전도사 새로 부임. 명노선은 노동자들을 극진히 섬김으로써 노동자들에게 산선회관이 집처럼 느껴질 수 있도록 많은 배려를 하였음. 또한 본격적인 소그룹활동을 하기 위해 21평짜리 당산동 시범아파트를 미국교회와 영락교회의 후원으로 구입하여 이사.

한국 개신교의 활동상황	시기	산업선교 활동상황

과 성대한 만찬을 베풀고, 73년과 74년도 여의도 대형집회의 실황녹화 영상을 보여주며 폭발적인 증가세를 보이고 있는 한국 기독교의 무한한 종교의 자유, 그리고 북한과 WCC를 비방. 빌리 그래함 또한 워싱턴 만찬자리에서 강연을 하며 이들을 도움.

또한 CBS TV에도 출연하여 오글과 대담방송 후 "한국에 종교탄압 없다, 오글 목사 TV 출연해 밝혀"라고 한국 신문에 왜곡 보도.

- 4월 21일, 새문안교회 강신명 목사, 기자회견 갖고 베트남전과 인도차이나사태 거론하며 시국선언문 발표.
- 4월 22일, 최태민이 대통령 영애 박근혜를 명예총재로 하는 '대한구국선교단' 설립하고 '비상시국선언문' 발표. 또한 "공산주의의 위협으로부터 나라와 민족, 자유세계를 지켜달라"는 요청대로 소속목사들에게 군사훈련 실시하고 6월 21일, 구국십자군 창군.
- 4월 28일, 기독실업인회가 지원하는 한국기독교지도자협의회, '반공과 국가안보에 관한 성명서' 발표.
- 5월 2일, 반공구국기독학생운동회 호소문 발표.
- 5월 6일, 반공구국학생대회·대학생선교회 시국선언문 발표.
- 6월 22일, 개신교 16개 교단, 한경직을 위원장으로 '나라 위한 기독교연합기도회 준비위원회' 구성하고 여의도 광장에서 '나라 위한 기독교연합기도회' 개최.
- 6월 25일, 한국기독교구국기도연맹 주최 전국 6·25 25돌 멸공다짐 기념식 통일기원 예배.

영산은 노동자들의 당면한 문제를 해결하기 위해선 궁극적으로 강력한 노조를 통해 해결하는 것이 최선이라고 생각해 소그룹활동을 통해 친목도모는 물론, 노동자 의식을 갖게 하고 현실을 직시하게 하며, 불의에 분노할 줄 아는 인간이 되게 하는데 주력하면서 투쟁단계에 다다를 수 있게 유도하였음.

초반에는 1~2개에 불과하던 소그룹이 75년 하반기에는 80여 개로 늘어남.

- 인천산선, 최소의 희생을 내면서 최대의 목적을 이루기 위한 전략으로, 극비리에 분산된 소그룹으로 노동자 교육 계속.

한편 산선의 교육과 훈련으로 의식화 되어 노동운동을 하는 노동자들에 대한 해고와 폭력사태, 실무자들에 대한 견제와 구속 등 문제가 심각해지자 에큐메니칼현대선교협의체와 공동심포지움 열고 홍성우 변호사를 선임해 법적 투쟁을 하는 등 사태를 여론화하기 위해 애씀.

- 소그룹은 이 시기에 정부의 눈을 피해 노동운동을 할 수 있는 유일한 방법으로 콘트롤데이터·YH무역·청계천피복노조 등 산업선교는 물론 JOC의 영향을 조금이라도 받은 노조들은 거의 모두 소그룹을 운영하고 있었음.
- 산업선교회, 「도시산업선교의 정책」 펴냄.

한국 개신교의 활동상황	시기	산업선교 활동상황
• 7월 1일, 기독실업인회, 19개 교단 대표들을 모아 '한국기독교지도자협의회(기지협)' 구성. 기지협의 목적은 한국교회가 당면한 어려운 문제를 범교회적으로 해결하고, 외국교회의 여론을 환기하기 위해 해외 홍보활동을 적극적으로 벌이는 것임. • 7월 15일, 대한구국선교단 구국십자군 수련대회. • 7월 17~19일, 명동예술극장에서 제3차 세계기독교반공연합대회 개최. 한경직 축도, 국회의장 정일권 축사. 이 대회는 대통령조찬기도회 주요 실무진인 윤인식이 위원장으로 있는 세계기독교호교반공연합회 한국연맹에서 주최한 것임. • 7월 19일, 구국십자군 화랑정신 수련대회. • 7월 23일, 김준곤 목사 기자회견, "종교, 공산주의와 공존 못해". • 7월 26일, 기지협, '세계교회에 보내는 한국교회 선언문' 발표. "아직까지 한국교회는 정부로 인해 간섭이나 침해를 받은 일이 없고 선교활동도 자유로이 계속하고 있다"며, "현 시국 하에서는 신앙수호와 국가안보를 우리의 제일차적인 과업으로 간주한다"고 주장. • 7월, 김인득의 두 번째 미국 순방. 베트남전 종료로 국제정세에 큰 변동이 생겨 한미관계에도 재검토가 불가피해진 시점에서 행해짐. 새문안교회 장로이자 기독실업인회 회원이고 이듬해 유정회 국회의원이 된 김익준이 동행함. • 10월, 기독실업인회가 초청한 재미교포 종교지도자와 재미실업인회원들의 방한 마지막 날 조찬기도회		

한국 개신교의 활동상황	시기	산업선교 활동상황
에서 김종필이 방미 종교외교의 성과 치하함.		
• 2월, 김인득, 포드 대통령이 '신태평양독트린'을 발표한 직후 3차 방미. 김익준과 전 통일원장관을 지낸 기독실업인회 회원 신도성이 동행. 이후 정부에 '미국여행 귀환 보고서' 제출. • 3월, 인도차이나사태를 빌미로 반공을 내세워 국민을 억압하는 정책에 문제를 느낀 신·구교 지도자들이 모여 합동기도회 열고 '민주구국선언서' 낭독(명동사건). 서울지검은 이 사건을 '정부전복선동사건'으로 규정하고 관련자들을 긴급조치 9호 위반으로 검거. • 4월, 기지협, 프레이저 발언을 친공적인 망언으로 규탄하는 성명서 발표. • 4월, 서울시경 부국장이며 예장통합 영등포노회 영도교회 장로 김재국, 『한국기독교 이해』 발간. 산업선교를 비롯한 에큐메니칼운동을 용공으로 비방하는 내용으로, 노동운동을 진압하는 경찰들의 교과서 노릇을 하였음. • 5월 1일, 대통령조찬기도회, 국가조찬기도회로 명칭 바꿔 계속 개최됨. • 6월, 홍지영에 의한 『한국 기독교와 공산주의』 발간. 교회 활동 중에 공산주의자들의 활동이 있다며 산업선교 언급하여 서술. • 6월 26일, KNCC, 문화공보부장관에게 『한국기독교와 공산주의』가 전국에 배포되고 있는 상황에 대해 유감의 뜻 전하는 공한 발송. • 7월 25일, 기지협, 수도권특수지역	1976	• 2월 8일, 영등포산업선교에서 교육받은 해태제과 노동자 400여명, 12시간 일 할 테니 곱빼기 작업과 일요일 작업은 쉬게 해달라며 작업 거부. • 2월 27일, 영산, 해태제과에 노동자 지원 공문 보냄. • 6월 7일, 호주 선교사 라벤더, 영등포산업선교회 지원하기 위해 한국에 옴. • 7월, 동일방직 노동자 나체시위사건 발생. 인천기독교도시산업선교회를 통해 훈련받고 여성지부장과 여성집행부를 구성한 여성노동자들이 또다시 1975년 노조 집행부를 장악하게 되자 이를 막기 위해 회사와 남성노동자들이 여성노동자를 폭행하는 등 방해공작을 하고, 여성노동자들은 민주노조를 사수하려고 치열한 싸움을 하는 가운데 발생한 사건. • 영등포산업선교회의 소그룹 100여 개로 확장. • 영산 소그룹을 통해 의식화된 노동자들은 자신들이 처한 문제의 원인과 해결방안을 고민하고, 준비가 되었다고 판단 될 때 행동에 대한 최종결정을 내림. 산선의 영향을 듬뿍 받은 노동자들은 대단한 각오로 결의를 다지고, 자신의 희생을 당연한 것으로 생각하였다고 함. 실무자들은 산선 회원이 전 직원의 1/200이 되면 준비가 된 것으로 보았고, 구체적인 행동에 들어가게 되면 지원세력이 될 다른 회사 그룹의 수와 정치·사회적 상황, 청년

한국 개신교의 활동상황	시기	산업선교 활동상황
선교위원회 선교자금사건으로 구속 기소되어 재판받던 KNCC총무 김관석에 대한 관대한 처분 부탁하는 진정서 발표. • 11월 29일~12월 3일, 한국기독교반공연합회, 예장합동 소속 외국인선교사 라보도 내세워 전국 돌며 반공강연회 개최. 강연내용은 박정희에 대한 극진한 찬사와 유신체제에 대한 절대 충성, 그리고 WCC와 에큐메니칼운동에 대한 중상모략으로 일관.		학생과 교회의 형편 등을 모두 고려하여 결정하였다고 함. • 영산 소그룹활동 통해 의식화된 대일화학, 남영나일론, 한흥물산 노동자들, 노조개편 시도했으나 실패. • 영산, 노동교회 설립. • 8월, 한국도시산업선교연합회와 KSCF, 김재국에게 항의하는 공개장 보내고 공식적인 해명과 공개적인 토론 요구. 국무총리에게 보내는 공문도 발송.
• 1월, 홍지영의『정치신학의 논리와 행태』출간. • 3월 3일, 한경직 등 원로 목사 31명, 주한미군 철수를 둘러싸고 한·미 간 긴장이 고조되는 것을 우려해 '한국기독교시국대책위원회' 결성. 결성식에서 "한국에는 인권이 유린되고 종교의 자유가 없다는 일부 해외의 왜곡선전을 시정하는 한편, 한국의 실정을 올바르게 이해시키기 위해 발족되었다"고 함. • 3월 27일, 여의도광장에서 '나라를 위한 특별기도회' 개최. • 홍지영, 4월 23일~8월 27일까지 「기독신보」에 '기독교에 침투하는 공산주의 전략 전술 비판 : 용공논리, 그 하나의 실증' 연재. • 5월 26일, 강신명 목사가 대표로 주한미군철수반대 궐기대회 열고 가두시위. • 8월 15일~18일, 민족복음화대성회 개최. • 10월 15일~78년 3월까지 홍지영, 「기독신보」에 '산업선교란 무엇인가 : 노조운동의 사상적 기초' 18회 연재.	1977	• 영등포산업선교회 1977년 활동보고서 첫머리에는 "이 보고서는 타인에게 주지 마십시오"라고 쓰여 있으며, 1976년을 회고하는 글에는 "원수 마귀가 굶주린 사자처럼 우리를 삼키려 하였고, 온갖 고난의 가시밭길이었지만 굴하지 않고 멈춤이 없이…"라고 하여 얼마나 어려움이 많았는지 짐작하게 함. 그 와중에서도 소그룹은 150여 개로 확장. • 2월, 방림방적 체불임금 요구 투쟁 전개. 방림방적은 환경이 너무 열악하여 영산이 처음부터 관심을 갖고 1975년 말 그룹조직에 성공한 후 노동자들의 의식화 교육 시작. 산선회원 250여명의 연서명과 14개항의 요구조건 내세우며 투쟁함. 투쟁기간이 길어지자 산선은 이를 사회·정치문제로 확대시키기로 결의하고 수차례 공개적인 기도회를 열고, 재야인사들을 동원해 간담회와 성명서 발표 등으로 투쟁 지원. 또한 재일교포 기업이라는 점을 들어 일본 기독교여성단체에 방림상품 불매운동 전개. • 3월, 남영나일론 임금인상 요구 파

한국 개신교의 활동상황	시기	산업선교 활동상황
• 11월, 홍지영, 『산업선교는 무엇을 노리나』 발간. • 12월, 『현대사조』 창간호 발간. 기독실업인들과 개신교 보수세력의 지원을 받은 이 잡지는 전국의 공장과 교회로 보내졌으며, 산업선교가 쇠퇴하는 1982년까지만 간행됨.		업 결행. • 4월, 인선사 임금인상 및 노동조건 개선 요구 투쟁. • 7월, 6월 27일 국회 대정부질문에서 노동청장이 산업선교를 불법단체로 규제하라고 발언한 사실이 밝혀진데 대해 산업선교회가 공동으로 성명서 발표. • 10월, 제일제당 임금인상 및 노동조건 개선 요구 투쟁. • 2월, 구미공단이 본격적으로 가동되면서 영산에서 훈련을 받은 여성전도사 고애신이 구미공단에서 산업선교 시작.
• 3월 15일, KNCC 사회선교협의회 실무자들, 동일방직 문제와 정부의 산업선교 탄압정책을 규탄하고 이를 해결하기 위한 운동 전개. • 3월 18일, 예수교장로회 청년회 전국연합회, 동일방직사건과 정부 규탄 성명서 발표. • 3월 25일, 한국기독청년협의회, 동일방직사건 해결을 위한 성명 발표. • 3월, 신·구교 성직자, 해직교수, 청년학생, 해직언론인, 문인, 법조계 등이 모두 참여한 '동일방직사건 긴급대책위원회' 구성됨. • 3월, 여신도연합회와 교회여성연합회, 청와대에 동일방직 노동들을 구하기 위한 진정서 내고, 해고노동자들을 위한 모금운동 펼침. • 3월, 홍지영, 『이것이 산업선교다』 발간. • 5월 2일, 구미산업선교 실무자 고애신이 출석하는 예장 구미 영락교회 담임목사, 교인들에게 "우리 교	1978	• 1월 22일, 한국교회사회선교협의회, '산업선교의 과제와 전망'이라는 심포지움 개최하고, "홍지영의 책자는 산업선교에 대한 인식을 혼란시키고, 노동계와 종교계에 불신을 조장케 할 우려가 있다"며, 배포중지를 요청하고, 정부의 간계 폭로. • 2월 21일, 동일방직 노동자들에 대한 인분투척사건 발생. 노조 대의원 선거일 아침, 회사 측 남성조합원들이 산선회원 중심의 여성집행부가 될 것을 우려해 저지른 사건. 동일방직 여성노동자들은 민주노조수호투쟁을 벌이며 이 문제를 여론화시키기 위해 노력하게 됨. 사건이 확대되자 회사는 126명을 모두 해고시키고, 섬유노조위원장 김영태는 블랙리스트를 만들어 이들의 재취업을 전면 봉쇄함. 이 과정에서 투쟁방법을 놓고 조화순과 노조지도부의 갈등이 고조됨. • 3월, 동일방직 사건을 주제로 연극 공연 중 무술경관 난입. • 3월 26일 새벽, 부활절 연합예배 단

한국 개신교의 활동상황	시기	산업선교 활동상황

회는 산업선교와 아무 관계가 없다. 고애신의 본 교회 출석을 금한다"고 해명서 발표. 또한 고애신을 파견한 경서노회장에게 "회사가 고애신이 나가는 교회는 산선 본부요, 산선은 공산당 사상이 농후한 불온단체. 이 교회에 다니는 사람은 중앙정보부에 이름이 올라가 있고 즉시 해고를 시킨다고 하니 대책을 세워달라" 요청.

- 5월 12·16일, KNCC 도시농촌선교협의회와 교회와사회위원회, 산업선교에 대한 용공 매도와 인명진의 구속, 동일방직 인분사건에 관한 진상조사 결과를 가지고 '산업사회선교대책협의회' 개최. 이 자리에서 내무부장관과 법무부장관, 한국노총위원장에게 공문 보내 홍지영 책자 배포와 강연을 금지해 줄 것 당부.

- 5월 19·25일, KNCC 도시산업선교위원회와 교회사회선교협의회, 산업선교에 대한 정부의 정책 비난하는 성명서 발표.

- 6월 13일, 교회사회선교협의회, 인명진 목사를 위한 기도회 열고 선교 수호 다짐.

- 7월 8일, 예장 내에 산업선교수호위원회 결성. 인명진 목사의 구속과 수사가 인 목사가 인용했던 성경구절을 문제시 하는 쪽으로 진행되자, 역으로 성경무오설을 신빙하는 개신교 보수주의자들을 동원하여 인 목사 석방운동을 벌이기로 한 전략이 성공한 것임.

- 7월 15일, 한국기독교산업문제연구원, 개신교 목회자들에게 산업선교를 설명하고 홍보하기 위한 『도시산업화시대에서의 목회자료집』 간행.

상에서 동일방직·방림방적·남영나일론·삼원섬유·원풍모방 여성 노동자들이 "동일방직 문제 해결하라", "산업선교는 빨갱이가 아니다" 외치고 집시법과 예배방해죄로 구속됨.

- 5월 1일, 인명진 목사 구속되고, 영산에 다양한 명목으로 갑자기 엄청난 세금과 벌금이 부과됨.

- 동일방직 해고노동자 5명, 부산에서 출마한 섬유노조위원장의 어용 행각 고발하는 유인물 살포 중 연행, 구속됨.

- 6월 17일에는 영산 실무자로 활동하던 호주 선교사 스티븐 라벤더 추방됨.
노동운동이 공장의 울타리를 벗어나 반정부단체, 외국과 연대하자 위협을 느낀 정부가 산업선교 활동을 제어하기 위한 조처였음.

- 영산, 대일화학 노조 정상화 투쟁, 진로주조 근로자 임금인상 투쟁, 대동전자 근로조건 개선 투쟁, 대한방직 연장근로수당 받기 투쟁을 비롯, 미원, 동양나이론, 신진섬유, 관악구청 등 20여건 노동자의 진정 받고 권익옹호를 위한 활동 주도.

- 7월, 구미산업선교회 고애신 전도사, 극언이 담긴 협박편지 17통 받음.

- 11월 1일, 인명진 목사 석방.

- 11월 15일, 조화순 목사 구속.
부산에서 열린 신·구교연합기도회에서 동일방직사태에 대해 발언했다는 이유로 5년 선고받음.

한국 개신교의 활동상황	시기	산업선교 활동상황
• 8월 1일, KNCC, 『산업선교를 왜 문제시 하는가』발간하여 전국 교회에 배포. • 8월, 홍지영, 『산업선교 왜 문제시되는가 : 한국교계의 참된 이해를 위하여』발간. 홍지영의 책들은 회사와 노조, 경찰기관 등에서 일괄 구입하여 노동자들에게 배포하고, 산업선교 비방교육을 하는 것으로 적극 활용되었음. 이 책들의 영향으로 '산업선교 용공론'의 세례를 받은 기업, 어용노총, 경찰은 노동운동을 하는 노동자들에게 가공할만한 폭력을 행하고도 당연하게 생각하게 되었음. • 9월 5~7일, KNCC 주최 '산업선교신학정립협의회' 개최. 신학자, 산업선교 실무자, 및 관련기관 대표들이 모여 '도시산업선교신학 선언' 채택. • 9월, 예수교장로회 제63회 총회에서 '(인명진 목사 구속 관련) 시국에 대한 교단성명' 발표함. 인 목사를 재판하기 위해 소망교회 장로를 검사로 내세웠던 정부도 예장총회의 이런 반응에 하는 수 없이 석방함. • 10월 24~25일, KNCC, 국제산업선교정책협의회 개최. 한국의 산업선교는 국내의 활동도 중요하나 세계 교회와의 연대 또한 필요하다는 취지에서 비롯됨. • 12월, 64년부터 영등포산업선교를 지원해 오던 영락교회, 더 이상 산업선교에 대한 지원을 하지 않겠다고 통보.		
• 박병훈 목사, 『공산주의 서방교회 침투와 한국교회 내의 활동상』이란 책에서 산업선교는 공산주의가 서방교회에 침투한 것이라고 주장.	1979	• 7월 17일~80년 2월 21일, 해태제과 8시간 노동을 위한 투쟁 전개. 회사가 동원한 남자기사들에 의한 폭력으로 부상자가 속출하자 영산

한국 개신교의 활동상황	시기	산업선교 활동상황
• 8월 15 · 27일, 예장, 정부가 공식적으로 YH사건의 배후로 인명진과 산업선교를 지목하자, 이로 인해 교회의 전도나 이미지에 상처 받을 것을 우려하여 성명서 발표. • 8월 28일, 기독교감리회 역시 전국 교회와 일반사회를 상대로 "산업선교는 반공선교를 지원하고 있다"며 한국교회 옹호 성명 발표. • 9월 4일, 한국기독교지도자협의회, 문공부장관 김성진 초청하여 강연 들음. 이 자리에서 김성진은 "기독교가 사회발전에 지대한 공헌을 했다. … 대다수의 목사들은 헌신적이고 순수한 목회활동을 하는 것을 알고 있으니 걱정하지 말라"면서, "일부 극소수의 목사들의 불법행동은 정확히 구분, 대처해 나가겠다"고 함. • 9월, 한국기독교교회협의회 도시산업선교문제대책위원회, 8월 23일~9월 10일까지 자체 조사한 내용으로 『도시산업선교문제조사보고서 : 불순세력 운운…의 문제를 중심으로』 펴냄. • 9월 14일, 대통령특별법에 의한 '산업체에 대한 외부세력 침투실태 특별조사반' 반장 박준양 대검공안부장이 "산업선교가 용공단체라는 증거는 발견하지 못했다"고 밝힘.		은 해태 노동자투쟁 지지 기도회 개최, 해태제과 노동자 폭력사태 대책협의회 결성, 해태 제품 불매운동 고려하겠다는 성명서 발표 등으로 이들을 지원. • 영산, 롯데제과 부당해고 복직투쟁과 휴업수당 청구 투쟁 지원. • 영산, 천일곡산 퇴직금 받기 투쟁 지원. • 8월 7일, YH무역 노조, 회사가 갑작스레 폐업 단행하자 영등포산업선교를 비롯한 각 선교단체와 인권단체 등에 지원 요청. • 8월 11일, 산업선교회, YH사건과 산업선교와는 아무런 관련이 없으며, 오히려 그들의 아픔에 같이하지 못한 것이 부끄럽다는 반박성명 발표. 8월 9일 자신들의 문제를 정치문제화 시키기 위해 신민당사에 들어간 YH 노동자들을 공권력으로 강제진압한 서울시경국장 이순구가 "도시산업선교회와 크리스찬아카데미에서 특수훈련을 받은 YH노조 지부장 등과 배후자를 강력히 의법 조치 하겠다"고 발언한 것에 대한 것임. • 8월 17일, YH사건 배후조종 혐의로 인명진 목사 구속됨. 이후 8월 말까지 집중적으로 모든 언론은 선정적이고 과격한 용어를 사용하여 "산업선교는 종교를 빙자하여 노동문제에 개입, 노동자를 선동하여 폭력적 방법으로 사회주의체제를 건설하려는 불순세력"으로 보도함.
• 8월 6일, 한경직 조향록을 비롯한 개신교 교단별 총회장들과 기독실	1980	• 2월, 동일방직 해고 노동자 6명, 자신들을 외부 불순세력의 조종을 받

한국 개신교의 활동상황	시기	산업선교 활동상황
업인 장로들, 서울 롯데호텔 에머 랄드룸에서 전두환과 신군부를 위 해 '국가와 민족의 장래를 위한 조 찬기도회' 개최. 5 · 18 광주학살로 정권을 접수한 전두환이 대장으로 진급한 다음날 이었음. 이 행사는 KBS와 MBC를 통해 방영되었고, 일간지 머리기사 로도 실림. ● 8월 12일, 세계복음화대성회 개최.		고 분뇨와 독침을 휴대하고 다니는 악질적인 인물이라고 공공연하게 비난했던 섬유노조위원장 김영태 명예훼손으로 고소. ● 2월 21일, 8개월만에 해태제과 노동 자들과 영등포산업선교가 함께 펼 친 8시간 노동제 투쟁이 결실 맺음. ● 5월 18일, 조화순 인명진 등 산업선 교 실무자 별다른 이유 없이 연행 됨. ● 신군부에 의해 작성된 블랙리스트 에 의해 노동현장에서 1,000여 명의 노동자가 해고됨. 또한 12월 31일, 국보위가 노동관련 법 개정에 '제3자 개입 금지 조항'을 신설함으로써 산업선교의 입지가 많이 좁아짐.
	1981	
● 4월 21일, 교회사회선교협의회 총 무 권호경, "본 협의회의 성명은 '반미'가 아니다"라고 선언. ● 4월 21일, 한경직 정진경 조용기 등 20개 교단 대표들과 장로들이 모인 한국기독교지도자협의회, 사 회선교협의회의 입장에 반대하는 '한미우호 확인 성명' 발표. ● 예장통합 총회, 총회장 명의로 사 회선교협의회의 성명서를 부정하 는 목회서신 전국 교회에 발송. ● 영등포산업선교회가 소속되어있는 노회의 목사와 장로들, 산업선교 실무자들 불러 "방화 살인을 합리 화하는 성직자군"이라고 집중공격. ● 영락교회 장로이자 기독실업인회 회원인 최창근이 사장으로 있는 예 장통합의 기관지 『기독공보』, 영등 포산업선교가 콘트롤데이터사건에	1982	● 1월 초, 81년 초부터 신군부의 직장 정화조치로 원풍모방에서 노조간 부들을 해고하고 일주일간 조합원 전원을 대상으로 반공교육과 새마 을교육을 하는 등 민주노조 파괴를 획책하자 농성 시작. ● 4월 15일, 도시산업선교 조직체들 과 JOC, 가톨릭농민회 등 신 · 구교 사회선교연합체가 모인 한국교회 사회선교협의회, 3월 18일 발생한 부산 미문화원 방화사건에 대해 '부 산 미문화원 방화사건에 대한 우리 의 견해'라는 성명서 발표. ● 위 성명서 사건으로 조지송 인명진 조화순 등 산업선교회 실무자들 다 시 연행되어 조사 받음. 전두환 정권은 "성명서의 내용이 반미적이며, 반미는 곧 용공이고, 도산이 조종한 것"이라는 논리로

한국 개신교의 활동상황	시기	산업선교 활동상황
대한 해명광고를 의뢰하자 거절. • 교회 실세인 장로들이 운영하는 「장로회보」, 정부와 교회가 긴장관계가 되면 정부의 핵심요인들이 교회에 나오는 길을 막고 전도의 길이 막힐 것을 우려함. 또한 "같은 교단이므로 팔이 안으로 굽는다는 식의 인정적 요소가 조금이라도 가미되어선 안 된다", "도산은 선교가 아니고 공산주의자들의 제2단계 투쟁전술과 상통한다", "영산을 이대로 두어선 안 된다. 즉각 폐쇄되어야 한다"며 산업선교를 퇴출시키기 위한 여론몰이를 함. • 9월 예장총회, 산업선교 퇴출 의도가 아주 강한 장로와 목사들이 총회 내 산업선교 직속 기구인 전도위원회와 산업선교위원회에 위원으로 들어가 준비작업 시작. • 11월 29일~12월 1일, 예장 산업선교위원회 정책협의회 개최하고 산업선교 퇴출을 위한 방안 협의.		산업선교에 대한 공격 시작. • 7월, 콘트롤데이타사건 발생. 1967년 영등포에 공장을 설립해 막대한 이익을 챙긴 다국적기업 콘트롤데이타가 기술의 발달로 사양산업이 된 회사를 철수하게 되었는데, 이를 언론이 마치 산업선교 때문인 것으로 보도함으로써 "도산이 들어가면 도산한다"는 구호를 내세워 산업선교 타도로 번짐. 특히 MBC와 KBS가 연일 산업선교를 "자해공갈을 일삼고 사회전복이 목표인 지하조직", "폭력적 투쟁으로 노동자천국 실현 혁명논리", "기업주들이 도산의 검은 마수에 시달리고 식은 땀…" 식으로 비방하는 선정적 특집방송 방영. • 10월 1일, 산업선교의 나바론으로 불리던 마지막 보루 원풍모방 노조, 9월 27일부터 시작된 단식투쟁 끝에 신군부의 폭력으로 파괴됨. • 10월 7일, 영산에서 '원풍노조 문제를 위한 대책위원회' 주도 기도회 개최. • 12월 10일, 인명진 목사가 갈 곳이 없어 산선회관에 기거하며 복직운동하던 원풍 노동자들에게 나가달라고 요청.
• 2월 28일, 예장 산업선교위원회, 논란이 되고 있는 산업선교 방향 잡기 위한 공청회 개최. 이 자리에서 기독실업인 장로들은 "산업선교는 영혼구원 대신 사회구원을 강조하는데, 이는 공산혁명을 이루려는 고차원적 책략이며 좌경화된 정치이념이다", "산업선교의 소그룹활동은 공산주의의 세포회다"라고 매도함.	1983	• 1월 9일, 명노선 전도사 영등포산업선교 떠남. • 9월 4일, 원풍모방 사건으로 구속되었던 노조간부들이 8월 12일 석방된 후 산선회관에서 다시 총회를 갖고 법외 노동조합운동을 하기로 결정하는 과정에서 인명진이 노조를 조직화하지 말라고 함. • 9월, 영등포산업선교회, 총회의 산업선교 퇴출 움직임에 대해 "세계

한국 개신교의 활동상황	시기	산업선교 활동상황
• 4월 4일, 예장 산업선교위원회, '교회와 산업선교의 선교방향'이라는 주제로 좌담회 개최. 이 자리에서 기독실업인 장로들은 "산업선교가 처음엔 좋았는데 변질되었다", "한국에는 기독실업인들이 전국에 있으니 우리가 돈을 내서 우리 실정에 맞는 노동자 전도를 하자"고 함. • 5월 7일, 총회 전도부 주최로 산업선교 세미나를 열고 경영인들이 구체적인 지원과 참여문제 협의. • 5월 16일, 총회가 위임한 산업선교의 새로운 정책수립을 위한 '7인소위원회' 구성. • 6월 4일, 산업선교 모금 위원 선정하고 노회별 조직 강화. • 9월, 제 68회 예장통합 총회에 산업선교 문제에 관한 6개항의 건의안 제출. 산업선교를 산업전도로 바꾸고, 실무자를 교체하며, 외국의 원조를 일체 받지 않겠다는 등의 내용임.		교회와 한국교회 전체의 보편적 흐름에 역행하는 것이며, 총회 헌법 어디에서도 찾아볼 수 없는 변칙적인 것으로 상식적으로 도저히 납득할 수 없다"고 반발. 또한 외국에 보내는 영자 소식지에 "새문안교회 장로인 서정한과 영락교회 장로인 최창근이 정부의 사주를 받아 가공할만한 압력으로 산업선교를 파괴하는데 앞장섰다"고 기재함. • 9월 18일, 산선회관에서 노동교회 교인인 노동자들이 모여 예장총회에서 산업선교를 산업전도로 개정하려는 움직임에 대한 대책회의함. 이 과정에서 인명진이 "산선을 그만 두겠다"며 나감. • 9월 30일, 영등포산업선교회 실무자들과 원풍노조간부들의 연석회의에서 이들의 입장차이가 분명하게 드러남. • 10월 4일, 원풍노조 간부들, 영산과 원풍노조의 조직적 동맹관계를 청산하기로 결정함. 이후 원풍노조는 가지고 있던 기금으로 1984년 3월, '한국노동복지협의회' 설립.

참고문헌

〈기본사료〉

민주화운동기념사업회 소장 산업선교 관계 자료

〈신문 및 잡지〉

『동아일보』   『조선일보』   『경향신문』   『서울신문』

『한국일보』   『신동아』   『사상계』   『노동공론』

『기독공보』   『감리회보』   『기독신보』   『크리스챤신문』

『교회연합신보』 『장로회보』   『기독교사상』   『활천』

『신학지남』   『감리교생활』   『신학사상』   『로동신문』

『새길이야기』   『자유공론』

〈연감류〉

국방부 군사편찬연구소,『통계로 본 베트남전쟁과 한국군』, 2007.

기독교대한감리회,『총회회의록』.

『기독교연감』, 1970.

『기독교연감』, 1972.

노동부,『여성과 취업』, 1982.

대한예수교장로회,『총회회의록』.

대한예수교장로회 남선교회전국연합회,『남선교회 칠십년사: 1924-1994』, 1996.

『도시산업선교와 노동자 인권현장』, 1977. 5. 31.

문화공보부,『종교법인 및 단체현황』, 1980.

세계교회협의회 편,『세계교회협의회 역대총회 종합보고서』WCC연구자료 제3권, 이형기 역, 한국장로교출판사, 1993.

안동교회,『안동교회 90년사』, 2001.

연동교회,『연동교회 110년사』, 2005.

영등포산업선교회 40년사 기획위원회 편,『영등포산업선교회 40년사』, 1998.

영락교회,『영락교회 35년사』, 1983.

영락교회,『영락교회 50년사』, 1998.

유동식,『정동제일교회의 역사: 1885 - 1990』, 1992.

장로회전국연합회,『전국장로명감』, 예수교장로회총회출판부, 1976.

한국기독교교회협의회,『1970년대 민주화운동』Ⅰ~Ⅴ, 1987.

한국기독교교회협의회 도시산업선교문제대책위원회,『도시산업선교문제조사보 고서: 불순세력운운…의 문제를 중심으로』, 1979. 9.

한국기독교사료수집회,『한국기독신교연감』, 경천애인사, 1964.

한국기독교사회문제연구원,『최근 임금실태에 관한 분석 - 1980년대 상반기를 기점으로』.

한국기독교장로회 역사편찬위원회,『한국기독교 100년사』, 1992.

한국기독교장로회 총회,『도시산업선교: 5개년 계획사업 평가를 중심으로』, 1972.

한국기독교장로회 총회,『도시산업선교 : 주제 하나님의 선교와 교회 책임』, 1975.

한국기독실업인회,『한국기독실업인회 30년사』, 1982.

한국종교사회연구소,『한국종교연감』, 1993.

Letter from the Bishop, MC, No.62(Jun. 1962).

〈단행본〉

강원용, 『빈들에서』 1 · 2 · 3, 열린문화, 1993.

강원용, 『역사의 언덕에서 2: 전쟁의 땅 혁명의 땅』, 한길사, 2003.

강인걸 외, 『한국 현대사 강의』, 돌베개, 1998.

강인철, 『한국기독교회와 국가 · 시민사회 1945~1960』, 한국기독교역사연구소, 1996.

강인철, 『한국의 개신교와 반공주의』, 중심, 2007.

강준만, 『한국현대사 산책 1980년대 편 1: 광주학살과 서울올림픽』, 인물과 사
　　상사, 2003.

경향신문사, 『해방신학과 도시산업선교』, 1982.

구해근, 『한국노동계급의 형성』, 창작과 비평사, 2002.

국사편찬위원회, 『농토를 떠나 공장으로 : 1970년대 이촌향도와 노동자의 삶』,
　　국사편찬위원회, 2011.

김경숙 외, 『그러나 이제는 어제의 우리가 아니다』, 돌베개, 1986.

김금수, 『한국 노동문제의 상황과 인식』, 풀빛, 1986.

김남식, 『한국기독교면려운동사』, 성광문화사, 1979.

김남일 정리, 『원풍모방노동운동사』, 삶이 보이는 창, 2010.

김녕, 『한국정치와 교회 · 국가 갈등』, 소나무, 1996.

김덕환, 『한국교회교단형성사』, 임마누엘출판사, 1985.

김상철, 『나와 김준곤 목사 그리고 CCC』, 순출판사, 2005.

김성건, 『종교와 이데올로기』, 민영사, 1991.

김성수, 『함석헌 평전』, 삼인, 2001.

김양선, 『한국기독교 해방 10년사』, 대한예수교장로교총회 종교교육부, 1956.

김용기 · 박승옥 엮음, 『한국노동운동논쟁사: 80년대를 중심으로』, 현장문학사,
　　1989.

김원, 『여공, 1970-그녀들의 反역사』, 이매진, 2006.

김은수, 『현대선교의 흐름과 주제』, 대한기독교서회, 2001.

김인득, 『내 집을 채우라』, 홍성사, 1989.

김인수, 『한국기독교회의 역사』, 한국장로회신학교 출판부, 1997.

김재국, 『한국기독교의 이해』, 1976.

김준엽, 『역사의 신』, 1990.

김진환, 『한국기독교부흥운동사』, 크리스찬 비전사, 1976.

김한조, 『코리아게이트』, 열림원, 1995.

김형기, 『한국의 독점자본과 임노동』, 까치, 1988.

김활란, 『그 빛 속의 작은 생명: 우월 김활란 자서전』, 여원사, 1965.

김흥수, 『한국전쟁과 기복신앙 확산연구』, 한국기독교역사연구소, 1999.

나종삼, 『월남파병과 군사발전』, 국방군사연구소, 1996.

노동조합사전간행위원회, 『노동조합사전 5 : 노동자의 상태와 제요구』, 형성사, 1985.

대한예수교장로회 총회전도부 산업선교위원회 편, 『교회와 도시산업선교』, 1981.

동일방직복직투쟁위원회 엮음, 『동일방직노동조합운동사』, 돌베개, 1985.

라인홀드 니버, 『도덕적 인간과 비도덕적 사회』, 대한기독교서회, 2003.

류대영, 『한국 근현대사와 기독교』, 푸른역사, 2009.

민숙현·박해경 공저, 『한가람 봄바람에: 이화 100년 야사』, 지인사, 1981.

민주화운동기념사업회, 『김진수』, 2003.

박병훈, 『공산주의 서방교회 침투와 한국교회 내의 활동상』, 1979.

박수정, 『숨겨진 한국여성의 역사』, 아름다운 사람들, 2004.

박영호, 『산업선교 비판』, 기독교문서선교회, 1984.

박영호, 『WCC운동 비판』, 기독교문서선교회, 1984.

박용규, 『한국 교회를 깨운 복음주의 운동』, 두란노, 1998.

벽산 김인득 선생 회갑기념 『남보다 앞서는 사람이 되리라』, 벽산 김인득 선생 회갑기념 문집발간위원회, 1975.

부광석, 『학생과 정의사회』 KSCF 시리즈, 1971.

불교사학연구소편, 『한국현대불교사 일지』, 중앙승가대학, 1995.

서중석, 『한국현대사 60년』, 역사비평사, 2007.

석정남, 『공장의 불빛』, 일월서각, 1984.

성공회대학교 사회문제연구소, 『1970년대 산업화 초기 한국노동사 연구 - 노동운동사를 중심으로』, 노동부, 2002.

손인수, 『미군정과 교육정책』, 민영사, 1992.

송효순, 『서울 가는 길』, 형성사, 1982.

순점순, 『8시간 노동을 위하여』, 풀빛, 1984.

Sweet, William W, 김기달 역,『미국교회사』, 대한기독교서회, 1978.

신홍범 정리,『박형규 회고록 : 나의 믿음은 길 위에 있다』, 창비, 2010.

안수훈,『한국성결교회 성장사』, 기독교미주성결교회출판부, 1981.

안승천,『한국 노동자 운동, 투쟁의 기록』, 박종철출판사, 2002.

알린스키 외, 조승혁 편역,『S. D. 알린스키 생애와 사상』, 현대사상사, 1983.

양낙흥,『1959년 한국 장로교의 분열과정』, 한국기독교역사연구소, 2005.

Ogle, George. *South Korea: Discent within the Economic Miracle*, London: Zed Books.

오철호,『산업전도수첩』, 대한예수교장로교 총회 종교교육부, 1965.

원풍모방 해고노동자 복직투쟁위원회 엮음,『민주노조 10년: 원풍모방 노동조
　　합 활동과 투쟁』, 풀빛, 1988.

유경동,『한국기독교와 정치윤리』, 한국기독교연구소, 2003.

유동우,『어느 돌멩이의 외침』, 청년사, 1984.

유영익·이채진 편,『한국과 6·25전쟁』, 연세대학교 출판부, 2002.

윤남중,『나와 김준곤 목사 그리고 CCC』, 순출판사, 2006.

이덕주,『초기 한국 기독교사 연구』, 한국기독교역사연구소, 2002.

이만열,『한국기독교와 민족주의』, 지식산업사, 1991.

이선영·김은숙 지음,『손에 손을 잡고 - 노동자 소모임 활동사례』, 풀빛, 1985.

이원보,『한국노동운동사 100년의 기록』, 한국노동사회연구소, 2005.

이원순,『인간 이승만』, 신태양사, 1988.

이태호,『불꽃이여 이 어둠을 밝혀라 - 한국 여성노동자들의 투쟁』, 돌베개,
　　1984.

이태호,『70년대 현장』, 한마당, 1992.

이효재,『한국의 여성운동 - 어제와 오늘』, 정우사, 1989.

임걸,『한국교회 신학사상』1, 연세대학교 출판부, 2008.

임재경 외,『전환기의 노동운동』, 돌베개, 1986.

Yinger, J. Milton, 한완상 역,『종교사회학』, 대한기독교서회, 1973.

장공 김재준 기념사업회 간행,『김재준 전집』제14권, 한신대출판부, 1992.

장남수,『빼앗긴 일터』, 창작과 비평사, 1984.

전미카엘 신부 지음,『노동자의 길잡이』, 가톨릭출판사, 1977.

전순옥,『끝나지 않은 시다의 노래』, 한겨레신문사, 2004.

전 YH노동조합 · 한국노동자 복지협의회 엮음, 『YH노동조합사』, 형성사, 1984.

전택부, 『한국에큐메니칼운동사』, 한국기독교교회협의회, 1979.

전택부, 『한국교회발전사』, 대한기독교출판사, 1987.

전필순, 『목회여운』, 대한예수교장로회총회 교육부, 1965.

정현백, 『여성노동과 노동자문화』, 한길사, 1991.

정충량, 『이화 80년사』 이대출판부, 1967.

조병호, 『한국기독청년학생운동 100년사 산책』, 땅에 쓰신 글씨, 2005.

조성출, 『8만 달러의 우표 값, 13만 통의 편지』, 교학사, 1988.

조승혁, 『도시산업선교의 인식』, 민중사, 1981.

조승혁, 『한국교회와 민중선교의 인식』, 정암문화사, 1986.

조승혁, 『이런 세상에 예수님의 몸이 되어』, 정암문화사, 2005.

조승혁 외, 『노동자와 함께 - 산업선교와 노동자인권』, 기독교대한감리회 도시
    산업선교중앙위원회, 1978.

조영래, 『전태일 평전』, 돌베개, 1991.

조희연, 『박정희와 개발독재시대: 5 · 16에서 10 · 26까지』, 역사비평사, 2007.

주선애, 『장로교여성사』, 1978.

채기은, 『한국교회사』 기독교문서선교회, 1977.

천사무엘, 『김재준; 근본주의와 독재에 맞선 예언자적 양심』, 살림출판사, 2003.

최장집, 『한국의 노동운동과 국가』, 나남, 1997.

최종고, 『교회와 국가』, 현대사상사, 1983.

크리스찬아카데미 편, 『양극화 시대와 중간집단』, 1975.

편집부, 『노동과 예술 - 일터의 소리 Ⅱ』, 지양사, 1985.

한경직, 『건국과 기독교』, 보린원, 1949.

한국가톨릭노동청년회, 『한국가톨릭노동청년회 25년사』, 분도출판사, 1986.

한국기독교교회협의회 한국교회산업선교 25주년기념대회, 『1970년대 노동현장과
    증언』, 풀빛, 1984.

한국기독교사회문제연구원, 『WCC와 그 공격자들』.

한국기독교산업개발원 엮음, 『한국사회발전과 민주화운동』, 정암사, 1986.

한국기독교역사연구소, 『한국기독교의 역사 Ⅱ』, 기독교문사, 1990.

한국노동조합총연맹, 『1971년도 사업보고서』.

한국민주노동자연합,『한국노동운동사』, 도서출판 동녘, 1994.

한국여성노동자회,『한국여성노동의 현장』, 백산서당, 1987.

한국여신학자협의회 여신학자연구반 편,『고난의 현장에서 사랑의 불꽃으로: 조화순 목사의 삶과 신학』, 대한기독교서회, 1992.

한승헌 편,『유신체제와 민주화운동』, 삼민사, 1984.

한신대학교 학술원 신학연구소 지음,『한국개신교와 한국 근현대사의 사회 · 문화적 변동』, 한울 아카데미, 2003.

홍지영,『정치신학의 논리와 행태』, 금란출판사, 1977.

홍지영,『산업선교는 무엇을 노리나』, 금란출판사, 1977. 11.

홍지영,『산업선교 왜 문제시 되는가 – 한국교계의 참된 이해를 위하여』, 기독교사조사, 1978. 8.

황상근,『가톨릭노동청년회, 벽돌 없는 학교』, 성바오로 출판사, 1989.

황영식,『불을 밝혀라』, 도서출판 한글, 2002.

〈논문 / 글〉

강남식,「70년대 여성노동자의 정체성 형성과 노동운동」,『산업노동연구』제10권 제2호, 2004.

강문규,「기독교인과 공산주의자」,『기독교사상』, 1976. 11.

강문규,「한국 NCC와 에큐메니칼 운동」, 박상증 편저,『한국교회와 에큐메니칼 운동』, 대한기독교서회, 1992.

강원용,「한국경제 재건에 대한 한 기독자의 제언」,『기독교사상』, 1958. 8 · 9월호.

강원용,「에큐메니칼운동과 한국교회」,『기독교사상』, 1976. 11.

강이수,「1920~60년 한국 여성노동시장 구조의 사적 변화 – 고용과 임금격차 변화를 중심으로」,『여성과 사회』제4호, 1993.

Kang, In-Chul, "Religion and the Democratization Movement", *Korea Journal, Vol. 40 No. 2*, Summer 2000.

강인철,「민주화 과정과 종교: 1980년대 이후의 한국 종교와 정치」,『종교연구』제27집, 2002 여름.

강인철,「한국 개신교 반공주의의 형성과 재생산」,『역사비평』통권 70호, 2005 봄호.

강인철, 「개신교 반공주의의 재생산기제 : 순교담론과 신심운동을 중심으로」, 『역사비평』, 2005 여름호.

강인철, 「해방이후 4·19까지의 한국교회와 과거 청산문제」, 『한국기독교와 역사』 제24호, 한국기독교역사연구소, 2006.

강인철, 「박정희 정권과 개신교 교회」, 『종교문화연구』 제9호, 2007.

권진관, 「1970년대 산업선교 지도자들의 입장과 활동의 특징들에 대한 연구」, 이종구 외 지음, 『1960-70년대 노동자의 생활세계와 정체성』, 한울아카데미, 2005.

권진관, 「1970년대 산업선교 활동과 특징: 2세대 산업선교 실무자들을 중심으로」, 이종구 외 지음, 『1960-70년대 노동자의 작업장 문화와 정체성』, 한울아카데미, 2006.

권진관, 「집단적 배움의 과정으로서의 사회운동: 70년대 산업선교를 중심으로」, 이종구 외 지음, 『1960-70년대 한국 노동자의 계급문화와 정체성』, 한울아카데미, 2006.

김경재, 「해방 후 한국 기독교의 역사인식과 죄책고백」, Kim kyungjae's Article A081, http://soombat.org/article.html, 1998. 8. 5.

김경재, 「분단시대 한국교회의 보수적 반공주의와 진보적 민족주의 대립의 비판적 성찰」, 한신신학연구소 심포지엄, 2003. 11. 28.

김경재, 「분단시대 한국교회의 보수적 반공주의와 진보적 민족주의 대립의 비판적 성향」, 한신신학연구소 심포지엄, 목원대학교, 2003.

김경재, 「김재준의 정치신학: 신학적 원리와 사회·정치변혁론: 1970-80년대 인권·민주화·평화통일 운동을 중심으로」, 『신학사상』, 2004, 봄호.

김귀옥, 「1960, 70년대 의류봉제업 노동자 형성과정: 반도상상(부평공장)의 사례를 중심으로」, 『경제와 사회』 제61호, 2004 봄호.

김명섭, 「1970년대 후반기의 국제환경변화와 한미관계」, 『1970년대 후반기의 정치사회변동』, 백산서당, 1999.

김명술, 「한국기독교 도시산업선교의 계보: 개신교 중심으로 1957년에서 1979년 말까지」, 연세대학교 연합신학대학원, 1995.

김무용, 「한국 노동자계급의 경험과 집단기억, 저항과 순응의 공존」, 『역사연구』 제10호, 2002.

김미숙, 「한국 청소년의 결혼관에 관한 연구 : 여고생과 여공 간의 비교」, 이화여자대학교 석사학위논문, 1987.

김상조, 「1970년대의 한국 기독교 운동(1)」, 『기독교사상』, 1984. 11.

김석진, 「한국 노동문제의 본질과 노동선교」, 감리교신학대학원 석사학위논문, 1987.

김성보, 「80년대 반미자주화운동의 전개과정」, 박영호·김광식 외 『한미관계사』, 실천문학사, 1990.

김수영, 「한국의 산업화 과정과 가족·여성」, 『진보평론』 제7호, 2001, 봄.

김수찬, 「미군정과 제1공화국 하에서 한국교회와 정교분리 원칙」, 『역사신학 논총』 제9집, 2005.

김영수, 「한국노동자 정치운동과 민주노조운동 간의 연대관계」, 한국외국어대 박사논문, 1999.

김용복, 「해방 후 교회와 국가」, 『국가권력과 기독교』, 민중사, 1982.

김원, 「1970년대 민주노조와 교회단체 : 도시산업선교회와 지오세 담론의 형성과 모순」, 『산업노동연구』 제10권 제1호, 2004.

김은태, 「바람직한 산업선교의 방향에 대한 연구」, 고려신학대학교 석사학위 논문, 1992.

김의환, 「한국교회의 정치참여 문제」, 『신학지남』 제160호, 1973 봄호.

김인동, 「70년대 민주노조운동의 전개와 평가」, 『한국노동운동론 Ⅰ』, 미래사, 1985.

김준, 「아시아권위주의 국가의 노동정치와 노동운동: 한국과 대만의 비교연구」, 서울대학교 박사학위논문, 1993.

김준, 「민주노조운동과 교회: 개신교 산업선교를 중심으로」, 한국산업사회학회 엮음, 『노동과 발전의 사회학』, 2003.

김준영, 「에큐메니칼 운동과 한국 감리교회」, 박상증 편저, 『한국교회와 에큐 메니칼 운동』, 대한기독교서회, 1992.

김지수, 「한국여성노동운동의 현황과 과제」, 『여성 2』, 창작사, 1988.

김철영, 「국가조찬기도회의 역사와 뿌리를 조명한다」, 『국가조찬기도회 메시지』, 순출판사, 2005.

김호기, 「1970년대 후반기의 사회구조와 사회정책의 변화: 노동정책과 복지정 책을 중심으로」, 『1970년대 후반기의 정치사회변동』, 백산서당, 1999.

김흥수, 「한국기독교의 현실정치참여의 유형과 역사」, 『신학사상』 78집, 1992. 9.

김흥수, 「한국전쟁과 세계교회협의회, 1950-1953」, 『한국기독교와 역사』 제14호, 2000.

김흥수, 「한국전쟁 시기 기독교 외원단체의 구호활동」, 『한국기독교와 역사』 제23호, 2005.

노치준, 「해방 후 한국 장로교회 분열의 사회학적 연구」, 한국사회사연구회편, 『해방 후 한국의 사회변동』, 문학과 지성사, 1986.

노치준, 「한국전쟁이 한국종교에 미친 영향: 한국의 개신교회를 중심으로」, 『한국전쟁과 한국사회변동』, 풀빛, 1992.

노홍섭, 「조찬기도회는 중지되어야 한다」, 『사상계』, 1966. 4.

대담 「빌리 그래함 전도대회를 말한다」, 『기독교사상』, 1973. 7.

J. Daly, 「한국에서의 산업선교」, 『선교백년의 증언: 대한성공회 100주년 회고록』, 대한성공회 출판부, 1990.

류대영, 「베트남전쟁에 대한 한국 개신교의 태도」, 『한국기독교와 역사』 제21호, 2004.

진 매튜스, 「그들이 농장에서 우리에게 결코 가르쳐 주지 않았던 것들」, 『시대를 지킨 양심』, 민주화운동기념사업회, 2007.

박득훈, 「교회개혁, 갈 길 멀지만 희망있다」, 『새길이야기』 제9호, 2003 여름.

박마리아, 「대학생과 종교」, 『이대학보』, 1960. 4. 15.

박민수, 「월남인과 더불어 사는 한국인」, 『기독교사상』, 1967. 7.

박봉배, 「한국교회의 분열문제(교회의 일치를 향하여)」, 『기독교사상』, 1980. 2.

박상증, 「아시아 에큐메니칼 운동의 흐름」, 『한국교회와 에큐메니칼 운동』, 대한기독교서회, 1992.

박상증, 「세계 에큐메니칼 운동의 흐름」, 『한국교회와 에큐메니칼 운동』, 대한기독교서회, 1992.

박용규, 「한국 교회 복음주의운동과 김준곤 목사」, 김준곤 목사 제자들 엮음, 『나와 김준곤 목사, 그리고 CCC』, 순출판사, 2005.

박진성, 「노동자 교육프로그램에 나타난 사회행동의 속성과 그 변화: Y산업선교회 사례를 중심으로」, 숭실대 통앨정책 대학원, 2000.

박태균, 「1960년대 중반 안보 위기와 제2경제론」, 『역사비평』 통권 72호, 2005, 가을호.

박해광, 「한국 산업노동자의 도시 경험: 70년대를 중심으로」, 『경제와 사회』, 2004 봄호.

박형규, 「소외된 대중과 교회의 선교」, 『기독교사상』, 1973. 7.

박희진, 「여성노동자의 근로의식」, 『노동공론』, 1974. 3.

방혜신, 「70년대 여성노동운동에서 여성특수과제 실현조건에 관한 연구」, 서
　　강대학교 석사학위논문, 1993.

루스 베러클러프, 「한국 여성노동자들이 글을 쓰기 시작했을 때」, 『창작과 비
　　평』 127호, 2005 봄.

빌 브라이트, 「한국에서의 놀라운 경험」, 『그리스도의 계절이 오게 하라』, 순
　　출판사, 2003.

서영섭, 「1970년대 이후 진보적 기독교사회운동에 관한 고찰」, 감리교신학대학
　　교 석사학위논문, 1992.

서정영주, 「죽거나 혹은 나쁘거나 – 노동운동 속에서 여성으로 살아남기」, 『여
　　성과 사회』 제12호, 2001.

손인화, 「월남전 속의 한국군」, 『기독교사상』, 1967. 7.

송진섭, 「'기독청년의 적색행태 비판'을 읽고」, 『기독교사상』, 1979. 6.

송호근, 「박정희 정권의 국가와 노동」, 『사회와 역사』 제58집, 한국사회사학회,
　　2000.

Strong, Anna Louise, 「북한, 1947년 여름」, 『해방전후사의 인식 5』, 김남식·이
　　종석 공저, 한길사, 1989, 516쪽.

신순애, 『13살 여공의 꿈』, 성공회대학교 NGO대학원 석사학위논문, 2012.

짐 시노트, 「신부님 이제 마음껏 이야기 하십시오」, 『시대를 지킨 양심』, 민주
　　화운동기념사업회, 2007.

신건, 「1960~70년대 근대화 프로젝트와 여성담론에 관한 연구」, 연세대학교 석
　　사학위논문, 2001.

신광영, 「1970년대 전반기 한국의 민주화운동」, 『1970년대 전반기의 정치사회
　　변동』, 백산서당, 1999.

신복윤, 「한국의 보수주의신학」, 『기독교사상』, 1977. 10.

신인령, 「한국의 조직노동자와 여성」, 『한국여성과 일』, 이화여자대학교 출판부,
　　1985.

안재웅, 「학생운동과 URM에서 본 에큐메니칼 운동」, 박상증 편저, 『한국교회와
　　에큐메니칼 운동』, 대한기독교서회, 1992.

양승조, 「70년대 민주노조운동의 평가와 교훈」, 전태일 기념사업회편, 『한국노
　　동운동 20년의 결산과 전망』, 세계, 1991.

양영배, 「전군신자화운동」, 『기독교사상』, 1972. 3.

양영배, 「전군신자화운동의 현황」, 『기독교사상』, 1974. 10.

어라복, 「산업전도의 실황과 실화: 종업원 전도활동」, 『기독교사상』, 1963. 3.

여성평우회, 「한국여성운동에 대한 재평가 2: 70년대 여성노동운동을 중심으로」, 『여성평우』 3호, 1985.

오명걸, 「공장에서의 증거」, 『기독교사상』, 1964. 3.

오글, 「우리의 마음도 여러분과 함께 울고 있습니다」, 『시대를 지킨 양심』, 민주화운동기념사업회, 2007.

오기영, 「예수와 조선」, 『신천지』 3-4월호, 1947.

오재식, 「고 전태일씨의 영전에 바치는 글」, 『기독교사상』, 1970. 12.

오철호, 「한국에 있어서의 산업전도의 실태」, 『기독교사상』, 1961. 5.

유경순, 「농민의 딸, 방직공장 여성 노동자가 되다: 동일방직 여성노동자 감순희의 20여년 노동경험과 삶」, 『내일을 여는 역사』, 2005 여름.

유동식, 「빌리 그래함 전도대회를 말한다」, 『복음의 대향연: 빌리 그래함 한국전도대회 전말』, 기독교서회, 1973.

유재일, 「한국 교회의 사회참여에 관한 연구」, 감리교신학대학교 석사학위논문, 1992.

이권찬, 「산업전도의 발자취」, 『기독교사상』, 1963. 3월호.

이규창, 「우리나라 노사협의제의 전개와 경영문화상의 문제」, 박세일·이규창·이영희, 『노사협의제 연구』, 한국개발연구원, 1983.

이만열, 「한국현대사에 나타난 과거사 청산의 문제」, 『신학사상』 92집, 1996. 4.

이명재, 「삼선개헌에 대한 학생들의 입장」, 『기독교사상』, 1969. 8.

이삼열, 「나의 에큐메니칼 운동 계보」, 『나의 삶 나의 이야기』, 연이, 1997.

이상윤, 「도시화·산업화 과정에 있어서의 한국교회 도시산업선교의 역사적 발전과정에 관한 연구: 1950년 이후 한국도시산업선교활동의 역사를 중심으로」, 감리교신학대학교 대학원, 1978.

이상진, 「산업선교 구조에 관한 연구」, 한신대학교 석사학위논문, 1985.

이숙진, 「노동자계급 여성의 여성해방의식 획득에 관한 연구」, 이화여자대학교 대학원 석사학위논문, 1990.

이승주, 「한국 민주노조운동의 가족 이데올로기」, 『여/성 이론』 통권11호, 2004년.

이완범, 「박정희와 미국: 쿠데타와 민정이양 문제를 중심으로, 1961-1963」, 『박정희시대 연구』, 백산서당, 2002.

이임하, 「1970년대 크리스찬아카데미사건 연구」, 『1970년대 민중운동연구』, 2005.

이정희, 「훈육되는 몸, 저항하는 몸 - 1980년대 초반의 여성 노동 수기를 중심으로」, 『페미니즘 연구』 제3호, 2003.

이정희, 「여성노동자의 경험 읽기 - 1980년대 초반의 여성노동수기에 나타난 성(사랑)·가족·노동」, 『여성과 사회』 제15호, 2004.

이형기, 「세계교회협의회에 나타난 교회와 사회문제-1948년 암스테르담에서 1968년 웁살라까지」, 세계교회협의회 편, 『세계교회협의회 역대총회종합보고서』, 한국장로교출판사, 1993.

인명진, "Rethinking the work of Industrial Mission in PCK in the right of Minjung Theology", Safrancisco Theological Seminary, 1986.

임대식, 「1960년대 초반 지식인들의 현실인식」, 『역사비평』, 2003 겨울호.

임동혁, 「공단지역 교회의 총체적 선교전략에 관한 고찰: 구로공단 지역을 중심으로」, 총신대학교 신학대학원 석사학위논문, 1992.

임희모, 「도시산업선교 40년 평가와 과제: 선교신학적 측면에서」, 『IMF 구제금융시대의 도시산업선교』, 대한예수교장로회 총회전도부 산업선교위원회, 1998.

장규식, 「군사정권기 한국교회와 국가권력: 정교유착과 과거사 청산 의제를 중심으로」, 『한국기독교와 역사』 제24호, 2006.

장미경, 「근대화와 1960-70년대 여성노동자: 여성노동자 형성과정을 중심으로」, 『경제와 사회』, 2004 봄호.

장숙경, 「성천 류달영선생: 민족과 나라만을 생각하고 살아온 한평생」, 『철학사상』, 1998 가을호.

전신욱, 「한국 산업화 과정에서의 노동통제와 노동저항」, 고려대학교 박사학위논문, 1989.

전혜진, 「미혼 공장여성노동자의 경험을 통해 본 근대적 여성성 형성에 관한 연구」, 연세대학교 석사학위논문, 2003.

정미숙, 『70년대 여성노동운동의 활성화에 관한 경험세계적 연구: 섬유업을 중심으로』, 이화여자대학교 석사학위논문, 1993.

정영태, 「개발연대 노동자들의 공장생활과 대응방식: 인천지역 노동자들을 중심으로」, 『1960-70년대 노동자의 작업장 경험과 생활세계』, 한울아카데미, 2005.

정현백, 「자서전을 통해 본 여성노동자의 삶과 심성세계 : 20세기 전환기 독일과 1970, 80년대 한국의 비교를 중심으로」, 『여성과 역사』 창간호, 2004, 12.

조병호, 「20세기 복음주의 학생운동과 21세기 방향성」, 『한국기독청년학생운동 100년사 산책』, 땅에쓰신글씨, 2005.

조순경, 「산업의 재편성과 여성노동운동: 한국과 대만의 비교연구」, 『아시아문화』 6호, 1993.

조승혁, 「산업사회에서 교회선교의 공헌」, 『기독교사상』, 1979. 7.

조승혁, 「민중적 사회발전에 관한 한국교회의 반성」, 『기독교사상』, 1985. 8.

조지송, 「산업선교의 새로운 방향」, 『활천』, 기독교대한성결교회 출판부, 1972. 11.

조지송, 「그리스도를 따라 일하며 선교하며」, 『기독교사상』, 1979. 10.

조지송, 「간추린 영등포산업선교회 이야기」, 『나의 삶 나의 이야기』, 도서출판 연이, 1997.

조한성, 『1950년대 중후반기 유도회사건 연구』, 2002, 성균관대학교 석사학위논문.

조향록, 「제2공화국에 대한 조언」, 『기독교사상』, 1960. 8 · 9월호.

조희연, 「동아시아 성장론의 검토」, 『경제와 사회』, 1997 겨울호.

「(좌담) 엑스플로 74를 말한다」, 『기독교사상』, 1974. 10.

진덕규, 「한국현대정치체계연구서설」, 『한국사회 변동 연구』 II, 민중사, 1985.

진덕규, 「미군정의 정치사적 인식」, 『해방전후사의 인식 1』, 송건호 · 진덕규 공저, 한길사, 1989.

진방주, 「한국 장로교의 선교와 전도정책 고찰」, New York Theological Seminary 박사논문, 2002.

차선각, 「유신체제 하의 기독학생운동」, 박상증 편저, 『한국교회와 에큐메니칼 운동』, 대한기독교서회, 1992.

차성환, 「한국 초기 개신교선교사들의 종교성과 근대적 삶의 형성」, 『신학사상』, 1991 여름호.

차옥숭, 「한국의 노동문제와 교회」, 이화여자대학교 석사학위논문, 1976.

채명신, 「남기고 싶은 이야기들: 베트남 전쟁과 나」, 『장로신문』, 2007. 11.

채수일, 「1970년대 진보교회 사회참여의 신학적 기반」, 『한국 기독교와 역사』, 2003.

최종고, 「제1공화국과 한국개신교회」, 『동방학지』 46 · 47 · 48, 1985.

편집부, 「특집: 이것이 산업선교의 실상이다」, 『기독교사상』, 1979. 11.

한규무, 「국가조찬기도회 무엇을 남겼는가」, 『기독교사상』, 2004. 1.

한순임, 「새 생활을 누리면서」, 『현대사조』, 1978.

한승홍, 「초기 선교사들의 신학과 사상」, 『한국기독교와 역사』, 1991.

한영숙, 「한국산업선교에 관한 연구 : 역사적 고찰을 통한 한국 산업선교의 성격규명을 위하여」, 이화여자대학교 대학원 석사학위논문, 1973.

한홍구, 「한국과 베트남전쟁」, 『내일을 여는 역사』 4호, 2000, 겨울.

허상수, 「산업노동자의 초기 형성과 적응」, 『경제와 사회』, 2004 봄호.

홍치모, 「정통보수신앙을 지키며: 대한예수교장로회 합동 측의 발전사와 그 전망」, 『기독교사상』, 1981. 7.

홍현설, 「빌리 그래함 전도대회 총평」, 『복음의 대향연』, 기독교서회, 1973.

홍현영, 「1970년대 개신교의 도시산업선교회 활동」, 한양대학교 석사학위논문, 2002.

찾아보기

저자소개

장 숙 경

이화여자대학교에서 학사와 석사를 마치고 성균관대학교에서 박사 학위를 받았다.

파란만장한 한국 현대사에서 경계에 서 있던 사람들에게 관심이 많으며, 그들의 이야기를 어떻게 살아있는 역사로 표현할 수 있을지 고민하고 있다.

주요논문으로는 『한국 개신교의 산업선교와 정교유착』, 『김낙중의 삶을 통해 본 분단과 평화, 그 영원한 평행선』, 『산업선교의 도입과 변화과정 : 1957~1972』, 『유신후기 정권의 교회단체에 대한 통제정책 : 산업선교회를 중심으로』, 『1970년대 한국 개신교의 성장과 정치권력』 등이 있으며 민주화운동기념사업회에서 『4월혁명 일지』와 『4월혁명 이후의 민주화운동 일지』를 펴내는 작업을 하였다.

현재 고려대학교 한국사연구소 연구교수로 역사영상융합연구에 참여하고 있다.